Die Entwicklung des Unterbringungsrechts bis zum Bundesgesetz
über das gerichtliche Verfahren bei Freiheitsentziehungen
vom 1. Juli 1956 und dessen Auswirkung auf die
Gesetzgebung der Bundesländer

Europäische Hochschulschriften

Publications Universitaires Européennes
European University Studies

Reihe II
Rechtswissenschaft

Série II Series II
Droit
Law

Bd./Vol. 3766

PETER LANG
Frankfurt am Main · Berlin · Bern · Bruxelles · New York · Oxford · Wien

Hubertus Bartelheimer

Die Entwicklung des Unterbringungsrechts bis zum Bundesgesetz über das gerichtliche Verfahren bei Freiheitsentziehungen vom 1. Juli 1956 und dessen Auswirkung auf die Gesetzgebung der Bundesländer

PETER LANG
Europäischer Verlag der Wissenschaften

Bibliografische Information Der Deutschen Bibliothek
Die Deutsche Bibliothek verzeichnet diese Publikation in der Deutschen Nationalbibliografie; detaillierte bibliografische Daten sind im Internet über <http://dnb.ddb.de> abrufbar.

Zugl.: Kiel, Univ., Diss., 2003

D 8
ISSN 0531-7312
ISBN 3-631-51475-1

www.peterlang.de

Meinen Eltern

Inhaltsverzeichnis

Einleitung

Nach dem Inkrafttreten des Grundgesetzes, das in Artikel 104 eine gesetzliche Grundlage für jede Art der Freiheitsentziehung fordert, war der Gesetzgeber aufgerufen, diese rechtsstaatlichen zur Freiheitsentziehung ermächtigenden Gesetze umgehend zu schaffen. So lebte eine zuvor schon während der Zeit der nationalsozialistischen Herrschaft und in der Weimarer Zeit geführte heftige Diskussion über diejenigen Formen der Entziehung der Freiheit auf, die nicht auf strafrechtlicher Grundlage stattfinden. Diese insbesondere von den Begriffen »Bewahrung«, »Verwahrung« und »Unterbringung« bestimmten Diskussionen beschäftigten nicht nur die juristische Fachöffentlichkeit. Sie führten schließlich zur Verabschiedung des „Gesetzes über das gerichtliche Verfahren bei Freiheitsentziehungen", das am 1. Juli 1956 in Kraft trat.

Trotz der für den einzelnen Betroffenen einschneidenden Rechtswirkungen, die eine Freiheitsentziehung durch zwangsweise Unterbringung hat, wird dieser Problematik heute nur noch relativ wenig Aufmerksamkeit geschenkt. Dies erstaunt um so mehr, als die Diskussionen und Beratungen über ein Freiheitsentziehungsverfahrensgesetz die interessierte Öffentlichkeit bereits seit der Zeit der Weimarer Republik beschäftigt haben. Darüber hinaus ist zu berücksichtigen, dass die aus dieser Diskussion resultierenden Regelungen des Freiheitsentziehungsverfahrensgesetzes selbst heute noch in wichtigen Bereichen Anwendung finden. So erfolgt die Abschiebung von Ausländern gemäß § 57 AuslG i.V.m. §§ 59, 89 AuslVfG noch heute nach den Verfahrensgrundsätzen dieses Gesetzes. Ein weiteres aktuelles Beispiel für die nach wie vor bestehende Bedeutung dieser Regelungen sind die von der Polizei anlässlich der Castor-Transporte vorgenommenen Festsetzungen von Demonstranten.[1] Diese wurden als „Freiheitsentziehungen im polizeilichen Selbstvollzug"[2] bezeichnet. Den Betroffenen bleibt in diesen und ähnlichen Fällen, in denen die Polizei Personen festhält, ohne unverzüglich eine richterliche Entscheidung herbeizuführen, nur die Möglichkeit, auf einer richterlichen Anhörung nach § 5 Freiheitsentziehungsverfahrensgesetz bzw.

---

1 Gemeint sind die Einkesselungen der Demonstranten z.B. im „Korwitzer Kessel", VG Lüneburg, 7A60/97; „Quickborner Kessel", VG Lüneburg, 7A35/98; „Ahaus-Proteste", VG Münster, 1K3632/97,1K3617/97.

2 *Donat*, Freiheitsentziehung im polizeilichen Selbstvollzug am Beispiel der Castor - Transporte, S. 395.

§ 70c FGG[3] zu bestehen, um ihre Grundrechtsposition zu verteidigen. Schließlich ist zu beachten, dass die im Freiheitsentziehungsverfahrensgesetz aufgestellten Grundsätze nach wie vor von der Rechtsprechung zu der in der Rechtspraxis bedeutsamen Unterscheidung zwischen Freiheitsbeschränkung und Freiheitsentziehung (Art. 104 Abs. 1,2 GG) herangezogen werden. Die Rechtsprechung des Bundesverfassungsgerichts lehnt sich bei diesen Abgrenzungsentscheidungen stets eng an den Begriff der Freiheitsentziehung in § 2 Freiheitsentziehungsverfahrensgesetz an.[4]

In dieser Arbeit wird diese Problematik aus der rückblickenden Perspektive im Zusammenhang untersucht und die Entwicklung einer verfassungskonformen Regelung der Freiheitsentziehung ohne strafrechtliche Grundlage dargestellt. Die Untersuchung der Entwicklung seit 1918 soll zeigen, wie sehr sich das gesellschaftliche Verständnis von Freiheit und damit auch von Demokratie als Verfassung politischer Freiheit im Laufe der Zeit gewandelt hat. Aufgrund der politischen und rechtlichen Entwicklung von der Weimarer Republik über das nationalsozialistische Deutschland bis zur Bundesrepublik könnte zunächst sogar fraglich erscheinen, ob die rechtspolitischen Überlegungen und Aktivitäten zu den Problembereichen Bewahrung, Verwahrung, Gemeinschaftsfremdenrecht und Unterbringung überhaupt auf einen gemeinsamen Nenner gebracht werden können. Es lässt sich jedoch erkennen, dass es sich stets um das gleiche grundlegende Problem einer Freiheitsentziehung ohne strafrechtliche Grundlage handelt, die grundsätzlich immer wieder neu problematisch bleibt, weil die räumliche Bewegungsfreiheit einzelner Personen ohne Rücksicht auf ein strafrechtlich relevantes Verschulden beschränkt oder sogar entzogen wird. Auch die so disparat erscheinenden Forderungen aus den verschiedenen Epochen der deutschen Geschichte des vorherigen Jahrhunderts lassen sich auf dieses eine zentrale und übergeordnete Problem beziehen, wie die Sicherung der Freiheit einzelner mit der durch eine Unterbringung vorgenommenen Beschränkung der Freiheit anderer zu vereinbaren ist.

Im ersten Abschnitt der Untersuchung werden zunächst die Erscheinungsformen der Freiheitsentziehung in der Weimarer Republik, im nationalsozialistischen Deutschland und der (frühen) Bundesrepublik dargestellt.

In der Weimarer Republik war es in erster Linie die Fachöffentlichkeit, die sich aus den Institutionen der Armenfürsorge, der Obdachlosenhilfe, der Jugendhilfe und vor allem der katholischen Fürsorgekreise rekrutierte, die die Verabschiedung eines Bewahrungsgesetzes forderte. Die Auswertung der Quellen ergab, dass diese Forderung vor allem, aus einem zu dieser Zeit vorherrschenden,

3 Reichsgesetz über die Angelegenheiten der freiwilligen Gerichtsbarkeit.
4 *Gusy*, Freiheitsentziehungen und Grundgesetz, S. 458,459 m.w.N.

spezifischen Verständnis von der Einheitlichkeit der Gesellschaft resultierte. So wurden Menschen schon dann als Problem angesehen, wenn sie den damals geltenden Vorstellungen von einem nützlichen Leben in der sozialen Gemeinschaft nicht entsprachen, wie etwa Bettler, Obdachlose oder Alkoholabhängige. Diese relativ einheitliche Problemwahrnehmung führte zu einer ebenfalls relativ einhelligen und über die Parteigrenzen hinaus herrschenden Vorstellung von einer einzigen angemessenen Lösung. Diese Lösung sah ein Gesetz vor, nach dem Menschen ohne Ansehung ihrer Taten die Freiheit entzogen werden konnte, um sie allein aufgrund ihres habituellen Verhaltens »bewahren« zu können. Der Ausdruck Bewahrung war dabei durchaus doppelsinnig gemeint: es sollte die Gemeinschaft vor den Untergebrachten bewahrt werden, und die Menschen mit abweichendem Verhalten sollten ebenfalls davor bewahrt werden, sich selbst zu gefährden.

Eine Ursache für diese relativ einhellige Sichtweise der Problematik ist sicherlich in der ökonomischen Situation der Weimarer Republik zu suchen. Dieser Einfluss der wirtschaftlichen Lage gewann besonders während der Weltwirtschaftskrise immer stärker an Bedeutung. Die Verelendung weiter Kreise der Bevölkerung führte zu einer Zunahme des Subproletariats, dessen Angehörige sich aus eigener Kraft kaum noch aus der Elendsspirale befreien konnten. Diese ökonomischen Strukturbedingungen allein vermögen die immer wieder erhobenen drastischen Forderungen nach einer gesetzlich geregelten Freiheitsentziehung zur Bewahrung aber nicht ausreichend zu erklären. Eine Beobachtung, die aus der folgenden Untersuchung immer wieder deutlich werden wird, lässt sich vielmehr vorgreifend auf den Nenner bringen, dass der objektive Bedarf an „Bewahrung" in keinem rational nachvollziehbaren Verhältnis zu den angestrebten juristischen Lösungen stand.

Als Beispiel für die Unverhältnismäßigkeit der Forderungen gegenüber dem tatsächlich bestehenden Bedürfnis, wird die Unterbringungspraxis während der NS-Zeit in dieser Arbeit dargestellt. Die Schilderung der rechtlichen Entwicklung dieser Zeit wurde jedoch nur skizziert, da grundsätzlich das Preußische Polizeiverwaltungsgesetz[5] weiterhin als Rechtsgrundlage fortgalt, dessen Normen unter der nationalsozialistischen Herrschaft jedoch erhebliche Veränderungen bzw. Verschärfungen in der Anwendung erfahren haben.[6] Insgesamt wurde das Gut der Freiheit der Person nun wesentlich geringer eingeschätzt als noch in der Weimarer Zeit. Einem Staat, nach dessen Ideologie die Gesellschaft alles war und der Einzelne, soweit er ihr nicht diente, nichts galt, war der Gedanke eines besonde-

---

5 PVG vom 1. Juni 1931, die einschlägigen §§ 14, 15 sind im Anhang zu dieser Arbeit unter B.2. abgedruckt.
6 So formuliert von *Baumann*, Unterbringungsrecht, S. 21.

ren Rechtsschutzes des Individuums vor dem Staat fremd. Die Forderungen in der NS-Zeit nach gesetzlichen Grundlagen der Bewahrung tendierten immer stärker in Richtung einer „Verwahrung", und sie endeten schließlich bei der Ausarbeitung eines Gesetzes, das explizit die „Ausmerzung" sog. Gemeinschaftsfremder zum Ziele hatte.

Diese Forderungen sind auch vor dem Hintergrund der Tatsache zu sehen, dass sich die ökonomischen Verhältnisse während der Anfangsjahre des Nationalsozialismus objektiv rasch verbessert hatten, so dass das Problem der Bewahrung eigentlich hätte an Bedeutung verlieren müssen. Das Gegenteil war jedoch der Fall. In den einschlägigen Diskussionen verbanden sich nun die aus der Weimarer Republik bekannten Forderungen der Fachöffentlichkeit nach der Schaffung von Grundlagen für die Bewahrung im genannten Doppelsinne mit den ideologischen Vorstellungen von der Einheit und Reinheit der Volksgemeinschaft. Entsprechend waren neue Akteure hinzugekommen und die in der Weimarer Zeit aktive Fachöffentlichkeit verlor an Bedeutung. Die Bestrebungen zur Schaffung einer entsprechenden gesetzlichen Grundlage entstanden nicht mehr in einer mit den Problemen befassten professionell interessierten Öffentlichkeit. Sie entstanden vielmehr und in erster Linie in der nationalsozialistischen Ministerialbürokratie und waren von den praktischen Forderungen der Polizei geprägt, die den ideologischen Vorgaben der neuen Machthaber gerecht werden wollte.

Auch nach dem Ende der nationalsozialistischen Herrschaft war es wiederum keine rein sachgegründete und aus den Problemen selbst entstehende Notwendigkeit, die zu den Forderungen nach Ausarbeitung eines Bewahrungsgesetzes zur Unterbringung in Form einer Freiheitsentziehung ohne strafrechtliche Grundlage führte. Nunmehr lag diesen Forderungen nur noch am Rande die für die Weimarer Republik charakteristische Sichtweise auf die im Doppelsinne zu bewahrenden Menschen am Rande der Gesellschaft zugrunde. Im Vordergrund der Diskussion stand nunmehr die verfassungsrechtliche Vorgabe, die der Grundgesetzgeber in Art. 104 Abs. 2 GG aufgestellt hatte. Es kann in diesem Zusammenhang geradezu von einer durch die pervertierte Rechtsanwendung in der NS-Zeit ausgelösten bewussten Gegenentwicklung durch Verschärfung der Verfahrensvorschriften gesprochen werden. Die Wahrnehmung des Unterbringungsproblems hatte sich nunmehr fundamental gewandelt. Dem Ziel des Schutzes der anderen vor der Gefährdung ihrer Freiheit durch strafrechtlich nicht relevante Handlungen Einzelner wurde nun eine wesentlich größere Bedeutung beigemessen.

Darüber hinaus wurden die als potentiell gefährlich eingestuften Personengruppen nun anders umschrieben. Von den in der Weimarer Republik so oft erwähnten Bettlern, Obdachlosen und Alkoholabhängigen war kaum noch die Rede. In den Mittelpunkt der Betrachtung rückten jetzt Geisteskranke und psychisch Kranke, also genau die Personengruppe, die im späteren Verlauf der Beratungen aus dem Anwendungsbereich des schließlich verabschiedeten Freiheitsentziehungsverfahrensgesetzes ausgeklammert wurde. Stichhaltige sachliche Gründe, aus denen sich der Rechtsausschuss des Bundestages letztlich den von ärztlicher Seite gegen die Einbeziehung dieser Gruppe erhobenen Bedenken gebeugt hat, sind auch nach gründlicher Auswertung der Dokumente nicht eindeutig zu erkennen. Insbesondere erscheint das Hauptargument, wonach es aus medizinischer Sicht verfehlt sei, Geisteskranke und Kriminelle in einem einzigen Gesetz zu behandeln und sie dadurch auf eine Stufe zu stellen, nicht besonders gewichtig. Hier sind jedoch die politischen Zwänge, die sich aus den politischen Konstellationen im Bundesrat bzw. im Bundestag ergaben, zu berücksichtigen.

Am Ende der Arbeit steht ein Überblick darüber, wie die Landesgesetzgeber die Lücke ausgefüllt haben, die durch den Verzicht des Bundesgesetzgebers auf die Normierung eines materiellen Unterbringungsrechts entstanden war, nachdem er sich auf die Verabschiedung eines Freiheitsentziehungsverfahrensgesetz beschränkt hatte. Die exemplarisch dargestellten gesetzlichen Regelungen von Nordrhein Westfalen und Hamburg sind im Rahmen dieser Arbeit vor allem deshalb von Interesse, da in ihnen im Gegensatz zu dem Bundesgesetz nicht nur das reine Verfahren, sondern auch die materiellen Unterbringungsvoraussetzungen normiert wurden.

I. Die Entwicklung der Bewahrung in der Weimarer Republik

1. Die Rechtslage zu Beginn der Weimarer Republik

Nach dem Recht des Kaiserreichs gab es zu Beginn der Weimarer Republik keine strafrechtliche Handhabe zur Unterbringung in einer Heil- oder Pflegeanstalt. Einzig § 51 RStGB erwähnte überhaupt Geisteskranke. Diese Vorschrift enthielt die Möglichkeit, einen Geisteskranken wegen Unzurechnungsfähigkeit freizusprechen. Der Richter konnte dann anschließend die zuständige Polizeibehörde über den Freispruch eines geisteskranken und gefährlichen Täters informieren. Ebenso wenig bestand für Beschuldigte, die aufgrund von § 203 RStPO außer Verfolgung gesetzt wurden, eine strafrechtliche oder -prozessuale Unterbringungsmöglichkeit. In Preußen gab es in diesem Zusammenhang nur eine Meldepflicht der Justizbehörden an die Polizei bei Entlassung oder Außerverfolgungssetzung eines geisteskranken Untersuchungsgefangenen.[7]

Eine Unterbringung von gemeingefährlichen Geisteskranken und allgemein eine Freiheitsentziehung ohne strafrechtliche Grundlage war nach den Gesetzesnormen, die in dem hier betrachteten Zeitraum weitergalten, nur polizeirechtlich möglich. Die größte Bedeutung in diesem Zusammenhang hatte das Preußische Allgemeine Landrecht von 1794 mit seiner Generalklausel Art. 10 II, 17, die die Aufgabe der Polizei als Dienst an der Allgemeinheit und am einzelnen bestimmte: „Die nötigen Anstalten zur Erhaltung der öffentlichen Ruhe, Sicherheit und Ordnung und zur Abwendung der dem Publico oder einzelnen Mitgliedern desselben bevorstehenden Gefahr zu treffen, ist das Amt der Polizei."[8] Der Schwerpunkt lag also auf einer sicherheitspolizeilichen und nicht auf einer fürsorgerischen Betrachtung. Eine fürsorgerische Betrachtung fand erst viel später statt und wurde beispielsweise im Badischen Irrenfürsorgegesetz vom 25.6.1910[9] deutlich. Die Unbestimmtheit der Generalklausel des preußischen allgemeinen Landrechts führte zu einer umfangreichen Rechtsprechung, die die Schranken der polizeilichen Befugnisse festlegte, und insbesondere die Grundsätze der Bestimmtheit,

---

7 Erlass des preußischen Justizministers vom 25.10.1882, PrJMinBl. 325.

8 Vgl. dazu *Baumann, J.*, Unterbringungsrecht, Tübingen 1966, S. 18 ff.

9 Gesetzes- und Verordnungsblatt für das Großherzogtum Baden, 1910, Nr. XXVI, S. 299.

der Notwendigkeit, der Zweckmäßigkeit, der Geeignetheit, der Möglichkeit und der Auswahl bzw. Inanspruchnahme des richtigen Adressaten aufstellte.

Erwähnenswert ist, dass im Gegensatz hierzu das bayerische Polizeistrafgesetzbuch von 1861 für die polizeiliche Verfügung und Verwahrung eine genaue Aufzählung von Spezialbefugnissen enthielt,[10] wodurch in Bayern schon im Gesetz selbst und nicht erst durch die Rechtsprechung Rechtsstaatlichkeit sichergestellt werden sollte. Letztlich wies das süddeutsche Polizeistrafrecht aufgrund dieser Spezialermächtigungen wesentlich stärker rechtsstaatliche Züge auf. Vor allem wurde mit dem bayerischen Polizeistrafgesetzbuch der bisher vorherrschende Anspruch der Polizei aufgegeben, die alleinige Institution der inneren Verwaltung zu sein und damit die zur Aufgabenerfüllung notwendigen Befugnisse bereits aus dieser Tatsache direkt ableiten zu können. Während zuvor der Grundsatz „ius ad finem dat ius ad media“ galt, bedurfte die Polizei nach dem bayerischen Gesetz bei einem verengten Aufgabenbereich auch besonderer Befugnisse für die Durchführung ihrer Aufgaben, womit im Grundsatz die Trennung von Aufgabe und Befugnis angelegt worden war.[11]

Über diese ausdrücklich die Unterbringung betreffenden Regelungen hinaus galten zur Zeit der Gründung des Weimarer Staates verschiedene Regelungen fort, die sich auf die Garantie der persönlichen Freiheit bezogen, und deshalb bei jeder freiheitseinschränkenden Unterbringung zu beachten waren. Zu nennen sind hierbei insbesondere die folgenden:

Art. 5 der Verfassungs-Urkunde für den Preußischen Staat vom 31. Januar 1850 bestimmte: „Die persönliche Freiheit ist gewährleistet. Die Bedingungen und Formen, unter welchen eine Beschränkung derselben, insbesondere eine Verhaftung zulässig ist, werden durch das Gesetz bestimmt“; und Art. 7 lautete: „Niemand darf seinem gesetzlichen Richter entzogen werden. Ausnahmegerichte und außerordentliche Kommissionen sind unstatthaft.“

Die nähere gesetzliche Bestimmung hierzu enthielt das „Gesetz zum Schutze der persönlichen Freiheit“ vom 12. Februar 1850[12] in dem der richterliche Schutz der persönlichen Freiheit in Preußen geregelt wurde.

---

10 Polizeistrafgesetzbuch vom 10.11.1861, GBl. S. 10. In Baden galt das Polizeistrafgesetzbuch vom 31.10.1863, Reg.Bl. S. 439; in Württemberg das Polizeistrafgesetz vom 27.12.1871, Reg.Bl. S. 391.

11 Vgl. dazu *Mayer, F.*, Die Eigenständigkeit des bayerischen Verwaltungsrechts, dargestellt am bayerischen Polizeirecht, München 1958, S. 89 ff.

12 Gesetz-Sammlung für die Königlich-Preußischen Staaten, S. 45.

§ 1 lautete:

„Die Verhaftung einer Person darf nur Kraft eines schriftlichen, die Beschuldigung und den Beschuldigten bestimmt bezeichnenden richterlichen Befehls bewirkt werden.
Dieser Befehl muss bei der Verhaftung oder spätestens im Laufe des folgenden Tages dem Beschuldigten zugestellt werden."

Für den Fall einer vorläufigen Festnahme war festgelegt:

„§ 4 Bei jeder Verhaftung ist sofort das Erforderliche zu veranlassen, um den Beschuldigten dem Richter vorzuführen, welcher den Befehl dazu erlassen hat. Jeder vorläufig Festgenommene muss spätestens im Laufe des folgenden Tages entweder in Freiheit gesetzt oder es muss in dieser Zeit das Erforderliche veranlasst werden, um ihn dem Staatsanwalte bei dem zuständigen Gerichte vorzuführen."

§ 5 lautete:

„Jeder Verhaftete oder vorläufig Festgenommene muss spätestens im Laufe des folgenden Tages nach seiner Vorführung vor den zuständigen Richter so vernommen werden, dass ihm der Gegenstand der Anschuldigung mitgeteilt und ihm die Möglichkeit zur Aufklärung eines Missverständnisses gegeben werde."

In diesem Gesetz über die persönliche Freiheit wurde jedoch auch der Begriff der „Verwahrung" verwendet. § 6 enthielt folgende Bestimmung: die Polizeibehörden „sind befugt, Personen in polizeiliche Verwahrung zu nehmen, wenn der eigene Schutz dieser Personen oder die Aufrechterhaltung der öffentlichen Sittlichkeit, Sicherheit und Ruhe diese Maßregel dringend erfordern. Die polizeilich in Verwahrung genommenen Personen müssen jedoch spätestens im Laufe des folgenden Tages in Freiheit gesetzt oder es muss in dieser Zeit das Erforderliche veranlasst werden, um sie der zuständigen Behörde zu überweisen."

Das Gesetz über die Polizeiverwaltung vom 11. März 1850[13] wies die Unterbringungsproblematik ausdrücklich dem Aufgabenbereich der Polizei zu. Nach § 6 dieses Gesetzes sollte:

„a. der Schutz der Personen und des Eigentums; ... alles andere, was im besonderen Interesse der Gemeinden und ihrer Angehörigen polizeilich geordnet werden muss", der Polizei obliegen.

Erst das Strafgesetzbuch für das Deutsche Reich vom 26. Februar 1876[14] enthielt in seinem 29. Abschnitt unter dem Titel „Übertretungen" einige strafrechtli-

---

13 Gesetz-Sammlung für die Königlich-Preußischen Staaten, S. 265.
14 RGBl. I,1876, S. 39.

che Bestimmungen, die Tatbestände betrafen, welche später als Verwahrungs- bzw. Bewahrungsgründe in den Forderungen nach entsprechenden gesetzlichen Regelungen aufgegriffen wurden. Nach § 361 sollte mit Haft bestraft werden,

> „3) wer als Landstreicher umherzieht;
> 4) wer bettelt oder Kinder zum Betteln anleitet oder ausschickt, oder Personen, welche seiner Gewalt und Aufsicht untergeben sind und zu seiner Hausgenossenschaft gehören, vom Betteln abzuhalten unterlässt;
> 5) wer sich dem Spiel, Trunk oder Müßiggang dergestalt hingibt, dass er in einen Zustand gerät, in welchem zu seinem Unterhalte oder zum Unterhalte derjenigen, zu deren Ernährung er verpflichtet ist, durch Vermittelung der Behörde fremde Hülfe in Anspruch genommen werden muss;
> 6) eine Weibsperson, welche wegen gewerbsmäßiger Unzucht einer polizeilichen Aufsicht unterstellt ist, wenn sie den in dieser Hinsicht zur Sicherung der Gesundheit, der öffentlichen Ordnung und des öffentlichen Anstandes erlassenen polizeilichen Vorschriften zuwiderhandelt, oder welche, ohne einer solchen Aufsicht unterstellt zu sein, gewerbsmäßig Unzucht treibt;
> 7) wer, wenn er aus öffentlichen Armenmitteln eine Unterstützung empfängt, sich aus Arbeitsscheu weigert, die ihm von der Behörde angewiesene, seinen Kräften angemessene Arbeit zu verrichten;
> 8) wer nach Verlust seines bisherigen Unterkommens binnen der ihm von der zuständigen Behörde bestimmten Frist sich kein anderweitiges Unterkommen verschafft hat und auch nicht nachweisen kann, dass er solches der von ihm angewandten Bemühungen ungeachtet nicht vermocht habe;“

Bei Personen, die nach § 361, Nr. 3-8 verurteilt wurden, konnte bei der Verurteilung zugleich darauf erkannt werden, „dass die verurteilte Person nach verbüßter Strafe der Landespolizeibehörde zu überweisen sei. Die Landespolizeibehörde erhält dadurch die Befugnis, die verurteilte Person entweder bis zu zwei Jahren in ein Arbeitshaus unterzubringen oder zu gemeinnützigen Arbeiten zu verwenden.“ (§ 362)

Die Strafprozessordnung vom 1. Februar 1877[15] löste die oben dargestellten Bestimmungen des Preußischen Gesetzes zum Schutze der persönlichen Freiheit vom 12. Februar 1850 ab. Nach § 112 StPO durfte der Angeschuldigte nur bei dringendem Tatverdacht und Vorliegen eines der Haftgründe nach richterlichem Haftbefehl in Untersuchungshaft genommen werden. Für vorläufige Festnahmen schrieb § 128 StPO vor, dass der Festgenommene unverzüglich dem Amtsrichter vorzuführen und von diesem spätestens am darauffolgenden Tag zu vernehmen war. Schließlich war in § 81 StPO bestimmt, dass der Angeschuldigte zur Vorbereitung eines Gutachtens über seinen Geisteszustand in eine öffentliche Irrenan-

---

15 RGBl. I, 1877, S. 346.

stalt gebracht und dort beobachtet werden konnte. Als Höchstdauer für eine solche Anstaltsverwahrung waren sechs Wochen festgeschrieben.

Fast zeitgleich mit der Verabschiedung der StPO wurde am 30. Januar 1877 durch die Zivilprozessordnung das gerichtliche Verfahren zur Entmündigung sog. „blödsinniger Personen" geregelt. Inhaltlich waren diese Bestimmungen außerhalb Preußens bereits früher durch die „Allerhöchste Kabinetts-Ordre, betreffend das gerichtliche Verfahren gegen Gemütskranke, in der Rheinprovinz, vom 6. November 1831"[16] aufgestellt worden. Nach der Zivilprozessordnung konnte gemäß § 593 ZPO eine Person durch amtsgerichtlichen Beschluss für geisteskrank erklärt werden, wenn das Gericht gemäß § 597 ZPO die zur Feststellung des Geisteszustandes notwendigen Ermittlungen durchgeführt und den zu Entmündigenden gemäß § 598 ZPO persönlich unter Hinzuziehung eines Sachverständigen vernommen hatte. Für die Klage des Entmündigten gegen den Beschluss des Amtsgerichts gemäß §§ 605ff ZPO war ihm auf seinen Antrag hin ein Rechtsanwalt beizuordnen.

In den allgemeinen deutschen Privatrechten war für die Gruppe der Wahnsinnigen und der Geistesschwachen das Institut der Vormundschaft vorgesehen.[17] Die Geisteskrankheit begründete hier lediglich die materiellrechtliche Folge der Handlungsunfähigkeit, die jedoch durch gerichtliche Erklärung gemäß §§ 593 ff ZPO festgestellt werden musste. Das ab 1900 geltende Bürgerliche Gesetzbuch ermöglichte über die in § 6 BGB geregelte Entmündigung Unterbringungen. Nach dieser Vorschrift konnte entmündigt werden,

> „1. wer infolge von Geisteskrankheit oder von Geistesschwäche seine Angelegenheiten nicht zu besorgen vermag;
> 2. wer durch Verschwendung sich oder seine Familie der Gefahr des Notstandes aussetzt;
> 3. wer infolge von Trunksucht seine Angelegenheiten nicht zu besorgen vermag oder sich oder seine Familie der Gefahr des Notstandes aussetzt oder die Sicherheit anderer gefährdet".[18]

Mit dem BGB waren die bisherigen Entmündigungsgründe inhaltlich genauer ausgestaltet und darüber hinaus neue Entmündigungsgründe geschaffen worden. Inhaltlich waren diese in § 6 BGB aufgeführten Entmündigungsgründe stark von abstrakten Formulierungen geprägt. Auffällig ist, dass auf Legaldefinitionen verzichtet wurde. Die Tatbestände der Gründe für eine Entmündigung waren zweiteilig aufgebaut, sie bestanden aus dem eigentlichen Entmündigungsanlass und

16 Gesetz-Sammlung für die Königlich-Preußischen Staaten, S. 252.
17 *Schmidt, Torsten*, S. 31.
18 Zur Entstehungsgeschichte und zum Hintergrund dieser Bestimmung vergleiche *Schmidt, Torsten*, S. 119-259.

als Korrektiv hierzu in einem zweiten Teil dem Erfordernis des dadurch verursachten konkreten Unvermögens bzw. einer Gefahr.[19] In der Praxis scheiterten die Entmündigungen und damit angestrebte Unterbringungen häufig an der Auslegung der Begriffe „Geisteskrankheit oder Geistesschwäche“, sowie der „eigenen Angelegenheiten“.[20]

2. Das Aufkommen des Bewahrungsgedankens in der Weimarer Republik

Obwohl erst in der Weimarer Republik der Sozialstaat Verfassungsrang erhielt, griff die Weimarer Sozialpolitik doch grundsätzlich auf die Errungenschaften und Reformimpulse des Kaiserreichs zurück und führte diese weiter.[21] Die traditionelle Armenpflege und Wohltätigkeit hatte sich schon im Kaiserreich zur modernen Fürsorge und Sozialarbeit ausgestaltet. Folge dieser Entwicklung war eine stärkere Bürokratisierung der Wohlfahrtspflege, womit eine Steigerung der staatlichen Eingriffsmöglichkeiten und Regelungskompetenzen in die Privatsphäre und eine Pädagogisierung der Sozialarbeit einher ging.[22] Die Ambivalenz dieser sozialstaatlichen Konzeption zwischen Wohlfahrtsanspruch und staatlichem Regulierungszwang drückte sich in Art. 163 der Weimarer Verfassung aus:

> „Jeder Deutsche hat unbeschadet seiner persönlichen Freiheit die sittliche Pflicht, seine geistigen und körperlichen Kräfte so zu betätigen, wie es das Wohl der Gesamtheit erfordert.
> Jedem Deutschen soll die Möglichkeit gegeben werden, durch wirtschaftliche Arbeit seinen Unterhalt zu erwerben. Soweit ihm angemessene Arbeitsgelegenheit nicht nachgewiesen werden kann, wird für seinen notwendigen Unterhalt gesorgt. Das Nähere wird durch besonderes Reichsgesetz bestimmt.“

Diese gleichen sozialen Rechte aller Deutschen führten zu einer zunehmenden Ausrichtung des einzelnen an den Normalitätsstandards des Gesetzgebers. Der Weimarer Verfassungskompromiss beinhaltete einerseits zwar einen sozialen Wertepluralismus, führte andererseits jedoch zu inhaltlichen Zielvorgaben, die

---

19 *Schmidt, Torsten*, S. 261.

20 *Eiserhardt*, Ziele eines Bewahrungsgesetzes, S. 11.

21 Vgl. dazu *Ritter, G.A.*, Entstehung und Entwicklung des Sozialstaates in vergleichender Perspektive, in: Historische Zeitschrift 243/1986, S. 1-90.

22 Vgl. dazu *Landwehr, R./Baron, R.*, Hrsg., Geschichte der Sozialarbeit, Weinheim 1983; sowie *Münchmeier, R.*, Zugänge zur Geschichte der Sozialarbeit, München 1981.

vor allem durch die Abgrenzungskriterien der sittlichen Gefährdung und der Verwahrlosung deutlich wurden.[23]

In diesem Zusammenhang ist auch die steigende Bedeutung der Sozialpädagogik in der Weimarer Republik zu sehen,[24] die die Reformbestrebungen des Kaiserreichs zunächst durch das Reichsjugendwohlfahrtsgesetz von 1922[25], in dem das »Rechts des Kindes auf Erziehung« stark proklamiert wurde, fortführte. Diese positive Neuerung ging aber auch mit einer erheblichen Ausweitung der Interventionsmöglichkeiten des Staates in die familiäre Privatsphäre einher. Beispielhaft ist hierfür die Ausweitung der Fürsorgeerziehung zu nennen. Ermöglicht wurde diese Entwicklung durch die starke Bedeutung, die der Sozialpolitik in der Weimarer Republik beigemessen wurde, obwohl sie relativ unverbunden neben der in dieser Zeit für am wichtigsten gehaltenen Wirtschaftspolitik stand. Den beherrschenden Einfluss auf die Wirtschaftspolitik übten die Interessenvertretungen der Industrie aus. Im Gegenzug dazu musste die Industrie den Gewerkschaften und insbesondere der Sozialdemokratie Konzessionen im Bereich der Sozialpolitik machen. H. Mommsen spricht hier von einem Dualismus „zwischen weitgehender sozialpolitischer Intervention des Staates und fast unbeschränkter industrieller Autonomie in Fragen der Preisbildung und der Marktpolitik."[26]

Die Gründung der „Zentralarbeitsgemeinschaft" im November 1918, in der Gewerkschaften und Unternehmer vertreten waren, signalisierte einerseits die Bereitschaft der Gewerkschaften, eine Sozialpolitik der kleinen Schritte an die Stelle einer Politik einschneidender Veränderungen der gesellschaftlichen Machtverhältnisse zu setzen, andererseits aber auch die Bereitschaft der Großindustrie zu sozialpolitischen Kompromissen.[27] Dieser Kompromiss zerbrach jedoch rasch, und schon in der Phase des konjunkturellen Aufschwungs eskalierte der sozialpolitische Konflikt. Als zentraler Auslöser wird allgemein der Ruhreisenstreit von 1928 angesehen, als der Aussperrung von 230.000 Arbeitern im Tarifkampf der Eisenindustrie auch die Absicht der Unternehmer zugrunde lag, die Staatsintervention in der Sozialpolitik auszuschalten.[28]

---

23 Vgl. dazu die Ausführungen von *Detlev J.K. Peukert,* Die Weimarer Republik. Krisenjahre der Klassischen Moderne, Darmstadt 1997, S. 132 ff.

24 Vgl. *Peukert, D.*, Grenzen der Sozialdisziplinierung. Aufstieg und Krise der deutschen Jugendfürsorge 1878-1932, Köln 1986.

25 Reichsgesetz für Jugendwohlfahrt vom 9. Juli 1922, RGBl 1922, S. 633.

26 *Hans Mommsen*, in: *ders./Petzina, D./Weisbrod, B.*, Hrsg., Industrielles System und politische Entwicklung in der Weimarer Republik, Düsseldorf 1974, S. 614.

27 Vgl. dazu *Feldman, G.D./Steinisch, I.*, Industrie und Gewerkschaften 1918-1924. Die überforderte Zentralarbeitsgemeinschaft, Stuttgart 1985.

28 Vgl. dazu *Winkler, H.A.*, Der Schein der Normalität. Arbeiter und Arbeiterbewegung in der Weimarer Republik 1924 bis 1930, Berlin/Bonn 1985, S. 557 ff.

Diese starke Strömung einer intervenierenden Sozialpolitik verband sich bereits in der Weimarer Republik mit einer wachsenden Bewegung, in deren Mittelpunkt die Verfolgung rassenhygienischer Ziele stand. Die Grundideen, zu denen der Gedanke einer Vererbbarkeit minderwertiger Charaktereigenschaften gehörte, waren allerdings bereits im Kaiserreich entstanden. In den diesbezüglichen Diskussionen wurde der Studie des Amerikaners Henry Herbert Goddard über die »Kallikak-Familie« aus dem Jahre 1912 große Bedeutung beigemessen. In dieser genealogischen Untersuchung, die bereits 1914 in deutscher Übersetzung vorlag, hatte sich Goddard bemüht, die Abstammung ganzer Generationen von Alkoholikern, Prostituierten und Verbrechern von einem einzigen »minderwertigen« Stammelternpaar nachzuweisen.[29]

Die Sozialpolitik der Weimarer Republik war schließlich auch wesentlich durch den Grundgedanken geprägt, wonach die Sozialleistungen auf keinen Fall dazu dienen dürften, sog. »minderwertige Ballastexistenzen« zu erhalten. Die Sozialpolitik sollte vielmehr dazu beitragen, die Wurzeln sozialer Probleme zu beseitigen, indem »minderwertiges Erbgut« an der Fortpflanzung gehindert wurde. Zentral war hier der Gedanke, dass die als minderwertig eingeschätzten Teile der Bevölkerung sich schneller vermehrten als die angeblich wertvollen. Durch diese vorgebliche Erkenntnis gewann die Frage danach, wie mit diesen minderwertigen Individuen umgegangen werden müsse, eine völlig neue Dimension. W. Ayaß drückt dies so aus: „Rassenhygienisches Denken wurde als radikale und kostengünstige Alternative mehr und mehr auch von der Wohlfahrtspflege rezipiert ... . Dass ein maroder Volkskörper nur durch Abschneiden seiner kranken Teile geheilt werden könne, war pseudowissenschaftliches Volksvorurteil lange vor Machtantritt der Nationalsozialisten."[30]

Diese Analogie zwischen gesundem/krankem Körper und gesundem/krankem Staat hatte sich in den Jahrzehnten zuvor verbreitet. Bereits 1848 hatte Virchow ausgeführt, dass die Medizin eine soziale Wissenschaft sei, „und die Politik ist nichts weiter als Medizin im Großen".[31] Seit dieser Zeit gelangten biologische Metaphern in den allgemeinen Sprachgebrauch. Soziale Beobachtungs- und

---

29 Vgl. dazu insbesondere *Weindling, P.J.*, Die Verbreitung rassenhygienischen/eugenischen Gedankengutes in bürgerlichen und sozialistischen Kreisen in der Weimarer Republik, in: Medizinhistorisches Journal 22/1987, S. 352-368; sowie *Weiss, S.F.*, Die Rassenhygienische Bewegung in Deutschland 1904-1933, in: *Götz, A./Pross, Chr.*, Hrsg., Der Wert des Menschen. Medizin in Deutschland 1918-1945, Berlin 1989, S. 153-173.

30 *Ayaß, W.*, »Asoziale« im Nationalsozialismus, Stuttgart 1995, S. 13.

31 Zit. nach *Göckenjahn, G.*, Wandlungen im Selbstbild des Arztes seit dem 19. Jahrhundert, in: *Labisch, A./Spree, R.*, Hrsg., Medizinische Deutungsmacht im sozialen Wandel des 19. und frühen 20. Jahrhunderts, Bonn 1989, S. 89-102, S. 96.

Deutungsversuche erhielten einen biologischen Hintergrund und selbst antisoziales Verhalten wurde als biologischer Schaden aufgefasst, also als zugleich Folge und Ursache von Handlungen gegen die bürgerliche Ordnung und die Gesellschaft: „Der Landstreicher, der Schwärmer, der Bettler, aber vor allem der Kriminelle, sie alle mussten das Resultat eines dunklen, dem des Wahnsinns analogen Determinismus sein, das Resultat eines schicksalhaft ablaufenden Mechanismus, der in der körperlichen Konstitution des Individuums selbst begründet lag.“[32] Aus diesem Zusammenhang einer medizinischen Lehre von der möglichen Heilung der Gesellschaft sind die Konzepte aus dem Ende des 19. Jahrhunderts des »geborenen Verbrechers« von Lombroso ebenso zu sehen wie die Beschreibung der psychopathischen Minderwertigkeit bei J.L.A. Koch, aus der dann die moralische Schwachsinnigkeit wurde.[33]

Vor allem durch die Aufnahme des aus der Biologie stammenden Erklärungsmusters der Erblichkeit in die psychiatrische Krankheitslehre schien gesellschaftlich einflussreichen Teilen der Psychiatrie eine Wirkung jenseits der oft erfolglosen Therapie des Individuums möglich, die sich in gesellschaftlicher Eugenik und Prävention entfalten sollte. Es entstand der „Mythos der Heilbarkeit ... auch der Sozialen Frage.“[34] H.-G. Güse und N. Schmacke fassen die Hauptmotivstränge in der Psychiatrie dieser Zeit so zusammen: 1. ein sozialdarwinistisch begründetes Eintreten gegen eine vermeintliche Entartung der biologischen Substanz; 2. nationalistische Gefühle der Rettung eines Volksganzen; 3. Mitleid mit den Kranken.[35]

In diese sozialpolitische Konstellation führte die fürsorgerische Fachdiskussion in der Weimarer Republik den Begriff der »Verwahrung« bzw. der »Bewahrung« ein. Erstmals gebrauchte die Formulierung »Verwahrung« Agnes Neuhaus, die Hauptinitiatorin der Bewahrungsdiskussion in der Weimarer Republik.[36] Rückblickend erklärte sie selbst diese Wortwahl wie folgt: „Ich erinnere mich noch, wie ich am Schreibtisch saß und dachte, wie ich das Gesetz nennen sollte. Sie können sich nicht selbst verwahren, ich will das Gesetz daher Verwahrungsgesetz nennen.“[37] Den Auslöser für diese Überlegungen gaben die Erfahrungen,

---

32 *Jervis, G.*, Kritisches Handbuch der Psychiatrie, Frankfurt/Main 1978, S. 51 f.

33 *Vgl. Dörner, K./Plog, U.*, Irren ist menschlich. Lehrbuch der Psychiatrie/Psychotherapie, Bonn 1989, S. 471.

34 *Dörner, K.*, Tödliches Mitleid. Zur Frage der Unerträglichkeit des Lebens oder: die Soziale Frage: Entstehung, Medizinisierung, NS-Lösung, heute, morgen, Gütersloh 1988, S. 40.

35 *Güse, H.-G./Schmacke, N.*, Psychiatrie zwischen bürgerlicher Revolutin und Faschismus, Kronberg 1976, S. 419.

36 *Wollasch, Andreas*, Fürsorgeverein, S.194.

37 *Agnes Neuhaus* in: *Hopmann*, S.214.

die Agnes Neuhaus bei ihrer fürsorgerischen Hilfsarbeit in Dortmund im Jahre 1898 machte. Der dortige Dezernent für Armenverwaltung und Gemeindewaisenrat Stadtrat Dr. Henrici bezog als erster auch Frauen in die öffentliche Armenpflege ein, und erteilte Agnes Neuhaus am 18. Januar 1899 den Auftrag, eine arme Witwe auf der Geschlechtskrankenstation des städtischen Krankenhauses „Luisenhospital" zu besuchen.[38] Auf dieser Station kam sie erstmals mit den ebenfalls dort untergebrachten sogenannten „gefallenen Mädchen", vorwiegend „jungen Frauen, welche durch ihr unsittliches Leben krank geworden, von der Polizei dort eingeliefert worden waren"[39] in Kontakt. Neuhaus beschloss durch Gründung des kirchlichen „Vereins vom guten Hirten" zu helfen.[40] Aus diesem Verein ging der katholische Fürsorgeverein für Mädchen, Frauen und Kinder (KFV) hervor, dessen Vorsitz Agnes Neuhaus bis zu ihrem Tode am 20. November 1944 innehatte.[41]

Während ihrer Tätigkeit im KFV machte Neuhaus die Erfahrung, dass die Betroffenen zwar durch Fürsorgeerziehung während des Aufenthaltes in den Vereinsheimen sittlich ordentlicher lebten, nach ihrer Entlassung jedoch fast immer Rückfälle erlitten. Auf diese Weise setzte sich der Kreislauf zwischen sozialer Auffälligkeit, fürsorgerischer Intervention, Entlassung, Rückfall und erneuter Auffälligkeit jeweils weiter fort. Die helfende Arbeit des Fürsorgevereins gestaltete sich insbesondere deshalb nahezu aussichtslos, da der Großteil der betreuten Frauen „großjährig" und weder geisteskrank noch geistesschwach war und deshalb nicht entmündigt werden konnte. Durch ihren Mann, den Dortmunder Amtsrichter Adolf Neuhaus, der in vielen Fällen, die sie im Rahmen ihrer Tätigkeit im Fürsorgeverein zu bearbeiten hatte zuständiger Richter war, lernte Agnes Neuhaus den Umgang mit den geltenden Unterbringungsvorschriften und die Durchführung des Entmündigungsverfahrens, das in dem zu dieser Zeit gerade in Kraft tretenden Bürgerlichen Gesetzbuch normiert worden war. Sie erkannte aufgrund dieser praktischen Erfahrungen aber auch ebenso schnell die Lückenhaftigkeit dieser Bestimmungen.[42] Eindeutig stellte sich ihr die dringende Notwendigkeit dar eines „Gesetzes, das für die gestrandeten Menschen Anstaltsaufenthalt er-

38 *Pankoke-Schenk*, Zeitgeschichte, S. 133; *Hopmann*, S.32.

39 *Agnes Neuhaus* in: *Hopmann*, S. 33.

40 Zweck des am 19.Juni 1900 gegründeten Vereines war es durch zahlende Mitglieder die Unterbringung in „Klöstern vom Guten Hirten" zu finanzieren, wodurch sich auch der Name erklärt.

41 Die Gründung erfolgte 1907 durch Zusammenschluss der mittlerweile zahlreichen ähnlich strukturierten Ortsverbände. 1968 wurde der Verein in „Sozialdienst katholischer Frauen" umbenannt. Vgl. näher: *Kopp, Anna*; sowie ausführlicher *Wollasch, Andreas*, Fürsorgeverein.

42 *Hopmann*, S. 37, sowie *Pankoke-Schenk*, Zeitgeschichte, S.134.

möglicht, so lange ihr Zustand dies erfordert, und zwar mit öffentlichen Mitteln, unter staatlicher Autorität und unter staatlichem Schutz gegen etwaigen Missbrauch."[43]

An eine breite Öffentlichkeit ging Neuhaus mit diesem Anliegen erstmals 1918, als sie es in der Rechtskommission des Allgemeinen Fürsorge- und Erziehungstages in Frankfurt zur Diskussion stellte. Trotz einstimmiger Annahme dieses Antrages auf Erörterung des Themas wurde eine eingehende Beratung immer wieder verschoben, bis dieses Thema im Zuge der Revolutionsereignisse unterging.[44] Erst nachdem Agnes Neuhaus 1919 schließlich zum Mitglied der Nationalversammlung gewählt wurde, gelang es ihr, das Parlament von der Dringlichkeit des Gesetzes zu überzeugen.[45]

Unter Verwahrung bzw. Bewahrung, wie Neuhaus später formulierte, nachdem man sie darauf hingewiesen hatte, dass dies die sprachlich richtige Bezeichnung sei, da Verwahren in diesem Zusammenhang eine umgangssprachliche Formulierung darstellte,[46] wurde zunächst eine fürsorgerische Behandlung verstanden, die gegen den Willen und unter Umständen unter Anwendung von Zwang durchgeführt werden sollte.[47] Bewahrung sollte eine auf Erwachsene ausgedehnte Fürsorgeerziehung darstellen. W. Ayaß hebt jedoch auch hervor, dass im Bewahrungsgedanken sehr unterschiedliche Strömungen zum Ausdruck kamen:[48]

- die Forderung nach Entkriminalisierung von Vagabondage und Prostitution unter Aufrechterhaltung fürsorgerischer Maßnahmen;
- das gestärkte Selbstbewusstsein der Fürsorge, die glaubte, für ihre Klientel besser sorgen zu können als Richter und Verwaltungsbehörden;
- die Bemühung, die Arbeitshäuser durch Bewahranstalten ersetzen zu können, in denen fürsorgerische Maßnahmen möglich sein sollten;
- der Gedanke von der Notwendigkeit einer weiteren fürsorgerischen Betreuung für altersbedingt entlassene Fürsorgezöglinge.

---

43 *Neuhaus*, Entstehung und Bedeutung eines Bewahrungsgesetzes, Jugendwohl 1933, S. 260.

44 *Wollasch*, Fürsorgeverein, S. 196.

45 Vgl. die Darstellung des Antrages Neuhaus vom 21. März 1921, unten unter II, 3.

46 *Hopmann*, S. 214.

47 *Vgl. Ayaß, W.*, »Asoziale« im Nationalsozialismus, Stuttgart 1995, S. 14; sowie *Schmidt, W.-K.*, Das Bewahrungsgesetz im neuen Recht und seine Beziehung zum Strafrecht, Diss. Halle 1937, S. 17.

48 *Ayaß, W.*, »Asoziale« im Nationalsozialismus, Stuttgart 1995, S. 15.

Ayaß fasst zusammen: „Innerhalb der deutschen Fürsorge erschien der schnell populär gewordene Bewahrungsgedanke bald als Allheilmittel für ihre verschiedensten Sparten, wie insbesondere die Jugendfürsorge, aber auch die für Prostituierte zuständige Gefährdetenfürsorge, die Wandererfürsorge und die städtischen Wohlfahrtsämter.“ Er weist aber auch darauf hin, dass sich die lange Bewahrungsdiskussion in der Weimarer Zeit nur schwer in ein aus der politischen Diskussion entlehntes Rechts-links-Schema einordnen lässt.[49]

3. Die antipsychiatrische Bewegung und die Projekte zu einem Irrenschutzgesetz.

Letztlich begünstigt wurden die Bestrebungen zur Schaffung eines Bewahrungsgesetzes durch die parallel zur fürsorgerischen Diskussion bereits seit Anfang des 20. Jahrhunderts zwischen Vertretern der (Straf-) Justiz und solchen der Psychiatrie geführte Auseinandersetzung über die Grenzen der Zuständigkeit psychiatrischer Ärzte in Unterbringungsfragen. Es hatte sich nach und nach eine wahre Bewegung in der ehemalige psychiatrische Patienten, Juristen, Psychiater und andere Ärzte neben den menschenunwürdigen Zuständen in den bestehenden Irrenanstalten die gesamte psychiatrische Internierungspraxis kritisierten, formiert. Diese Kritik beeinflusste – nicht zuletzt durch die sich vermehrt einschaltenden Journalisten – das gesamte kulturelle Leben dieser Zeit und schlug sich auch in der Literatur nieder. Die veröffentlichten Erfahrungs- und Zustandsberichte von zu Unrecht Eingesperrten stießen auf großes öffentliches Interesse.

Hinzukam, dass um die Jahrhundertwende sowohl in Deutschland als auch in den europäischen Nachbarstaaten ein stetiger Anstieg sowohl der Zahl der Irrenanstalten als auch der in diesen internierten Patienten zu beobachten war. In seiner über dieses Phänomen angestellten Untersuchung beziffert Blasius diesen „Hospitalisierungsschub“[50] anhand einzelner Länderzahlen wie folgt: „In Baden stand für die Jahre 1875 bis 1905 einem Bevölkerungswachstum von 33,4 % eine Zunahme der Geisteskranken in den staatlichen Anstalten von 245 % gegenüber; 1875 kamen auf 100.000 Einwohner 64 internierte Geisteskranke, 1905 waren es 166. In der Schweiz verdoppelte sich zwischen 1873 und 1912 die Zahl der Irrenanstalten von 12 auf 24; 1880 zählte man auf 100.000 Einwohner 125 Irre in Anstalten, 1910 war diese Zahl auf 251 angewachsen“[51]. Die Bevölkerung Preu-

49 *Ayaß, W.*, »Asoziale« im Nationalsozialismus, Stuttgart 1995, S. 16.

50 Dirk Blasius: „Einfache Seelenstörung“. Geschichte der deutschen Psychiatrie 1800 – 1945. S. 79.

51 Dirk Blasius: „Einfache Seelenstörung“. Geschichte der deutschen Psychiatrie 1800 – 1945. S. 79.

ßens vermehrte sich von 27 Millionen i.J. 1880 auf 40 Millionen i.J. 1910. Demgegenüber nahm die Zahl der in Irrenanstalten eingesperrten Insassen im gleichen Zeitraum von 27.000 auf 143.000 zu.[52]

Dieser rapide Anstieg wurde auf die während dieser Zeit stattfindende „Transformation der Reformpsychiatrie des frühen 19. Jahrhunderts zu einer Ordnungspsychiatrie der letzten Jahrzehnte vor dem Jahrhundertwechsel“[53]zurückgeführt.[54] Immer öfter wurden – so der Vorwurf der Psychiatriegegner – „Irrenhäuser zur Entfernung unliebsamer und störender Mitmenschen missbraucht, indem einzelne Ärzte „leichtfertige Verrücktheitserklärungen“[55] abgaben.

Um diese – nunmehr öffentlichen – Missstände zu beseitigen wurde insbesondere aus den Reihen der Juristen der Ruf nach der Verabschiedung eines reichseinheitlichen Irrengesetz immer lauter. In Anlehnung an die in anderen europäischen Staaten geltenden Regeln sollten sowohl mit Laien als auch mit Fachleuten besetzte Kontrollkommissionen gebildet werden, um die Anstaltseinweisung transparent zu machen. Darüber hinaus wurde gefordert, dass jedem internierten Kranken die Möglichkeit gegeben wurde einen ärztlichen Gegengutachter heranzuziehen. Schließlich sollten die Möglichkeiten der Verfolgung all derer, die Bürger widerrechtlich eingewiesen hatten, erweitert werden.

Veröffentlicht wurden diese Forderungen erstmals in dem folgenden Aufruf in der „Kreuzzeitung“[56] vom 9. 7. 1892:

> „Auf keinem Gebiet unseres Rechtslebens ist dem Irrtum, der Willkür und der Absicht ein solcher Spielraum gewährt, als auf dem der Irrsinnserklärung. Eine Anzahl Fälle ist in den letzten Jahren ans Tageslicht gekommen, in welchen Leute, die nach der Auffassung weiter Kreise durchaus bei Verstand waren, für geisteskrank erklärt oder gar ins Irrenhaus gesperrt worden sind, z.B. Fürst Sulkowski, Herrmann, Dr. Struwe, Ahrens, Dr. Brozeit, Draak, Powitz, de Jonge und andere.
>
> Dem als geisteskrank Angeschuldigten ist die Verteidigung so gut wie unmöglich gemacht, dem im Irrenhaus Begrabenen ist sie vollständig genommen. In unserer durch die wichtigsten Fragen fortwährend bewegten Zeit können diejenigen, welche nach

---

52 Dirk Blasius: „Einfache Seelenstörung“. Geschichte der deutschen Psychiatrie 1800 – 1945. S. 74-75..

53 Schmiedebach, „Eine antipsychiatrische Bewegung um die Jahrhundertwende“, S. 130.

54 Im Ergebnis so auch Dirk Blasius: „Einfache Seelenstörung“. Geschichte der deutschen Psychiatrie 1800 – 1945. S. 80.

55 Schmiedebach, „Eine antipsychiatrische Bewegung um die Jahrhundertwende“, S. 131.

56 Bei der als „Kreuzzeitung“ bekannten „Neue Preußische Zeitung“ handelte es sich um ein konservatives Blatt mit leicht antisemitischen Tendenzen.

schweren Kämpfen dem offiziellen geistigen Tode entgangen sind, als Kämpfer für das in ihnen geschädigte allgemeine Recht naturgemäß nur wenig oder gar nichts ausrichten. Destso nötiger ist es, dass sich zum Schutze der durch die jetzige Praxis bedrohten staatsbürgerlichen Rechte Männer vereinigen, welche aus den an die Öffentlichkeit gedrungenen Fällen oder aus der über dieses Gebiet vorhandenen Literatur die Überzeugung gewonnen haben, dass hier ein Schutz und eine Änderung der Gesetzgebung dringend erforderlich ist. Die unschätzbaren Güter des Verstandes, der Rechtsfähigkeit und der Freiheit bedürfen eines wirksameren Schutzes als das freie Ermessen des Richters und das Gutachten der von ihm oder von der Polizeibehörde beauftragten „Sachverständigen". Einen solchen Schutz können wir nur darin erblikken, dass hierbei nicht juristische und medizinische, sondern lediglich die praktischen Gesichtspunkte, die erwiesene Hilflosigkeit oder Gefährlichkeit, ausschlaggebend sein dürfen. Es muß die Entscheidung über jede Entmündigung wegen Geisteskrankheit und über jede Internierung in eine Irrenanstalt, bei der es sich nicht um einen plötzlich in gefahrdrohender Weise hervortretenden Ausbruch von Geistesstörung handelt, in die Hand einer Kommission unabhängiger Männer gelegt werden, die das Vertrauen ihrer Mitbürger genießen. In den erwähnten dringenden Notfällen der sofortigen von der Polizei oder den Nächstbeteiligten vorzunehmenden Überführung in ein Irrenhaus wird eine nachträgliche Prüfung stattzufinden haben. Endlich halten wir eine schärfere Kontrolle der Irrenanstalten, insbesondere der privaten, für dringend geboten.

Da gegen eine solche Reform eine starke Strömung vorhanden ist, so müssen wir auf die öffentliche Meinung zu wirken suchen, denn sie ist größtenteils noch blind gegen Gefahren, vor denen bei irgendwelchen Kollusionen doch niemand sicher ist. Wir beabsichtigen daher, Bestrebungen in Literatur und der Presse, welche auf eine Reform der Gesetzgebung in der angegebenen Richtung zielen, zu unterstützen, sowie durch Petitionen an die gesetzgebenden Faktoren auf eine solche hinzuwirken. Dazu bitten wir alle, denen eine solche Reform wünschenswert erscheint, um ihre Mithilfe."

Unterzeichnet war dieser Aufruf von 111 Persönlichkeiten der Öffentlichkeit, unter denen sich zahlreiche Mitglieder des preußischen Herrenhauses und höhere Offiziere befanden. Die Mehrheit der Unterzeichner war dem konservativen nationalen bis antisemitischen Lager zuzurechnen.

Insbesondere dem letzten Absatz des Aufrufes ist zu entnehmen, wie sehr die Verfasser beabsichtigen ihre Forderungen mit Hilfe der Öffentlichkeit durchzusetzen. Auffällig ist weiterhin, mit welcher Unbefangenheit die ärztliche Expertise als inkompetent bezeichnet wurde.[57]

Im Rahmen der ersten zu diesem Thema 1892 geführten parlamentarischen Debatten stellte der sozialdemokratische Reichstagsabgeordnete Julius Lenzmann

57 So auch Schmiedebach, „Eine antipsychiatrische Bewegung um die Jahrhundertwende", S. 133.

in der 154. Sitzung des Reichstages am 16.1.1895 einen Antrag „Patienten in Heilanstalten für Geisteskranke betreffend".[58]

Die Vorbereitungen für ein entsprechendes Reichsgesetz liefen jedoch nie richtig an, da Preußen einer solchen reichsgesetzlichen Regelung mit der Argumentation, dass die Bestimmungen des BGB, der ZPO und der jeweiligen landesrechtlichen Regelungen ausreichten, gleich zu Beginn der Diskussion widersprochen hatte.

In der Folgezeit wurden die Ziele der „psychiatriekritischen Bewegung"[59] durch unzählige neu gegründete Irrenrechtsreformvereine weiter verfolgt. In ihren Publikationen stellten diese immer wieder Einzelschicksale dar, um die breite Öffentlichkeit auf die „Missstände" aufmerksam zu machen. Auf das Betreiben eines dieser Vereine, des „Vereins für Irrenrechtsreform"[60] erarbeitete das Reichsministerium des Inneren 1923 schließlich einen Entwurf für ein Reichsgesetz mit dem Titel „Grundzüge zu einem Schutzgesetz für Geisteskranke (Irrenschutzgesetz)".[61] Bereits aus der Überschrift wird die Grundtendenz des Entwurfes deutlich. Es sollten angeblich Kranke vor widerrechtlicher Internierung in Irrenanstalten geschützt werden. Hierzu wurde das Aufnahmeverfahren für die Anstalten detailliert geregelt (Ziffer 2 – 14 des insgesamt 23 Ziffern umfassenden Entwurfes). In den folgenden Ziffern finden sich ausschließlich Vorschriften über das Entlassungsverfahren.

Bereits diese Aufteilung war Anlaß für die Hauptkritik an diesem Entwurf. Den Verfassern wurde vorgeworfen, die erheblichen Gefahren denen ein Kranker ausgesetzt ist, wenn er nicht in eine Anstalt eingewiesen wird, verkannt zu haben. Ein solcher Kranker sei – so wurde argumentiert – völlig schutzlos ohne jedwede behördliche Kontrolle der Willkür, Unvernunft oder auch Bösartigkeit seiner Mitmenschen ausgesetzt. Eigennützige (Vermögensrechtliche) Beweggründe dieser Mitmenschen und vor allem auch Verwandten wären unkontrollierbar, da in dem Irrenschutzgesetzentwurf lediglich die Art und Weise der Unterbringung geregelt sei.

---

58 Stenographische Berichte über die Verhandlungen des Reichstages, IX Legislaturperiode, IV Session 1895/97, Band 6, S. 4083 (154. Sitzung am 16.1.1895).

59 So bezeichnet von Schmiedebach, „Eine antipsychiatrische Bewegung um die Jahrhundertwende", S. 156.

60 Eine Auflistung weiterer Vereine findet sich bei Rittershaus, Die Irrengesetzgebung in Deutschlang, S. 18 ff. . Rittershaus bezeichnet die Mitglieder des Vereins für Irrenrechtsreform als „geistige Väter" dieses Entwurfs (Ebenda S. 127).

61 Auf die Wiedergabe des Volltextes dieses Entwurfes wurde i.R. dieser Arbeit verzichtet. Der Verfasser hat sich der Übersichtlichkeit halber auf die Darstellung der Hauptkritikpunkte beschränkt. Der vollständige Text ist bei Rittershaus, Die Irrengesetzgebung in Deutschlang, auf S. 130 – 138 abgedruckt.

Darüber hinaus wurde argumentiert, dass der Entwurf die „ganze Entwicklung der Psychiatrie in den letzten 100 Jahren“[62] ignorierte, da der Tatsache, dass in der modernen Psychiatrie die rein äußerliche Freiheitsbeschränkung nur eine von vielen zur Verfügung stehenden Therapien sei, an keiner Stelle Rechnung getragen würde. Völlig außer Acht lassen würde der Entwurf außerdem die modernen Einrichtungen wie offene Häuser bzw. Abteilungen, sowie die Möglichkeit der Stadt- und Heimaturlaube. Der Entwurf vermittle vielmehr den Eindruck als handele es sich bei den Irrenanstalten um polizeiliche Verwahrungshäuser für gemeingefährliche Geisteskranke. Die in der Praxis übliche freiwillige Aufnahme würde von dieser Darstellung der Anstalten als „Parallelinstitute des Zuchthauses“[63] gar nicht erfasst.

Die hamburgische forensisch psychologische Gesellschaft fasste die Kritikpunkte an diesem Entwurf in einer Entschließung vom 28.März 1924 zusammen:

Die Regelung des Schutzes der „Irren“, insbesondere die im Entwurf enthaltenen Bestimmungen über die Aufnahme von Geisteskranken in Anstalten seit „vorwiegend Sache der Verwaltung. Gegen eine einheitliche Regelung im Wege des Reichsgesetzes bestehen Bedenken nicht. Für die richterliche Tätigkeit ist jedoch Raum nur im Rahmen der Verwaltungsgerichtsbarkeit.“

Der Entwurf erfülle die an einen Gesetzentwurf zu stellenden Anforderungen in keiner Weise und lasse die ganze Entwicklung des deutschen „Irrenwesens“ außer acht:

> 1. Er ist kein „Irrenschutzgesetz“, denn er behandelt nur die Unterbringung von Geisteskranken in Krankenanstalten, ohne sich mit der übrigen, wesentlich wichtigeren Frage des Schutzes der Geisteskranken nur irgendwie zu beschäftigen.
> 2. Der Entwurf macht aus den Irrenanstalten Verwahranstalten fast nur für gemeingefährliche Geisteskranke und für Patienten, deren Krankheit durch einen Gerichtsbeschluss amtlich festgestellt ist. Er entkleidet die Anstalten ihres Krankenhauscharakters und wirft die moderne Entwicklung des Irrenwesens, bei der die äußere Freiheitsbeschränkung nur ein, nicht einmal wesentlicher Punkt ist, und die vor allem die Behandlung und Heilung der Kranken erstrebt, um viele Jahrzehnte zurück.
> 3. Durch den Entwurf werden die Anstaltsinsassen als Geisteskranke amtlich abgestempelt; dadurch wird ihnen die Rückkehr ins bürgerliche Leben nach erfolgter Heilung und somit die Heilung selbst in unverantwortlicher Weise erschwert. Der Entwurf drängt den Kranken einen „Schutz“ auf, der ihnen schadet.
> 4. Der Entwurf verzögert, ja verhindert die rechtzeitige Aufnahme zahlreicher Kranker, namentlich der leichteren und heilbaren Fälle.“

Erstrebenswert sei nicht ein „Irrengesetz“ im Sinne des Entwurfes, sondern ein Fürsorgegesetz für Geisteskranke:

---

62 Rittershaus, Die Irrengesetzgebung in Deutschlang, S. 122.

63 Rittershaus, Die Irrengesetzgebung in Deutschlang, S. 122..

„1. Dieses Gesetz soll den Kranken außerhalb der Anstalt vor vermögensrechtlicher Ausbeutung, vor Verwahrlosung, Misshandlung, Kriminalität und Selbstmord schützen. Das ist zu erreichen durch die verstärkte Betonung des Krankenhauscharakters der Anstalt, durch möglichste Erleichterung der Aufnahme und dadurch, dass diejenigen, welche gegen ausdrücklichen ärztlichen Rat oder sonst aus grober Fahrlässigkeit die Anstaltsbehandlung verzögern oder die vorzeitige Entlassung herbeiführen, für jeden etwaigen, den Kranken oder anderen Personen erwachsenden Schaden haftbar gemacht und gegebenenfalls mit strafrechtlicher Verfolgung bedroht werden.
2. Der Schutz der Anstaltsinsassen ist auf die Sicherheit dafür zu beschränken, dass alle Anträge und Beschwerden den zuständigen Stellen zuverlässig zugeleitet werden, und dass die Aufsichtsstellen das Schicksal der internierten Geisteskranken von sich aus nachprüfen. Ein Ausbau des Beschwerderechtes.....erscheint angebracht."[64]

Nach Erhalt dieser Entschließung veranlasste der Reichsminister des Inneren unverzüglich, dass der Gesetzentwurf zurückgezogen wurde.

Fortan konzentrierten sich die Aktivitäten der Irrenrechtsreformbewegung auf die Schaffung fürsorgerischer Regelungen. Es hatte sich die Erkenntnis durchgesetzt, dass kein Irrenschutzgesetz, sondern vielmehr ein Irrenfürsorgegesetz gebraucht würde, weshalb nunmehr die in den folgenden Kapiteln dieser Arbeit dargestellten Projekte zu einem Bewahrungs – bzw. Verwahrungsgesetz unterstützt wurden.

Rückblickend stellt sich als Hauptgrund für des Scheitern der „antipsychiatrischen Bewegung" der Umstand dar, das diese sich ausschließlich auf die Verbesserung der institutionellen Abläufe der Irrenpflege konzentrierte. Hierdurch vermochte sie niemals den Status einer Betroffenenbewegung zu überwinden und nachhaltig Einfluss auf die weitere Entwicklung der Irrengesetzgebung zu nehmen. In den zwanziger Jahren verebbte die Bewegung schließlich. Neben den aufgezeigten Defiziten war dies wohl auch eine Folge der Inflation, aufgrund derer die verschiedenen Verbände und Vereine ihre Publikationen einzuschränken gezwungen waren.

4. Die Projekte zu einem Bewahrungs- bzw. Verwahrungsgesetz

In der 1. Wahlperiode des Reichstags brachte am 21. März 1921 die Abgeordnete Neuhaus zusammen mit ihren Parteikollegen Trimborn und Marx (Zentrumspartei) einen „Entwurf eines Gesetzes betreffend Überweisung zur Verwahrung" im

64 Diese Entschließung wurde als Ergebnis der Sitzung der forensisch-psychologischen Gesellschaft in Hamburg vom 28. 3. 1924 verfasst. Sie ist abgedruckt bei Rittershaus, Die Irrengesetzgebung in Deutschlang, S. 129 ff.

Parlament ein.[65] Das Gesetz macht aus heutiger Sicht auf den ersten Blick nicht den Eindruck, dass damit eine rechtsstaatliche Grundsätze verletzende oder zur Anstaltsunterbringung beliebiger (bzw. missliebiger) Menschengruppen berechtigende Normierung beabsichtigt worden sei. Ein richtiges Verständnis ist jedoch nur mit Blick auf die Hintergründe und die Vorgeschichte dieses Antrages möglich. Wie bereits dargestellt, hatte Agnes Neuhaus schon auf einer Gefährdetenfürsorgetagung am 10. Oktober 1918 ein Verwahrungsgesetz für geistig Minderwertige gefordert.[66] Die Notwendigkeit einer solchen Regelung begründete sie damit, dass ihren Erfahrungen zufolge die Entmündigung als einzige gesetzliche Grundlage versage, wenn das Mündel »anstaltsbedürftig« wurde, ohne gemeingefährlich zu sein.[67]

Hier wurden bereits zwei Themen angesprochen, die dann während der Zeit der nationalsozialistischen Herrschaft in den Vordergrund treten sollten: die Minderwertigkeit der zu verwahrenden Personen und die Unabhängigkeit einer Verwahrung von der Gemeingefährlichkeit der betreffenden Personen. Im Unterschied zum Gesetzentwurf war nun ganz selbstverständlich von »Asozialen« die Rede, worunter »Halt- und Willenlose«, »Geistesschwache« sowie allgemein Betrüger verstanden wurden. Die Bewahrung wurde hier gefordert, da diese Personen „einer Bewahrung vor ihrer eigenen Veranlagung, einer Bewahrung um ihrer selbst willen bedürfen“.[68]

Eine Verwahrung volljähriger Personen sollte nach diesen Ausführungen statthaft sein zum Zwecke der „Verwahrung vor körperlicher oder sittlicher Verwahrlosung oder zum Schutz des Lebens oder der Gesundheit“ der zu verwahrenden Personen. Voraussetzung dafür sollte jedoch sein, dass diese Personen entweder bereits in Fürsorgeerziehung standen – in diesem Fall sollte eine Verwahrung nach Beendigung der Fürsorgeerziehung möglich sein, oder dass diese Personen wegen Geisteskrankheit oder Geistesschwäche bereits entmündigt waren. Die Kompetenz einer Überweisung zur Verwahrung sollte bei dem Amtsgericht liegen, bei dem der zu Überweisende seinen allgemeinen Gerichtsstand hatte. Damit sollte den allgemeinen Grundsätzen der Rechtsstaatlichkeit Rechnung getragen werden. Es mussten also als Voraussetzung für eine Überweisung

65 RT-Drucksache Nr. 1766 vom 21.3.1921, auch in den Akten des Reichsjustizministeriums, BA Berlin, R 3001/ 6084, Bl.70.

66 Vgl. hierzu neben der obigen Darstellung auch die kurze Zusammenfassung bei *I. Jaeger*, Vorarbeiten und Entwürfe zu einem Reichsbewahrungsgesetz, in: Deutsche Zeitschrift für Wohlfahrtspflege, Juli 1925, S. 160-163 u. S. 206-212.

67 Vgl. zum Folgenden *W. Schubert*, Einleitung, in: *ders.*, Hrsg., Akademie für Deutsches Recht 1933-1945, Protokolle der Ausschüsse, Bd. VIII, S. XXXIX f.

68 Vgl. dazu *D. Peukert*, Grenzen der Sozialdisziplinierung. Aufstieg und Krise der deutschen Jugendfürsorge von 1878 bis 1932, 1986, S. 263 ff.

zur Verwahrung zwei selbständige Gerichtsbeschlüsse vorliegen, einer auf Entmündigung oder Fürsorgeerziehung und einer auf Verwahrung.

Darüber hinaus war als Schutzvorschrift eingefügt worden, dass der zu Überweisende vor Beschlussfassung gehört werden sollte, wobei sich der Gesetzentwurf allerdings auf eine Sollvorschrift beschränkte. Nur bei Gefahr im Verzug sollte das Amtsgericht schon vor der Rechtskräftigkeit der Entmündigung eine vorläufige Überweisung anordnen können. Darüber hinaus sollte der Überwiesene „jederzeit" während der Verwahrung die Möglichkeit haben, bei dem Amtsgericht, das die Verwahrung ausgesprochen hatte, einen Antrag auf widerrufliche Entlassung aus der Anstalt oder auf Aufhebung der Überweisung stellen zu können.

Der genannte Entwurf war auf der Tagung des Deutschen Ausschusses für Gefährdetenfürsorge in Jena 1920 vorbereitet worden. Die enge Umgrenzung des von dem Gesetz betroffenen Personenkreises war vor allem aus der Überlegung hervorgegangen, dass Widerstand gegen ein Verwahrungsgesetz bei den in dem Gesetz genannten Gruppen am wenigsten zu erwarten war. Die folgenden Debatten behandelten die Frage, ob ein Gesetz für einen so eng gezogenen Personenkreis überhaupt irgendeinen Nutzen erbringen könnte. Es zeigt sich hier auch die Stimmung im Reichstag und in der politischen Öffentlichkeit dieser Zeit, wo man befürchtete, bei einer Erweiterung des betroffenen Personenkreises ein Bewahrungsgesetz in absehbarer Zeit auf nationaler Ebene nicht durchsetzen zu können.

Insbesondere der Deutsche Ausschuss für Gefährdetenfürsorge beschäftigte sich in der folgenden Zeit mit Abänderungen und Erweiterungen des Gesetzentwurfes. Im Jahre 1922 wurde zudem durch den Deutschen Verein für öffentliche und private Fürsorge eine Kommission ins Leben gerufen, die die Frage der Versorgung »asozialer« Personen, wie sie in den entsprechenden Veröffentlichungen zu dieser Zeit ganz selbstverständlich genannt wurden, untersuchen sollte.[69] Hier wurden etwa Fragen behandelt wie die mögliche Ersetzung eines Bewahrungsgesetzes durch eine Neuregelung der Entmündigung, da eine solche Gesetzesänderung u. U. einfacher durch das Gesetzgebungsverfahren zu bringen sei, sowie die Abgrenzung der gemeingefährlichen von den harmlosen Geisteskranken. Grundsätzlich aber war man sich dabei einig, dass ein Bewahrungsgesetz den Schutz des Einzelindividuums in den Mittelpunkt stellen und nur mittelbar zum Schutz der Allgemeinheit dienen sollte.

Als eigentlicher Zweck des geforderten Gesetzes wurde in den Kommissionsberatungen angesehen, „bei Personen, die durch ihr Verhalten ihre Unfähigkeit

69 Zur Diskussion um das Thema der »Asozialität« generell in der Zeit der Weimarer Republik vgl. *W. Ayaß*, »Asoziale« im Nationalsozialismus, Stuttgart 1995, S. 13ff.

zu einer selbständigen Lebensführung bewiesen haben, die Verbringung in Anstaltsfürsorge zu erleichtern." Das Gesetz sollte „zwar auch den Schutz der Öffentlichkeit vor den Folgen des asozialen Verhaltens solcher Personen bezwekken, darf aber daneben den Schutz der Interessen des betreffenden Individuums nicht außer Acht lassen."[70] Entscheidend schien den Kommissionsmitgliedern also der Schutz vor »Verwahrlosung«. Eine Verwahrung sollte nur möglich sein, „soweit dies zur Bewahrung von körperlicher oder sittlicher Verwahrlosung erforderlich ist". Aber es wurde auch festgehalten, dass eine Entmündigung wegen Geisteskrankheit, Geistesschwäche oder Trunksucht der endgültigen Überweisung zur Verwahrung vorausgegangen sein müsse. Bezüglich der Voraussetzungen der Entmündigung nach § 6 Abs. 1 BGB wurde festgestellt, dass viele Richter diese Vorschrift immer noch auf den Schutz der Sorge für das Vermögen beschränkten, obwohl nach einigen reichsgerichtlichen Entscheidungen auch an den Schutz der persönlichen Angelegenheiten zu denken sei. Die Entscheidung über die Verwahrung sollte nicht einem Zivilgericht, sondern dem Vormundschaftsgericht übertragen werden. Die Kommission betrachtete es als Vorzug, dass Entmündigungsrichter und Vormundschaftsrichter nicht personengleich waren, „da hiermit eine nochmalige Überprüfung des Tatbestandes verbunden sei."

Der Entwurf von Neuhaus wurde ohne Aussprache in erster Lesung vom Plenum des Reichstags dem 29. Ausschuss zur weiteren Behandlung überwiesen. Zu einer gesetzlichen Regelung auf dieser Grundlage kam es jedoch nicht, zum einen, weil viele entscheidende Fragen in diesem Gesetzentwurf noch nicht geklärt waren, zum anderen aber auch wegen der fehlenden Kostenregelung der Anstaltsunterbringung, über die eine Einigung zwischen Reichsregierung und Ländern nicht möglich war.

Am 4. Februar 1925 beantragte die Abgeordnete Neuhaus (mit Fraktionsunterstützung) im neuen Reichstag, der Reichstag möge beschließen, die Reichsregierung zu ersuchen, baldigst den Entwurf eines Verwahrungsgesetztes vorzulegen, „nach welchem Personen, die wegen geistiger Minderwertigkeit nicht nur eine Gefahr für die Allgemeinheit bedeuten und meist elend zugrunde gehen, sondern auch dem Staat und den Kommunalverbänden fortgesetzt erhebliche Auslagen auferlegen, ... in menschenwürdiger Weise verwahrt werden, unter produktiver Verwertung ihrer oft sehr beachtenswerten Leistungsmöglichkeiten."[71] Dieser Antrag schloss unmittelbar an vorangegangene Initiativen an. In die gleiche Richtung zielende Anträge waren kurz zuvor am 9. Januar 1925 von den Ab-

70 Eingabe des Deutschen Vereins für öffentliche und private Fürsorge, Kommissionsberatungen zum Entwurf eines Gesetzes, betreffend Überweisung zur Verwahrung, Berlin, 18. November 1922, in Akten des Reichsjustizministeriums, BA Berlin R 3001/6084, Bl. 83.

71 RT-Drucksache Nr. 482 vom 4. Februar 1925, 3. Wahlperiode 1924/25.

geordneten Schiele, Mueller-Otfried und Fraktion (Deutsch-Nationale Volkspartei – DNVP) mit der Erklärung eingebracht worden, es handele sich um ein Verwahrungsgesetz gegen „asoziale Elemente".[72] Außerdem hatten am 10. Januar 1925 die Abgeordneten Müller und Genossen (SPD) ohne nähere Begründung einen entsprechenden Antrag eingebracht, der sich auf die Forderung beschränkte, den Entwurf eines Verwahrungsgesetzes vorzulegen.[73]

Am 11. März 1925 wurde ein neuer Gesetzentwurf durch den Deutschen Verein für öffentliche und private Fürsorge bei der Reichsregierung, dem Reichstag und dem Reichsrat eingereicht, und im gleichen Monat wurde noch ein zweiter Gesetzentwurf für ein Bewahrungsgesetz dem Reichstag vom Deutschen Verband zur Förderung der Sittlichkeit (v. Düring/Pappritz) zugeleitet. Der Gesetzentwurf des Deutschen Vereins für öffentliche und private Fürsorge trug den Titel „Entwurf zu einem Bewahrungsgesetz".[74] Eine Überweisung zur Bewahrung sollte zunächst die Verwahrlosung bzw. drohende Verwahrlosung voraussetzen, wenn

> „a) dieser Zustand auf einer krankhaften oder außergewöhnlichen Willens- oder Verstandesschwäche oder auf einer krankhaften oder außergewöhnlichen Stumpfheit des sittlichen Empfindens beruht und
> b) keine andere Möglichkeit besteht, diesen Zustand der Gefährdung oder Verwahrlosung zu beheben."

Bemerkenswert war daran zunächst, dass auf jede Definition des Zustandes der Verwahrlosung verzichtet wurde. Dies deutet darauf hin, dass die Autoren des Entwurfes offenbar von einem in weiten Kreisen des politischen und sozialen Lebens ebenso wie in der Rechtspflege selbstverständlichen Verständnis dieses Begriffes ausgingen. Ähnlich verhält es sich mit dem Begriff einer „Stumpfheit des sittlichen Empfindens". Der letztere Begriff diente zur näheren Bestimmung der Verwahrlosung, die u. a. dann zu den vom Gesetz vorgesehenen Folgen führen sollte, wenn eine solche „Stumpfheit" gerichtlich diagnostiziert wurde.

Das Verfahren war ähnlich wie in dem Entwurf von 1921 geregelt. Der zu Bewahrende musste angehört werden, eine ärztliche Begutachtung sollte stattfinden, und die sofortige Beschwerde mit aufschiebender Wirkung sollte zulässig sein. Eine Überprüfung des Vorliegens der Voraussetzungen musste in einem Zeitraum zwischen 6 Monaten und 3 Jahren je nach der Anordnung der Bewahrung von Amts wegen stattfinden.

---

72 RT-Drucksache Nr. 216 vom 9. Januar 1925, 3. Wahlperiode 1924/25.

73 RT-Drucksache Nr. 243 vom 10. Januar 1925, 3. Wahlperiode 1924/25.

74 Akten des Reichsjustizministeriums, BA Berlin, R 3001/6084, Bl. 111; da der Entwurf nicht von Abgeordneten des Reichstags eingebracht wurde, befindet er sich nicht in den Reichstagsdrucksachen.

In der Begründung wurde die Bewahrung im Sinne dieses Gesetzes als eine fürsorgerische Maßnahme bezeichnet mit der Maßgabe, „einer drohenden Verwahrlosung vorzubeugen, sie nach Möglichkeit zu beheben oder, wo dies unmöglich erscheint, durch Unterbringung in einer geeigneten Anstalt oder Familie das völlige Verkommen und Verderben hintanzuhalten."[75] Hier wurde auch der Begriff der Verwahrlosung näher umschrieben, wonach sich Verwahrlosung auf die verschiedenste Weise in „asozialem Verhalten" äußere, und als Beispiele Bettler, Landstreicher, Trunksüchtige und Personen, die gewerbsmäßig Unzucht trieben, genannt wurden. Deren Verwahrlosung – und dementsprechend die Erscheinungsform im asozialem Verhalten – könne körperlich, geistig oder sittlich sein.

Etwas näher wurde Verwahrlosung mit ihrer Erscheinungsform der Asozialität als „Zustände des Geistes-, Willens- oder Gemütlebens, ... , die zwar von der Norm erheblich abweichen, sich aber nicht unter die herrschenden Begriffe eines krankhaften Zustandes einreihen lassen" bezeichnet. Das Verhältnis von Wesen und Symptomatik wurde dann jedoch wieder umgekehrt beschrieben, wenn als verwahrungsbedürftig solche Personen genannt wurden, „deren asoziales Verhalten Verwahrlosung nach sich zieht". Dieser Zusammenhang wurde dann für das Gesetz spezifiziert, indem als Bedingung hinzugefügt wurde, dass „dieser Zustand auf einer krankhaften oder außergewöhnlichen Schwäche des Verstandes- oder Willenslebens oder auf einer krankhaften oder außergewöhnlichen Stumpfheit des sittlichen Empfindens beruht."

Das Syndrom der Bewahrungsbedürftigkeit wurde also unter verschiedenen Aspekten beschrieben und als Begründung für eine gesetzliche Regelung herangezogen. Grundsätzlich ging es nicht in erster Linie um Verhalten, schon gar nicht um Taten, sondern primär wurde eine Haltung beschrieben, die diffus blieb, aber deren Beschreibung andererseits ausreichen sollte, um eine Bewahrung – also eine Freiheitsentziehung ohne rechtskräftige Verurteilung aufgrund einer strafbaren Handlung – zu rechtfertigen. Diese Beschreibung sollte also ausreichen, um eine staatliche Aktion zu begründen, durch die die betreffenden Personen „selbst geschützt sind, der Gesellschaft nicht mehr schaden können und ihre Arbeitskraft noch nach Möglichkeit im Interesse der Allgemeinheit verwertet wird."

In diesem Zusammenhang ist auch der Verweis in der Kostenregelung interessant, dass die „asozialen Personen die Gesamtwirtschaft nicht nur durch unmittelbare Kosten im Polizeiwesen, in der Strafrechtspflege, Irrenpflege und öffentlichen Fürsorge belasten, sondern zum mindesten unproduktive Elemente darstellen, und häufig sogar durch ihr asoziales Verhalten Werte zerstören." Die-

75 A.a.O., S. 119.

ser Aspekt trat dann in den Vorarbeiten zu einem Gemeinschaftsfremdengesetz unter der nationalsozialistischen Herrschaft in den Vordergrund, er war offensichtlich jedoch schon in der demokratischen Weimarer Zeit zu finden, auch wenn hier der fürsorgerische Gesichtspunkt noch stark betont wurde.

Den Entwurf des Deutschen Vereins übernahmen mit kleineren Änderungen verschiedene Reichstagsanträge, vor allem ein gemeinsamer Antrag der Zentrumspartei mit der Deutschnationalen Volkspartei vom Juni 1925.[76] Im nächsten Reichstag wurde der Entwurf zur Grundlage für leicht veränderte Anträge der Zentrumspartei zum einen[77] und der Deutschnationalen Volkspartei zum anderen.[78]

Der Entwurf des Deutschen Verbandes zur Förderung der Sittlichkeit[79] vom August 1925 sah eine etwas andere Abgrenzung vor, die vor allem den Grund der Geisteskrankheit einführt, den die Kommission des Deutschen Vereins für öffentliche und private Fürsorge nicht herangezogen hatte. Nach dem Entwurf des Verbandes sollte zur Bewahrung gebracht werden,

> „1. wer geisteskrank ist;
> 2. wer geistesschwach ist, wenn es zur Verhütung seiner sittlichen oder körperlichen Verwahrlosung oder im Interesse der öffentlichen Sicherheit erforderlich ist;
> 3. wer infolge geistiger, körperlicher oder moralischer Mängel außerstande ist, für sich und seine Angelegenheiten zu sorgen und der Verwahrlosung anheim fällt, oder die Sicherheit anderer gefährdet.“[80]

Der Deutsche Verein wandte dagegen sofort ein, es könne nicht im Interesse des Sinnes der Bewahrung sein, den fürsorgerischen Charakter des zu verabschiedenden Gesetzes dadurch zu beeinträchtigen, dass die gleiche gesetzliche Regelung auch für Gemeingefährliche und für Geisteskranke gelten solle.

Der Antrag sah insofern eine bessere Rechtsstellung der betroffenen Personen vor, als das Gericht – hier wieder das Amtsgericht und nicht das Vormundschaftsgericht – zwei Sachverständige zu hören hatte. Außerdem sollte eine Bewahrungskommission eingesetzt werden, die über eine Aufhebung der Bewah-

---

76 RT-Drucksache Nr. 1090 vom 26.6.1925, 3. Wahlperiode.
77 RT-Drucksache Nr 160 vom 5.7.1928, 4. Wahlperiode.
78 RT-Drucksache Nr. 258 vom 12.7.1928, 4. Wahlperiode.
79 Dieser Verband war der deutsche Zweig der „Internationalen Abolitionistischen Föderation"; er benannte sich kurze Zeit danach um und hieß dann „Bund für Frauen- und Jugendschutz".
80 Zit. bei *I. Jaeger*, Vorarbeiten und Entwürfe zu einem Reichsbewahrungsgesetz, in: Deutsche Zeitschrift für Wohlfahrtspflege, Juli 1925, S. 208f. Der Entwurf wurde nicht als Reichstagsdrucksache veröffentlicht, weil er nicht von parlamentarischen Organen aufgegriffen wurde.

rung entscheiden sollte. Andererseits wurde gerade hier eine Einschränkung an Rechtsstaatlichkeit sichtbar, da gegen die Beschlüsse dieser Kommission keine Berufung und keine Rechtsmittel möglich sein sollten.

Die sozialethische Geisteshaltung, die diesem Antrag zu Grunde lag, ist sehr gut einem Aufsatz zu entnehmen, den eine der Initiatorinnen, Anna Pappritz, 1925 veröffentlichte:[81] „Wir hoffen, dass dieser Entwurf eine brauchbare Grundlage ist, auf der ein Gesetz aufgebaut werden kann, das geeignet ist, einerseits die Lücken der bisherigen Gesetzgebung auszufüllen, und das andererseits vielen Unglücklichen zum Segen gereichen wird, indem man denen, die dem Kampfe ums Dasein nicht gewachsen sind, eine Zuflucht bereitet, in der sie körperliche und seelische Pflege finden, in der ihnen eine ihrer Veranlagung und Befähigung entsprechende Arbeit zugeteilt wird, die ihnen das Gefühl gibt, dass sie als Selbsterhalter mit zu den nützlichen Gliedern der Gesellschaft gehören." Nichtsdestoweniger wurde im Zusammenhang mit den Kostenerwägungen darauf hingewiesen, dass „diese asozialen Elemente" hohe Kosten „im Laufe ihres unheilvollen Lebens" verursachen, unter anderem auch „durch Hervorbringung eines geistig und körperlich minderwertigen Nachwuchses".

Im Juni 1925 wurde schließlich auch von dem sozialdemokratischen Abgeordneten Müller (Franken) ein eigener Entwurf eines Bewahrungsgesetzes vorgelegt, der mit der Auflösung des Reichstages parlamentarisch gegenstandslos wurde und dann nicht erneut eingebracht wurde.[82] Der § 1 dieses Entwurfs umgrenzte den Kreis der zu bewahrenden Personen nicht grundsätzlich anders als die entsprechenden Entwürfe der Zentrumspartei bzw. der Deutschnationalen Volkspartei:

> „Personen, die das 18. Lebensjahr vollendet haben, können, soweit dies zur Verhütung und Beseitigung körperlicher oder sittlicher Verwahrlosung erforderlich ist, zur Bewahrung überwiesen werden, wenn sie infolge von Geisteskrankheit oder von Geistesschwäche oder von Trunksucht ihre Angelegenheiten nicht zu besorgen vermögen, und so ein die Gemeinschaft schädigendes Verhalten zeigen, falls andere gesetzlich geregelte Möglichkeiten zur Verhütung und Beseitigung einer Verwahrlosung nicht bestehen."

Der Begriff der Verwahrlosung war offenbar nicht nur bei den politischen Richtungen um die Zentrumspartei und die Deutschnationale Volkspartei so selbstverständlich, dass man ihn ohne genauere Definition in einem Gesetzentwurf verwenden konnte, sondern dies traf auch auf die Reichstagsfraktion der

---

81 *Anna Pappritz*, Das Bewahrungsgesetz, in: Soziale Praxis und Volkswohlfahrt 34/1925, Heft 15, S. 326-328.

82 RT-Drucksache Nr. 1067 vom 24. Juni 1925, 3. Wahlperiode.

Sozialdemokratischen Partei zu. Das gleiche gilt für den Begriff der „sittlichen Verwahrlosung“, womit in diesem Zusammenhang nicht ein durch das Strafgesetzbuch sanktioniertes Verhalten gemeint war, sondern eine Haltung, die einen Freiheitsentzug nach dem StGB nicht rechtfertigte. Wie im Antrag der Zentrumspartei war als Entscheidungsinstanz auch hier das Vormundschaftsgericht vorgesehen. Die sofortige Beschwerde sollte mit aufschiebender Wirkung zugelassen sein. Das Vormundschaftsgericht sollte in mindestens jährlichen Abständen nachprüfen müssen, ob die Voraussetzungen der Bewahrung noch vorliegen. Außer dieser besseren Rechtsstellung der zur Bewahrung überwiesenen Personen lässt sich kein besonderer Unterschied zu den anderen Entwürfen feststellen.

Im Oktober 1927 wurde schließlich das Reichsinnenministerium selbst aktiv und legte einen Referentenentwurf eines Bewahrungsgesetzes vor, der als Grundlage für Verhandlungen mit den Ländern zur Lösung des Problems der fürsorgerischen Bewahrung der asozialen Personen diente.[83] In § 1 dieses Entwurfes wurde – abweichend von den vorliegenden Vorarbeiten – der Zweck der Bewahrung definiert: „Die Bewahrung ist eine Maßnahme der Fürsorge mit dem Zweck, den Bewahrten zur Arbeit anzuhalten und an ein geordnetes Leben zu gewöhnen. Ist dies nicht möglich, so ist Zweck der Bewahrung der fürsorgerische Schutz des Bewahrten.“

Des weiteren unterschied sich dieser Entwurf von den Vorarbeiten durch eine genauere Umgrenzung der Personen, die von einem Bewahrungsgesetz erfasst werden sollten. Eine Person über 18 Jahre, die verwahrlost ist oder zu verwahrlosen droht, sollte dann bewahrt werden können, wenn sie

> „1. entmündigt ist, weil sie infolge von Geisteskrankheit, Geistesschwäche oder Trunksucht ihre Angelegenheiten nicht zu besorgen vermag,
> 2. infolge gewohnheitsmäßigen und übermäßigen Genusses anderer berauschender Mittel als geistiger Getränke ihre Angelegenheiten nicht zu besorgen vermag, oder
> 3. wegen Bettelns, Ausschickens zum Betteln, Landstreichens, gemeinschädlichen Verhaltens bei Ausübung der Unzucht oder Aufforderung zur Unzucht (...) zu einer Freiheitsstrafe verurteilt ist und bei Bestrafung wegen Aufforderung zur Unzucht gewohnheitsmäßig zum Erwerbe Unzucht treibt.“

Gegen diesen Entwurf erhob der Reichsminister der Finanzen mit Schreiben vom 15. November 1927 schwere Bedenken aufgrund der finanziellen Belastung, die durch die Bewahrung auf die öffentlichen Kassen zukommen würden.[84] Am 26. Januar 1928 sandte der Reichsinnenminister den Referentenentwurf in der

83 Schreiben des Reichsministers des Inneren vom 24. Oktober 1927, BA Berlin, Akten des Reichsjustizministeriums R 3001/6084, Bl. 147; in der Anlage dazu findet sich der Referentenentwurf.

84 Akten des Reichsjustizministeriums BA Berlin, R 3001/6084, Bl. 154.

Form von vorschlagsweise formulierten Grundsätzen an die Landesregierungen. Er berief sich dabei darauf, dass ein solches Gesetz sowohl von den Fachkreisen als auch von der Öffentlichkeit gefordert werde.

Im Juli 1928 wurden kurz nacheinander zwei Reichstagsanträge zu einem Bewahrungsgesetz eingebracht. Der Antrag von Neuhaus u. Stegerwald und Fraktion (Zentrumspartei)[85] sah eine Bewahrung bei Personen vor, die verwahrlost sind oder zu verwahrlosen drohen, wenn

> „a) dieser Zustand auf einer krankhaften oder außergewöhnlichen Willens- oder Verstandesschwäche beruht und
> b) keine andere Möglichkeit besteht, diesen Zustand der Gefährdung oder Verwahrlosung zu beheben."

Der Antrag v. Westarp und Fraktion (Deutschnationale Volkspartei)[86] übernahm den § 1 mit einer wichtigen und bereits zuvor genannten Wendung. Der Absatz a. lautete hier: wenn „dieser Zustand auf einer krankhaften oder außergewöhnlichen Willens- oder Verstandesschwäche oder auf einer krankhaften oder außergewöhnlichen Stumpfheit des sittlichen Empfindens beruht."

Offensichtlich hatte der Versuch des Innenministeriums, den zu bewahrenden Personenkreis genauer und im Verhältnis zu den vorliegenden Entwürfen neutraler und weniger an Haltungen und Einstellungen charakterlicher Art orientiert zu umschreiben, bei den Fraktionen der Zentrumspartei und der Deutschnationalen Volkspartei wenig Eindruck hinterlassen. Abgesehen von diesen Definitionen waren die beiden Gesetzentwürfe weitgehend deckungsgleich. H. Lehmann kennzeichnete die beiden Auffassungen zu dieser Frage bereits 1925 pointiert folgendermaßen:[87] zum einen Bewahrung als Bewahrung vor persönlichem Niedergang – also der im engeren Sinne fürsorgerische Standpunkt, zum anderen Bewahrung als Selbstschutz der Gesellschaft mit Betonung auf der Gemeingefährlichkeit und der Schädigung der Gemeinschaft. Es war der letztere Standpunkt, der dann in der Folge die Bestrebungen zu einem Gemeinschaftsfremdengesetz bestimmen sollte.

Ein Bewahrungsgesetz kam in der Weimarer Republik auf gesamtstaatlicher Ebene nicht mehr zustande. Die Widerstände fasste Steigerthal in einem Referat

---

85 RT-Drucksache Nr. 160 vom 4. Juli 1928, 4. Wahlperiode.

86 RT-Drucksache Nr. 258 vom 12. Juli 1928, 4. Wahlperiode.

87 *H. Lehmann*, Zum Problem eines Verwahrungsgesetzes, in: Soziale Praxis und Archiv für Volkswohlfahrt 34/1925, S. 545-550.

vor dem Hauptausschuss des Deutschen Vereins für öffentliche und private Fürsorge so zusammen:[88]

- die Kostenfrage,
- Bedenken gegen Eingriffe in das Recht der persönlichen Freiheit,
- die allgemeine Abneigung gegen Anstaltsunterbringung,
- der Bewahrungsgedanke sei in den weiteren Kreisen der wissenschaftlichen, politischen und literarischen Öffentlichkeit noch nicht durchgedrungen.

Steigerthal schloss mit der Feststellung, dass diese Widerstände in ihrer Gesamtheit „sich bisher allen Bemühungen, die Bewahrung reichsrechtlich durchzuführen, entgegengestellt haben und dass alle Überlegungen, die ohne Berücksichtigung dieser Realitäten angestellt werden, vollkommen zwecklos sind."

5. Die rechtlichen Grundlagen der Bewahrung ohne Bewahrungsgesetz

Das Nichtzustandekommen eines Bewahrungsgesetzes auf nationaler Ebene in der Zeit der Weimarer Republik bedeutete nicht, dass Maßnahmen der Bewahrung nicht durchgeführt worden wären. In einigen Rechtsvorschriften des Reiches waren entsprechende Regelungen vorgesehen, und einige Landesregierungen hatten auf dieser Grundlage eigene Vorschriften zur Bewahrung erlassen.[89]

In der Verordnung über die Fürsorgepflicht vom 13. Februar 1924,[90] erlassen von der Reichsregierung aufgrund des Ermächtigungsgesetzes vom 8. Dezember 1923, wurde in § 20 bestimmt: „Wer obwohl arbeitsfähig infolge seines sittlichen Verschuldens der öffentlichen Fürsorge selbst anheimfällt oder einen Unterhaltsberechtigten anheimfallen lässt, kann von der Verwaltungsbehörde auf Antrag ..., in einer vom Lande als geeignet anerkannten Anstalt oder sonstigen Arbeitseinrichtung zur Arbeit untergebracht werden, wenn er Arbeit beharrlich ablehnt oder sich der Unterhaltspflicht beharrlich entzieht." Die Gestaltung der weiteren Vorschriften über Voraussetzungen und Dauer der Unterbringung sowie über das Verfahren wurde den Ländern übertragen.[91]

---

88 *Steigerthal*, Das Bewahrungsgesetz vom Standpunkt der Praxis, in: Deutsche Zeitschrift für Wohlfahrtspflege 4/1928/1929, S. 453-462.

89 Vgl. dazu *Chr. Sachße/F. Tennstedt*, Der Wohlfahrtsstaat im Nationalsozialismus. Geschichte der Armenfürsorge in Deutschland, Bd. 3, 1992, S. 262 ff; sowie *K. Konrad*, Die zivilrechtliche Unterbringung Volljähriger im Vergleich zu der öffentlich-rechtlichen Unterbringung, Diss. Münster 1999, S. 9f.

90 RGBl. 1924, Teil I, 13.2.1924, S. 100 ff.

91 Vgl. dazu auch *W. Ayaß*, »Asoziale« im Nationalsozialismus, Stuttgart 1995, S. 41ff.

Hier war also nicht das Begehen einer Straftat zur Grundlage für eine Freiheitsentziehung gemacht, sondern die Verletzung der Pflicht, für den eigenen Unterhalt und den der Unterhaltsberechtigten zu sorgen. In der Praxis der Fürsorge wurde diese Bestimmung vorwiegend als bloßer »Drohparagraph« eingesetzt. Die Zahl der aufgrund von § 20 in eine Arbeitsanstalt (»Arbeitshaus«) eingewiesenen Personen blieb gering.[92] Dazu trugen auch die genau umrissenen Voraussetzungen für eine Einweisung bei; es wurde Arbeitsfähigkeit, beharrliche Arbeitsablehnung sowie ein Mindestalter von 19 Jahren vorausgesetzt.

Weiter sind die Bestimmungen über die Entmündigung in § 6 BGB zu berücksichtigen, die für Maßnahmen im Sinne einer Bewahrung jedoch nur in Einzelfällen zur Anwendung kamen[93]. Bei Personen, die man noch für erziehungs- oder besserungsfähig hielt, wurde eine Entmündigung als extremer Eingriff in die persönliche Freiheit kaum durchgeführt. Darüber hinaus deckte sich der in § 6 BGB beschriebene Personenkreis nicht mit demjenigen, der in der Diskussion um ein Bewahrungsgesetz und in den entsprechenden Gesetzentwürfen gemeint war. Der Entmündigungsparagraph betraf im Grunde nicht die fürsorgerische Bewahrung, sei sie nun in erster Linie zum Schutz des Betroffenen oder der Gemeinschaft verstanden. Im Prinzip war jedoch eine Anwendung dieser Vorschrift im Sinne der geforderten Bewahrungsmöglichkeit durch eine entsprechende Auslegung der Begriffe »Geisteskrankheit« bzw. »Geistesschwäche« und »eigene Angelegenheiten« möglich. So wurde § 6 BGB noch während der Weimarer Republik zur Grundlage für Bewahrungen in verschiedenen Ländern. Ohne ausdrückliche Berufung auf diese Rechtsgrundlage, jedoch faktisch durch Heranziehung des Rechtsgedankens wurden Bewahrungen in Hamburg durchgeführt. Aufgrund der stadtstaatlichen Verhältnisse waren dort die Probleme der Unterbringungskosten nicht gegeben. Darüber hinaus wurde auf besondere Beziehungen innerhalb der relevanten Berufsgruppen verwiesen und ausgeführt: „Außerdem verbürgen in Hamburg die engen Beziehungen zwischen Richterschaft, Ärzteschaft und Wohlfahrtsbeamten, die sich auf persönliche Bekanntschaft stützen, ein enges Zusammenarbeiten im fürsorgerischen Interesse der Bewahrungsbedürftigen unter Ausschaltung juristischer, medizinischer und verwaltungstechnischer Bedenklichkeiten.“[94]

In Sachsen dagegen wurde die Anwendung des Institutes der Entmündigung auf Personen, die als bewahrungsbedürftig angesehen wurden, durch ein Landes-

92 Vgl. *Steigerthal,* Grundriss der Anstaltsfürsorge, 1933, S. 168.

93 Vgl. auch die Ausführungen oben unter III. Nr. 1.

94 *H. Eiserhardt*, Brauchen wir ein Bewahrungsgesetz?, in: Zeitschrift für Kinderforschung 1929, S. 532-552.

gesetz geregelt. Das Sächsische Wohlfahrtspflegegesetz vom 28.3.1925[95] sah in § 27 vor: „Dem Bezirksfürsorgeverband können durch Beschluss des Vormundschaftsgerichts Personen, die nach § 6 Ziffer 1 und 3 BGB entmündigt sind oder nach § 1906 BGB aus einem dieser Gründe unter vorläufiger Vormundschaft stehen, zur Verwahrung überwiesen werden, soweit dies zur Bewahrung vor körperlicher oder sittlicher Verwahrlosung erforderlich ist." Allerdings musste sich auch das sächsische Gesetz auf gerichtlich Entmündigte bzw. unter vorläufiger Vormundschaft stehende Personen beschränken, da es nicht möglich war, über die Bestimmungen des BGB hinaus die mit der Bewahrung gegebene Einschränkung der persönlichen Freiheit landesrechtlich auf Personen anzuwenden, die nicht bereits aufgrund von Reichsrecht in dieser Freiheit beschränkt waren. Insofern waren auch damit die Intentionen der Befürworter eines Bewahrungsgesetzes nicht erfüllt.

In Oldenburg wurde schließlich im Mai 1926 ein Gesetz über die Landesarbeitsanstalt in Vechta" erlassen, in dem diese als eine Bewahr- und Besserungsanstalt bezeichnet wurde.[96] Ihr wurde der Zweck zugewiesen, die untergebrachten Personen durch »häusliche Zucht«, durch eine ihren Fähigkeiten und Verhältnissen angemessene Beschäftigung und durch die Einwirkung auf ihre sittliche Besserung einer geordneten Lebensweise zuzuführen. Grundsätzlich galt aber auch hier das, was schon in Bezug auf das sächsische Wohlfahrtspflegegesetz ausgeführt wurde: Unter Bewahrung war auch hier nur eine nachrangige Maßnahme nach Entmündigung durch ein Vormundschaftsgericht bzw. nach Anordnung von Sicherungsverwahrung durch Strafgerichte zu verstehen, nicht aber das, was den Befürwortern eines Bewahrungsgesetzes vorschwebte: die Überweisung von Personen zur Bewahrung aufgrund festgestellter »Asozialität«, also aufgrund diagnostizierter charakterlicher bzw. habitueller Auffälligkeiten ohne eigentliche strafrechtliche Relevanz.

Entsprechende Tendenzen, Bewahrungen auf § 6 BGB durch entsprechende Auslegung der Begriffe »Geisteskrankheit« bzw. »Geistesschwäche« und »eigene Angelegenheiten« zu stützen, zeigten sich in den Entscheidungen des Reichsgerichts. In einer Entscheidung von 1924 wurden die Begriffe »Geisteskrankheit«

---

95 "Wohlfahrtspflegegesetz vom 28. März 1925 (zugleich Ausführungsgesetz zum Reichsgesetz für Jugendwohlfahrt vom 9. Juli 1922 und zu der Reichsverordnung über die Fürsorgepflicht vom 13. Februar 1924 (RGBl I1924, S. 100))" in Sächsisches Gesetzblatt 1925, Nr. 10, S.55.

96 Vgl. zu diesem „Gesetz für die Landesteile Oldenburg und Lübeck, betreffend die Landesarbeitsanstalt in Vechta vom 10. Mai 1926" und den bestehenden sonstigen Fürsorgeeinrichtungen in dieser Region die Darstellung von *Friedrich Müller*, Sozialdienste und Gesundheitswesen.

und »Geistesschwäche« wie folgt voneinander unterschieden:[97] „Der Unterschied beider Begriffe ist nur in dem Grad der geistigen Anomalie zu finden und zwar nach der Richtung, ob die krankhafte Störung der Geistestätigkeit dem Erkrankten vollständig die Fähigkeit nimmt, die Gesamtheit seiner Angelegenheiten zu besorgen, oder ob sie ihm wenigstens noch diejenigen Fähigkeiten lässt, welche bei einem Minderjährigen von 7-21 Jahren in der Besorgung seiner Angelegenheiten vorausgesetzt werden können." Diesen Entscheidungen standen jedoch abweichende Auslegungen in anderen Entscheidungen des Reichsgerichts gegenüber, so dass die Befürworter der Bewahrung daraus nicht die Legitimation entnehmen konnten, den angestrebten Freiheitsentzug ohne strafrechtliche Verurteilung bei den von ihnen als asozial angesehenen Personen durchsetzen zu können. Im Vordergrund der Entmündigungsmöglichkeiten standen Vermögensangelegenheiten und Rechtsgeschäfte.

Am 18.2.1924 gab das Reichsgericht eine weitere wichtige Definition von »Geistesschwäche«,[98] der zufolge die zur Entmündigung erforderliche Geistesschwäche nicht nur bei Mängeln des Intellekts vorliegen könne, „sondern sie kann auch infolge von Entartung des Charakters gegeben sein." Danach konnte auch die Entwicklung des Charakters eine „krankhafte Richtung" annehmen, wenn das „Geistesleben" sich in vielen Richtungen mangelhaft entwickelt hat „und seine Gefühlsäußerungen und Charaktereigenschaften, die an sich auch einem geistig gesunden Menschen anhaften können, die Folgen dieser anormalen Geistesentwicklung sind." Die Tendenz dieser Entscheidung hätte es vermutlich ermöglicht, die Ziele der Bewahrungsphilosophie wenigstens zum Teil mit Hilfe des Entmündigungsparagraphen zu erreichen. Allerdings stand dem immer noch die Notwendigkeit entgegen, einen Vormund zu bestellen und dessen Entscheidungen zu berücksichtigen.

Der amtliche Entwurf eines allgemeinen deutschen Strafgesetzbuchs von 1925 kannte ebenfalls verschiedene Gründe zur Unterbringung ohne strafrechtliche Verurteilung[99]". § 43 sah vor: „Wird jemand als nicht zurechnungsfähig freigesprochen oder außer Verfolgung gesetzt oder als vermindert zurechnungsfähig verurteilt, so ordnet das Gericht zugleich seine Unterbringung in einer öffentlichen Heil- oder Pflegeanstalt an, falls die öffentliche Sicherheit diese Maßregel erfordert." Ähnlich war der Alkoholiker betreffende § 44 ausgestaltet: „Wird ein Trunksüchtiger wegen einer Tat, die er in der Trunkenheit begangen hat, oder wegen Volltrunkenheit zu einer Strafe verurteilt, so ordnet das Gericht zugleich

97 RGE Bd. 50, 203 (1924).

98 Az. 173/23 IV, in Jur. Wochenschrift 1925, Heft 9.

99 Dieser im November 1924 vom Reichsrat vorgelegte Entwurf E. 25" ist ausführlich dargestellt und erläutert bei *v. Lilienthal*, in: Monatsschrift für Kriminalpsychologie und Strafrechtsreform, 1925, S. 113-145.

seine Unterbringung in einer Trinkerheilanstalt an, wenn diese Maßregel erforderlich ist, um ihn an ein gesetzmäßiges und geordnetes Leben zu gewöhnen.“ Schließlich lautete § 45: „Wird ein für die öffentliche Sicherheit gefährlicher Gewohnheitsverbrecher auf Grund des § 77 zu einer Strafe verurteilt, so kann das Gericht daneben auf Sicherungsverwahrung erkennen.“

Die Befürworter eines Bewahrungsgesetzes bemängelten an diesen Regelungen, dass sie die Begehung einer Straftat als Voraussetzung aufstellten, um eine Person über die Verbüßung einer Freiheitsstrafe hinaus bzw. bei Unzurechnungsfähigkeit auch ohne Verurteilung in Verwahrung nehmen zu können. Dies wurde als problematisch angesehen. Im Prinzip das gleiche Problem stellte sich bei der Anwendung der Bestimmungen des § 361 Ziffer 3-5, 6a-8 RStGB. Das Arbeitshaus als zwangsfürsorgerische Maßnahme wurde hier bei Vorliegen bestimmter und im Gesetz genau umschriebener Delikte vom Gericht anzuordnen erlaubt.[100] Diese Aufzählung erfasste eine ganze Reihe von Verhaltensweisen, die auch die Befürworter der Bewahrung als Grund für eine Freiheitsentzug ohne strafrechtliche Verurteilung ansahen.

Genau hier aber lag der Unterschied zwischen den Möglichkeiten aufgrund des RStGB und den Intentionen, die der Forderung nach einem Bewahrungsgesetz zugrunde lagen. Eine Arbeitshauseinweisung nach RStGB konnte nämlich nur erfolgen, wenn die Übertretung nach § 361 RStGB mit Haft bestraft worden war. Darüber hinaus war von vornherein vorgesehen, aber erst später in § 42 d Abs. 1 RStGB aufgegriffen worden, dass die Einweisung in ein Arbeitshaus die Arbeitsfähigkeit der betreffenden Person voraussetzte. Nach dieser Vorschrift musste die Einweisung erforderlich sein, um den Täter zur Arbeit anzuhalten und ihn dadurch an ein gesetzmäßiges und geordnetes Leben zu gewöhnen. Außerdem sahen die Gesetzentwürfe zu einem Bewahrungsgesetz die Möglichkeit einer Einweisung durch ein Amtsgericht bzw. ein Vormundschaftsgericht vor, wohingegen eine Unterbringung im Arbeitshaus nur mit einer strafrechtlichen Verurteilung (bzw. dem Absehen von einer Verurteilung wegen Unzurechnungsfähigkeit) von einem Strafgericht angeordnet werden konnte.

Ein Bewahrungsgesetz war in der Weimarer Republik also nicht zustande gekommen, obwohl es an Vorarbeiten und Gesetzentwürfen nicht gefehlt hat. Dafür sind mehrere Gründe zu nennen. Ein gewichtiges Problem war sicherlich die in keinem Entwurf ausreichend gelöste Kostenfrage. Diese stellte sich mit noch größerer Bedeutung mit Beginn der 1929 beginnenden Finanzkrise, die zu einer größeren Zurückhaltung bei allen neuen Aufgaben und Lasten führte. Das Argument der Befürworter eines Bewahrungsgesetzes, die zusätzlichen Ausgaben

---

100 Diese Voraussetzungen des § 361 RStGB sind oben unter II Nr. 1. auszugsweise dargestellt.

würden an anderer Stelle mehr als eingespart, drang bei den Finanz- und Haushaltspolitikern nicht durch.

Darüber hinaus wurden die Diskussionen um das Bewahrungsgesetz mit den Diskussionen um die Strafrechtsreform verbunden, die mit langwierigen Vorarbeiten verbunden war und während der Weimarer Zeit nicht mehr verwirklicht werden konnte.[101] Insbesondere konnte man sich nicht darüber einigen, ob die Tatbestände des gemeinschädlichen Verhaltens ganz aus dem StGB verschwinden und lediglich von der Polizeiverwaltung und der Fürsorge erfasst werden sollten, wie es die Reichsratsvorlage zum StGB von 1926 vorsah, oder ob sie vom Strafrecht vollständig erfasst und mit hohen Strafen bedroht werden sollten, wie es die Reichsratsbeschlüsse von 1924/25 vorsahen, oder ob schließlich ein Zusammenwirken von Strafrecht, Polizei und Fürsorge gefunden werden sollte, wie es der Entwurf zum StGB von 1927 versucht hatte.

Aufgrund der während der Weimarer Zeit angestellten Erwägungen und Bedenken ist der Gedanke naheliegend, dass in weiten Kreisen der Politik und vor allem auch der Juristenschaft der Respekt vor der persönlichen Freiheit des Einzelnen noch als höher erachtet wurde als der von den Befürwortern der Bewahrung in den Mittelpunkt gestellte Schutz der Allgemeinheit vor nicht straffällig gewordenen Personen oder etwa auch als das ebenfalls ins Feld geführte Staatsinteresse. Insbesondere die Arbeiterwohlfahrt begründete ihren Widerstand gegen Bewahrungsgesetze mit fehlenden Sicherheitsklauseln für das Einzelindividuum.

101 Vgl. dazu *W.-K. Schmidt*, Das Bewahrungsgesetz im neuen Recht und seine Beziehung zum Strafrecht, Diss. Halle-Wittenberg 1937, S. 15 ff.

II. Die Entwicklung des Bewahrungsrechts unter der nationalsozialistischen Herrschaft

1. Die Bewahrung nach dem Ende der Weimarer Republik: der Übergang zur polizeilichen Vorbeugungshaft

Vorgreifend sei bereits an dieser Stelle festgehalten, dass es in der Zeit der nationalsozialistischen Herrschaft nicht zu einem Gesetz gekommen ist, das Fragen der Bewahrung oder Verwahrung oder Fragen der Unterbringung als Freiheitsentziehung ohne Strafrecht regelte. Die Gesetzeslage zu Beginn der nationalsozialistischen Herrschaft war im Grunde immer noch die gleiche, die zu Beginn der Weimarer Republik bestand, also so, wie sie in Kap. II.1 dargestellt wurde. Auch am Ende der nationalsozialistischen Zeit war keine Veränderung eingetreten. Was in dieser Zeit als Bewahrung, Verwahrung oder Unterbringung an Fakten geschaffen wurde, beruhte rechtlich also auf den gleichen Regelungen, wie sie in der Weimarer Republik angewandt wurden, insbesondere also auf polizeirechtlichen Bestimmungen.

Eine der ersten Maßnahmen der nationalsozialistischen Regierung auf dem Gebiet des Strafrechts stellte das Gesetz gegen gemeingefährliche Gewohnheitsverbrecher und über Maßregeln der Besserung und Sicherung vom 24.11.1933[102] dar. Damit wurde jedoch im Prinzip noch das Gedankengut der Weimarer Republik tradiert, man könnte in diesem Gesetz also noch verschärftes Weimarer Recht sehen. Das Gewohnheitsverbrechergesetz basiert auf Entwürfen aus den Jahren 1925 bis 1927[103]. Das Arbeitshaus wurde als eine „Maßregel der Sicherung und Besserung" dargestellt mit dem Zweck, den »Asozialen« durch eine entsprechende Therapie in die Volksgemeinschaft zurückzuführen.[104] Allerdings wurde auch hier den Grundsätzen des geltenden StGB nichts wesentlich Neues hinzugefügt, die Arbeitshauseinweisung war auch nach dem neuen Recht nur nach gerichtlicher Verurteilung und bei arbeitsfähigen Personen möglich. Für straffällig gewordene Alkoholiker brachte das Gesetz jedoch eine wesentliche

---

102 RGBl. I1933, Bd. I, S. 995.

103 *Mathias Etzel,* Die Aufhebung von nationalsozialistischen Gesetzen durch den Alliierten Kontrollrat, Tübingen 1992, S. 176.

104 Vgl. dazu näher *F.R. Baur*, Der Vollzug der Maßregeln der Besserung und Sicherung nach den §§ 63 und 64 StGB in einem psychiatrischen Krankenhaus und in einer Entziehungsanstalt, Diss. 1988, S. 19ff.

Veränderung[105]. Mit dem neuen § 42 c RStGB wurde die Möglichkeit geschaffen, straffällig gewordene Trinker auch ohne Entmündigung in eine Trinker- oder Entziehungsanstalt einzuweisen. Voraussetzung war nach dem Gesetz, dass eine solche Anstaltsunterbringung notwendig war, um den strafrechtlich Verurteilten an ein gesetzmäßiges und ordnungsmäßiges Leben zu gewöhnen.[106]

Der Deutsche Verein für öffentliche und private Fürsorge meldete sich kurz nach der Machtübernahme durch die Nationalsozialisten erneut mit den Forderungen nach Schaffung eines Bewahrungsgesetzes zu Wort. Die Formulierungen zur Abgrenzung des Personenkreises waren jedoch inzwischen verändert worden. »Verwahrlosungserscheinungen« wurden nun beispielhaft angegeben mit „Trunksucht, Arbeitsscheu und Liederlichkeit, in Willensschwäche und Haltlosigkeit, in Prostitution, in ständigem Landstreichen und Betteln, im Vernachlässigen der eigenen Person, sowie der Sorge für die Angehörigen."[107] Die Schwierigkeit einer Definition wurde schließlich so umgangen: „Jeder Fachmann weiß sofort, um welche Art von Menschen es sich handelt; und doch ist es außerordentlich schwer, den Personenkreis eindeutig zu definieren." Andererseits zeigte man jetzt wesentlich weniger Hemmungen, die anvisierten Personen in ihrem Wert zu beurteilen: „Personen mit krankhafter Verstandes- und Willensschwäche, ungehemmtem Triebleben oder mit einer außergewöhnlichen Stumpfheit des sittlichen Empfindens" seien als „Arbeitsscheue, Gewohnheitsbettler, Landstreicher, Trinker, Rauschgiftsüchtige und Prostituierte [...] Parasiten an unserem Volkskörper. Statt nützliche Arbeit zu leisten, leben sie auf Kosten der Gesamtheit und verursachen einen außerordentlich hohen Fürsorgeaufwand, ohne dass die Fürsorge einen durchgreifenden Erfolg erzielt. Selbst mehr und mehr in einen Zustand völliger Verwahrlosung geratend, schädigen sie durch ihr Verhalten das Gemeinwohl wirtschaftlich und moralisch. Durch Erzeugung eines körperlich und geistig minderwertigen Nachwuchses schwächen sie auch biologisch unser deutsches Volkstum."[108]

---

105 Zur bisherigen Regelung vgl. § 15 Polizeiverwaltungsgesetz vom 1. Juni 1931 (Preußische Gesetzessammlung 1931, Bd. 77, S. 136), sowie den Runderlass des MdJ betr. Anstaltsunterbringung gemeingefährlicher Trinker vom 27. Januar 1933 (Ministerialblatt für die Preußische Innere Verwaltung, 1933, Bd.I, S. 141).

106 *T. Starke* weist darauf hin, dass damit erstmals ein umfassendes System schuldunabhängiger und präventiv ausgerichteter Maßregeln in das Strafgesetzbuch eingefügt wurde (Die einstweilige Unterbringung in einem psychiatrischen Krankenhaus nach der Strafprozessordnung, Baden-Baden 1991, S. 23).

107 Nachrichtendienst des Deutschen Vereins für öffentliche und private Fürsorge Juni 1933, S. 102-104.

108 Nachrichtendienst des Deutschen Vereins für öffentliche und private Fürsorge Juli 1933, S. 134-136.

Am 28. Dezember 1933 wurde ein Entwurf eines Reichsgesetzes über die Verwahrung gemeingefährlicher seelisch Minderwertiger durch den Reichskommissar für die Gleichschaltung der Justiz in den Ländern und für die Erneuerung der Rechtsordnung (Hans Frank) vorgelegt.[109] Genannt wurde dabei jedoch nicht Gemeingefährlichkeit in einem uns heute vertrauten Sinn. Der § 1 dieses Entwurfes sah vor: „Wer durch Krankheit oder Gebrechen oder Anlage geistig oder sittlich minderwertig ist und dadurch der staatlichen Ordnung und dem Wohl des Volkstums schädlich oder gefährlich wird, ist in einer geschlossenen Anstalt zu verwahren, sofern eine andere Sicherung nicht möglich ist. Den Angeführten sind gleichzustellen: gewohnheitsmäßige Bettler, Landstreicher, Dirnen, Zuhälter, Kuppler; ferner Trunksüchtige und Müßiggänger, die den Unterhalt und die Pflege ihrer Familie und unehelichen Kinder vernachlässigen." Damit waren die Leitlinien vorgegeben, nach denen im nationalsozialistischen Deutschland das Thema der Bewahrung wieder aufgenommen wurde.

Im Jahre 1936 wurden in Zeitschriften noch einmal drei Entwürfe zu einem Reichsbewahrungsgesetz veröffentlicht, die sich inhaltlich stark an die Entwürfe des Deutschen Vereins aus der Weimarer Zeit anlehnten.[110] Näher an der offiziellen Politik des nationalsozialistischen Staates waren jedoch die Beratungen im Ausschuss für Wohlfahrts- und Fürsorgerecht der Akademie für Deutsches Recht, der Anfang 1938 begründet wurde und am 29.4.1938 zu seiner konstituierenden Sitzung zusammentrat.[111] Dieser Ausschuss setzte sich die Ausarbeitung eines Bewahrungsgesetzes als seine wichtigste Aufgabe. In seinen Beratungen vom 19./20.8.1938 befasste er sich mit Fragen zu einem künftigen nationalsozialistischen Bewahrungsgesetz sowie mit Leitsätzen zur Neugestaltung des Bewahrungsrechts.[112]

In der Begründung dazu hieß es: „Die Notwendigkeit eines Bewahrungsgesetzes für asoziale Verwahrloste wird von allen denen betont, die für diese Elemente täglich zu sorgen haben oder mit ihnen im Kampfe stehen. Fürsorgebehörden, Erziehungsanstalten, Asyle, Arbeitshäuser, insbesondere aber auch die NSV verlangen die Waffe der Bewahrungsmöglichkeit gegen jene asozialen Personen." Als Ziel eines Bewahrungsgesetzes wurde von dem Ausschuss formuliert, es solle „das letzte und schärfste Mittel gewähren, um einerseits die Gefahren zu

---

109 Akten des Reichsjustizministeriums, BA Berlin, R 3001/6085, Bl. 3.

110 Soziale Praxis 1936, S. 120; Gemeindetag 1936, Sp. 495; Deutsche Wohlfahrts-Zeitung 1936, S. 527ff.

111 Vgl. dazu die Ausführungen bei *W. Schubert*, Einleitung, in: *ders.*, Hrsg., Akademie für Deutsches Recht 1933-1945, Protokolle der Ausschüsse, Bd. VIII, S. XXXVIII ff.

112 Die Texte sind abgedruckt in *W. Schubert*, Hrsg., Akademie für Deutsches Recht 1933-1945, Protokolle der Ausschüsse, Bd. VIII, S. 546-591.

bekämpfen, die der Gemeinschaft von verwahrlosten Personen drohen, und um andererseits zu versuchen, sie in ein geordnetes Leben zurückzuführen oder sie zu ihrem Schutz zu bewahren."[113] Die Wirkungen der Bewahrung wurden demgemäss nach drei Richtungen gesehen:

„1. Sie wirkt erzieherisch auf die Verwahrlosten, weil das Damoklesschwert der Freiheitsentziehung dauernd über ihnen schwebt.
2. Sie schützt die Volksgemeinschaft vor den Belästigungen und Schädigungen dieser Elemente.
3. Sie wirkt verbilligend für die Staatskasse, weil allmählich die Ausgaben für andere Verwahrungsanstalten überflüssig werden."[114]

Auch hier wurde in dem Ausschuss wieder das Problem erörtert, welche Personen von dem geplanten Gesetz als bewahrungsbedürftig bezeichnet werden sollten. Als umfassende Regelung wurde erwogen, alle Personen als bewahrungsbedürftig anzusehen, die infolge ihres Zustandes nicht mehr sich selbst überlassen bleiben konnten oder die sozialgefährlich waren. In der Diskussion wurde darauf verwiesen, dass eine solche Regelung dem nationalsozialistischen Staat eine Regelung gegen alle in die Hand geben würde, „die sich, sei es verschuldet oder unverschuldet, nicht der Volksgemeinschaft einordnen wollen oder können."[115] Bedenken wurden erhoben, dass die Bewahrung „nach hiesiger Auffassung" nicht einem strafrechtlichen Zweck dienen dürfe, sondern fürsorgerischen Charakter haben müsse. Deshalb sollten für die Bewahrung nur jene „Asozialen" in Betracht kommen, „die auf Grund von Erbanlagen oder im Laufe des Lebens entstandener Schäden nicht mehr fähig oder willens sind, sich dem geordneten Gemeinschaftsleben einzufügen."[116] Es wurde hier vor allem auf den Unterschied zwischen Bewahrung und Sicherungsverwahrung abgestellt und darauf hingewiesen, dass die Bewahrung andere Ziele verfolge als die Verwahrung und deshalb auch mit anderen Mitteln zur Erreichung dieser Ziele arbeiten müsse.

Als Voraussetzungen für die Bewahrungsbedürftigkeit wurden in dem Entwurf deshalb genannt:

„1. Die Verwahrlosung oder die Gefahr der Verwahrlosung in leiblicher, geistiger, sittlicher oder wirtschaftlicher Hinsicht;
2. die Unfähigkeit oder der mangelnde Wille dieser Person, sich aus eigener Kraft dem Zustand der Verwahrlosung zu entziehen;

113 *Schubert*, a.a.O., S. 581/582.
114 *Schubert*, a.a.O., S. 582.
115 *Schubert*, a.a.O., S. 583.
116 *Schubert*, a.a.O., S. 584.

3. die Sozialgefährlichkeit;
4. die Unzulänglichkeit anderer Mittel zur Behebung der Verwahrlosung."[117]

Es wurden also sowohl die körperliche, sittliche und geistige Verwahrlosung als auch wirtschaftlich anormale Zustände aufgeführt. Als wichtigster Fall für das Eingreifen von Maßnahmen aufgrund des geplanten Bewahrungsgesetzes wurde innerhalb des Ausschusses dabei die sittliche Verwahrlosung angesehen, definiert als „eine solche Abweichung des Verhaltens einer Person von den Normen der Sittlichkeit, die in hohem Maße als anormal bezeichnet werden muss."[118]

In diesem Zusammenhang wurde hervorgehoben, dass die Feststellung einer Verwahrlosung bzw. einer drohenden Verwahrlosung eine Rechtsfrage sei, also eine Gradfrage, die durch ein Gericht zu entscheiden sei, und zwar von einem Amtsgericht. Für dieses Verfahren sollten die Vorschriften des FGG gelten. Ausdrücklich wurde jedoch auch hier betont, dass die Begehung eines strafrechtlichen Deliktes nicht Voraussetzung für die Bewahrung sei.[119] In diesem Zusammenhang ist noch der Hinweis in der Begründung von Interesse, dass eine fürsorgerische Bewahrung nicht Aufgabe der Polizei, sondern der öffentlichen Fürsorge sei. Ausdrücklich hieß es in den Ausschussprotokollen: „Die Polizei hat lediglich die Aufgabe, vorläufige Maßnahmen zur Sicherung durchzuführen; denn die Polizei ist nach ihrem Aufbau nicht in der Lage, die Betreuung und Beaufsichtigung der Verwahrlosten so durchzuführen, wie es die Fürsorge kann."[120]

Ob ein Bewahrungsgesetz jedoch überhaupt noch erforderlich war, um die Bestrebungen der Befürworter der Bewahrung aus der Weimarer Zeit zu erfüllen, kann aus heutiger Sicht bezweifelt werden, wenn einige der bereits vorhandenen polizeilichen Möglichkeiten betrachtet werden. Diese rein polizeilichen Möglichkeiten bestanden ungeachtet der Tatsache, dass sogar im Entwurf des Reichskommissars von 1933 die Bewahrung noch von einer gerichtlichen Entscheidung abhängig gemacht worden war.

In einem Erlass des Reichsministers des Inneren vom 14. Dezember 1937 aufgrund des § 1 der Verordnung des Reichspräsidenten zum Schutz von Volk und Staat vom 28. Februar 1933 wurde der Polizei die Aufgabe der vorbeugenden Verbrechensbekämpfung mit folgender Maßgabe zugesprochen:[121] in poli-

117 *Schubert*, a.a.O., S. 584.
118 *Schubert*, a.a.O., S. 584.
119 *Schubert*, a.a.O., S. 585.
120 *Schubert*, a.a.O., S. 586.
121 Erlass des Reichs- und Preußischen Ministers des Innern vom 14.12.1937 über: Vorbeugende Verbrechensbekämpfung durch die Polizei, abgedruckt in *W. Schubert*, Hrsg., Akademie für Deutsches Recht 1933-1945, Protokolle der Ausschüsse, Bd. VIII, S. 529-533.

zeiliche Vorbeugehaft könne außer sog. Berufs- und Gewohnheitsverbrechern auch genommen werden, „wer, ohne Berufs- oder Gewohnheitsverbrecher zu sein, durch sein asoziales Verhalten die Allgemeinheit gefährdet.“

Man könnte annehmen, dass damit ein Freibrief für eine Freiheitsentziehung ohne richterliche Anordnung nur durch polizeiliche Maßnahmen ausgestellt war. Zur Durchführung wurde formuliert: „Die polizeiliche Vorbeugungshaft wird in geschlossenen Besserungs- und Arbeitslagern oder auf Anordnung des Reichskriminalpolizeiamtes in sonstiger Weise vollstreckt.“ Polizeiliche Vorbeugungshaft wurde von der für den letzten Wohnort des Betroffenen zuständigen Kriminalpolizeistelle angeordnet und bedurfte lediglich der Bestätigung durch das Reichskriminalpolizeiamt, nicht aber einer richterlichen Anordnung oder Überprüfung. Nur bei einer Haft über 4 Jahre sollte über ihre Fortdauer der Reichsführer- SS und Chef der Deutschen Polizei im Reichsministerium des Innern entscheiden, also ebenfalls keine richterliche Instanz. Man könnte sich schon hier die Frage stellen, wozu es eigentlich noch der Ausarbeitung eines eigenen »Gemeinschaftsfremdengesetzes« bedurfte, an dem dennoch intensiv gearbeitet wurde. Dem hier vorliegenden Erlass zufolge ging es offensichtlich nur um die rechtliche Fixierung einer bereits durch Erlasse normierten Praxis.

In den dazugehörigen Richtlinien zu diesem Erlass vom 4. April 1938[122] hieß es einleitend: „Der Reichsführer SS und Chef der Deutschen Polizei hat im Rahmen eines neu zu entwickelnden nationalsozialistischen Polizeirechts der deutschen Polizei die Aufgabe gestellt, die vorbeugende Abwehr aller das Volk und den Staat gefährdenden Bestrebungen durchzuführen. Dazu gehört auch die vorbeugende Verhütung von Straftaten gegen einzelne Volksgenossen, gegen das Volksvermögen und gegen die Volkskraft.“ Die polizeiliche Vorbeugungshaft sollte in diesem Sinne „das schärfste Mittel der Polizei sein, die Gemeinschaft vor dem Verbrecher und dem Asozialen zu schützen.“ Hier wurden auch nochmals »Asoziale« eigens erwähnt als Personen, die in polizeiliche Vorbeugungshaft genommen werden konnten.

Für die Polizei sollte folgende Definition für Asoziale gültig sein: „Als asozial gilt, wer durch gemeinschaftswidriges, wenn auch nicht verbrecherisches Verhalten zeigt, dass er sich nicht in die Gemeinschaft einfügen will. Demnach sind z.B. asozial:

> „a) Personen, die durch geringfügige, aber sich immer wiederholende Gesetzesübertretungen sich der in einem nationalsozialistischen Staat selbstverständlichen Ordnung nicht fügen wollen (z.B. Bettler, Landstreicher (Zigeuner), Dirnen, Trunksüchtige, mit ansteckenden Krankheiten, insbesondere Geschlechtskrankheiten behaftete Personen, die sich den Maßnahmen der Gesundheitsbehörden entziehen);

122 BA Berlin, R 58/473, Bl. 76.

b) Personen, ohne Rücksicht auf etwaige Vorstrafen, die sich der Pflicht zur Arbeit entziehen und die Sorge für ihren Unterhalt der Allgemeinheit überlassen (z. B. Arbeitsscheue, Arbeitsverweigerer, Trunksüchtige)."

Zur Vollstreckung der Vorbeugungshaft wurden für Männer die Besserungs- und Arbeitslager (Konzentrationslager)[123] Sachsenhausen, Buchenwald und Dachau genannt, für Frauen Lichtenburg bei Prettin. Die Dauer sollte zeitlich unbeschränkt sein. Die Prüfung der Voraussetzungen und die Anordnung sollte ausschließlich durch die Kriminalpolizeistelle durchgeführt werden, die auch die Bestätigung der polizeilichen Vorbeugungshaft beim Reichskriminalpolizeiamt zu beantragen hatte.

Gerade in bezug auf die so definierten Asozialen schien dem Reichskriminalpolizeiamt die Polizeiarbeit nicht effektiv genug gewesen zu sein. In einem Schnellbrief aus dem Reichskriminalpolizeiamt vom 1. Juni 1938 an die staatliche Kriminalpolizei wurde zunächst darauf verwiesen, dass der Erlass vom 14. Dezember 1937 der Kriminalpolizei weitgehende Möglichkeiten gebe, „neben den Berufsverbrechern auch alle asozialen Elemente zu erfassen, die durch ihr Verhalten der Gemeinschaft zur Last fallen und sie dadurch schädigen."[124] Sodann wurde angeordnet, in der Woche vom 13.-18.Juni 1938 aus allen Kriminalpolizeileitstellenbezirken mindestens 200 männliche arbeitsfähige asoziale Personen in polizeiliche Vorbeugungshaft zu nehmen, vor allem seien dabei zu berücksichtigen Landstreicher, Bettler, Zigeuner und Zuhälter. Alle Festgenommenen sollten sofort in das Konzentrationslager Buchenwald gebracht werden.

Welche Ausmaße diese polizeiliche Vorbeugungshaft schließlich annehmen sollte, lässt sich aus einer Anordnung des Reichssicherheitshauptamtes vom 25. Oktober 1941 entnehmen.[125] Danach sollte Vorbeugungshaft schon gegen Personen verhängt werden, die in eheähnlicher Gemeinschaft zusammenlebten, obwohl ihrer ehelichen Verbindung ein Ehehindernis aufgrund des Ehegesundheitsgesetzes entgegenstand, wenn eine Trennung nicht durch »gütliche Einwirkung« herbeigeführt werden konnte. Zuvor waren sie zu verwarnen und es war ihnen zu eröffnen, „dass sie sich zu trennen und jeglichen Geschlechtsverkehr miteinander zu unterlassen haben, andernfalls ihre Einweisung in ein Konzentrationslager auf unbestimmte Zeit erfolgt.

123 In den genannten Richtlinien als solche bezeichnet !
124 Schnellbrief an die Kriminalpolizeileitstelle, BA Berlin, R 58/473, Bl. 84.
125 BA Berlin, R 58/473, Bl. 136.

2. Die Arbeiten zu einem „Gesetz über die Behandlung Gemeinschaftsfremder"

Neben den in der Akademie für Deutsches Recht geführten Diskussionen zur Vorbereitung eines Bewahrungsgesetzes[126] fanden von 1940 bis Anfang 1944 intensive Vorarbeiten und Diskussionen zur Verabschiedung eines „Gesetzes über die Behandlung Gemeinschaftsfremder" statt.[127] Dieses Gesetzgebungsprogramm kam nicht mehr zum Abschluss. Es verdeutlicht nichtsdestoweniger die Tendenz, in der die nationalsozialistische Ideologie sich in dem Vorhaben durchsetzte, die eigenen Vorstellungen von einer „Volksgemeinschaft" zu verwirklichen und zu diesem Zweck all diejenigen Personen unter Einsatz aller Machtmittel auszugrenzen, die dieser Vorstellung nach in der „Volksgemeinschaft" keinen Platz hatten. Werle führt dazu aus: „Der Gesetzentwurf zeichnet Umrisse des nationalsozialistischen Strafrechts der Zukunft und lässt damit Rückschlüsse auf die wirkungsmächtigen Tendenzen der nationalsozialistischen Strafrechtsentwicklung zu."[128] Die Durchführung dieses Gesetzesvorhabens kann darüber hinaus verdeutlichen, ob und inwieweit die Bemühungen aus der Weimarer Republik zur Verabschiedung eines „Bewahrungsgesetzes", wie sie in verschiedenen Gesetzentwürfen dokumentiert sind, der Tendenz nach eine Fortsetzung im politischen Handeln der NS-Regierung gefunden haben bzw. inwieweit hier Veränderungen stattgefunden haben, die das Vorhaben eines „Gemeinschaftsfremdengesetzes" qualitativ von den Planungen zu einem Bewahrungsgesetz in der Weimarer Zeit unterscheiden.

2.1 Die Entwicklung bis Mitte 1942

Zunächst wurde der Sprachgebrauch gegenüber der Weimarer Zeit verändert. In der Weimarer Zeit war über die Ausarbeitung eines „Bewahrungsgesetzes" diskutiert worden. Bereits in den ersten Entwürfen der NS-Regierung dagegen war von einem Gesetz zur Behandlung „Gemeinschaftsfremder" die Rede, und dieser

---

126 Vgl. die Protokolle des Ausschusses für Wohlfahrts- und Fürsorgerecht, in: *W.Schubert*, Hrsg., Akademie für Deutsches Recht 1933-1945, Protokolle der Ausschüsse, Bd. VIII, S. 535-591.

127 Vgl. dazu *W. Ayaß*, »Asoziale« im Nationalsozialismus, Stuttgart 1995, S. 202ff.

128 *G.Werle*, Justiz-Strafrecht und polizeiliche Verbrechensbekämpfung im Dritten Reich, Berlin/New York 1989, S. 620; zur Einschätzung dieser Entwürfe vgl. auch *D. Peukert*, Arbeitslager und Jugend-KZ: Die „Behandlung Gemeinschaftsfremder im Dritten Reich, in: *D.Peukert/J. Reulecke, Hrsg.*, Die Reihen fest geschlossen, Wuppertal 1981, S. 413 ff.

Ausdruck übersetzte den Begriff „Asoziale“, der zwar noch einige Male verwendet wurde, jedoch im Zuge der „Germanisierung“ der deutschen Sprache im folgenden vermieden wurde. Es wurde damit auch klargestellt, worum es grundsätzlich ging: um die Durchsetzung einer ideologisch stark geprägten Definition von „Volksgemeinschaft“, deren Unterscheidung von der Gesellschaft als soziologischem Begriff oder von den Staatsbürgern als politisch-rechtlichem Begriff mit den Mitteln der NS-Herrschaft durchgesetzt werden sollte.

Damit wird schon deutlich, dass alle fürsorgerischen oder sozialpolitischen Elemente in dem uns heute geläufigen Sinne in der Diskussion um ein „Gemeinschaftsfremdengesetz“ fehlten. Dies lässt sich bereits aus den „Leitsätzen zur Neugestaltung des Bewahrungsrechts“ ersehen, die 1939 vom Ausschuss für Wohlfahrts- und Fürsorgerecht der „Akademie für Deutsches Recht“ nach einer Arbeitstagung zu diesem Thema an das Reichsjustizministerium übermittelt wurden.[129] Das Rechtsinstitut der Bewahrung wurde hier bereits definitorisch mit „Verwahrlosung“ als einer sozialen Gefahr in Zusammenhang gebracht. Der 1. Leitsatz brachte dies so zum Ausdruck: „Wer verwahrlost ist oder zu verwahrlosen droht und eine erhebliche soziale Gefahr bildet, wird bewahrt, wenn er sich der Verwahrlosung durch eigene Hilfe nicht entziehen kann oder will, und andere Mittel zu ihrer Beseitigung nicht ausreichen.“ Allerdings war hier noch nicht von „Gemeinschaftsfremden“ die Rede, und die Aufgabe der Bewahrung wurde immer noch als Aufgabe der öffentlich-rechtlichen Fürsorge und insbesondere der Landesfürsorgeverbände bezeichnet (Leitsatz 4). Darüber hinaus forderten die Leitsätze ein auch aus heutiger Sicht als grundsätzlich rechtsstaatlich anzusehendes Verfahren vor einem Bewahrungsgericht mit Revisionsmöglichkeit durch ein Bewahrungsobergericht.

Die eigentliche Stoßrichtung dieser Leitsätze wurde jedoch aus ihrer Begründung sehr deutlich. Einleitend wurde darauf hingewiesen, dass die Notwendigkeit eines Bewahrungsgesetzes von allen betont werde, „die für diese Elemente täglich zu sorgen haben oder mit ihnen im Kampfe stehen.“ Hier wurde speziell die NSV genannt, die „Nationalsozialistische Volkswohlfahrt“. Die NSV war ein angeschlossener Verband der NSDAP und wurde vom Hauptamt für Volkswohlfahrt in der Reichsleitung der Partei gelenkt. Sie war wesentlich an der Gleichschaltung der Verbände der freien Wohlfahrtspflege im März 1934 beteiligt. Alle Institutionen „im Kampfe“ mit „diesen Elementen“ verlangten demnach „die Waffe der Bewahrungsmöglichkeit gegen jene asozialen Personen.“ Die Begrün-

129 Schreiben mit Anlagen vom 2.3.1939, BA Berlin, R 3001/943, Bl. 85-87. Die „Akademie für Deutsches Recht" war 1933 zur Verwirklichung des nationalsozalistischen Programms auf dem gesamte Gebiete des Rechts gegründet worden und fungierte als öffentliche Körperschaft des Reichs.

dung für ein Bewahrungsgesetz stellte bereits hier weitgehend auf die wirtschaftlichen Schäden sowie die „Belästigungen und Schädigungen“ der „Volksgemeinschaft“ durch „diese Elemente“ ab. Darüber hinaus wurden, in Abhängigkeit von dieser Grundlage, erzieherische Wirkungen genannt.

Hinsichtlich des Personenkreises, der als bewahrungsbedürftig angesehen werden sollte (bzw. als „diese Elemente“), fand sich in den genannten Leitsätzen noch eine gewisse Ambivalenz, die aus einer doppelten Orientierung an der nationalsozialistischen Ideologie und an Restbeständen traditioneller Fürsorgeorientierung herrührte. Es wurde etwa erwogen, in einer umfassenden Regelung alle Personen zu erfassen, „die infolge ihres Zustandes sich nicht mehr selbst überlassen bleiben können oder die sozialgefährlich sind“, und darauf hingewiesen, dass eine solche Regelung dem nationalsozialistischen Staat ein Mittel gegen alle die in die Hand geben würde, „die sich, sei es verschuldet oder unverschuldet, nicht der Volksgemeinschaft einordnen wollen oder können.“ Dagegen wurde darauf hingewiesen, dass eine Bewahrung nicht einem strafrechtlichen Zweck dienen dürfe, sondern fürsorgerischen Charakter haben müsse. Diesem Erfordernis des fürsorgerischen Einschlages wurde dadurch Genüge getan, dass zwischen Asozialen, die bewahrt werden müssen, und „Antisozialen“ bzw. Verbrechern unterschieden wurde, die verwahrt werden sollten. Es wurde besonders betont, dass die Bewahrung Aufgabe der öffentlich-rechtlichen Fürsorge sei und keine Strafe darstelle, sondern „in erster Linie erzieherische und fürsorgerische Ziele zu Gunsten des davon Betroffenen verfolgt.“ Die Spannung zu den eingangs genannten Zielen, die Bewahrung den mit „diesen Elementen“ befassten bzw. „im Kampfe“ stehenden Institutionen als „Waffe“ in die Hand zu geben und die wirtschaftlichen Belastungen und „Belästigungen“ zu minimieren, ist deutlich erkennbar.

Die Asozialen – also hier noch die Fremdwortform für „Gemeinschaftsfremde“ – wurden dementsprechend folgendermaßen definiert: als „willensschwache Menschen, die nicht einmal den Mindestanforderungen gerecht werden, die die völkische Lebensordnung an jeden Volksgenossen stellt und stellen muss, um eine geordnete Volksgemeinschaft zu ermöglichen und aufrecht zu erhalten.“ Der „Ausschuss für Wohlfahrts- und Fürsorgerecht“ vermied eine kasuistische Erfassung der Bewahrungsbedürftigen, er wies aber doch auf Gruppen der zu erfassenden Asozialen hin. Wichtigster Anwendungsfall für das Eingreifen von Maßnahmen aufgrund des geforderten Bewahrungsgesetzes sollte demnach die sittliche Verwahrlosung sein, für die als Kriterium genannt wurde: „eine solche Abweichung des Verhaltens einer Person von den Normen der Sittlichkeit, die in hohem Maße als anormal bezeichnet werden muss.“ Darunter wurden vor allem Prostituierte, Arbeitsscheue, Bettler und Landstreicher verstanden.

Am 10.5.1940 legte der Reichsminister des Inneren, Wilhelm Frick, den Entwurf eines Gesetzes über die Behandlung Gemeinschaftsfremder sowie eine entsprechende Durchführungsverordnung vor und übersandte ihn zur Stellungnahme an den Stellvertreter des Führers, den Reichsminister der Justiz, den Reichsarbeitsminister und den Reichsminister der Finanzen.[130] Die Ambivalenz zwischen fürsorgerechtlichen und ökonomischen Erwägungen im Sinne der nationalsozialistischen Ideologie der Volksgemeinschaft war hier verschwunden. Die Begründung des Gesetzentwurfs lautete kurz: „Das Asozialenproblem ist äußerst dringlich geworden und bedarf einer baldigen und umfassenden Lösung. Die bestehenden Bestimmungen des Fürsorgerechts, des Arbeitseinsatzes und der polizeilichen Vorbeugehaft reichen hier nicht aus. Die Asozialen müssen entweder einer produktiven Tätigkeit zugeführt werden oder, soweit dies nicht möglich ist, durch geeignete Unterbringung an weiterer Belastung der Allgemeinheit gehindert werden."

Der fürsorgerechtliche Aspekt wurde nun explizit ausgeschlossen: "Infolge der Veränderungen der politischen und wirtschaftlichen Lage in den letzten Jahren ist das Problem aus einem fürsorgerechtlichen im wesentlichen zu einem polizeilichen geworden. Der Gesetzentwurf sieht daher die Übertragung der Aufgabe auf die Polizei vor, die mit ihrer festgefügten Organisation der Kriminalpolizei die Aufgabe ohne wesentliche Mehrbelastung bewältigen kann." Genau diese Aufgabenübertragung hatte die Akademie für Deutsches Recht bzw. die Mitglieder ihres Ausschusses für Wohlfahrts- und Fürsorgerecht noch ausschließen wollen. Sie hatten ein gerichtliches Verfahren gefordert und die „fürsorgerische Bewahrung" sollte explizit nicht Aufgabe der Polizei sein, sondern in den Aufgabenbereich der öffentlichen Fürsorge fallen.

Explizites Ziel des vorgelegten neuen Gesetzentwurfes war es nunmehr,[131] Gemeinschaftsfremde, „die durch ihr Verhalten die Volksgemeinschaft schädigen", dieser Gemeinschaft wieder „als nützliche Glieder" zuzuführen oder an einer „weiteren Schädigung der Volksgemeinschaft" zu hindern. Maßnahmen hierfür sollten die Überweisung an die Landesfürsorgeverbände oder – und hier war keine kriteriale Unterscheidung angegeben – die Unterbringung in einem polizeilichen „Besserungslager" (§ 3) sein. Von einem rechtsstaatlichen Anforderungen genügenden Gerichtsverfahren war nun keine Rede mehr. Stattdessen wurde als Autorität für die Überweisung oder Unterbringung schlicht genannt: „die Polizeibehörde" (in der Durchführungsverordnung: das Reichskriminalpolizeiamt), ohne dass auch nur ein Instanzenweg oder Berufungsmöglichkeiten erwähnt wurden.

Die Bewahrung war jedoch nicht die einzige Maßnahme, die nunmehr gegen „Gemeinschaftsfremde" ohne jede rechtsstaatliche Prüfung möglich gemacht

130 BA Berlin, R 3001/943, Bl. 20-22.

131 Vgl. zu folgenden die Ausführungen von *G. Werle*, Justiz-Strafrecht, a.a.O., S. 621 ff.

werden sollte. § 5 des Gesetzentwurfs lautete: „Gemeinschaftsfremde, bei denen auf Grund der ermittelten Tatsachen anzunehmen ist, dass sie für die Volksgemeinschaft unerwünschten Nachwuchs haben werden, können unfruchtbar gemacht werden.“ Eine solche Möglichkeit war von der Akademie für Deutsches Recht bzw. ihrem Ausschuss für Wohlfahrts- und Fürsorgerecht noch nicht erwogen worden. Eine Regelung über die Verhinderung unerwünschten Nachwuchses fand sich in den genannten Leitsätzen an keiner Stelle.

Die Vertreter der Akademie hatten darüber hinaus gegen eine kasuistische Festlegung plädiert, obwohl auch von ihnen bereits exemplarisch Gruppen genannt worden waren, in denen die zu bewahrenden Personen vor allem zu vermuten seien. Im Gesetzentwurf des Reichsministers des Inneren fand sich jedoch nun eine mit der Klausel „insbesondere“ versehene Liste, die als kasuistische Definition der Personengruppen verstanden werden kann, die im NS-Innenministerium als „gemeinschaftsfremd“ angesehen wurden. Folgende Gruppen wurden genannt (§ 2):

- „Nichtsesshafte Personen, die einen geordneten Erwerb ihres Lebensunterhalts nicht nachweisen können,
- sesshafte Personen, die ihren Lebensunterhalt ganz oder teilweise nicht auf rechtmäßige Weise erwerben,
- Arbeitsfähige, die trotz einer ihnen gebotenen Arbeitsmöglichkeit ihren Lebensunterhalt nicht aus eigenem Verdienst bestreiten (Arbeitsscheue),
- Personen, die durch ihre Lebensführung andere Volksgenossen in sittlicher Hinsicht gefährden oder dadurch gegen ihre Verpflichtung gegenüber der Volksgemeinschaft verstoßen, daß sie ihre Unterhaltspflicht oder ihre Erziehungspflicht schuldhaft verletzen,
- Entlassene aus Vollzugsanstalten der Reichsjustizverwaltung und aus Besserungs- und Arbeitslagern der Polizei, die nicht nachweisen können, dass sie spätestens 8 Wochen nach ihrer Entlassung in geordnete Verhältnisse zurückgekehrt sind.“

Nach seinem Wortlaut stellte sich der Gesetzentwurf des Reichsministers des Innern als eine umfassende Ermächtigung für die Polizei dar, umfangreiche Personengruppen auf unbestimmte Zeit in polizeilichen Lagern unterbringen zu können bzw. ihnen durch Unfruchtbarmachung das Recht auf körperliche Unversehrtheit nehmen zu können, ohne auch nur den Anschein eines einfachsten rechtsstaatlichen Grundansprüchen genügenden Verfahrens wahren zu müssen. Aus der Ambivalenz von fürsorgerischen Gesichtspunkten und dem „Kampf“ gegen „diese Elemente“, wie die Akademie sie genannt hatte, war die Option für einen Polizeistaat geworden.

In diesem Zusammenhang ist interessant, dass zu dem Gesetzesentwurf eine Stellungnahme der Abt. III C mit Datum des 4.6.1940 aus dem Reichsjustizministerium erhalten ist, deren Autor überaus kritisch zu dem Vorhaben und seiner Ausgestaltung Stellung nahm.[132] Insbesondere sah er die Grenzziehung zur Strafrechtspflege und damit diese selbst als gefährdet an.[133] Darüber hinaus vermisste dieser Autor eine grundsätzliche Erörterung der Frage, „inwiefern und inwieweit denn überhaupt neben der richterlichen Anordnung derartiger Maßregeln eine rein polizeiliche gerechtfertigt ist.“ Dies erfordere den Grundgedanken, „dass davon nur Menschen betroffen werden dürfen, die als minderen Rechts zu betrachten sind,“ da ansonsten durch das polizeiliche Verfahren das gerichtliche Verfahren „zur Farce“ gemacht würde. Die Tatsache, dass aus dem fürsorgerischen ein rein polizeiliches Problem geworden sei, wurde mit Hinweis auf die „intime Kenntnis der Asozialen“ durch die Fürsorgebehörden bedauert. Die Übersetzung des Wortes „asozial“ durch „gemeinschaftsfremd“ hielt der Autor für wenig glücklich, da sie alle möglichen Deutungen zulasse und der Begriff im Entwurf nicht gehörig bestimmt werde. Schließlich wurde die nicht abschließende Aufzählung von Merkmalsgruppen kritisiert, da dadurch der Polizei eine nahezu unbegrenzte Definitionsmacht eingeräumt werde.

In seiner Kritik an § 5 des Gesetzesentwurfes, der die Unfruchtbarmachung von „Gemeinschaftsfremden“ vorsah, fand der Autor aus dem Reichsjustizministerium zu Formulierungen, aus denen man in Anbetracht der Zeit der Abfassung (Juni 1940) schon fast eine Widerstandshaltung herauslesen könnte. Da diese Ausführungen auch als Beleg dafür gelesen werden können, was für einen Ministerialbeamten des höheren Dienstes selbst zu dieser Zeit an Abweichung von der Linie der NS-Vererbungslehre möglich war, seien sie im Zusammenhang wiedergegeben: „Wer sich darüber klar ist, wie überaus wenig trotz der zweifellosen Rolle, die die Vererbung auch auf dem Gebiet des Charakters spielt, und trotz überaus dankenswerter Forschungen auf diesem Gebiet die heutige Vererbungswissenschaft darüber weiß, was auf diesem Gebiet als Anlage anzusehen und wie es mit dem Erbgang bestellt ist, wie ferner doch ein sozialgefährlicher Charakter nicht auf Anlagen zurückzugehen braucht, die ihn gerade dazu prädestinieren, und wie entsprechend doch keineswegs eine Anlage, die sich zu einer sozialgefährlichen Eigenschaft entwickeln kann, sich dazu entwickeln muss, der wird in der uferlosen Ausweitung der Voraussetzungen einer Unfruchtbarmachung die

132 BA Berlin, R 3001/943, Bl. 17-19. Der Verfasser ist weder aus dem Schriftstück selbst, noch aus dem Kontext namentlich zu ermitteln.

133 *G. Werle* erörtert darüber hinaus noch die Stellungnahme vom 29.7.1940 (Justiz-Strafrecht, a.a.O., S. 623f).

ernste Gefahr einer von der Polizei im Verein mit sterilisationsfreudigen Ärzten wenn schon optima fide geübten Scharlatanerie und Willkür erblicken."

Der Reichsminister der Justiz, Franz Gürtner, schloss sich diesen Einwänden in seiner Stellungnahme der Sache nach weitgehend an,[134] allerdings mit einer wichtigen Ausnahme: er erklärte sich grundsätzlich damit einverstanden, dass die Bewahrung der Gemeinschaftsfremden in die Hand der Polizei gelegt werde, und verzichtete für das Justizministerium auf die Einschaltung eines Vormundschaftsrichters. Er forderte jedoch eine klare Abgrenzung von den Aufgaben der Strafjustiz und die Gewährleistung einer „Vorhand der Strafrechtspflege".[135] Aus pragmatischen Erwägungen erschien es Gürtner sogar ratsam, die Kompetenz zur Anordnung der Bewahrung nicht auf das Reichskriminalpolizeiamt zu beschränken, sondern sie auch den Kriminalpolizeileitstellen zu übertragen. Darin sah er auch die „wünschenswerte" Eröffnung einer Beschwerdemöglichkeit an das Reichskriminalpolizeiamt angelegt.

Wie in der erwähnten Stellungnahme aus seinem Ministerium vorformuliert, forderte auch der Minister eine erschöpfende Umreißung des Personenkreises, der in die Bewahrung einbezogen werden sollte: „§ 2 des Entwurfs wird daher nicht nur Beispiele zu geben, sondern den Kreis der Asozialen abschließend zu bezeichnen haben." Dazu kritisierte er die Aufzählung von einzelnen Personengruppen im vorgelegten Gesetzentwurf. So forderte er die Streichung der Personengruppe, die ihren Lebensunterhalt ganz oder teilweise auf unrechtmäßige Weise verdient, mit der Begründung der Zuständigkeit des Strafgesetzbuches in diesen Fällen. Die Definition der Arbeitsscheuen sollte präzisiert werden.

Interessant sind in der Stellungnahme des Reichsjustizministers vor allem zwei Punkte. Zum einen erschien ihm die in § 2 des Entwurfes vorgesehene Einreihung von „Personen, die durch ihre Lebensführung andere Volksgenossen in sittlicher Hinsicht gefährden", nicht annehmbar, weil dies zu einer Überschneidung mit Aufgaben der Strafgerichte führen müsste, und sie erschien ihm darüber hinaus „bedenklich", „insofern hier eine Zensur für die sittliche Lebensführung eines jeden Volksgenossen eingeführt wird. Eine solche Zensur halte ich weder für durchführbar noch für erwünscht." Zum anderen forderte Gürtner, von einer

134 BA Berlin, R 3001/943, Bl. 42-46; das Schreiben liegt allerdings nur in der Form eines Reinkonzepts vom 29.7.1940 vor.

135 Hier ist anzumerken, dass Franz Gürtner 1932 noch von Papen in das Justizministerium berufen worden war und eine ambivalente Stellung zum NS-Regime einnahm, bekannt sind seine Versuche, in den Prozessen gegen Geistliche (1935-39) für relativ faire Verfahren zu sorgen und auch Strafverfahren gegen Parteimitglieder durchzusetzen; den SS-Verbrechen stand er grundsätzlich ablehnend gegenüber und versuchte vergeblich, die Konzentrationslager einer rechtlichen Kontrolle zu unterwerfen. Gürtner war Justizminister bis zu seinem Tod am 29.1.1941.

Aufnahme der Unfruchtbarmachung in den Entwurf abzusehen. Er verwies darauf, dass nach geltendem Recht über Anträge auf Unfruchtbarmachung durch die Erbgesundheitsgerichte entschieden werde, und sah keine Notwendigkeit, von dem Prinzip abzuweichen, einen solchen „erheblichen Eingriff in die körperliche Unversehrtheit" nur durch Gerichte anordnen zu lassen. Den weitergehenden Bedenken seines Mitarbeiters im Ministerium schloss er sich nur in sehr abgeschwächter Form an: „Falls ausreichende Erfahrungen nach der Richtung vorliegen, dass der Nachwuchs der Asozialen voraussichtlich wieder gemeinschaftsfremd oder sonst schwer psychopathisch zu sein pflegt, so habe ich sachlich keine Bedenken dagegen, dass eine Unfruchtbarmachung auch der Gemeinschaftsfremden vorgesehen wird. Nur wäre diese Bestimmung in das Gesetz zur Verhütung erbkranken Nachwuchses einzubauen."

Diesem Einwand schloss sich der Reichsminister der Finanzen, Graf Schwerin v. Krosigk, in seiner Stellungnahme vom 19.8.1940 an.[136] Darüber hinaus forderte auch er eine genaue Bestimmung des Personenkreises, der von dem Gesetz betroffen werden soll, außerdem betrafen seine Einwände wie zu erwarten Kostengesichtspunkte. Wie der Reichsjustizminister, so hatte allerdings auch der Reichsminister der Finanzen keine Einwände gegen die Übertragung der Anordnung zur Bewahrung an die Polizei und schlug ebenso – wie der Reichsjustizminister – vor, die Kriminalpolizeileitstellen statt des Reichskriminalpolizeiamtes damit zu betrauen.

Nach einer Referentenbesprechung vom 10.1.1941 im Reichskriminalpolizeiamt[137] wurde der Entwurf vom Reichsministerium des Innern am 26.2.1941 schließlich in einer veränderten Fassung vorgelegt.[138] Den Änderungsvorschlägen aus dem Reichsjustizministerium sowie dem Reichsministerium der Finanzen wurde dabei nur in geringem Maße Rechnung getragen (geschäftsführender Justizminister war seit 29.1.1941 Franz Schlegelberger).[139] An einigen Stellen fanden sich Präzisierungen des betroffenen Personenkreises, insbesondere durch die Hinzufügung einer Klausel, in der das Vorliegen eines Verstoßes gegen die Verpflichtung gegenüber der Volksgemeinschaft zur Voraussetzung für die Bewahrung gemacht wurde. Die „sittliche Gefährdung" durch die Lebensführung wurde gestrichen, dafür jedoch eine Art Generalklausel als Absatz (2) eingefügt, durch die die Bewahrung allem Anschein nach zu einem universell einsetzbaren Instrument gegen alle Personen gemacht werden sollte, die sich den NS-Vorstellungen von einem der Volksgemeinschaft angemessenen Verhalten

136 BA Berlin, R 3001/943, Bl. 48-49.

137 Der Aktenvermerk darüber findet sich in BA Berlin, R 3001/943, Bl. 57-58.

138 BA Berlin, R 3001/943, Bl. 90-98.

139 Zu den Verhandlungen zwischen Reichsjustizministerium und Reichsinnenministerium bzw. Polizei vgl. detailliert *G. Werle*, Justiz-Strafrecht, a.a.O., S. 624ff.

nicht anpassen konnten oder wollten. Die Klausel war folgendermaßen formuliert: „Gemeinschaftsfremd im Sinne des Gesetzes ist auch, wer außer den in Absatz 1 genannten Fällen in einer gegen das gesunde Volksempfinden verstoßenden Weise hartnäckig gegen die ihm gegenüber der Volksgemeinschaft obliegenden Pflichten verstößt und dadurch befürchten lässt, dass er bei Fortsetzung seines Verhaltens eine gemeine Gefahr bildet." Dieser Text ist zwar in der in den Akten des Reichsjustizministeriums befindlichen Fassung des neuen Entwurfes bereits enthalten, laut Aktenvermerk der Besprechung vom 21.3.1941 (s. u.) wurde sie jedoch von dem Leiter des Reichssicherheitshauptamtes, Heydrich, erst in dieser Besprechung vorgeschlagen, um den Kreis der Betroffenen möglichst weit fassen zu können.

Die Beteiligung der Polizei war nun etwas differenzierter gestaltet, ohne dass sich am Grundsatz der umfassenden polizeilichen Kompetenz etwas geändert hatte. Diese Kompetenz war nun dreistufig gegliedert (§ 3 neu):

- „(1) Die Polizeibehörde überwacht Gemeinschaftsfremde".
- „(2) Reichen Überwachungsmaßnahmen nicht aus, so überweist die Polizeibehörde Gemeinschaftsfremde den Landesfürsorgeverbänden."
- „(3) Erfordert die Person eines Gemeinschaftsfremden eine schärfere Bewachung, als sie in den Anstalten der Landesfürsorgeverbände gewährleistet ist, so tritt an Stelle der Überweisung an die Landesfürsorgeverbände die Unterbringung in einem polizeilichen Arbeits- und Erziehungslager oder einem polizeilichen Jugendschutzlager."

Die Bewahrung war also auch in dem neuen Entwurf weiterhin Sache der Polizeibehörden, die lediglich die zusätzliche Entscheidung treffen sollten, ob der betreffende „Gemeinschaftsfremde" in Einrichtungen der Landesfürsorgeverbände bewahrt werden sollte oder ob die Notwendigkeit einer „schärferen Bewachung" diagnostiziert werden konnte, bei deren Vorliegen auch die Art der Unterbringung der Polizei überlassen blieb.

Die Regelung über die Unfruchtbarmachung Gemeinschaftsfremder wurde lediglich geringfügig umformuliert, blieb jedoch im Gehalt unverändert. So war in dem Entwurf einer Durchführungsverordnung festgelegt worden, dass die Entscheidung über die Unfruchtbarmachung durch die Erbgesundheitsgerichte nach den Bestimmungen des Gesetzes zur Verhütung erbkranken Nachwuchses vom 14.7.1933[140] getroffen werden sollte. Bei der Beurteilung dieser scheinbaren Einbeziehung des Gerichtes ist jedoch zu beachten, dass die entsprechende Regelung in § 5 des Entwurfs bindend formuliert war („... sind unfruchtbar zu machen.") und in der Durchführungsverordnung weiterhin festgelegt worden ist, dass die vom Reichskriminalpolizeiamt getroffene Entscheidung über die Ge-

140 RGBl. I, 1933, S. 521.

meinschaftsfremdheit für das Erbgesundheitsgericht bindend sein sollte. Daraus lässt sich entnehmen, dass die Bestimmung über die Unfruchtbarmachung zwar formal aus der polizeilichen in die gerichtliche Zuständigkeit überführt wurde, die Entscheidung letztlich aber doch wieder bei den Polizeibehörden bleiben sollte.

In dem Entwurf einer Durchführungsverordnung wurde die Durchführung der Bewahrung grundsätzlich der Reichskriminalpolizei übertragen. Den Kriminalpolizeileitstellen sowie den Kriminalpolizeistellen sollte eine Kompetenz zur vorläufigen Überweisung an die Landesfürsorgeverbände bzw. zur vorläufigen Unterbringung erteilt werden. Endgültige Entscheidungsinstanz sollte das Reichskriminalpolizeiamt sein. Von einer Beschwerdeinstanz oder gar einer Garantie des Rechtsweges, wie er vor allem vom Justizministerium verlangt worden war, war in dem neuen Entwurf nicht mehr die Rede. An einigen Stellen wurde zwar versucht, Kompetenzen der Gerichtsbarkeit und der Polizei abzugrenzen, diese Versuche betrafen jedoch nicht die Zuständigkeit der Polizeibehörden für die Anordnung der Bewahrung.

Über den neuen Entwurf fand am 21.3.1941 eine Besprechung aller beteiligten Ressorts[141] unter dem Vorsitz von Heydrich statt, der zu dieser Zeit als Leiter des direkt Himmler unterstellten Reichssicherheitshauptamtes nicht nur den SS-Sicherheitsdienst, sondern auch die gesamte politische und zivile Geheimpolizei leitete. Hier sind zwei Punkte von Interesse.[142] Zum einen wurde die von Heydrich in diesem Gespräch vertretene Position wie folgt beschrieben:

- es solle das Gesetz den klaren Grundgedanken der Volksgemeinschaft gegen die Gemeinschaftsfremden durchführen;
- dazu könne man nicht alle Fälle der Gemeinschaftsfremden im Gesetz aufführen, der Aktenvermerk gab die Äußerungen Heydrichs wieder: „Die Polizei müsse sich vorbehalten, auch über den Rahmen des Gesetzes hinaus zuzupacken, wenn es erforderlich sei. Es wäre geradezu Heuchelei, wenn man glauben wollte, die Erscheinungen der Gemeinschaftsfremden in Formulierungen restlos erschöpfen zu können.“

Zum zweiten hielt der Vertreter des Justizministeriums laut dem vorliegenden, allerdings nicht namentlich unterzeichneten Aktenvermerk in dieser Besprechung einen Vortrag, der eine weiterhin kritische Haltung des Justizministeriums

141 Das Reichsjustizministerium wurde durch Ministerialrat Rietsch, KGR. Dabringhaus und Landgerichtsrat Dr. Kümmerlein vertreten.

142 Aktenvermerk in BA Berlin, R 3001/943, Bl. 100-107. Der Verfasser ist weder aus dem Schreiben selbst, noch aus dem Kontext namentlich zu ermitteln.

erkennen ließ. Dieser Vortrag begann mit folgender Einschätzung: „Der Gesetzentwurf, den das Reichsministerium des Innern uns vorlegt, dürfte wohl unter den mancherlei harten Gesetzen, die das Dritte Reich geschaffen hat, der härteste sein. Er spricht den Polizeibehörden eine Fülle von Machtbefugnissen zu, die ihnen bisher durch ein Gesetz noch in keinem Lande der Welt gewährt worden ist, insbesondere die Befugnis zu langandauernden Freiheitsentziehungen." Daran anschließend zählte der Vertreter des Ministeriums die rechtsstaatlichen Grundsätze eines gerichtlichen Verfahrens im einzelnen auf, die dem Bürger ein Höchstmaß an Rechtssicherheit geben und ihn vor ungerechten Urteilen schützen sollten. Er kam dann zum Schluss: „Von allen diesen Sicherungen ist in dem uns vorgelegten Entwurf keine Rede." Er charakterisierte den Entwurf dann näher, und gab in diesen Ausführungen eine sicherlich korrekte Beschreibung: „Ein Recht auf Gehör ist dem Betroffenen nicht zugebilligt. Eine Verteidigung durch Dritte findet nicht statt. Zeugen und Sachverständige treten dem Betroffenen nicht gegenüber; auch ist nirgends vorgeschrieben, dass sich ein Beamter persönlich mit ihm zu befassen hat. Eine Hauptverhandlung kennt der Entwurf nicht, die Entscheidung soll getroffen werden ohne jede Vorschrift über die Unterlagen, auf denen sie ruht. Das Verfahren ist rein schriftlich; der entscheidende Beamte wird nicht genannt und wird dem Betroffenen nicht ersichtlich. ... Obwohl hiernach alle Sicherungen fehlen, die die Strafprozessordnung für die Feststellung des wahren Sachverhalts vorsieht, wird ein Rechtsmittel nicht gegeben. Die Entscheidung liegt auch nicht in Händen eines an Weisungen nicht gebundenen Richters. Und doch sind die Entscheidungen, die von der Polizei über Freiheitsentziehungen getroffen werden sollen, ebenso ernst wie die Entscheidungen der Gerichte."

Der Referent wies dann darauf hin, dass der Reichsjustizminister Gürtner trotz dieser ernsten Bedenken den Gesetzentwurf nur deshalb nicht abgelehnt habe, weil er die „innere Berechtigung" des Grundgedankens des Entwurfs anerkannte, und hier näherte sich der Vertreter des Justizministeriums wieder eindeutig nationalsozialistischen Auffassungen an: „Wer sich aber vom Boden der Volksgemeinschaft so weit entfernt, der entrechtet sich selbst, der degradiert sich zu einer Person minderen Rechts ...". Einerseits wurde also vehement für rechtsstaatliche Verfahrensgrundsätze plädiert, andererseits aber wurde der Geltungsbereich des „vollen" Rechts doch auf durch bestimmte Kriterien abgrenzbare Personengruppen begrenzt, während anderen Personengruppen nur ein Status „minderen Rechts" zukommen sollte. Die Konsequenz aus dieser ambivalenten Haltung zeigte sich dann in den konkreten Forderungen, die das Justizministerium in dieser Besprechung aufstellte. Die Abgrenzung der Zuständigkeiten der Strafrechtspflege und der Polizei sollte in den Wortlaut des Gesetzes übernommen werden; die persönliche Verantwortung des entscheidenden Polizeibeamten sollte in das Gesetz aufgenommen werden (und hier berief der Referent sich auf das nationalsozialistische Führerprinzip); der Inhalt der Maßnahmen sollte näher im Gesetz bestimmt werden; und vor allem sollte der Personenkreis der „Gemeinschaftsfremden“ im Gesetz genau bestimmt werden.

Dass das Justizministerium mit seinen Bedenken auf verlorenem Posten stand, wurde aus der Reaktion von Heydrich sehr deutlich. Er begrüßte zwar das Prinzip der persönlichen Verantwortung für die getroffenen Entscheidungen als mit den Leitpunkten der SS hinsichtlich der Erziehung ihrer Angehörigen übereinstimmend. Dass der Referent des Justizministeriums diese persönliche Verantwortung hingegen als Ersatz für eine rechtsstaatliche Sicherheit hatte eingeführt wissen wollen, war ihm offenbar schon als Gedanke nicht zugänglich. Alle anderen Punkte wurden rundweg abgelehnt. Die Trennung der Zuständigkeiten zwischen Justiz und Polizei sollte nicht in das Gesetz aufgenommen werden, weil es damit zu lang werde; die genaue Bestimmung des Personenkreises, für den das Gesetz Geltung haben sollte, widersprach offenbar direkt den Intentionen Heydrichs, der genau in die andere Richtung wollte: der Personenkreis sollte so unbestimmt wie möglich gelassen werden, und zu diesem Zweck sollte der oben bereits erwähnte neue Absatz als Generalklausel eingefügt werden: „Gemeinschaftsfremd im Sinne des Gesetzes ist auch, wer außer den in Abs. 1 genannten Fällen in einer gegen das gesunde Volksempfinden verstoßenden Weise hartnäckig gegen die ihm gegenüber der Volksgemeinschaft obliegenden Pflichten verstößt und dadurch befürchten lässt, dass er bei Fortsetzung seines Verhaltens eine gemeine Gefahr bildet.“ An die Stelle rechtsstaatlicher Grundsätze sollte also nach dem Willen von Heydrich das genaue Gegenteil treten: die Umgrenzung des Personenkreises durch die beliebig zu interpretierende Formel von dem Verstoß gegen die der „Volksgemeinschaft“ gegenüber bestehenden Pflichten und die ebenso beliebig zu interpretierende nähere Bestimmung von der „hartnäckigen“ Weise und dem Verstoß gegen das „gesunde Volksempfinden“.

Es verwundert nach diesen Ausführungen nicht mehr, dass der Reichsminister des Innern am 24.6.1941 den Gesetzentwurf an den Chef der Reichskanzlei mit der Bitte um Verabschiedung des Gesetzes im Umlaufwege übersandte, der genau den von Heydrich aufgestellten Forderungen entsprach.[143] Den Bedenken des Justizministeriums wurde an keiner Stelle Rechnung getragen. Die Definition des betroffenen Personenkreises entsprach wörtlich den Ausführungen Heydrichs, und in der Begründung wurde eigens auf die Notwendigkeit einer alle Lücken schließenden Generalklausel hingewiesen, die Vollmachten der Polizei wurden der Sache nach aus dem Entwurf vom 26.2.1941 übernommen, die Regelung über die Unfruchtbarmachung Gemeinschaftsfremder war unverändert. In der Durch-

143 BA Berlin, R 3001/943, Bl. 122-134.

führungsverordnung wurde zwar bestimmt, dass die Entscheidung hierüber bei den Erbgesundheitsgerichten liege, die nach den Bestimmungen des Gesetzes zur Verhütung erbkranken Nachwuchses vom 14.7.1933 verfahren sollten. Die Entscheidung darüber, ob der Unterzubringende gemeinschaftsfremd war, sollte aber vom Reichssicherheitshauptamt für die Erbgesundheitsgerichte bindend getroffen werden (§ 6 Durchführungsverordnung). Begründet wurde dies mit dem Ziel der Behandlung Gemeinschaftsfremder, „deren Erbstrom endgültig zum Versiegen zu bringen“ (Begründung S. 4).

Auf diese „Erbstrom“-Theorie stützte sich auch im wesentlichen die vom Innenministerium zu diesem Gesetzesentwurf angeführte Begründung. Hier muss jeder Versuch der Paraphrase hinter der geistigen und gedanklichen Wirklichkeit zurückbleiben, die sich etwa im einleitenden Absatz der Begründung folgendermaßen dokumentiert: „Jahrzehntelange Erfahrung lehrt, dass das Verbrechertum sich fortlaufend aus minderwertigen Sippen ergänzt. Die einzelnen Glieder solcher Sippen finden sich immer wieder zu Gliedern ähnlich schlechter Sippen und bewirken dadurch, dass die Minderwertigkeit sich nicht nur von Geschlecht zu Geschlecht vererbt, sondern häufig zum Verbrechertum steigert. Diese Menschen sind meist weder gewillt noch fähig, sich der Volksgemeinschaft einzuordnen. Sie führen ein dem Gemeinschaftsgedanken fremdes Leben, haben selbst keinerlei Gefühl für Gemeinschaft, sind damit gemeinschaftsuntauglich oder gar -feindlich, also schlechthin gemeinschaftsfremd.“ Die Zweifel des Justizministeriums an einer so einfach gestrickten Theorie über Vererbung von „Asozialität“, die anscheinend auch vor einer durchaus undarwinistischen Lehre von der Vererbung erworbener Merkmale nicht zurückschreckte, haben keinerlei Spuren im Gesetzentwurf des Innenministeriums bzw. dessen Begründung hinterlassen. Dafür wurden „Erkenntnisse der Erblehre und Kriminalbiologie“ als gesetzesbegründend in Anspruch genommen, die nicht auf gesichertem Wissen, sondern nur auf einer sehr speziellen nationalsozialistischen „Wissenschaft“ beruhten.

Gegen die Politik der „Systemzeit“ – d. h. der Weimarer Republik – führte der Reichsminister des Inneren sodann ins Felde: „Dem Nationalsozialismus gilt der Einzelne nichts, wenn es um die Gemeinschaft geht.“ Zu diesem Zweck wurde die Bewahrung einerseits von der Fürsorge, andererseits von den Mitteln des Strafrechts abgegrenzt. Eine Fürsorge für „Gemeinschaftsfremde“ wurde in dem Entwurf ausdrücklich ausgeschlossen. Bei Gemeinschaftsfremden, „die der Volksgemeinschaft nur Schaden zufügen“, sei nicht Fürsorge, sondern Zwang auf polizeilicher Grundlage notwendig. Die Mittel des Strafrechts könnten, so die Begründung des Gesetzentwurfs, nicht ausreichen, weil sie stets an bestimmte strafrechtliche Tatbestände geknüpft sind. Es wurde die Bewahrung also explizit als ein Instrument gesehen, das auf rechtlicher Grundlage die Sanktion der Freiheitsentziehung gegen Menschen einsetzen konnte, die sich im strafrechtlichen

Sinne nicht schuldig gemacht hatten, man könnte auch sagen: deren Schuld nicht in einem Tun, sondern in ihrem Dasein bestand, und die Schuld dieses Daseins wiederum bestand darin, einem „Erbstrom“ anzugehören, der als minderwertig nach vorgeblichen Erkenntnissen von Erblehre und Kriminalbiologie galt.

Die Tendenz des Gesetzentwurfs wurde schließlich durchaus korrekt wie folgt umschrieben: „Der von dem Fürsorgerecht entwickelte Bewahrungsgedanke ist damit unter dem Gesichtspunkt der vorbeugenden Verbrechensbekämpfung übernommen und wesentlich erweitert worden.“ Der Gedanke der Bewahrung war in der Tat nunmehr aus seinen fürsorgerechtlichen Zusammenhängen, die noch in der Weimarer Zeit zumindest mitbestimmend waren, herausgelöst und zu einem Mittel der nationalsozialistischen Politik gegen Menschengruppen geworden, die sich nicht in die Vorstellungen von einer sog. „Volksgemeinschaft“ einfügten. Der Fürsorgegedanke war jetzt nur noch insofern erhalten, als die gemäß der nationalsozialistischen Ideologie definierte Volksgemeinschaft vor gemäß der gleichen Ideologie definierten Schäden bewahrt werden sollte. Das Gesetz sollte die Rechtsgrundlage dafür schaffen, „dass durch polizeiliche Maßnahmen Gemeinschaftsfremde, die durch ihr Verhalten die Volksgemeinschaft schädigen, dieser wieder als nützliche Glieder zugeführt oder an einer weiteren Schädigung der Volksgemeinschaft gehindert werden können.“[144]

Das Gesetz trat damit jedoch noch keineswegs in Kraft. In einem Aktenvermerk vom 13.10.1941 des Reichsministers des Inneren fand sich die Feststellung, der Chef der Reichskanzlei habe im Hinblick auf die Beurteilung der Kriegswichtigkeit des Gesetzes durch das Oberkommando der Wehrmacht und den Beauftragten für den Vierjahresplan zunächst davon abgesehen, das Gesetz in Umlauf zu geben.[145] Es wurde auch darauf verwiesen, dass einzelne Reichsminister sachliche Bedenken gegen das Gesetz erhoben hätten.[146] Aus diesen Anmerkungen ist zu entnehmen, dass bei einzelnen Ministern die Auffassung bestand, das Gesetz richte sich gegen politisch missliebige Personen, insbesondere durch die auf Anordnung von Heydrich eingefügte Generalklausel, und dass diese Minister mit dieser Zielsetzung offenbar nicht einverstanden waren. Der Reichsminister des Innern wies aus diesem Grunde in dem obigen Vermerk ausdrücklich darauf hin, dass auch mit der Generalklausel nur Kriminelle und Asoziale gemeint seien,

144 Begründung zum Vorspruch des Gesetzentwurfes, a.a.O.

145 BA Berlin, R 3001/943, Bl. 157.

146 Vgl. dazu *G. Werle*, Justiz-Strafrecht, a.a.O., S. 629, der darauf hinweist, dass das Vorhaben im ersten Anlauf an Bedenken scheiterte, die vom Oberkommando der Wehrmacht und vom Beauftragten für den Vierjahresplan (Göring) geäußert worden waren und die Kriegswichtigkeit des Gesetzes betrafen. Endgültig scheiterte der Entwurf jedoch am Widerstand des neuen Reichsjustizministers Thierack.

nicht aber ein Personenkreis, „der zur Zeit aus politischen Gründen Maßnahmen der Geheimen Staatspolizei erfordert.“

Offenbar bestanden aber jedoch noch immer Widerstände innerhalb der Reichsregierung gegen die Aufgabe aller rechtsstaatlichen Grundsätze und die Überantwortung genuin strafrechtlicher Befugnisse an die Polizei. Der Reichsminister des Innern änderte deshalb in dem genannten Schreiben den § 1 der Durchführungsverordnung ab. Diese Änderungen betrafen die Regelung des Verfahrens betreffend die Anordnung des Gehörs, die Zubilligung eines Rechtsmittels und die Zulassung eines Verteidigers. Nunmehr wurde in der Durchführungsverordnung „immerhin“ bestimmt, dass der Gemeinschaftsfremde vor der Entscheidung über die Überweisung an den Landesfürsorgeverband bzw. die Unterbringung in einem Polizeilager gehört werden müsse. Darüber hinaus sollte der Gemeinschaftsfremde nach der neuen Formulierung gegen die Entscheidung binnen einer Woche die Spruchstelle des Reichssicherheitshauptamtes anrufen können, die endgültig entscheiden konnte. Schließlich wurde als Neuerung in die Durchführungsverordnung aufgenommen, dass der Gemeinschaftsfremde sich in dem Verfahren vor der Spruchstelle eines Verteidigers bedienen könne, der für dieses Verfahren allgemein zugelassen war.

Nichtsdestoweniger war das Gesetz im März 1942 immer noch nicht verabschiedet. Inzwischen hatte jedoch der Generalbevollmächtigte für die Reichsverwaltung die Kriegswichtigkeit des Gesetzes bejaht, woraufhin der Reichsminister des Innern am 19.3.1942 erneut den Versuch unternahm, das ansonsten unveränderte Gesetz im Umlaufverfahren in Kraft treten zu lassen.[147] Er wies hierbei gerade auf den durch die kriegsbedingten Umstände dringlicher gewordenen Charakter des Gesetzes hin: „Der Schutz der Volksgemeinschaft vor kriminellen und asozialen Elementen aller Art ist besonders vordringlich geworden im Hinblick auf die längere Dauer des Krieges und die Notwendigkeit, die Arbeits- und Wehrkraft des Volkes durch wirksame Bekämpfung dieser Schädlinge zu erhalten. Nach den Feststellungen der Reichskriminalpolizei verstoßen die Gemeinschaftsfremden in steigendem Masse gegen die Vorschriften der Kriegswirtschaft, namentlich auf den Gebieten des Ernährungs- und Bekleidungswesens.“

Am 21.9.1942 war die Lage nach wie vor unverändert und das Gesetz nicht verabschiedet. Der Chef der Reichskanzlei wandte sich erneut an den Reichsminister der Justiz und bat ihn um Stellungnahme. Nunmehr ging diese Aufforderung aber an den seit 20.8.1942 im Amt befindlichen Justizminister Thierack, der den nach dem Tode von Minister Gürtner kommissarisch das Justizministerium

---

147 BA Berlin, R 3001/943, Bl. 167.

verwaltenden Schlegelberger abgelöst hatte.[148] Gerade das Justizministerium war zuvor jedoch offenbar als retardierende Kraft bei der Behandlung des Gemeinschaftsfremdengesetzes aufgetreten. Es wird nunmehr weiter zu verfolgen sein, welche Folgen die personelle Veränderung im Reichsjustizministerium für die Behandlung dieses Gesetzes mit sich brachte.

2.2 Die Entwicklung unter dem Justizminister Thierack

Bereits am 21.9.1942 wurde der neue Reichsminister der Justiz vom Chef der Reichskanzlei an eine Stellungnahme zum Entwurf eines Gesetzes über die Behandlung Gemeinschaftsfremder erinnert.[149] Daraufhin fand am 13.12.1942 eine Besprechung zwischen Minister Thierack und dem »Reichsführer- SS« Heinrich Himmler statt, über die eine ausführliche Aktennotiz angefertigt wurde.[150] Das Gesetz sollte nunmehr als gemeinsames Gesetz von Justiz und Polizei ausgearbeitet werden, wobei die Gerichte die Befugnis erhalten sollten, gemeinschaftsfremde Verbrecher zu unbestimmter Strafe zu verurteilen, während der Vollzug der einfachen Bewahrung auf die Polizei übertragen werden sollte. Außerdem sollten Richter bzw. auch Generalstaatsanwalt eine direkte Überstellung an die Polizei verfügen können.[151]

Thierack lehnte vor allem das Konzept eines reinen Polizeigesetzes gegen Gemeinschaftsfremde ab und forderte parallele Vollmachten für die Strafjustiz.[152] Demnach hätten nicht nur die Polizei, sondern auch die Gerichte die Aufgabe des Schutzes der Volksgemeinschaft zu verfolgen. Insofern kann gesagt werden, dass Thierack inhaltlich die polizeiliche Sichtweise übernahm, indem er auch für die Strafjustiz die Aufgabe des „Volksschutzes" als vordergründig ansah. G. Werle spricht in diesem Zusammenhang von einer Tendenz zur „Verpolizeilichung" des Strafrechts. Darüber hinaus entsprach die Betonung des Volks-

---

148 Dass die Amtsübernahme Thieracks eine Zäsur darstellte, darauf weist auch *G. Werle* hin: während die Entwürfe bis dahin nur die Maßnahmen der Polizei und ihre Abgrenzung zu denen der Justiz regelten, brachte Thierack die Einfügung eines „Justizteils" ins Spiel, der zur grundlegenden Umgestaltung des RStGB führen sollte (Justiz-Strafrecht und polizeiliche Verbrechensbekämpfung im Dritten Reich, Berlin/New York 1989, S. 621).

149 BA Berlin, R 3001/943, Bl. 239.

150 BA Berlin, R 3001/943, Bl. 269-270.

151 Vgl. dazu *W. Schubert,* Einleitung, in: *ders.,* Hrsg., Akademie für Deutsches Recht 1933-1945, Protokolle der Ausschüsse, Bd. VIII, S. XVII ff.

152 *G. Werle*, Justiz-Strafrecht, a.a.O., S. 632.

schutzes „der vordringenden Tendenz der nationalsozialistischen Strafrechtsentwicklung im Kriege und diese ihrerseits dem Willen der politischen Führung.“[153]

In einer Aufzeichnung aus dem Reichsjustizministerium in Zusammenhang mit dieser Besprechung wurden wiederum Bedenken gegen eine zu weitgehende Übertragung von Befugnissen von der Justiz auf die Polizei geltend gemacht.[154] Der Verfasser führte aus: „an sich lässt sich der Standpunkt vertreten, dass jede Entscheidung über eine Freiheitsentziehung eine richterliche Aufgabe sei.“ Angesichts des fortgeschrittenen Gesetzgebungsprozesses wurde dieser Standpunkt jedoch nicht mehr ausdrücklich geltend gemacht und vom Reichsjustizministerium lediglich nachdrücklich darauf gedrungen, dass der Aufgabenbereich der Justiz durch das Gesetz nicht beschränkt werden dürfe. Diese Forderung betraf jedoch in erster Linie kriminelle Gemeinschaftsfremde, die nicht durch die Unterbringung in einem polizeilichen Lager vor der Strafverfolgung bewahrt werden sollten.

Darüber hinaus verlangte das Reichsjustizministerium, dass auch den Richtern die Möglichkeit der Verhängung der unbestimmten Verurteilung, d.h. der Freiheitsentziehung auf unbestimmte Zeit, eingeräumt werden sollte. Diese Befugnis dürfe nicht allein der Polizei überlassen werden, da sonst die von höchster Stelle der nationalsozialistischen Herrschaft gewünschte Aufgabe der Justiz unterlaufen werde und die Gerichte diese nicht entsprechend erfüllen könnten. Der Polizei sollte allerdings auch nach Meinung des Autors aus dem Justizministerium die Aufgabe der »Behandlung« derjenigen Gemeinschaftsfremden verbleiben, die keine strafbaren Handlungen begangen haben.

Am 10.6.1943 lag schließlich ein neuer Entwurf eines Gesetzes über die Behandlung Gemeinschaftsfremder mit den entsprechenden Verordnungen vor.[155] Der Text wurde noch geringfügig überarbeitet und am 4.7.1943 in der nunmehr vorletzten bekannten Fassung erneut vorgelegt.[156] Die Definition der Gemeinschaftsfremden in § 1 lautete nunmehr:

> „Gemeinschaftsfremd im Sinne dieses Gesetzes ist:
> 1. wer nach seiner Persönlichkeit und Lebensführung, insbesondere infolge von außergewöhnlichen Mängeln des Verstandes oder des Charakters erkennen lässt, dass er nicht imstande ist, aus eigener Kraft den Mindestanforderungen der Volksgemeinschaft zu genügen (Versager),
> 2. wer
> a) aus Arbeitsscheu oder Liederlichkeit

---

153 *G. Werle,* Justiz-Strafrecht, a.a.O., S. 634.
154 BA Berlin, R 3001/943, Bl. 271.
155 BA Berlin, R 3001/943, Bl. 354-362.
156 BA Berlin, R 3001/943, Bl. 366.

ein nichtsnutzes, unwirtschaftliches oder ungeordnetes Leben führt und dadurch andere oder die Allgemeinheit belastet oder gefährdet (Tunichtgut, Schmarotzer),
oder
einen Hang zum Betteln oder Landstreichen, zu Arbeitsbummelei, Diebereien, Betrügereien oder anderen kleinen Straftaten oder zu Ausschreitungen in der Trunkenheit an den Tag legt oder aus solchen Gründen Unterhaltspflichten gröblich verletzt (Taugenichts),
oder
b) aus Unverträglichkeit oder Streitlust den Frieden anderer oder der Allgemeinheit hartnäckig stört (Störenfried),
oder
3. wer nach seiner Persönlichkeit und Lebensführung erkennen lässt, dass seine Sinnesart auf die Begehung von Straftaten gerichtet ist (gemeinschaftsfeindlicher Verbrecher und Neigungsverbrecher)."

Die Aufgabenteilung zwischen Justiz und Polizei sollte folgendermaßen erfolgen. Die Polizei sollte Gemeinschaftsfremde gemäß Definition den Landesfürsorgeverbänden überweisen können. Falls schärfere Bewachung erforderlich war, sollte die Polizei solche Personen auch in Polizeilagern unterbringen können. Die Justiz hingegen sollte gemeinschaftsfeindliche Verbrecher entweder zu Zuchthaus von unbestimmter Dauer verurteilen können, oder aber als unverbesserlich der Polizei überweisen. Kam der Richter zu dem Urteil, der Angeklagte sei ein Taugenichts oder Störenfried, so hatte er ihn nach diesem Gesetzentwurf ebenfalls der Polizei zu überweisen. Das gleiche galt für die Justizbehörden, falls sie während des Vollzugs der Strafe zu der Überzeugung kamen, eine Einordnung in die Volksgemeinschaft sei nicht mehr zu erwarten.

Nach dem von G. Werle ausgewerteten Quellenmaterial scheiterte dieser Gesetzentwurf am Widerspruch von Goebbels, der aus propagandistischen Gründen an der sprachlichen Formulierung dieses Entwurfs Anstoß nahm. Die darin verwendeten Sammelbegriffe könnten, so Goebbels, zu verwirrenden Auffassungen über das geplante Gesetz führen, da der Volksmund diese Begriffe in einem viel weitergehenden Sinn gebrauche. Goebbels befürchtete auch, dass die Verwendung dieser Begriffe für die gegnerische Hetzpropaganda tauglich sein könnte. Dem stimmte Hitler zu, der das Gesetz in der vorliegenden Fassung nicht unterschreiben wollte, weil er starke Bedenken gegen die Kennzeichnung der Gemeinschaftsfremden durch die genannten Begriffe hatte.[157] W. Ayaß vermutet, dass hinter dieser Ablehnung die Überlegung stand, der zufolge im Gedankengebäude der nationalsozialistischen Volksgemeinschaft der Gemeinschaftsfremde nicht einen Sammelbegriff für die im Gesetzentwurf aufgeführten »Asozialentypen« dar-

157 Diese Ausführungen bei *G. Werle*, Justiz-Strafrecht, a.a.O., S. 636.

stellte, sondern mit diesem Begriff die in »asozialen Sippen« über Generationen weitergegebene minderwertige Erbmasse bezeichnet wurde.[158]

Die Begriffe Versager, Tunichtgut, Schmarotzer, Taugenichts und Störenfried wurden in dem letzten bekannten Entwurf vom 17.3.1944 im Gesetz selbst zwar nicht mehr erwähnt, die Definition des Gemeinschaftsfremden war jedoch gleichgeblieben.[159] Wiederum waren Polizeilager für solche Gemeinschaftsfremde vorgesehen, die eine schärfere Bewachung erforderten, als dies in den Fürsorgeverbänden möglich war. § 6 lautete in dieser Fassung nunmehr:

> „(1) Wer durch wiederholte verbrecherische Betätigung sowie nach seiner sonstigen Lebensführung und nach seiner Persönlichkeit einen Hang zu ernsten Straftaten erkennen lässt, wird als gemeinschaftsfeindlicher Verbrecher zu Zuchthaus von unbestimmter Dauer verurteilt, sofern nicht auf eine schwerere Strafe zu erkennen oder der Täter der Polizei zu überweisen ist. Der Richter setzt im Urteil das Mindestmaß der Zuchthausstrafe fest; es darf nicht weniger als 5 Jahre betragen.
> (2) Der gemeinschaftsfeindliche Verbrecher verfällt der Todesstrafe, wenn der Schutz der Volksgemeinschaft oder das Bedürfnis nach gerechter Sühne es erfordert.
> (3) Erlangt der Richter die Überzeugung, dass ein gemeinschaftsfeindlicher Verbrecher eine Einordnung in die Volksgemeinschaft nicht mehr erwarten lässt, so überweist er ihn als unverbesserlich der Polizei."

Die auch in der Zeit der nationalsozialistischen Herrschaft und auch von Seiten der NS-Regierung lange Zeit vorgenommene Unterscheidung zwischen Verbrechern und Gemeinschaftsfremden, und damit im Denken der NS-Zeit die Unterscheidung zwischen Strafrecht und Bewahrungsrecht, zwischen Gericht und Polizei, war nun endgültig aufgegeben.[160]

In der Begründung des Entwurfs wurden nun drei Personengruppen als gemeinschaftsfremd bezeichnet:

- die „Versagergruppe": „Menschen, die sich nach Persönlichkeit und Lebensführung, insbesondere wegen außergewöhnlicher Mängel des Verstandes oder Charakters außerstande zeigen, aus eigener Kraft den Mindestanforderungen der Volksgemeinschaft zu genügen, dieser also in aller Regel zur Last fallen oder sie gefährden."
- die Gruppe der „Arbeitsscheuen" und „Liederlichen": „Menschen, die aus Arbeitsscheu oder Liederlichkeit entweder ein nichtsnutzes, unwirtschaftliches oder ungeordnetes Leben führen und damit andere oder die Allgemeinheit belasten oder gefährden, oder einen eingewurzelten Hang oder eine Neigung zum Betteln oder Landstrei-

---

158 *W. Ayaß*, »Asoziale« im Nationalsozialismus, Stuttgart 1995, S. 205.

159 Der Entwurf ist abgedruckt in *W. Schubert*, Hrsg., Akademie für Deutsches Recht 1933-1945, Protokolle der Ausschüsse, Bd. VIII, S. 298-306.

160 *G. Werle* weist darauf hin, dass das Verbrechen des Gemeinschaftsfremden in seinem „So-"Sein" bestand; der Betroffene haftete für seine Eigenschaften und aus dieser Haftung wurde die Strafe legitimiert (Justiz-Strafrecht, a.a.O., S. 653).

chen, zu Arbeitsbummelei, Diebereien, Betrügereien oder anderen nicht ernsten Straftaten betätigen."

- die „Verbrechergruppe": „Menschen, die nach ihrer Persönlichkeit und Lebensführung erkennen lassen, dass ihre Sinnesart auf die Begehung von ernsten Straftaten gerichtet ist."[161]

Darüber hinaus war der Gedanke einer richterlichen „Überweisung" an die Polizei und damit der Verzicht auf jeden Rest an Rechtsstaatlichkeit in diesem Entwurf sehr gut aus § 9 zu entnehmen, in dem es hieß:

> „(1) Wer aus Arbeitsscheu oder Liederlichkeit einen Hang oder eine Neigung zum Betteln oder Landstreichen, zu Arbeitsbummelei, Diebereien, Betrügereien oder anderen nicht ernsten Straftaten oder zu Ausschreitungen in der Trunkenheit betätigt oder aus solchen Gründen Unterhaltspflichten gröblich verletzt, wird vom Richter der Polizei überwiesen.
> (2) Wer aus Unverträglichkeit oder Streitlust den Frieden der Allgemeinheit durch Beleidigungen oder ähnliche nicht ernste Straftaten hartnäckig stört, wird vom Richter ebenfalls der Polizei überwiesen."

Die Grundsätze der Bestimmtheit und der Verhältnismäßigkeit waren in der hier zum Ausdruck kommenden Gedankenwelt offensichtlich ebenso unbekannt wie Grundrechte als solche.

In der Begründung des Entwurfs wurde diese Geisteshaltung deutlich.[162] So wurde etwa den Regierungen vor der Zeit der nationalsozialistischen Machtübernahme zum Vorwurf gemacht, diese hätten nicht die Erkenntnisse der Erblehre und Kriminalbiologie zur Grundlage einer gesunden Fürsorge- und Kriminalpolitik gemacht, weil sie infolge ihrer „liberalistischen" Denkweise stets nur die „Rechte" (im Entwurf in Anführungszeichen) des Einzelmenschen gesehen hatten, auf dessen Schutz gegenüber staatlichen Machtäußerungen sie mehr bedacht waren als auf den Nutzen der Allgemeinheit. Danach hieß es lapidar: „Dem Nationalsozialismus gilt der einzelne nichts, wenn es um die Gemeinschaft geht."[163] In diesem Entwurf war nun auch explizit festgeschrieben, dass die Behandlung Gemeinschaftsfremder in erster Linie nicht in den Aufgabenkreis der Fürsorge, sondern in den der Polizei gehören sollte: „Fürsorge kann nach nationalsozialistischer Auffassung nur Volksgenossen zugute kommen, die ihrer bedürftig, aber auch würdig sind. Bei Gemeinschaftsfremden, die der Volksgemeinschaft zur Last fallen oder sie schädigen, ist nicht Fürsorge, sondern Zwang auf polizeilicher Grundlage notwendig, mit dem Ziel, sie entweder durch geeignete Maßnah-

---

161 *W. Schubert*, a.a.O., S. 301.

162 Dieser Entwurf und seine zentralen Gedanken werden eingehend kommentiert und untersucht bei *G. Werle*, Justiz-Strafrecht, a.a.O., S. 636-660.

163 *W. Schubert*, a.a.O., S. 301.

men wieder als nützliche Glieder der Volksgemeinschaft zu gewinnen oder doch an einer weiteren Schädigung zu hindern. Der Schutz der Gemeinschaft steht dabei im Vordergrund."[164] Insbesondere die sog. unverbesserlichen gemeinschaftsfeindlichen Verbrecher wurden explizit zu „Personen minderen Rechts" erklärt, die um ihrer minderwertigen Veranlagung willen einer im wesentlichen auf Verwahrung abgestellten Behandlung zugeführt werden sollten.[165]

Versager, Tunichtgut, Schmarotzer, Taugenichts, Störenfried – so lauteten am Ende des dokumentierten Gesetzgebungsverfahrens die Bezeichnungen der Kategorien von Gemeinschaftsfremden. Nach dem Wechsel an der Spitze des Justizministeriums waren offenbar alle Hürden für ein Gesetz gefallen, das der nationalsozialistischen Ideologie voll und ganz entsprechen konnte. Der Begriff der nationalsozialistisch definierten Volksgemeinschaft hatte alle rechtsstaatlichen Bedenken, die zuvor noch von Seiten des Justizministeriums erhoben worden waren, beiseite gefegt. Übrig geblieben war ein Gesetzentwurf, der sowohl der Polizei als auch den Richtern alle Befugnisse gegeben hätte, nach Belieben mit Personen zu verfahren, die nach nationalsozialistischer Auffassung als lästig oder schädlich zu bezeichnen waren.

Der Entwurf ist nicht mehr zum Gesetz geworden, da die näherrückende militärische Niederlage weitere Anstrengungen in dieser Richtung vermutlich nicht mehr zuließ.[166] Aus dem letzten Entwurf lässt sich jedoch erahnen, wie Deutschland nach einem Sieg ausgesehen hätte, wenn ohne Beachtung der kriegswirtschaftlichen Beschränkungen die Ausmerzung von Versagern, Tunichtguten, Schmarotzern, Taugenichtsen oder auch einfach Störenfrieden in Angriff genommen worden wäre.[167] Man kann bezweifeln, ob überhaupt noch große Teile der Bevölkerung vor der Einordnung als gemeinschaftsfremd hätten sicher sein können.

Vom Ende der Entwicklung der Bewahrungsthematik im nationalsozialistischen Deutschland über die Zeit der Weimarer Republik und die Zeit der natio-

---

164 *W. Schubert,* a.a.O., S. 301.

165 *G. Werle* spricht hier von einer „Täterstrafe", die auf die Persönlichkeit dessen zielt, dem sie gilt, so dass der Schuldfähige für seinen Charakter haftet; darin kann eine Realisierung der im Vordringen befindlichen „Schutzstrafe" gesehen werden, die neben dem Abschreckungsgedanken die spezialpräventiven Gesichtspunkte der Wiedereingliederung und der Unschädlichmachung ("Reinigungsstrafe") einbezog (Justiz-Strafrecht, a.a.O., S. 651).

166 Näheres dazu bei *G. Werle*, Justiz-Strafrecht, a.a.O., S. 677f.

167 *W. Ayaß* weist jedoch darauf hin, dass das Asozialenproblem längst ohne gesetzliche Grundlage durch Vernichtung gelöst wurde: „Der Erlaß eines Gemeinschaftsfremdengesetzes wäre 1944/45 fast anachronistisch gewesen, da die anvisierten Personengruppen längst interniert waren." (»Asoziale« im Nationalsozialismus, Stuttgart 1995, S. 208).

nalsozialistischen Herrschaft her ist der radikale Wandel in der zugrundeliegenden Geisteshaltung und der Stoßrichtung der intendierten gesetzlichen Regelung nicht zu übersehen. Die Germanisierung von »asozial« zu »gemeinschaftsfremd« scheint doch nicht nur eine Übersetzung gewesen zu sein. Obwohl sich zu Beginn der NS-Zeit noch die Intentionen und Begriffe der Weimarer Zeit feststellen ließen und von den Organisationen vertreten wurden, die bereits zuvor an dem Gesetzgebungsverfahren teilgenommen hatten, hatte sich am Ende eine Terminologie durchgesetzt, die nur noch wenig mit den Anfängen der Forderungen nach einer Bewahrungsgesetzgebung in der Weimarer Zeit zu tun hatte.[168] In dieser Terminologie drückte sich ein veränderter Geist aus, den vermutlich auch die radikalsten Befürworter der Bewahrung zur Zeit der ersten deutschen Demokratie sich nicht hätten vorstellen können.

---

168 *W. Ayaß* führt dazu aus: „Der Übergang vom Bewahrungsgesetz zum Gemeinschaftsfremdengesetz ist nicht einfach voraussehbare und notwendige Kontinuität. In diesem Übergang erhält die zu diesem Zeitpunkt zwei Jahrzehnte alte Bewahrungsdiskussion eine neue Qualität. Die Transformation des Bewahrungsgedankens zu den Entwürfen für ein Gemeinschaftsfremdengesetz ist typisch für den Übergang der autoritären Phase des NS-Regimes zu seiner totalitären Ausgestaltung." (»Asoziale« im Nationalsozialismus, Stuttgart 1995, S. 208).

III. Das Bundesgesetz über das gerichtliche Verfahren bei Freiheitsentziehungen vom 1.7.1956 (FEVG)

1. Die neuen rechtsstaatlichen Grundlagen und Voraussetzungen für eine Freiheitsentziehung nach Gründung der Bundesrepublik

1.1 Die Lage im Recht der Freiheitsentziehung nach 1945

Nach Inkrafttreten des Grundgesetzes waren zunächst weder Polizei- noch Ordnungsbehörden berechtigt, Geisteskranke oder Süchtige bzw. sonstige Personen, die nach der nationalsozialistischen Definition als gemeinschaftsfremd aufgefasst worden wären, zu deren eigenem Schutz oder auch zur Aufrechterhaltung der öffentlichen Ordnung in Gewahrsam zu nehmen bzw. in einer Anstalt unterzubringen. Ausschließlich bei der Feststellung von unmittelbar drohender Gefahr bestand die Möglichkeit zu vorläufigen Maßnahmen, die allerdings spätestens am folgenden Tage eine richterliche Entscheidung erforderlich machten. Zwangseinweisungen von Geisteskranken wurden in den einzelnen Ländern immer noch aufgrund von Polizeiverwaltungsgesetzen vorgenommen. Die gesetzliche Grundlage dafür erschien jedoch ungenügend und führte zu Schadensersatzprozessen von Betroffenen, wenn deren Forderung nach Entlassung unter Berufung auf Art. 104 GG nicht entsprochen worden war.[169]

Gerade angesichts des Missbrauchs, der während der nationalsozialistischen Herrschaft mit dem polizeilichen Recht der Festnahme und Verwahrung getrieben worden war, und angesichts der Rechtlosigkeit der von polizeilichen Maßnahmen betroffenen Personen sowie des Bewusstseins der stets vorhandenen Möglichkeit des Ermessensmissbrauchs von Behörden wollte der Verfassungsgeber der Bundesrepublik die Rechtssicherheit der Person dadurch garantieren, dass die Freiheit der Person grundsätzlich nur durch eine richterliche Anordnung entzogen bzw. beschränkt werden kann. Der Eingriff in die Freiheit der Person wurde nur dann als rechtlich zulässig angesehen, wenn zum einen ein förmliches Gesetz als Grundlage existierte und wenn darüber hinaus eine richterliche Anordnung vorlag. An die Stelle von Ermessensentscheidungen, die geprägt waren von Interessen der Verwaltung oder auch von Personen, sollte die richterliche Beurteilung nach bindendem Recht treten.

169 Vgl. den Bericht in der NZ vom 24.5.1950.

Nichtsdestoweniger bestanden zahlreiche Regelungen fort, die es einerseits den Gerichten und andererseits jedoch auch Verwaltungsbehörden erlaubten, Personen jene Freiheit zu entziehen, die das Grundrecht ausdrücklich schützte. Zu nennen und zu unterscheiden sind hier die Freiheitsentziehung durch gerichtliches Verfahren und die Freiheitsentziehung als Polizei- und Verwaltungsmaßnahme. Wichtig im Rückblick auf die im Nationalsozialismus erfolgten Freiheitsentziehungen sog. Gemeinschaftsfremder durch rein polizeiliche Anordnung, waren die Möglichkeiten der Freiheitsentziehung als Polizei- oder Verwaltungsmaßnahme, wie sie auch in der neu entstandenen Bundesrepublik Deutschland als Rechtsnachfolgerin des Deutschen Reiches fortbestanden.

Die fortgeltenden landesrechtlichen Polizeigesetze räumten der Polizei ein Sistierungsrecht ein. Grundlage hierfür war generell die Aufgabenbestimmung der Polizei, die öffentliche Sicherheit und Ordnung zu schützen. Aufgrund von Landesrecht bestand also die Möglichkeit, Personen sowohl zu ihrem Schutz als auch zum Schutz der Gemeinschaft in Verwahrung zu nehmen. Darüber hinaus konnten Personen festgenommen werden, die sich nicht legitimieren konnten oder gegen pass- bzw. ausländerpolizeiliche Bestimmungen verstoßen hatten. Als Beispiel kann hier das auch in der Bundesrepublik zunächst fortgeltende Preußische Polizeiverwaltungsgesetz vom 1.6.1931 herangezogen werden. In dessen § 14 (1) war als polizeiliche Generalermächtigung bestimmt: „Die Polizeibehörden haben im Rahmen der geltenden Gesetze die nach pflichtmäßigem Ermessen notwendigen Maßnahmen zu treffen, um von der Allgemeinheit oder dem einzelnen Gefahren abzuwehren, durch die die öffentliche Sicherheit und Ordnung bedroht wird." Aufgrund dieser allgemeinen Bestimmung wurde in § 15 (1) bezüglich der Verwahrung näher bestimmt: „Personen in polizeiliche Verwahrung zu nehmen sind die Polizeibehörden nur dann befugt, wenn diese Maßnahme erforderlich ist: (a) zum eigenen Schutz dieser Personen. (b) zur Beseitigung einer bereits eingetretenen Störung der öffentlichen Sicherheit oder Ordnung oder zur Abwehr einer unmittelbar bevorstehenden polizeilichen Gefahr, falls die Beseitigung der Störung oder die Abwehr der Gefahr auf andere Weise nicht möglich ist."

Ein weiteres Beispiel dafür, dass die fortgeltenden landesrechtlichen polizeirechtlichen Vorschriften sehr allgemein waren, stellte die Regelung des Hamburger Gesetzes, „betreffend das Verhältnis der Verwaltung zur Rechtspflege" vom 23.4.1879[170] in der Fassung des Gesetzes vom 8.10.1923[171] dar, wo es in § 22 hieß: „Die Polizeibehörden und ihre Beamten und Angestellten sind befugt, Personen in Verwahrung zu nehmen, wenn der eigene Schutz dieser Personen oder die Aufrechterhaltung der öffentlichen Sicherheit und Ruhe oder Abwendung von

170 Gesetzessammlung Hamburg 1879, Bd. I, S. 110.
171 GVBl. Hamburg 1923, S. 1233.

Gefahren für andere Personen diese Maßregel erforderlich macht." Hier ist insbesondere zu beachten, dass an der gleichen Stelle der Polizeibehörde zwar zur Auflage gemacht wurde, die in Verwahrung genommenen Personen spätestens am nächsten Werktage wieder zu entlassen, alternativ jedoch der Polizeibehörde die Möglichkeit eingeräumt wurde, „die nötigen Maßregeln zum ferneren Schutz bzw. zur Legitimation dieser Personen oder zur Überweisung derselben an die zuständige Behörde anzuordnen." Es ist offensichtlich, dass der veränderte verfassungspolitische Hintergrund der Bundesrepublik auf der Grundlage ihres Wertekonsenses diese Bestimmungen einerseits relativierte, da nunmehr die Berufung auf verfassungsmäßig garantierte Rechte mit Rechtsschutz möglich war, dass andererseits aber solche Bestimmungen gerade wegen der veränderten Wertesituation zweifelhaft erscheinen mussten.

Von großer Bedeutung angesichts der Erfahrungen aus der Zeit der nationalsozialistischen Herrschaft sind die zu Beginn der Bundesrepublik Deutschland geltenden Regelungen zur zwangsweisen Einweisung von Kranken, insbesondere von Geisteskranken. In den einzelnen Ländern der Bundesrepublik war das materielle Recht zur zwangsweisen Einweisung von Geisteskranken in Heil- und Pflegeanstalten zunächst sehr uneinheitlich geregelt. Eine ausdrückliche Befugnis der Polizei fand sich nur im Bayerischen Polizeistrafgesetzbuch vom 26.12.1871 in Art. 80, wonach eine Einweisung durch die Polizeibehörde aufgrund eines amtsärztlichen Gutachtens erfolgen konnte, bei dringender Gefahr auch ohne Gutachten. In Baden galt das Badische Irrenfürsorgegesetz vom 25.6.1910 in der Fassung vom 1.9.1939[172] fort. Nur Hessen hatte bereits nach Ende der nationalsozialistischen Herrschaft das Recht der Einweisung Geisteskranker geregelt, allerdings nicht in Form eines Gesetzes, sondern in Art. 23 der Hessischen Verfassung von 1946, der die Anstaltseinweisung bei Gefährdung der Mitmenschen erlaubte, dies aber ausdrücklich mit dem Recht zur Anrufung des Richters verbunden hatte. In anderen Ländern wurden Einweisungen dagegen aufgrund von Medizinalordnungen vorgenommen. Es ergab sich offensichtlich das Problem, dass mit dem Inkrafttreten des Grundgesetzes und seiner Freiheitsgarantien diese Länderregelungen grundsätzlich unter dem Vorrang der übergeordneten Norm standen.

Darüber hinaus galten auch die Reichs- und Landesgesetze über die Absonderung und zwangsweise Unterbringung von Geschlechtskranken fort, insbesondere das Reichsgesetz zur Bekämpfung der Geschlechtskrankheiten vom 18.2.1927 sowie die Verordnung zur Bekämpfung übertragbarer Krankheiten vom 1.12.1938, darüber hinaus viele Ländergesetze, von denen allerdings einige nach

172 "Badisches Gesetz vom 25 Juni 1910, die Irrenfürsorge betreffend in der Fassung des Gesetzes vom 1. September 1939" in Badisches GVBl. 1939, S. 179.

1945 in neuer Form erlassen wurden. Erst durch das am 23.7.1953 in Kraft getretene „Bundesgesetz zur Bekämpfung der Geschlechtskrankheiten“[173] wurden diese Gesetze und Verordnungen, soweit Geschlechtskranke betroffen waren, ersetzt. Des weiteren galt bezüglich der Zwangseinweisung von Personen, die an übertragbaren oder gemeingefährlichen Krankheiten litten, das Gesetz betreffend die Bekämpfung gemeingefährlicher Krankheiten vom 30.6.1900 fort. Darin wurden rechtliche Grundlagen für die zwangsweise Unterbringung oder Absonderung von Personen bestimmt, wenn nach dem Urteil des Amtsarztes eine Absonderung in der Wohnung wegen fehlender notwendiger Einrichtungen oder sonstiger Schutzumstände nicht möglich war. Die Polizei hatte in solchen Fällen die Zwangsunterbringung im Krankenhaus durchzuführen, wenn die Gesundheitsbehörde einen entsprechenden Antrag stellte.

Die Rechtslage bei der Unterbringung in Arbeitshäusern, also in Bezug auf eine Maßnahme, die während der nationalsozialistischen Herrschaft in weitem Ausmaß zur Rechtfertigung polizeilichen Vorgehens gegen sog. Gemeinschaftsfremde herangezogen worden war, stellte sich demgegenüber anders dar. Die Verordnung über die Fürsorgepflicht vom 13.2.1924 galt prinzipiell immer noch, der zufolge in einer Arbeitsanstalt untergebracht werden konnte, wer infolge sittlichen Verschuldens der öffentlichen Fürsorge anheim fiel oder einen Unterhaltsberechtigten anheim fallen ließ, wobei die Unterbringung auf Antrag des verpflichteten Fürsorgeverbandes durch die Verwaltungsbehörde vorgenommen wurde. Eine Besonderheit stellt hier das bayerische „Zigeuner- und Arbeitsscheuengesetz“ vom 16.7.1926 dar, das die präventive Unterbringung in Arbeitshäusern bis zu einem Zeitraum von zwei Jahren unabhängig von einer gerichtlichen Bestrafung vorsah. Dieses Gesetz wurde 1947 von der amerikanischen Militärregierung außer Kraft gesetzt, galt aber auch nach diesem Zeitpunkt in den Gebieten weiter, die nicht zum amerikanischen Sektor gehörten, also in den linksrheinischen Gebieten des heutigen Bundeslandes Rheinland-Pfalz.

1.2 Der Art. 104 GG – Beratungen im Parlamentarischen Rat

Im Zusammenhang mit Art. 104 GG sind insbesondere die Beratungen im Rechtspflegeausschuss des Parlamentarischen Rats zum Abschnitt „Gerichtsbarkeit und Rechtspflege“ zur Neufassung bzw. zur Ersetzung der Art. 136 und 105 von Bedeutung. Zunächst hatten die Abgeordneten Zinn (SPD), Strauß (CDU) und Dehler (FDP) einen parteiübergreifenden Entwurf als Arbeitsunterlage vor-

173 BGBl. I, S. 700.

gelegt.[174] Bei der Behandlung dieser Vorlage wurde auf Vorschlag des Abgeordneten Strauß eine Bestimmung, die ein allgemeines Grundrecht bei der Freiheitsentziehung verbürgen sollte, als Art. 136 ausgearbeitet. Sie hatte folgenden Wortlaut:

> „(1) Über die Zulässigkeit und Fortdauer einer Freiheitsentziehung hat nur der Richter zu entscheiden. Bei jeder nicht auf richterlicher Anordnung beruhenden Freiheitsentziehung ist unverzüglich eine richterliche Entscheidung herbeizuführen. Die Polizei darf aus eigener Machtvollkommenheit niemanden länger als bis zum Ende des Tages nach dem Ergreifen in eigenem Gewahrsam halten. Das Nähere ist gesetzlich zu regeln.
> (2) Jeder wegen des Verdachts einer strafbaren Handlung vorläufig Festgenommene ist spätestens am Tage nach der Festnahme dem Richter vorzuführen, der ihm die Gründe der Festnahme mitzuteilen, ihn zu vernehmen und ihm Gelegenheit zu Einwendungen zu geben hat. Der Richter hat unverzüglich entweder einen mit Gründen versehenen schriftlichen Haftbefehl zu erlassen oder die Freilassung anzuordnen.
> (3) Von jeder richterlichen Entscheidung über die Anordnung oder Fortdauer einer Freiheitsentziehung ist unverzüglich ein Angehöriger des Festgehaltenen oder eine Person seines Vertrauens zu benachrichtigen."

Diese Vorlage stieß während der Erörterung im Ausschuss auf erhebliche Bedenken. Die stärkste Kritik äußerte der Abgeordnete Laforet (CSU), indem er sich entschieden gegen die mit der vorgeschlagenen Formulierung letztlich bewirkte Übertragung von „Polizeimacht" auf den Richter aussprach, diese Verlagerung sei geradezu etwas „Unorganisches".[175]

Insbesondere der Abgeordnete Strauß (CDU) hielt dem entgegen, es komme vor allem darauf an, dass nach dem von ihm mitgetragenen Entwurf nur die ordentlichen Gerichte die Instanz sein sollten, die über die Fortdauer einer Freiheitsentziehung entscheiden. Aus dem Protokoll wird deutlich, dass es den Abgeordneten, die den Entwurf eingebracht hatten, vor allem auf die Regelung dieser Frage ankam, wohingegen die Gegner in erster Linie auf polizeipraktische Fragen eingingen, die z. T. mit den damaligen Möglichkeiten der Kommunikation und der Durchführung polizeilicher Maßnahmen zu tun hatten, die aber auch von einer grundlegend differierenden Auffassung über die rechtsstaatliche Aufgabenverteilung zwischen Polizei – also Exekutive – und Gerichten – also Judikative – ausgingen. Darüber hinaus zeigten sich auch Unterschiede in dem Vertrauen, das die verschiedenen Seiten in die freiheitssichernde Qualität polizeilichen Handelns setzten. Diese Differenz wurde sehr deutlich, als der Abgeordnete Strauß (CDU)

174 Protokoll der 7. Sitzung des Rechtspflegeausschusses vom 6.12.1948, Akten des Bundesjustizministeriums, BA Koblenz, B141/2923, Bl. 158.

175 Rechtspflegeausschuss, Protokoll der 7. Sitzung, Akten des Bundesjustizministeriums, BA Koblenz, B141/2923, Bl.158.

etwa darauf hinwies, dass die Polizei sehr leicht einen Grund finden würde, einen Gesunden zu einem Geisteskranken abzustempeln und ihn unter diesem Gesichtspunkt so lange festzuhalten, wie sie es für richtig halte.

Der Rechtspflegeausschuss schloss sich in seiner Mehrheit der von dem Abgeordneten Strauß (CDU) vertretenen polizeikritischen Haltung an und übernahm den Entwurf ohne Änderung. Auch der Hauptausschuss nahm in 1., 2. und 3. Lesung diesen Vorschlag an. Der Abgeordnete Laforet (CSU) hatte den Entwurf bereits in der ersten Lesung überzeugend erläutert, indem er auf die verschiedene Bedeutung der einzelnen Abschnitte hinwies:[176] „Es dreht sich um zwei verschiedene Gegenstände. Die Absätze 2 und 3 erfassen die Tätigkeit der Polizei bei der Verfolgung strafbarer Handlungen, der Absatz 1 die Fürsorgetätigkeit der Polizei, wie sie zum Beispiel gegenüber Geisteskranken, entlaufenen Kindern usw. eintreten kann. Der Schwerpunkt liegt darin, dass die Polizei aus eigener Machtvollkommenheit niemanden länger als bis zum Ende des Tages nach dem Ergreifen in eigenem Gewahrsam halten kann. Sie muss also in dieser Zeit entweder eine Anstalt für den Geisteskranken oder eine Einrichtung des Jugendamtes für den aufgegriffenen Jugendlichen in Anspruch genommen haben, um die Person dort zu verwahren. Schutzhaft gibt es keine. Die Gliedstaaten, die über die Einschaffung von Geisteskranken Rechtsvorschriften erlassen haben, werden diese Rechtsvorschriften nachprüfen müssen."

Erst in der 4. Lesung im Hauptausschuss wurde auf Antrag des Abgeordneten Zinn (SPD) ein Vorschlag des Allgemeinen Redaktionsausschusses angenommen und die folgende Bestimmung als Abs. 1 der bisherigen Fassung vorangestellt: „(1) Die Freiheit der Person kann nur auf Grund eines förmlichen Gesetzes und nur unter Beachtung der darin vorgeschriebenen Formen beschränkt werden. Festgehaltene Personen dürfen weder seelisch noch körperlich misshandelt werden." Dementsprechend wurden die Absätze 1, 2 und 3 der ursprünglichen Vorlage in Abs. 2, 3 und 4 umgewandelt. In dieser Formulierung wurde die Bestimmung schließlich als Art. 104 GG in die Endfassung aufgenommen.

---

176 Protokoll der 25. Hauptausschuss-Sitzung, S. 297,aus Akten des Bundesjustizministeriums, BA Koblenz, B141/2923, Bl. 297.

2. Der erste Gesetzentwurf des Bundesministeriums der Justiz über das gerichtliche Verfahren bei Freiheitsentziehungen von 1950

2.1 Bewahrung im freiheitlichen Rechtsstaat – grundsätzliche Positionen nach 1945

Die grundsätzliche Revision der gedanklichen Fundamente staatlicher Rechtssetzung nach dem Ende der nationalsozialistischen Herrschaft konnte auch die Problematik der Freiheitsentziehung ohne strafrechtliche Grundlage nicht unberührt lassen. Der freiheitliche Rechtsstaat des Grundgesetzes musste zu einer neuen Bestimmung und rechtlichen Qualifizierung solcher Forderungen kommen, wie sie zuvor als Bewahrung bzw. Verwahrung Gegenstand von Rechtssetzungsbemühungen geworden waren. Dieser Prozess war durch Stellungnahmen aus ärztlicher und juristischer Sicht geprägt, die schließlich in Form von konkreten Gesetzesvorhaben Gestalt annahmen. Im folgenden sollen die wesentlichen zu den Problemen vertretenen Positionen herausgestellt werden.

Die Stellungnahmen, die nach Gründung der Bundesrepublik im Zusammenhang mit Fragen der Freiheitsentziehung bzw. -beschränkung von Bürgern außerhalb der strafrechtlichen Normen diskutiert wurden, betrafen vor allem die Problemkreise Bewahrung und Zwangsbehandlung als Fürsorge. Bezüglich der Bewahrung ist ein deutlicher Anschluss an die Diskussionen in der Weimarer Republik festzustellen, teilweise bestand auch noch eine personelle Kontinuität. In den ersten Jahren der Bundesrepublik Deutschland wurde dieses Bewahrungsproblem weitgehend wieder als ein Fürsorgeproblem angesehen, in dem es sowohl um den Schutz der Allgemeinheit vor dem Betroffenen als auch um den Schutz des Betroffenen selbst im Sinne der Ermöglichung einer Verwirklichung seines besseren Persönlichkeitsteils gehen sollte.

In der Diskussion um das Problem der Zwangsbehandlung als Fürsorge dokumentierte sich vor allem das Berufsverständnis der psychiatrischen Medizin mit einer Betonung der Verpflichtung des Staates, für die Behandlung psychisch bzw. geistig kranker Menschen auch dann sorgen zu müssen, wenn die Betroffenen selbst eine solche Behandlung nicht suchten. Unter einer weiteren in den Stellungnahmen vertretenen Perspektive wurde die letztere Position zur Zwangsbehandlung dem grundgesetzlichen Freiheitsrecht gegenübergestellt und deshalb das Recht zur Unterbringung bzw. zur Bewahrung generell in Frage gestellt.

Von »Verwahrung« war nach Ende der nationalsozialistischen Herrschaft nur noch selten die Rede. Hingegen wurde der Begriff der »Bewahrung« zwar verwendet, stand jedoch nicht mehr im Mittelpunkt der Diskussion. Vor allem fand dieser Begriff noch in den ersten Jahren der Bundesrepublik Verwendung, als versucht wurde, Anschluss an die Entwicklungen in der bislang einzigen deutschen Demokratie zu finden und die Diskussionen aus der Zeit der Weimarer Republik aufgegriffen wurden.

Zu der in der Weimarer Republik intensiv diskutierten Frage der Bewahrung findet sich aus dem Jahre 1952 erneut eine Stellungnahme von Hilde Polligkeit-Eiserhardt,[177] die bereits 1929 zur Notwendigkeit eines Bewahrungsgesetzes Stellung genommen hatte, in der sie nun von folgender Definition ausging: „Charakteristisch für die Verwahrlosten ist das Nichtbegreifen eines Mindestmaßes von Anforderungen, die von der Gemeinschaft an den Jugendlichen oder Erwachsenen gestellt werden."[178] Zu bewahren sei demnach derjenige, dem der Bezug zu seiner Umwelt und die Einsicht in die Notwendigkeit des Einordnens in ein Gemeinschaftsleben fehlen. Dazu komme die Unfähigkeit, sich selbst vor Kriminalität oder unheilbarer Verwahrlosung zu schützen.

Aus dieser Sichtweise wurde die folgende Forderung abgeleitet: „Kein Gesetzgeber kann wollen, dass eine Freiheit da geschützt wird, wo der Betreffende sie zu seinem eigenen schweren Schaden missbraucht. Es geht eben um den Schutz augenblicklich gemeinschaftsunfähiger Menschen vor den in ihnen liegenden Gefahren."[179] Hier wurde also betont, dass es gerade nicht um den Schutz der Gemeinschaft vor diesen Menschen gehe, sondern dass bei der Bewahrung der Mensch im Vordergrund stehen müsse, der davon zu heilen sei, dass er sich wegen Haltlosigkeit oder Schwäche nicht in die Gemeinschaft des arbeitenden Volkes einordnen könne. Durch die geforderte gesetzliche Regelung sollten somit Menschen durch Freiheitsentziehung geschützt werden, die andernfalls durch einen Missbrauch ihrer Freiheit sich selbst zugrunde richten würden.

Von weit größerer Bedeutung für die Entwicklung einer neuen Regelung des Rechtes der Freiheitsentziehungen jenseits des Strafrechts waren diejenigen Stellungnahmen, in denen das Recht auf Freiheit einem Recht, medizinisch behandelt zu werden, wie es pointiert formuliert werden könnte, gegenübergestellt wurde. Hier wurde nicht mehr die befürchtete und unspezifizierte Beeinträchtigung des Gemeinschaftslebens durch »Gemeinschaftsfremde« im weitesten Sinne in den Mittelpunkt gestellt, sondern die ebenso unspezifische Beeinträchtigung des betroffenen Menschen durch sich selbst. Von der fachlichen Herkunft lässt sich dies als die Betonung des ärztlichen Standpunktes gegen die juristische Argumentation verstehen.

---

177 Nachrichtendienst (ND) des Deutschen Vereins für öffentliche und private Fürsorge 1952, S. 113-115.

178 Nachrichtendienst (ND) des Deutschen Vereins für öffentliche und private Fürsorge 1952, S. 114.

179 Nachrichtendienst (ND) des Deutschen Vereins für öffentliche und private Fürsorge 1952, S. 114.

Diese Position dokumentierte sich in einer 1950 in der Schriftenreihe der »Gesellschaft für bürgerliche Freiheiten« erschienenen Abhandlung über die „Freiheitsentziehung bei Geisteskranken",[180] in der H. Närger dieses Problem in den Grundzügen so darstellte, wie es auch später in den Gesetzesberatungen wieder aufgegriffen wurde. Vor allem wurde hier betont, dass die Geisteskrankheit eines Menschen kein Grund sein könne, ihn zwangsweise in einer Anstalt zu verwahren. Als Merkmal für eine solche staatliche Eingriffsnotwendigkeit wurde statt dessen die Gemeingefährlichkeit vorgeschlagen. Weit in die Zukunft der Psychisch-Kranken-Gesetze wies hier außerdem die Forderung, ein künftiges Gesetz müsse auch genaue Vorschriften über die Rechte des Betroffenen im Unterbringungsverfahren und während der Unterbringung enthalten.

Mit dieser Forderung reagierte Närger auf die in der breiten Öffentlichkeit zu dieser Zeit vorherrschende Stimmung, die Cornelia Brink sehr treffend in Anlehnung an die Erinnerungen des Berliner Psychiaters und Zeitzeugen Detlef Cabanis als „regelrechten Antipsychiatrismus" [181] bezeichnet. Bis heute konnte nicht aufgeklärt werden, ob diese sogar bis hin zu Angstzuständen reichende antipsychiatrische Einstellung der Bevölkerung durch die zahllosen Presseberichte dieser Zeit nur geschürt oder u.U. sogar erst ausgelöst worden ist. Im Rückblick scheint der in der ersten Jahreshälfte des Jahres 1950 nach der Synchronisation in Deutschland angelaufene amerikanische Film „Die Schlangengrube"[182] erstmals das öffentliche Interesse für das bis dahin nur wenig beachtete Problem der Unterbringung Geisteskranker geweckt zu haben. Dieser Erfolgsfilm beschreibt die Eindrücke und Erlebnisse einer jungen Frau, die den Alltag einer amerikanischen staatlichen Psychiatrieanstalt durchlebt, bevor sie letztlich als geheilt wieder entlassen wird. Die starke Prägung der öffentlichen Meinung im Nachkriegsdeutschland durch diesen Kinofilm wird schon dadurch deutlich, dass – wie Brink ausführt[183] – der Begriff „Schlangengrube" bis in die 70er Jahre als geläufige umgangssprachliche Bezeichnung für psychiatrische Anstalten diente. Darüber hinaus nahm auch die deutsche – vor allem Hamburger – Presse dieser Zeit diese Bezeichnung immer wieder auf. So betitelte beispielsweise der „Stern" im Oktober 1950 einen Bericht über die Missstände in der hessischen Anstalt Eichberg mit „Das deutsche Gegenstück zur amerikanischen „Schlangengrube"."[184]

Wiederum Auslöser für die förmliche Welle von Presseberichten im Herbst 1950 erscheint im Rückblick ein Gerichtsprozess vor der II. Strafkammer des

---

180 *M.Mikorey/F.Curschmann/H.Närger*, Freiheitsentziehung bei Geisteskranken, München 1950

181 C. *Brink*, Zwangseinweisungen, S. 470.

182 *Anatole Litvak*, The Snake Pit, USA 1948.

183 C. *Brink*, Zwangseinweisungen, S. 471.

184 *Stern*, 08.10.1950, S. 30.

Hamburger Landgerichts gewesen zu sein. Hierin musste sich der Arzt Martin – Heinrich Corten gegen den Vorwurf der Freiheitsberaubung zur Wehr setzen. Ihm wurde vorgeworfen, seine Ehefrau mit der Behauptung sie sei geisteskrank wiederholt gegen ihren Willen in verschiedene geschlossene Anstalten eingewiesen zu haben, nur um mit seiner Geliebten ungestört zusammenleben zu können.[185] Obwohl Corten nach Bestätigung der Schizophrenie – Diagnose durch einen Psychiater letztlich freigesprochen wurde, versetzten die durch die Anklage veranschaulichten zahllosen Möglichkeiten der Beseitigung unliebsamer Mitmenschen durch entsprechende Behauptungen die Bevölkerung in Angst und Schrecken. Sowohl der Stern[186], die Welt[187], als auch die Frankfurter Allgemeine Zeitung[188] berichteten zeitnah ausführlich über diese Gefahren.

Diesem durch den Erfolgsfilm, die aktuellen Geschehnisse und die zahllosen Presseartikel geschürten Bewusstsein über um die Gefahren der zwangsweisen Unterbringung Geisteskranker stand bereits am Beginn der Diskussion die feste Überzeugung von der medizinisch gesehen unbedingten Notwendigkeit der Behandlung Geisteskranker gegenüber. In der Medizin herrschte Einigkeit darüber, dass die Durchführung aller medizinisch erforderlichen Behandlungen durch den Gesetzgeber unbedingt gesichert werden müsste. Diese Behandlungen müssten notfalls auch gegen den Willen des Kranken fest im Gesetz verankert werden. Im Konfliktfall mußte sich nach den Vorstellungen der Mediziner diese Rechtsposition dann u.U. gegen das dem Kranken ebenfalls zustehende Freiheitsrecht nach gründlicher Abwägung durchsetzen können. So wurde von der Ärzteschaft beispielsweise in der Juristen-Zeitung[189] schon 1951 vehement eine Regelung gefordert, die es erlaube, den Kranken selbst vor den Folgen seiner Krankheit zu schützen, und die im wohlverstandenen Interesse dem Schutze und dem Wohle des Kranken dienen sollte. Die in diesem Artikel vertretene Position lässt sich wie folgt zusammenfassen: „Es ist also nicht der Freie, der seiner Freiheit beraubt wird, sondern der Unfreie, der vor Schaden bewahrt werden soll. Es soll das geschehen, was der Betreffende selbst wünschte, eben wenn er nicht unfrei, krank wäre.“ Im prinzipiell gleichen Sinne wurde die Anwendbarkeit von Art. 104 GG auf Geisteskranke von Janz bestritten.[190] Dieser verwies zur Begründung darauf, dass die räumliche Bewegungsfreiheit einem Menschen nur dann entzogen wer-

185 Zu weiterenen Details der Vorwürfe und des Prozesses vgl.
C. Brink, Zwangseinweisungen, S. 471, m.w.N.

186 Stern, 19.11.1950, S. 8 f.

187 Welt, 07.12.1950, S. 6.

188 Frankfurter Allgemeine Zeitung, 07. 12.1950, S. 3.

189 *J. Zutt*, Zur gesetzlichen Neuregelung der Einweisung psychisch Kranker in geschlossene Krankenanstalten, JZ 1951, S. 432-434.

190 *Janz*, Der Nervenarzt 1952, S. 191.

den könne, wenn sie im Zeitpunkt des Entzugs überhaupt vorhanden war. Wenn jedoch ein Geisteskranker in Verkennung seiner Krankheit die zu seiner Behandlung notwendige Beschränkung seiner räumlichen Bewegungsfreiheit ablehne, so handele es sich nicht um Äußerungen der persönlichen Freiheit im Sinne des Art. 2 GG, sondern um den Ausdruck pathologischer Antriebsstörungen und Persönlichkeitsveränderungen, die außerhalb aller Rechtskategorien liegen und den Kranken schutz- und behandlungsbedürftig machen.

Ein Gerichtsverfahren für Fälle von Psychosen, bei denen die Patienten keine Stellung zu ihrer Aufnahme in eine Anstalt nehmen könnten, wurde auch von H. Ehrhardt abgelehnt.[191] Ein automatisch anlaufendes Gerichtsverfahren würde eine ärztlicherseits nicht zu verantwortende Belastung für solche Patienten darstellen. Zusammenfassend kam diese von H. Erhardt dargestellte Auffassung also zu dem Schluss: „Die Unterbringung eines Geisteskranken in einer geschlossenen Abteilung ist Voraussetzung und wesentlicher Teil der Behandlung zur Wiederherstellung der Gesundheit. Soweit damit eine sog. Freiheitsentziehung verbunden ist, handelt es sich um einen sekundären Gesichtspunkt, der ohne Schwierigkeiten in einem Fürsorgegesetz mitberücksichtigt werden kann. Diesen – bei Psychischkranken – sekundären Gesichtspunkt zum alleinigen Gegenstand eines eigenen Gesetzes zu machen, ist nur aus einer zeitbedingten Überspitzung rechtsstaatlichen Denkens verständlich.“ Aufgrund dieser Überlegungen wurde die Notwendigkeit der Schaffung eines Freiheitsentziehungsgesetzes grundsätzlich verneint.

Nach Inkrafttreten des FEVG und zahlreicher Landesgesetze wurden ähnliche Argumentationen noch im Jahre 1964 vertreten, beispielsweise in den Ausführungen von W. Seidenkranz.[192] Hier wurde vor allem vorgeschlagen, die begriffliche Einengung des Personenkreises, für den eine zwangsweise Unterbringung möglich sein soll, um den Begriff der »seelisch und geistig Abartigen« zu erweitern, um eine bessere Anwendbarkeit der entsprechenden Regelungen in der Praxis zu gewährleisten. An der bestehenden Rechtslage bemängelte Seidenkranz im wesentlichen folgendes: „Dem geistig oder seelisch Kranken oder Abartigen wird bei Uneinsichtigkeit in die Behandlungsnotwendigkeit nicht zu seinem Rechtsgut, der Gesundheit, verholfen. Dies sollte aus fürsorgerischen Erwägungen unter Zwang ebenfalls zu erreichen sein.“

Es kann schon hier und vorgreifend darauf hingewiesen werden, dass solche und ähnliche Einwände noch wesentlich länger, sogar nach Inkrafttreten des

191 *H.Ehrhardt*, Zur Problematik der Freiheitsentziehung bei Psychischkranken, NJW 1954, S. 1751-1753.

192 *W.Seidenkranz*, Reichen die bisherigen gesetzlichen Bestimmungen zur Unterbringung von Geisteskranken aus?, Gesundheitsfürsorge 1964, S. 79-81.

nordrhein-westfälischen Unterbringungsgesetzes, erhoben wurden, wobei insbesondere das Fehlen individuell-fürsorgerischer Bestimmungen für Geisteskranke, Geistesschwache und Suchtkranke kritisiert wurde. Diese Kritik lässt sich wie folgt zusammenfassen: „In seiner derzeitigen Fassung wird das Gesetz nicht der notwendigen Forderung gerecht, die Öffentlichkeit vor gefährlichen psychischen Kranken zu schützen, abgesehen von fürsorgerischen Erwägungen, die dem Wohle des Kranken selbst dienen sollen."[193] Es wurde also als Problem angesehen, dass die Sicherung von Rechtsnormen und der Schutz unumstößlicher und im Grundgesetz verankerter Prinzipien rechtsstaatlicher Ordnung nicht mit einer humanitären und der modernen Entwicklung einer der Hilfe für psychisch kranke Menschen angepassten Denkweise in Übereinstimmung gebracht werden konnten. Als erstrebenswertes Ziel wurde auch hier eine Doppelfunktion der einschlägigen Gesetzgebung angesehen: einerseits bestmögliche Hilfe für den Kranken und andererseits Schutz der Öffentlichkeit vor krankheitsbedingten Gefahrenmomenten.

An gleicher Stelle wurde zunächst gefordert, den fürsorgerischen Charakter eines Unterbringungsgesetzes dadurch zu betonen, dass dem Arzt auch die Möglichkeit eingeräumt würde, die erforderlichen therapeutischen Maßnahmen notfalls gegen den Willen des Kranken ergreifen zu können, wenn sie aller Erfahrung nach im wohlverstandenen Interesse des Patienten liegen müssten. Darüber hinaus aber sollte die Notwendigkeit der Behandlungsbedürftigkeit zur alleinigen Voraussetzung einer Einweisung gemacht werden. Es wurde eine Regelung im Interesse der psychisch Kranken gefordert. Dieses Interesse müsse darin liegen, das Fortschreiten einer Erkrankung zu verhüten, eine schwere bleibende Gesundheitsschädigung zu vermeiden und die Eigengefährdung sowie die Gefahr der Verwahrlosung auszuschalten. In diesem Zusammenhang sollte nicht der Begriff der gegenwärtigen Gefahr als Kriterium herangezogen werden, sondern der Begriff der Erkrankung, die eine solche Gefahr in sich schließt.

Voraussetzung für eine Aufnahme in einem Krankenhaus bzw. eine Unterbringung gegen den Willen des Patienten war nach diesem Vorschlag also nicht nur die Gefährdung der öffentlichen Ordnung und Sicherheit durch den Kranken sowie dessen Eigengefährdung, sondern darüber hinaus auch das Vorliegen von Verwahrlosungsgefahr und Behandlungsbedürftigkeit. Letztere sollte dann gegeben sein, „wenn eine ambulante ärztliche Behandlung nicht ausreicht, um einen regelwidrigen psychischen Zustand von Krankheitswert zu beseitigen, vorhandene psychische Leiden zu lindern, das Fortschreiten einer psychischen Erkrankung

193 *H.-W.Müller/H.Koester/P.Temming*, Öffentliche Ordnung oder Hilfe für den psychisch kranken Menschen?, Das Krankenhaus 1966, S.505-510.

zu verhindern, oder wenn stationäre Pflege wegen psychischer Erkrankung erforderlich ist."

Grundsätzlich war für die hier vorgetragene Meinung kennzeichnend, dass der Gedanke völlig ausgeschlossen wurde, die ärztliche Behandlung könne jemals gegen das Freiheitsgrundrecht des Patienten verstoßen. Wenn eine zweckentsprechende Behandlung nach den Regeln der ärztlichen Kunst ausgeübt werde, so verstoße sie dieser Auffassung zufolge weder gegen das Grundrecht von Achtung und Würde der menschlichen Persönlichkeit, noch gegen die Behandlungsfreiheit. Der Schluss aus dieser Argumentation lautete grundsätzlich: weil es Aufgabe des Psychiaters sei, der geistigen Gesundung des Kranken zu dienen, könne seine Tätigkeit die Menschenwürde nicht verletzen, solange sie nur den Regeln der ärztlichen Kunst folge.

2.2 Die Grundzüge des Entwurfs

Ein erster Entwurf eines Gesetzes über das gerichtliche Verfahren bei Freiheitsbeschränkungen wurde im Juli 1950 im Bundesjustizministerium aufgestellt.[194] Nachdem die Fraktion der Deutschen Partei unter Federführung von Dr. Mühlenfeld am 26.7.1950 im Deutschen Bundestag durch Antrag[195] darauf gedrängt hatte, schnellstmöglich einen Gesetzentwurf vorzulegen, durch den die vorläufige und endgültige Unterbringung geisteskranker Personen gegen ihren Willen gesetzlich geregelt werden sollte, leitete der Bundesminister der Justiz einen Entwurf mit Schreiben vom 24.8.1950[196] an alle Landesjustizverwaltungen mit der Bitte um Stellungnahme weiter. Den folgenden Ausführungen liegt diese, trotz zweier Stellungnahmen[197] aus dem Bundesministerium der Justiz inhaltlich im wesentlichen unveränderte Fassung zugrunde.[198]

Der Entwurf begann in § 1 Abs.2 mit einer beispielhaften Aufzählung möglicher Einschließungsanstalten: Krankenanstalt, Heil- und Pflegeanstalt, Heilanstalt

194 Akten des Bundesjustizministeriums, BA Koblenz B 141/2923, Bl.18. Im Anhang ist dieser Entwurf inhaltlich unverändert in der Fassung, in der er von Bundesministerium der Justiz am 24. 8. 1950 an die Landesjustizverwaltungen verschickt wurde, unter A. 1. abgedruckt.

195 BT-Drucksache 1/1949, Nr. 1248.

196 Aktenzeichen 3800/1-4362/50, Akten des Bundesjustizministeriums, BA Koblenz, B 141/2923, Bl.76.

197 Verfasser dieser Stellungnahmen sind Dr. Geiger, (Akten des Bundesjustizministeriums, BA Koblenz B 141/2923, Bl. 26), und Dr. Dallinger, (Akten des Bundesjustizministeriums, BA Koblenz B 141/2923, Bl. 31). Zum Inhalt dieser Stellungnahmen vergleiche die folgenden Ausführungen.

198 Anhang A. 1.

für Suchtkranke oder Anhaltelager. Durch diese Aufzählung sollte der Geltungsbereich des Gesetzes umschrieben werden. Entsprechend der grundgesetzlichen Regelung sollte die Einschließung ungeachtet ihres Rechtsgrundes stets durch das Amtsgericht überprüft werden, soweit kein anderes gerichtliches Verfahren anzuwenden war.

Mit dieser Regelung wurden jedoch gleichzeitig alle anderen Freiheitsbeschränkungen, die nicht Einschließungen im Sinne dieses Gesetzes waren, aus dem Gesetz ausgeschlossen, also etwa Verwaltungsakte der Polizei oder anderer Behörden, die eine Bewegungs-, Betätigungs- oder Aufenthaltsbeschränkung enthielten, wie sie beispielsweise bei verkehrs-, seuchenpolizeilichen oder baupolizeilichen Verordnungen gegeben sind. Hier wollte man sich darauf verlassen, dass gegen solche Verordnungen schon zuvor die Möglichkeit der Anrufung eines Richters im Wege der Verwaltungsklage bestand.

Ein gerichtliches Verfahren zur Freiheitsentziehung sollte auf Antrag der Behörde grundsätzlich vor dem zuständigen Amtsgericht eröffnet werden (§ 2). Es war nach den Vorschriften der freiwilligen Gerichtsbarkeit durchzuführen, soweit das Gesetz nicht im einzelnen abweichende Regelungen vorsah. Das Gericht konnte nach Anhörung der beantragenden Behörde durch eine einstweilige Anordnung die Unterbringung vorweg verfügen, wenn Gefahr im Verzuge war und eine gründliche Überprüfung etwa wegen der Notwendigkeit, Gutachten und Vernehmungen hinzuziehen zu müssen, nicht schnell genug durchgeführt werden konnte. Eine solche einstweilige Freiheitsentziehung durfte jedoch nicht länger als 6 Wochen andauern und nur aufgrund entsprechender Gutachten verlängert werden, insgesamt aber nur maximal 3 Monate betragen. Darüber hinaus eröffnete der Entwurf noch eine weitere Möglichkeit für eine vorläufige Unterbringung. Wenn mangels Beurteilungsmöglichkeiten auch eine einstweilige Freiheitsentziehung nicht angeordnet werden konnte, so konnte das Gericht die von der Verwaltungsbehörde vorgenommene Freiheitsentziehung durch eine vorläufige Anordnung für zulässig erklären. Eine solche Anordnung sollte jedoch nur eine Woche Gültigkeit haben.

Vor dem Hintergrund der entsprechenden nationalsozialistischen Gesetzesvorhaben waren besonders die Vorschriften von Bedeutung, wonach die Person, der die Freiheit entzogen werden sollte, gehört werden musste (§ 3). Insbesondere sollte Geisteskranken ein Rechtsanwalt beigeordnet werden, bei Rauschgiftsüchtigen sollte eine entsprechende Kann-Bestimmung gelten. Ebenso sah der Entwurf vor, dass der gesetzliche Vertreter bzw. der Ehegatte zu hören war. Darüber hinaus durfte die Einweisung in Kranken- und Entziehungsanstalten nur nach Anhörung eines Arztes bzw. eines psychiatrischen Sachverständigen erfolgen. Vor dem gleichen Hintergrund der während der nationalsozialistischen Zeit geführten Diskussion ist auch die Bestimmung beachtlich, dass die Anordnung der Freiheitsentziehung in einem begründeten Beschluss des Amtsgerichts erfolgen musste, der der betreffenden Person, ihrem Rechtsbeistand sowie den Angehörigen und der Verwaltungsbehörde bekannt zu geben war.

Als unmittelbare Rechtsmittel gegen die Gerichtsentscheidung sah der Gesetzentwurf die sofortige Beschwerde und gegen deren Entscheidung wiederum eine weitere Beschwerde vor (§ 5). Wirksam werden sollte die Entscheidung erst mit der Rechtskraft, wobei das Gericht aber die sofortige Wirksamkeit anordnen konnte. Wiederum vor dem Hintergrund der Bestrebungen in der Zeit der nationalsozialistischen Herrschaft musste in der eine Freiheitsentziehung anordnenden Entscheidung eine Frist für deren Gültigkeit und Dauer festgelegt werden. Diese Frist sollte unter Berücksichtigung der Umstände nicht mehr als ein Jahr und bei Geisteskranken nicht mehr als zwei Jahre betragen. Die Überprüfung der Entscheidung musste vor Ablauf der Frist von Amts wegen vorgenommen werden. Ebenso sollte die Entziehung von Amts wegen aufgehoben werden, wenn der Grund entfallen war. Darüber hinaus wurde festgelegt, dass Anträge der Beteiligten auf Aufhebung zu prüfen und zu bescheiden waren.

Schon in der oben erwähnten allerersten internen Stellungnahme aus dem Bundesjustizministerium[199] zu dem Entwurf wurden einige wichtige grundlegende Aspekte dieses Gesetzentwurfes zur Diskussion gestellt. So wurde darauf aufmerksam gemacht, dass nach Art. 104 GG das Gericht nicht über die *Zulässigkeit* der Fortdauer der Freiheitsentziehung zu entscheiden hätte, sondern über die *Fortdauer* der Freiheitsentziehung selbst. Es wurden Bedenken dagegen erhoben, dass der Gesetzentwurf es ermöglichen könnte, dass das Gericht nur über die Zulässigkeit einer beabsichtigten oder durchgeführten Freiheitsentziehung entscheidet, während die Verwaltungsbehörden weiter darüber entscheiden könnten, ob die Freiheitsentziehung aufgrund des Gerichtsbeschlusses tatsächlich stattfinden oder aufgehoben werden soll. Nach Meinung des Verfassers, Dr. Geiger, würde dies dem Wortlaut von Art. 104 GG nicht entsprechen, der „Zulässigkeit und Fortdauer einer Freiheitsentziehung" lautet. Hiermit könne nicht gemeint sein, dass die Verwaltung sich durch die richterliche Entscheidung nur eine rechtliche Grundlage für eine letztlich von ihrem eigenen Ermessen abhängige Maßnahme zu verschaffen brauche. Wenn das Gericht einmal entschieden habe, dass die Zwangsunterbringung einer Person notwendig sei, so könne es nicht mit Art. 104 GG vereinbart werden, die Entscheidung über den Vollzug des gerichtlichen Beschlusses dem Ermessen der Verwaltungsbehörde zu überlassen.

---

199 Stellungnahme Dr. Geiger vom 3.7.1950, Akten des Bundesjustizministeriums, BA Koblenz B 141/2923, Bl. 26.

In der zweiten schriftlichen internen Stellungnahme aus dem Bundesjustizministerium[200] vom 5.7.1950 wurde auf zwei andere Aspekte hingewiesen und zunächst die Frage nach dem zuständigen Richter aufgeworfen, also die Frage nach dem Richter im Sinne des Art. 104 Abs. 2 S. 1 GG. Der Verfasser, Dr. Dallinger, befürchtete, durch die Regelungen des Gesetzentwurfs würden den Verwaltungsgerichten Aufgaben entzogen, die ihrem Wesen nach verwaltungsrechtlicher Art seien. Hierin wurde die Gefahr gesehen, dass die Justiz solchen Aufgaben ohne Erfahrung gegenüberstehe, weil diese Aufgaben bisher von den Verwaltungsgerichten wahrgenommen worden seien.

Darüber hinaus wurde aus dieser Stellungnahme deutlich, welche Fallgruppen nach Auffassung der Abt. II des Justizministeriums unter den Gesetzentwurf fallen sollten:

- Freiheitsentziehung für gemeingefährliche Geisteskranke,
- Freiheitsentziehung für Trinker und sonstige Rauschgiftsüchtige,
- Freiheitsentziehung als Unterbringung im Arbeitshaus; hier wird ausdrücklich auf § 20 der Verordnung über die Fürsorgepflicht vom 13.2.1924 hingewiesen,
- Freiheitsentziehung zum Zwecke der Bekämpfung von Geschlechtskrankheiten,
- Freiheitsentziehung zum Zwecke der Unterbringung zur Arbeitserziehung,
- Freiheitsentziehung als polizeiliche Schutzhaft.

Schließlich wurde abschließend die Frage aufgeworfen, ob es überhaupt möglich sei, für alle unter den Entwurf fallenden Personengruppen eine einheitliche Regelung zu treffen ohne Rücksicht auf das materielle Unterbringungsrecht. Dies wurde als schwierig angesehen und es wurde angeregt, eine Aufgliederung vorzunehmen.

Die in diesen Stellungnahmen enthaltenen Anregungen sind, wie aus der Begründung des Gesetzentwurfs über das gerichtliche Verfahren bei Freiheitsbeschränkungen, die am 24.8.1950 an die Landesjustizverwaltungen verschickt wurde, ersichtlich ist, bewusst nicht aufgegriffen worden.[201] In der Begründung wurde zunächst ausdrücklich darauf verwiesen, dass der vorliegende Gesetzentwurf die in Art. 104 Abs.2 GG geforderte nähere gesetzliche Regelung darstellen solle, wodurch allerdings nur das gerichtliche Verfahren bei Freiheitsbeschrän-

200 Verfasser ist Dr. Dallinger, Abt. II Bundesjustizministerium, Akten des Bundesjustizministeriums, BA Koblenz B 141/2923, Bl. 31.

201 Anlage zum Schreiben des Bundesministeriums der Justiz an sämtliche Landesjustizverwaltungen vom 24.8.1950, 3800/1 – 4362/50 (Akten des Bundesjustizministeriums, BA Koblenz B 141/2923, Bl. 77.)

kungen behandelt werde, das materielle Unterbringungsrecht hingegen ausdrücklich nicht berührt werden solle. Wörtlich wurde dazu ausgeführt: „Der Entwurf geht vielmehr davon aus, dass das materielle Unterbringungsrecht im Rahmen und mit den Beschränkungen des Art. 104 des Grundgesetzes weiter gilt, mag es sich dabei um Bundesrecht oder um Landesrecht handeln."

Ausdrücklich wurde betont, dass solche Freiheitsbeschränkungen, die nach einer besonderen und den Anforderungen von Art. 104 GG genügenden bundesrechtlichen Regelung schon zum Zeitpunkt des Vorliegens des Gesetzentwurfs zulässig waren, durch den Entwurf nicht betroffen werden sollten. Speziell wurden als solche aufgeführt:

- Freiheitsbeschränkungen, die in einem gerichtlichen Strafverfahren vollzogen werden,
- Freiheitsentziehungen, die vom Vormundschaftsgericht gemäß § 1838 BGB oder aufgrund des Reichsjugendwohlfahrtsgesetzes i.d.F. vom 4.11.1932 angeordnet werden,
- die Vollstreckung eines Haftbefehls im Zivilprozessverfahren (§§ 901ff, 918, 933 ZPO).

Vom Bundesjustizministerium wurde in der Begründung jedoch auch darauf hingewiesen, dass gemäß der Zuständigkeit des Bundes im konkurrierenden Gesetzgebungsverfahren bezüglich des gerichtlichen Verfahrens (Art. 74 Nr. 1 GG) landesrechtliche Vorschriften, durch die das gerichtliche Verfahren bei Freiheitsbeschränkungen geordnet war, nicht neben den Regelungen des Entwurfs fortgelten sollten.

Bezüglich der Zuständigkeitsfrage wurde als örtlich zuständig zunächst das Amtsgericht bezeichnet, in dessen Bezirk die Freiheitsbeschränkung vorgenommen werden sollte. Dieses Gericht sollte jedoch die Befugnis haben, aus wichtigem Grund die Sache an ein anderes Gericht abzugeben. Wichtig erschien dem Bundesjustizministerium, dass jeder Anklang an ein Strafverfahren vermieden werde, weshalb die Vorschriften des Reichsgesetzes für die Angelegenheiten der freiwilligen Gerichtsbarkeit für anwendbar erklärt wurden.

Wiederum vor dem Hintergrund der Erfahrungen aus der Zeit der nationalsozialistischen Herrschaft sind die begründenden Erläuterungen zu den Bestimmungen über das Recht der vorläufigen Festnahme wichtig. Hier wurde festgestellt, dass sich auch außerhalb des Strafverfahrens die Notwendigkeit ergeben kann, „eine Person zu ihrem Schutze oder zum Schutze der Allgemeinheit alsbald festzunehmen und in eine Anstalt zu verbringen, bevor eine gerichtliche Entscheidung herbeigeführt werden kann."

In der „Begründung“ wurden drei Voraussetzungen für eine solche vorläufige Festnahme genannt, die über das in Art. 104 Abs.3 GG geregelte Recht der vorläufigen Festnahmen für das Strafverfahren hinausgingen. Die Freiheitsbeschränkung in Form der vorläufigen Festnahme musste in dem zur Entscheidung stehenden Einzelfall gesetzlich ausdrücklich für zulässig erklärt und zur Aufrechterhaltung der öffentlichen Ruhe und Ordnung zwingend geboten sein. Darüber hinaus musste es unmöglich sein, eine richterliche Entscheidung gemäß § 4 oder § 9 vor der Festnahme herbeizuführen.

2.3 Die Stellungnahmen der Landesministerien zum ersten Entwurf von August 1950

Die in den mit Schreiben des Bundesministeriums der Justiz vom 24.8.1950[202] von allen Landesministerien erbetenen Stellungnahmen vorgebrachten Bedenken gegen den Entwurf lassen sich in drei Hauptprobleme unterteilen. Sie betreffen vor allem das Verfahren, die Gesetzgebungskompetenz sowie die Abgrenzung zwischen Freiheitsbeschränkung und Freiheitsentziehung.

Die Notwendigkeit einer näheren Ausgestaltung der Anhörung des Betroffenen hob besonders der Justizminister des Landes Nordrhein-Westfalen hervor.[203] Er befürchtete, die vorgesehene Formulierung lasse auch eine schriftliche Anhörung des Betroffenen als möglich erscheinen, und schlug deshalb vor, durch die Verwendung des Wortes „vernehmen“ ausdrücklich eine mündliche Anhörung vorzuschreiben. In die gleiche Richtung zielte seine Anregung, die Möglichkeit, von der Anhörung des Betroffenen abzusehen, nicht schon aufgrund eines ärztlichen Urteils zu eröffnen. Ausdrücklich wurde die Befürchtung geäußert: „Wenn es lediglich aufgrund eines ärztlichen Urteils möglich ist, von der Anhörung der Person, deren Freiheit beschränkt werden soll, abzusehen, kann die Gefahr unrechtmäßigen Zusammenwirkens der Angehörigen des Betroffenen mit einem Arzt nicht ausgeschlossen werden.“ Der Justizminister des Landes Nordrhein-Westfalen schlug deshalb vor, dass sich der Richter auf jeden Fall selbst darüber unterrichten müsse, ob wirklich keine Verständigung mit dem Betroffenen möglich sei, weshalb die Anhörung zwingend vorzuschreiben sei.

Bereits wenige Tage zuvor waren sogenannte „praktische“ Überlegungen vom Innenminister des Landes Nordrhein-Westfalen mit Schreiben vom 18.10.1950

202 Aktenzeichen 3800/1-4362/50, Akten des Bundesjustizministeriums, BA Koblenz B 141/2923, Bl. 77.

203 Schreiben an den Bundesminister der Justiz vom 21.10.1950, II 3 – 1030a – 34 (Akten des Bundesjustizministeriums, BA Koblenz B 141/2923, Bl. 101).

vorgebracht worden[204], in dem kritisiert wurde, dass der Entwurf die Belange der Verwaltung völlig außer Acht lasse. Der Innenminister forderte insbesondere, kurzfristige Freiheitsentziehungen durch die Polizei von der gerichtlichen Regelung auszunehmen und die Anordnung der Freiheitsentziehung generell den Verwaltungsbehörden zu überlassen. Die Aufgaben der Gerichte sollten sich auf eine Überprüfung der Verwaltungsmaßnahmen beschränken. Er führte aus: „Mit dem Versuch, jede gegen die persönliche Freiheit des Individuums gerichtete Maßnahme dem Richter vorzubehalten, schafft der Gesetzentwurf ein Verfahren, das zu einer starken Belastung der Gerichte und der Verwaltungsbehörden und damit zu neuen Kosten führen muss, das praktisch in vielen Fällen nur Leerlauf bedeuten wird, und das im Interesse des Staatsbürgers gar nicht nötig ist." Nach dem Grundgesetz sei eine Freiheitsentziehung durch Verwaltungsbehörden durchaus möglich, wenn diese durch ein förmliches Gesetz dazu ermächtigt seien; es würde also genügen, wenn die Maßnahmen der Verwaltungsbehörden einer richterlichen Nachprüfung unterzogen würden.

Der Innenminister befasste sich zudem mit der grundsätzlichen praktischen Frage, ob das Grundgesetz dem Richter die Entscheidung über eine Freiheitsentziehung in der Form gibt, dass er die Freiheitsentziehung selbst im Vorfeld der Durchführung anordnen muss, oder ob nach dem Grundgesetz der Richter die Maßnahmen der Verwaltung auch auf dem Gebiet der Freiheitsentziehung jenseits des strafrechtlichen Bereichs nur zu überprüfen habe. Dann wäre es möglich, dass die Verwaltung die Anordnung trifft, dem Richter den Sachverhalt vorlegt, und dieser erst dann über die Zulässigkeit der Anordnung entscheidet. Der Innenminister befürwortete in dieser Stellungnahme eindeutig die zweite Option.

In eine ähnliche Richtung zielte die Stellungnahme des Präsidenten des Landesbezirks Baden (Abt. Innere Verwaltung) vom 23.11.1950[205], der eine Neuordnung des Verfahrens als grundsätzlich überflüssig bezeichnete, da im Landesbezirk Baden eine zweckmäßige Verfahrensregelung bereits durch die Möglichkeit der verwaltungsgerichtlichen Klage gegeben sei. Es wurde auch die Einschaltung der ordentlichen Gerichtsbarkeit als weder erforderlich noch zweckmäßig bezeichnet, da die Möglichkeit der verwaltungsgerichtlichen Klage angemessen und ausreichend sei. Das Verfahren würde durch die Einschaltung der ordentlichen Gerichtsbarkeit „unnötigerweise kompliziert", und diese Zuständigkeit der ordentlichen Gerichtsbarkeit wäre „außerordentlich störend".

---

204 Az. I 16-25 Nr. 575/50 (Akten des Bundesjustizministeriums, BA Koblenz B 141/2923, Bl. 116.)

205 Az. Nr. 62324/III (Akten des Bundesjustizministeriums, BA Koblenz B 141/2923, Bl. 130).

Der Präsident wies im übrigen auch auf die Problematik einer Unterscheidung zwischen der Entscheidung über die Zulässigkeit einer Freiheitsbeschränkung und der Anordnung und dem Vollzug der Freiheitsbeschränkung hin, die weiterhin den Verwaltungsbehörden obliege. Er sah in der richterlichen Entscheidung deshalb nichts anderes als die Bestätigung des Verwaltungsakts.

Die gleiche Problematik wurde vom Bayerischen Staatsministerium des Innern angesprochen.[206] Hier wurden größte Bedenken gegen die Regelung erhoben, das Amtsgericht nur über die *Zulässigkeit* einer Freiheitsbeschränkung entscheiden zu lassen, die tatsächliche Anordnung der Freiheitsbeschränkung aber der zuständigen Verwaltungsbehörde zu übertragen.

Insbesondere wurde kritisiert, dass eine solche Verteilung der Verantwortung für die Freiheitsbeschränkung bzw. deren Unterlassung auf mehrere Behörden das Verantwortungsbewusstsein in den einzelnen Behörden entscheidend beeinträchtigen würde. Es müsse negative Folgen mit sich bringen, „dass die eine Entscheidung in voller richterlicher Unabhängigkeit ergehen, eine Verantwortung des Justizministeriums also nicht begründen würde, während die Entscheidung der Verwaltungsbehörde vom Innenministerium auch dem Landtag gegenüber zu vertreten wäre."[207] Stattdessen wurde unter Berufung auf Art. 104 Abs. 2 S. 2 und Abs. 4 GG darauf verwiesen, dass hier eine richterliche Anordnung der Freiheitsentziehung vorausgesetzt wird, so dass für eine Trennung zwischen der gerichtlichen Entscheidung lediglich über die Zulässigkeit und der eigentlichen Anordnung der Freiheitsentziehung selbst durch die Verwaltungsbehörde kein Raum bleibe.

Der Minister der Justiz des Landes Schleswig-Holstein wies in seinem Schreiben vom 31.5.1951[208] darauf hin, dass das geplante Gesetz sich darauf beschränken solle, Zweifelsfragen des Art. 104 GG zu beantworten, seinen Anwendungsbereich klarzustellen und das Verfahren so übersichtlich zu regeln, dass die Verwaltungsbehörden unschwer erkennen können, in welchem Umfange sie die

206 Schreiben an das Bayerische Staatsministerium der Justiz vom 30.11.1950, IC2 – 2512 d 23 (Akten des Bundesjustizministeriums, BA Koblenz B 141/2923, Bl. 166).

207 Es wird in diesem Schreiben auch auf eine Entschließung der Arbeitsgemeinschaft der Innenministerien der Bundesländer hingewiesen, die in ihrer 16. Sitzung vom 27./28.10.1949 die in einem schleswig-holsteinischen Gesetzentwurf vorgeschlagene Regelung abgelehnt hatte, derzufolge die Ordnungsbehörde vor Anordnung der Verwahrung gemeingefährlicher Geisteskranker in einer Heilanstalt den zuständigen Amtsrichter um Entscheidung über die Zulässigkeit der Anordnung zu ersuchen hat. Die Arbeitsgemeinschaft hatte stattdessen den in einem Bayerischen Gesetzentwurf vorgesehen Weg der Antragstellung durch die Verwaltungsbehörde und der Anordnung der Maßnahme durch das Gericht den Vorzug gegeben.

208 Schreiben an den Bundesminister der Justiz, Abz. VIII/34/100 b – 11 (Akten des Bundesjustizministeriums, BA Koblenz B 141/2923, Bl. 80).

richterliche Entscheidung in Anspruch nehmen müssen. Insbesondere sollte der Verwaltungsbehörde stets die erste Entscheidung über eine Freiheitsentziehung überlassen bleiben. Als Begründung wurde angeführt, dass ein anderer Wille des Grundgesetzgebers aus dem Wortlaut und der Entstehungsgeschichte nicht erkennbar sei. Soweit Art. 104 GG über die entsprechenden Regelungen der Weimarer Verfassung hinausgehe, sei dies als Reaktion darauf anzusehen, dass es während der nationalsozialistischen Herrschaft in Deutschland möglich war, Personen jahrelang in Haft zu halten, ohne dass von einem unabhängigen Richter in einem geordneten Verfahren über die Rechtmäßigkeit dieser Maßnahme entschieden wurde.

Diesem Willen des Grundgesetzes sei aber bereits dadurch Genüge getan, dass die Verwaltung unverzüglich die Entscheidung des Richters über eine von ihr angeordnete Freiheitsentziehung herbeiführen müsse. Deshalb könne Art. 104 Abs. 2 GG aber nicht für eine umfassende Zuständigkeit des Richters herangezogen werden. Ausdrücklich wurde formuliert: „Abs. 2 Satz 2 setzt vielmehr voraus, dass es eine Freiheitsentziehung gibt, die nicht auf richterlicher Anordnung beruht. Man wird nicht annehmen können, dass das Grundgesetz dabei lediglich solche Fälle im Auge gehabt habe, bei denen infolge großer Eilbedürftigkeit nicht von vornherein die Entscheidung des Richters herbeigeführt werden konnte.“ Auf dieser Grundlage forderte der Schleswig– Holsteinische Justizminister die Klarstellung, dass der Richter erst in zweiter Linie zur Entscheidung berufen sein sollte.

Darüber hinaus wurden große Schwierigkeiten dadurch erwartet, dass die Freiheitsentziehung ohne gerichtliche Entscheidung unmittelbar durch eine Verwaltungsbehörde im Gesetzentwurf als Ausnahmefall behandelt werde, gerade dieser Fall in der Praxis aber sehr häufig sei. Gegen die Fristsetzung für die Einholung der richterlichen Anordnung wurde argumentiert, dass dies eine sachgemäße Prüfung in vielen Fällen beeinträchtigen könnte. Speziell wurden Einweisungen von Geisteskranken genannt und noch spezieller wurden Befürchtungen von Psychologen und Neurologen angeführt, die Einschaltung des Gerichts könne die rechtzeitige Einleitung eines Heilverfahrens verzögern und das Vertrauen in den Arzt stören. Für die Anrufung des Richters wurde deshalb die Notwendigkeit der Festsetzung fester Termine und Fristen bezweifelt. Das vorherrschende große Vertrauen in die Verwaltung kam insbesondere in folgendem Passus deutlich zum Ausdruck: „Indessen wird der Gesetzgeber wohl davon ausgehen können, dass die Verwaltungsbehörden mit der möglichen Beschleunigung den Sachverhalt aufklären und alsdann 'unverzüglich' die richterliche Entscheidung herbeiführen werden. Wenn Gerichte und Verwaltungsbehörden zugleich den Sachverhalt ermitteln, steht letzten Endes nicht eine Beschleunigung, sondern eher eine Verzögerung zu erwarten.“ Auf dieser Grundlage schloss das Schreiben des Landesjustizministeriums Schleswig-Holstein mit der Forderung, es sollte klargestellt werden, dass die Durchführung der Freiheitsentziehung Sache der Verwaltungsbehörden sei, die sie in eigener Verantwortung und auf ihre Kosten durchzuführen hätten.

Der zweite generelle Kritikpunkt in den Stellungnahmen zum ersten Entwurf vom August 1950 war der Hinweis, dass der Gesetzentwurf nicht nur Verfahrensrecht, sondern auch materielle Regelungen enthalte, für die dem Bund nach dem Grundgesetz keine Gesetzgebungskompetenz zukomme. Diese Auffassung brachte etwa der Präsident des Landesbezirks Baden im bereits erwähnten Schreiben[209] vor. Er wies darauf hin, dass bei der Freiheitsbeschränkung Geisteskranker und Süchtiger das materielle Recht im Vordergrund stehe, die gesetzliche Regelung des materiellen Rechts der Freiheitsbeschränkung bei Geisteskranken und Süchtigen aber dem Bund nicht zustehe, sondern zur ausschließlichen Zuständigkeit der Länder gehöre. Darüber hinaus wurde darauf verwiesen, dass bei dieser Gesetzgebung und ebenso bei der Gesetzgebung über freiheitsentziehende fürsorgerische Maßnahmen bei Jugendlichen nicht immer gesundheitliche Belange, sondern mehr noch Gesichtspunkte der öffentlichen Sicherheit im Mittelpunkt stünden. Die Gesetzgebung auf diesem Gebiet der öffentlichen Sicherheit stehe jedoch ebenfalls nicht dem Bund, sondern den Ländern zu. Dabei wurde speziell auf die §§ 9 und 11 des Gesetzentwurfs mit den Regelungen über die einstweilige Anordnung einer Freiheitsbeschränkung zur Vorbereitung eines Gutachtens über den Geisteszustand eines Betroffenen sowie über die vorläufige Festnahme einer Person eingegangen. Nach Meinung des Präsidenten des Landesbezirks Baden müsste sich der Bundesgesetzgeber hier auf die Schaffung des Verfahrensrechts beschränken, also auf die Bestimmung der Zuständigkeit der Gerichte und auf die Erklärung über die Anwendbarkeit des FGG.

Einen vergleichbaren Einwand brachte das Bayerische Staatsministerium des Inneren mit dem erwähnten Schreiben vom 30.11.1950[210] vor. Demnach sah das Ministerium keine der Voraussetzungen für die Zuständigkeit des Bundes zum Erlass von Gesetzen nach Art. 74 Abs. 1 GG als erfüllt an, wenn es sich um die Regelung des Verfahrens bei Freiheitsentziehungen aufgrund materiellen Landesrechts handelte, wie es bei der Verwahrung von gemeingefährlichen geisteskranken, geistesschwachen, rauschgift- oder alkoholsüchtigen Personen aus Gründen der öffentlichen Sicherheit, Sittlichkeit oder Ordnung der Fall sei. Es wurde dar-

209 Az.Nr. 62324/III (Akten des Bundesjustizministeriums, BA Koblenz B 141/2923, Bl. 130).

210 Schreiben an das Bayerische Staatsministerium der Justiz vom 30.11.1950, IC2 – 2512 d 23 (Akten des Bundesjustizministeriums, BA Koblenz B 141/2923, Bl. 166).

auf hingewiesen, dass in solchen Fällen die Länder auch das Recht zur Regelung des Verfahrens im Rahmen von Art. 104 GG besitzen müssten.

Eine ähnliche Auffassung äußerte der Sozialminister des Landes Nordrhein-Westfalen mit Schreiben vom 15.12.1950.[211] Darin führte er aus, dass § 1 Abs. 1 und 2 des Gesetzentwurfs in der Tat keine Vorschriften über das gerichtliche Verfahren bei Freiheitsentziehungen, sondern materielles Recht enthielten. Insbesondere aufgrund der in § 1 Abs. 2 enthaltenen Aufzählung der Fälle, in welchen eine Freiheitsbeschränkung und Freiheitsentziehung möglich sei, handele es sich um materielles Recht, weshalb ein besonderer Gesetzentwurf erstellt werden müsse. Für ein solches Gesetz über die materiellen Voraussetzungen für die Freiheitsentziehung und Freiheitsbeschränkung schlug der Sozialminister die folgende Veränderung des § 1 des Gesetzentwurfs vor:

> „(1) Eine Beschränkung und eine Entziehung der Freiheit einer Person nach den im Gesetz über die Freiheitsbeschränkung und Freiheitsentziehung enthaltenen Vorschriften kann nur auf Grund einer gerichtlichen Entscheidung nach Maßgabe dieses Gesetzes ergehen.
> (2) Soweit in bundesrechtlichen Vorschriften über Freiheitsbeschränkungen und Freiheitsentziehung das in diesen Fällen anzuwendende gerichtliche Verfahren bereits geregelt ist, verbleibt es bei diesen Vorschriften."

Bezüglich des vorgeschlagenen Abs. 2 ist besonders unter dem Aspekt der Frage eines Traditionsbruchs im Rechtsverständnis nach 1945 die Auffassung des Sozialministers über die Fortgeltung bisher geltender Bestimmungen über Freiheitsbeschränkung und Freiheitsentziehung von Interesse. Dem Minister war es besonders wichtig, dass durch das geplante Gesetz sichergestellt werde, dass etwa die Vorschriften des Reichsgesetzes zur Bekämpfung der Geschlechtskrankheiten vom 18.2.1927, das Reichsgesetz zur Bekämpfung gemeingefährlicher Krankheiten vom 30.6.1900, die Verordnung zur Bekämpfung übertragbarer Krankheiten vom 1.12.1938, der § 20 der Reichsfürsorgepflichtverordnung (RFV) sowie das preußische Polizeiverwaltungsgesetz in Kraft blieben.

Besonders interessant ist, warum der § 20 RFV trotz Art. 104 Abs. 1 GG nach der Auffassung des Ministers weiterhin gültig sein sollte. Die RFV war zunächst kein Gesetz im formellen Sinn, sondern ging auf das Ermächtigungsgesetz vom 8.12.1923 zurück, das der Reichsregierung die Befugnis gab, alle Maßnahmen zu treffen, die sie im Hinblick auf die Not von Volk und Reich für erforderlich und dringend erachtete. Der Sozialminister sprach sich nun dafür aus, die RFV den-

---

211 Übersandt mit Schreiben des Justizministers des Landes Nordrhein-Westfalen vom 2.1.1951 an den Bundesminister der Justiz, Az. II – 1030 a- 34 (Akten des Bundesjustizministeriums, BA Koblenz B 141/2923, Bl. 170).

noch als förmliches Gesetz im Sinne des Art. 104 Abs. 1 GG anzusehen, was er mit folgenden Argumenten begründete: zum einen sei die Tatsache, dass die RFV nur als Verordnung und nicht als formelles Gesetz ergangen sei, nur aus den außergewöhnlichen Umständen ihrer Entstehungszeit zu erklären; zum anderen habe sich das Verfahren nach § 20 RFV in der Praxis als notwendig und zweckmäßig erwiesen.

Ein dritter wichtiger Punkt in den Stellungnahmen zu dem Gesetzentwurf war schließlich die nähere Abgrenzung zwischen Freiheitsentziehung und Freiheitsbeschränkung bzw. die Frage, ob das geplante Bundesgesetz nur die erstere oder auch die letztere regeln sollte. Schon in der Stellungnahme des Justizministers des Landes Nordrhein-Westfalen vom 21.10.1950 war angeregt worden, bestimmte Freiheitsbeschränkungen von der vorgesehenen Verfahrensregelung auszunehmen bzw. für diese ein anderes Verfahren vorzusehen. Hier war etwa auf Quarantänemaßnahmen für ein einlaufendes Schiff oder auf Massenfreiheitsbeschränkungen in Gemeinschaftslagern oder Polizeikasernen sowie bei Ausgangssperren Bezug genommen worden. Der Innenminister des Landes Nordrhein-Westfalen hatte in seinem Schreiben vom 18.10.1950 dagegen klar verlangt, das Gesetz solle sich darauf beschränken, die Freiheitsentziehung zu regeln, und solle weniger weitgehende Freiheitsbeschränkungen der Verwaltung überlassen. Zur Begründung hatte der Innenminister angeführt, dass der Gesetzentwurf mit der Aufnahme der Freiheitsbeschränkungen eindeutig über das Grundgesetz hinausgehe. In Art. 104 Abs. 1 GG werde zwar für jede Freiheitsbeschränkung eine gesetzliche Grundlage und die Beachtung der gesetzlich vorgeschriebenen Formen gefordert, in Abs. 2 sei aber eine richterliche Mitwirkung nur für die Fälle der Freiheitsentziehung vorgesehen.

Zwar könne eine gesetzliche Regelung den Bürger weitergehend schützen, als dies vom Grundgesetz gefordert werde, der Innenminister des Landes Nordrhein-Westfalen verwies jedoch darauf, dass praktische Erwägungen eine solche Ausweitung der richterlichen Zuständigkeit verbieten sollten, da Freiheitsbeschränkungen, die nicht Freiheitsentziehungen sind, in der Verwaltungspraxis täglich vorkämen. Beispielhaft wurden genannt die Regelungen bei der Bekämpfung übertragbarer Krankheiten, die Zwangsvollstreckung im Verwaltungswege, sowie auch die Tatsache, dass die Polizei täglich Beschränkungen der persönlichen Bewegungsfreiheit anordne, etwa bei der Regelung des Straßenverkehrs. Diese Maßnahmen seien vorübergehender Natur und hätten sich in der Regel bereits erledigt, bevor sie vor dem Richter erörtert werden könnten. Bezüglich des Rechtsschutzes wurde darauf hingewiesen, dass jedem Bürger, der sich bei einer Freiheitsbeschränkung in seinen Rechten verletzt sah, schon nach geltendem Recht der Verwaltungsrechtsweg offen stünde.

Ähnlich wies das Bayerische Staatsministerium des Inneren mit seinem bereits erwähnten Schreiben vom 30.11.1950 darauf hin, dass im Grundgesetz zwischen Freiheitsbeschränkungen und Freiheitsentziehungen unterschieden werde und nur bei der Freiheitsentziehung als völliger Aufhebung der körperlichen Bewegungsfreiheit durch Ingewahrsamnahme die richterliche Kontrolle obligatorisch sei. Demgegenüber seien bei allen nicht eine völlige Entziehung der körperlichen Bewegungsfreiheit darstellenden Freiheitsbeschränkungen nur die Grundlage eines förmlichen Gesetzes und die in einem solchen Gesetz aufgeführten Formen vorgesehen, eine richterliche Entscheidung oder Anordnung aber nicht zwingend vorgeschrieben. Dem stimmte der Landesminister der Justiz des Landes Schleswig-Holstein grundsätzlich zu.[212] Er schrieb: „Freiheitsbeschränkungen sind in so mannigfaltiger Weise und in einer für den Betroffenen so wenig fühlbaren Weise denkbar, dass es geradezu unangemessen sein würde, den Richter in Anspruch zu nehmen." Eine entsprechende Regelung gehe also nicht nur über die Rechtsgrundlage in Art. 104 GG hinaus, sondern sie sei auch unzweckmäßig.

2.4 Die Stellungnahme des Bundesinnenministeriums

Diesen soeben dargestellten Kritikpunkten war mit dem Ergebnis einer Besprechung im Bundesinnenministerium vom 7.9.1950 allerdings bereits im Vorfeld Rechnung getragen worden.[213] Nach dieser Besprechung wurde empfohlen, den Entwurf des Bundesjustizministeriums auf Freiheitsentziehungen zu beschränken. Allerdings verwies das Bundesinnenministerium auch darauf, dass eine endgültige Grenzziehung zwischen Freiheitsbeschränkung und Freiheitsentziehung die Gerichte treffen müssten. Weiterhin wurde noch eine dritte Fallgruppe benannt, die zwischen echter Einschließung (also Freiheitsentziehung) und bloßer Freiheitsbeschränkung im Sinne von Aufenthaltsverboten angesiedelt sei. Diese Gruppe bestünde aus Fällen, in denen eine feste Standortbindung vorläge, wobei ein Verstoß gegen diese Verpflichtung strafrechtliche Konsequenzen habe, ohne dass der Betroffene aber gewaltsam an einer Entfernung gehindert werden könne.

---

212 Schreiben vom 31.5.1951, Az. VIII/34/100b-11, an den Bundesjustizminister (Akten des Bundesjustizministeriums, BA Koblenz B 141/2923, Bl. 80).

213 Das folgende nach einem Vermerk über die Besprechung, an der Prof. Dr. Köttgen, Oberregierungsrat Massfeller, Regierungsamtmann Rachwansky, Oberregierungsrat Gottschick, Konsistorialrat Siehe und Medizinalrat Dr. Hagen teilnahmen vom 7.9.1950 (Akten des Bundesjustizministeriums, BA Koblenz B 141/2924, Bl. 1). Der Urheber dieser Aktennotiz ist aus dem, dem Verfasser dieser Arbeit zugänglichen Material leider nicht zu ermitteln.

Hierunter sollten etwa Einweisungen in geschlossene Abteilungen von Krankenhäusern fallen. Entsprechend wurde der Entwurf umgearbeitet und die Stellen, an denen von Freiheitsbeschränkungen die Rede war, in Formulierungen unter Verwendung des Ausdrucks Freiheitsentziehung verändert.

Das Bundesinnenministerium schlug in dieser Besprechung vor, dem Art. 104 GG in der Unterscheidung zwischen Freiheitsbeschränkung und Freiheitsentziehung zu folgen. Eine Freiheitsentziehung sollte nach dem geplanten Gesetz demnach nur zulässig sein aufgrund eines förmlichen Gesetzes und aufgrund einer richterlichen Entscheidung. Dagegen sollte für eine Freiheitsbeschränkung, die nicht in einer Freiheitsentziehung bestehe, lediglich ein förmliches Gesetz, nicht aber eine richterliche Entscheidung notwendig sein. Der Vertreter des Innenministeriums wies jedoch auch darauf hin, dass die Grenze zwischen Freiheitsentziehung und Freiheitsbeschränkung im Einzelfall sehr zweifelhaft sein könne.[214] Notfalls sei es aber Aufgabe der Gerichte, diese Entscheidung zu treffen.

Darüber hinaus sollten die Beispiele in § 1 Abs. 2 des Entwurfs gestrichen werden, die von einigen Landesministern als Anhaltspunkte für eine materielle Qualität der angestrebten Regelung verstanden worden waren, und damit für Zweifel an der Gesetzgebungskompetenz des Bundes hierfür gesorgt hatten. Der Bundesinnenminister machte einige Zeit später im Zusammenhang mit der Problematik der Setzung materiellen Rechts auf diesem Gebiet durch Bundesrecht auf ein Spezialproblem aufmerksam, das er in dem Gesetzentwurf geregelt zu sehen wünschte.[215] Er hielt es für erforderlich, dass die Aufrechterhaltung der Freiheitsentziehung Arbeitsscheuer aufgrund der Fürsorgeverordnung vom 13.2.1924 durch das Gesetz ermöglicht würde. Er wies darauf hin, dass die Schwierigkeiten, die sich aus dem Umstand ergeben, dass diese Verordnung kein förmliches Gesetz im Sinne von Art. 104 GG sei, nur durch Aufnahme des Inhalts der Verordnung in das Gesetz selbst beseitigt werden könnten. Bezüglich der Frage, ob der Bund dafür überhaupt die Gesetzgebungskompetenz habe, unterstellte das Bundesinnenministerium, dass die Zulassung der Freiheitsentziehung für Arbeitsscheue zur konkurrierenden Gesetzgebung gehöre.

Diese Auffassung des Bundesinnenministeriums kam darüber hinaus sehr deutlich in einem Schreiben vom 12.2.1951 an den Bundesjustizminister zum Ausdruck.[216] Von besonderer Bedeutung war hier die grundsätzliche Einschät-

---

214 Vermerk Bundesministerium der Justiz vom 12.9.1950, Massfeller, über die Besprechung vom 7.9.1950 im Bundesministerium des Inneren über Art. 104 GG. (Akten des Bundesjustizministeriums, BA Koblenz B 141/2924, Bl. 11).

215 Aktennotiz vom 12.2.1951 des Bundesjustizministeriums (Akten des Bundesjustizministeriums, BA Koblenz B 141/2924, Bl. 62).

216 Az. 1110 A-7-1354/50 (Akten des Bundejustizministeriums, BA Koblenz B 141/2924, Bl. 63).

zung des Gesetzesvorhabens durch das Ministerium. So wurde festgestellt, „dass es sich hierbei zu einem wesentlichen Teil nicht nur um die Auslegung des Grundgesetzes, sondern um die rechtspolitische Gestaltung von Verwaltungsmaterien handelt“, wobei darauf hingewiesen wurde, dass für diese Materien das Innenministerium zuständig sei.

Explizit schloss sich das Bundesinnenministerium den Bedenken einiger Landesminister an, wonach geltende Gesetze auf dem Gebiet der Freiheitsentziehung durch das geplante Gesetz ihre Geltung verlieren müssten. Dies aber würde zur Folge haben, dass auf wichtigen Gebieten mangels eines förmlichen Gesetzes nicht mehr eingeschritten werden könne, und vom Innenminister wurde betont, dass es aussichtslos sei, diese Lücken des materiellen Rechts auf den verschiedenen betroffenen Gebieten ohne große Verzögerungen durch Schaffung einer Mehrzahl spezieller Gesetze zu schließen. Aus diesem Grund sah das Bundesinnenministerium keine Möglichkeit, die Anpassung des geltenden Rechts an den Art. 104 GG mit der erforderlichen Reform der einschlägigen materiell-rechtlichen Regelungen zu verbinden. Der einzige Ausweg bestünde deshalb darin, im Zusammenhang mit dem Entwurf des geplanten Gesetzes die einschlägigen bisherigen Rechtsverordnungen in den Rang förmlicher Gesetze im Sinne des Art. 104 GG zu erheben, weshalb das Innenministerium die Aufnahme folgender Formulierung in den Entwurf vorschlug: „Bis zu einer anderweitigen gesetzlichen Regelung können nach Maßgabe der verfahrensrechtlichen Vorschriften dieses Gesetzes auch auf Grund von § 20 der Verordnung über die Fürsorgepflicht vom 13.2.1924 (RGBl. I S.100) und der Verordnung zur Bekämpfung übertragbarer Krankheiten vom 1.12.1938 (RGBl. I S. 1721) Freiheitsentziehungen angeordnet werden.“

Die Aufnahme materiell-rechtlicher Regelungen in ein Verfahrensgesetz sei in diesem Zusammenhang nur ein 'gesetzesästhetisches' Problem. Dies insbesondere, weil es sich um bloße Übergangsmaßnahmen handele, die aus den genannte Gründen unumgänglich seien, um den Zweck des Art. 104 GG zu erfüllen. Dieser Zweck bestünde darin zu verhindern, dass allein auf der Grundlage von Exekutivrecht Eingriffe in das Grundrecht der Freiheit vorgenommen werden könnten. Ausdrücklich wurde hier der Standpunkt der Verwaltungspraxis eingenommen, indem vom Bundesinnenministerium unter Hinweis auf die verfassungsrechtliche Unterscheidung zwischen Freiheitsbeschränkung und Freiheitsentziehung darauf verwiesen wurde, dass die Frage, ob die rechtsstaatlichen Regelungen bezüglich der Freiheitsentziehung auch auf die Freiheitsbeschränkung ausgedehnt werden müssten, „nur unter hinreichender Würdigung der einschlägigen Erfordernisse der Praxis beantwortet werden“ könne. Deshalb wurde gefordert, dass es auf dem Gebiet der Freiheitsbeschränkung bei der Entscheidung der Verwaltung bleiben müsse, wobei den rechtsstaatlichen Anforderungen durch eine nachträgliche richterliche Kontrolle vollständig genüge getan werde.

Insbesondere in Bezug auf die Bestimmungen über die vorläufige Festnahme einer Person, wie sie in § 11 des Gesetzesentwurfs vorgesehen war, widersprach das Bundesinnenministerium somit dem Versuch, über die in Art. 104 GG aufgestellten Anforderungen hinauszugehen, die es als schon sehr weitgehend ansah. So wurde festgestellt: „Ein befristeter Freiheitsentzug gehört seit jeher zu den traditionellen Mitteln der Polizeibehörden", und darauf verwiesen, dass diese Möglichkeit der Polizei durch die Zuerkennung einer „eigenen Machtvollkommenheit" auch in Art. 104 Abs. 2 GG bestätigt werden sollte. Der kritisch gegen den Gesetzentwurf gerichtete Schluss des Bundesinnenministers aus diesen Überlegungen lautete: „Es bedeutet daher eine Leugnung dieser eigenen Machtvollkommenheit der Polizei, wenn in § 11 Abs. 1 Ziffer 3 durch das grundsätzliche Erfordernis einer richterlichen Entscheidung die vorläufige Festnahme als ein von der Polizei nach eigenem Ermessen zu handhabendes Zwangsmittel im Grundsatz beseitigt wird."

2.5 Die Reaktion des Bundesjustizministeriums

In einer Aktennotiz vom 27. Februar 1951 widersprach Massfeller den Auffassungen des Bundesinnenministeriums in den wichtigsten Punkten.[217] Gegen die vorgeschlagene Weitergeltung bestehender Rechtsvorschriften über die Freiheitsentziehung machte er geltend, dass das Grundgesetz ein förmliches Gesetz als Voraussetzung für die Rechtmäßigkeit einer Freiheitsentziehung verlange. Es sei deshalb zweifelhaft, ob ein einfaches Bundesgesetz bestimmen könne, dass auch aufgrund alter, bestehender Verordnungen eine Freiheitsbeschränkung zulässig sei. Der Vorschlag des Innenministeriums wurde somit letztlich als zumindest „formaler" Verstoß gegen Art. 104 Abs. 1 GG gesehen. Als Lösung schlug das Bundesjustizministerium vor, die Verordnungen ihrem Wortlaut nach direkt in das vorliegende Gesetz aufzunehmen. Auf diese Weise könnte auch der sowohl vom Bundesjustizministerium als auch vom Bundesinnenminister bei einer bloßen Verweislösung befürchteten Gefahr langwieriger parlamentarischer Erörterungen begegnet werden. Schließlich führte das Bundesjustizministerium an, die vom Innenministerium vorgeschlagene Vorschrift passe systematisch nicht in den Entwurf, der sich ausschließlich mit dem gerichtlichen Verfahren beschäftige.

217 Niedergelegt in einer Aktennotiz von Dr. Massfeller vom 27.2.1951, Az: 3808/1-10 519/51 (Akten des Bundesjustizministeriums, BA Koblenz B 141/2924, Bl. 70).

Eine solche Aufnahme würde einen „schweren Schönheitsfehler" für das Gesetz darstellen.

Bezüglich der von Verwaltungsseite gewünschten Differenzierung der rechtlichen Erfordernisse zwischen Freiheitsbeschränkungen einerseits und Freiheitsentziehungen andererseits räumte das Bundesjustizministerium ein, dass das Grundgesetz in der Tat keine Gleichstellung bzw. Gleichbehandlung von Freiheitsbeschränkungen und Freiheitsentziehungen verlange. Dann aber wies Massfeller auf folgendes hin: „Das schließt aber nicht aus, dass der Gesetzgeber das Grundrecht der persönlichen Freiheit gegen eine Beschränkung in gleicher Weise schützt wie gegen eine Entziehung. Dem Gedanken des Rechtsstaates würde eine solche Regelung nur entsprechen." Weiter hielt er eine Abgrenzung zwischen Freiheitsentziehungen und Freiheitsbeschränkungen im Einzelfall für nur sehr schwer möglich. Im Gegensatz zum Bundesinnenministerium, das gerade aufgrund dieser Überlegungen für eine Ausweitung der Kompetenzen der Verwaltung und eine Zurückdrängung der Befugnisse der Judikative auf bloße Kontroll- statt Anordnungsbefugnisse plädiert hatte, wurde diese gleiche Problematik vom Bundesjustizministerium nun als Argument für die Notwendigkeit einer richterlichen Anordnung herangezogen. Das Bundesjustizministerium kam hier zu keinem abschließenden Lösungsvorschlag, sondern ließ diese Frage im Grunde offen, indem es dafür eintrat, auf den Vorschlag des Entwurfs nur dann zu verzichten, wenn wirklich sehr schwerwiegende Gründe der Verwaltung für eine unterschiedliche Behandlung sprechen würden.

Darüber hinaus gab Massfeller zu bedenken, dass selbst bei unterstellter Berechtigung der von der Verwaltung erhobenen Bedenken noch ein Problem bezüglich des unterschiedlichen Rechtsweges bestehe. Dies stelle unter Umständen die vom Grundgesetz geforderte Rechtssicherheit in Frage. Würde die Freiheitsbeschränkung nämlich aus dem vorliegenden Entwurf herausgenommen, so wären im Falle der Freiheitsentziehung die ordentlichen Gerichte zur Entscheidung berufen, im Falle der Freiheitsbeschränkung jedoch die Verwaltungsgerichte. Für eine solche Trennung der Entscheidung fehle jedoch jeder innere Grund, da zwischen Freiheitsentziehung und Freiheitsbeschränkung nur ein „gradueller Unterschied" bestehe. Darüber hinaus müsste damit gerechnet werden, dass angesichts der schwierigen Abgrenzung von Freiheitsentziehung und Freiheitsbeschränkung in der Praxis in Einzelfällen ordentliche Gerichte und Verwaltungsgerichte unterschiedliche Auffassungen vertreten könnten.

Das Bundesjustizministerium schlug deshalb vor, die Entscheidung im Falle der vom Innenministerium und von Seiten der Verwaltung gewünschten Veränderung des Gesetzentwurfs auf jeden Fall nicht dem Verwaltungsgericht, sondern dem Richter der freiwilligen Gerichtsbarkeit zu übertragen. Hierdurch würde die Entscheidung über die Zulässigkeit bzw. Fortdauer einer Freiheitsentziehung und die Entscheidung über die Beschwerde gegen eine Freiheitsbeschränkung durch die Verwaltung in eine Hand gelegt werden. Bemerkenswert ist in diesem Zusammenhang, dass von Seiten des Bundesjustizministeriums für den Fall einer anderslautenden Entscheidung des Innenministeriums vorgeschlagen wurde, auch die Entscheidungen im Falle der Freiheitsentziehung den Verwaltungsgerichten zu übertragen. Hier wurde eigentlich im Verwaltungssinne das Interesse daran, das Verfahren in eine Hand zu legen, ausdrücklich noch höher eingeschätzt als die Lösung, in den Fällen des Art. 104 Abs. 2 – 4 GG die ordentlichen Gerichte entscheiden zu lassen.

In einer weiteren Aktennotiz von Dallinger aus dem Bundesjustizministerium wurde zu diesem Punkt jedoch bereits eine etwas abweichende Ansicht vertreten.[218] Auch hier wurde der Standpunkt des Ministeriums vertreten, dass eine genaue Unterscheidung zwischen Freiheitsentziehung und Freiheitsbeschränkung nicht möglich sei. Auch eine Zweispurigkeit in der Kontrolle durch Verwaltungsgerichte und ordentliche Gerichte wurde für unzweckmäßig gehalten. Daraus wurde hier jedoch der Schluss gezogen, es dürften gerade nicht die Verwaltungsgerichte sein, denen im Falle einer Beschränkung der richterlichen Anordnung auf die Freiheitsentziehung die Kompetenz zukommen solle, sondern es müssten die Amtsgerichte tätig sein. Die von Dallinger aus dem Justizministerium angeführte Begründung lautete, die richterliche Entscheidung könne von den Verwaltungsgerichten deshalb nicht rechtzeitig getroffen werden, weil deren Gerichtssprengel viel zu groß seien. Letztlich wurden also verwaltungspraktische Gesichtspunkte angeführt, um gerade zu dem gegenteiligen Ergebnis zu kommen, wie Massfeller in seiner oben erwähnten Stellungnahme. Als Ausweg aus dem Konflikt zwischen den beiden Positionen zur Freiheitsentziehung und zur Freiheitsbeschränkung wurde vorgeschlagen, dass nur Freiheitsbeschränkungen, die eine gewisse Zeit dauerten, den Freiheitsentziehungen gleichgestellt werden sollten; vorgeschlagen wurde hier eine Frist von über 48 Stunden.

3. Der zweite Entwurf des Bundesministeriums der Justiz vom Juli 1951

3.1 Die Grundzüge des Entwurfs

Im Juli 1951 waren die Vorarbeiten zu einem Gesetz über das gerichtliche Verfahren bei Freiheitsentziehungen und Freiheitsbeschränkungen schließlich zu ei-

218 Vermerk von Dr. Dallinger vom 29.3.1951, Az. 3800/1 – 10 509/51 (Akten des Bundesjustizministeriums, BA Koblenz B 141/2924, Bl. 70).

nem zweiten Entwurf des Bundesjustizministeriums gediehen.[219] Die anhand des ersten Entwurfs diskutierte Frage Freiheitsentziehung versus Freiheitsbeschränkung wurde darin durch die Aufnahme einer unterschiedlichen Verfahrensregelung für Freiheitsentziehungen (1.Abschnitt) und Freiheitsbeschränkungen (2. Abschnitt) gelöst.

Zuständig sollten nun die ordentlichen Gerichte sein, sowohl für die obligatorische richterliche Entscheidung bei Freiheitsentziehungen als auch für die Entscheidung auf Antrag des Betroffenen bei Freiheitsbeschränkungen. Vom Bundesjustizministerium wurde für diese Zuständigkeit der ordentlichen Gerichte die „Natur der Sache“ geltend gemacht[220] und des näheren wurden folgende Gründe angeführt:

- kleinere Gerichtsbezirke, dadurch raschere Entscheidung, geringere Kosten für Staat und Betroffene,
- die übliche Überlastung der Verwaltungsgerichte[221],
- Ähnlichkeit der zu behandelnden Materie mit Vormundschaftssachen,
- das Rechtsbewusstsein des Volkes, wonach Verfahren, in denen über die Freiheit einer Person entschieden wird, von den ordentlichen Gerichten zu entscheiden sind,
- wesentlicher Unterschied zwischen der Anfechtung eines Verwaltungsaktes, der etwa eine Gewerbeerlaubnis versagt oder eine Beitragsleistung auferlegt, und einem Verfahren, in dem über die Freiheit der Person entschieden wird,
- die Entstehungsgeschichte des Art. 104 Abs.2 GG.

Das Bundesjustizministerium bestand darauf, dass Freiheitsentziehungen und Freiheitsbeschränkungen einheitlich derselben Gerichtsbarkeit unterworfen werden müssten. Hauptargument hierfür war wiederum die Schwierigkeit einer klaren Abgrenzbarkeit von Freiheitsentziehungen und Freiheitsbeschränkungen und die damit zu befürchtenden Kompetenzkonflikte zwischen den Rechtswegen. Ausdrücklich hob der Bundesjustizminister hervor, dass der Unterschied zwischen Freiheitsentziehung und Freiheitsbeschränkung kein begrifflicher, sondern lediglich ein gradueller sei. Durch diese Forderung nach einer einheitlichen Gerichtsbarkeit wandte er sich dagegen, den bestehenden Rechtszustand aufrechtzuerhalten, in dem gegen Freiheitsbeschränkungen anordnende Verfügungen der

219 Dieser Entwurf wird in Anhang A.2 wiedergegeben.

220 Vermerk des Bundesministers der Justiz vom 18.6.1951 (Akten des Bundesjustizministeriums, BA Koblenz B 141/2924, Bl. 110).

221 Als Grund für diese Überlastung wurde die geringe Dichte der Verwaltungsgerichte angesehen. Beispielhaft wurde auf Schleswig Holstein verwiesen, das zu dieser Zeit nur ein einziges Verwaltungsgericht hatte.

Verwaltungsbehörden nur die Verwaltungsgerichte und nicht die ordentlichen Gerichte angerufen werden konnten. Er hielt fest: „Es müssen also auch die Entscheidungen über Freiheitsbeschränkungen anordnende Verfügungen der Verwaltungsbehörden, gegen die bisher die Anfechtungsklage vor den Verwaltungsgerichten möglich war, der Zuständigkeit der ordentlichen Gerichte zugewiesen werden."[222]

Der neue Entwurf vom 9.7.1951 folgte bezüglich des Verfahrens im wesentlichen dem ersten Entwurf, d.h. er sah nur bei Freiheitsentziehungen obligatorisch eine richterliche Entscheidung vor. Bei Freiheitsbeschränkungen ging der Entwurf demgegenüber davon aus, dass diese von der zuständigen Verwaltungsbehörde verfügt würden, und gab dem Betroffenen die Möglichkeit, einen Antrag auf gerichtliche Entscheidung zu stellen. Eine Freiheitsbeschränkung ohne vorherige richterliche Anordnung verstoße nicht gegen rechtsstaatliche Grundsätze, solange die Möglichkeit einer richterlichen Nachprüfung durch unabhängige Gerichte gegeben sei. Insofern wurden die Erfordernisse der Verwaltungspraxis anerkannt, die es geboten erscheinen ließen, die Freiheitsbeschränkung nicht denselben Voraussetzungen zu unterwerfen, wie sie Art. 104 Abs. 2 GG für die Freiheitsentziehung verlangte. Insbesondere wurde hier die verwaltungstechnische Überlegung aufgegriffen, dass es sich vielfach um Fälle handele, die sich schon erledigt hätten, bevor sie vor den Richter gebracht werden könnten. In diesem Sinne hatte auch das Innenministerium argumentiert. Das Bundesjustizministerium kam nunmehr zu dem Schluss: „Wollte man in all diesen Fällen eine vorherige richterliche Entscheidung, wie der Entwurf sie bei Freiheitsentziehungen vorsieht, fordern, so würde dies zu einer außerordentlichen Belastung der Gerichte führen, die sachlich nicht zu rechtfertigen ist und auch durch das Interesse des einzelnen Staatsbürgers nicht verlangt wird."[223] Es sollte somit fortan bei Freiheitsbeschränkungen ausreichend sein, dass der Betroffene die Möglichkeit hatte, eine richterliche Entscheidung herbeizuführen.

Man befürchtete darüber hinaus auch, dass die Verwaltung in der Praxis bei einer anderen Regelung in sehr vielen Fällen davon absehen könnte, vor dem Vollzug einer Freiheitsbeschränkung eine richterliche Entscheidung herbeizuführen und stattdessen von der – nach dem bisherigen Entwurf nur als Ausnahme vorgesehenen – Möglichkeit der Anordnung der Freiheitsbeschränkung durch die Verwaltungsbehörde selbst vor Herbeiführung einer gerichtlichen Entscheidung Gebrauch machen würde. Letztlich wurde die Veränderung des Gesetzesentwur-

---

222 Vermerk des Bundesministers der Justiz vom 18.6.1951 (Akten des Bundesjustizministeriums, BA Koblenz B 141/2924, Bl. 110).

223 Begleitschreiben des Justizministeriums zur Übersendung des neuen Entwurfs an das Bundesinnenministerium vom 14.7.1951 (Akten des Bundesjustizministeriums, BA Koblenz B 141/2925, Bl. 1).

fes also damit begründet, dass andernfalls die Ausnahme zur Regel werden könnte. Ausdrücklich erklärte das Bundesjustizministerium hierzu: „Es erscheint aber unangebracht, eine gesetzliche Regelung zu treffen, bei der man von vornherein damit rechnen muss, dass sie in der Verwaltungspraxis vorwiegend dadurch umgangen würde, dass als Regel die gerichtliche Entscheidung erst nach der Vollziehung der Beschränkung eingeholt würde."[224]

Aufgrund der Trennung zwischen Freiheitsentziehung und Freiheitsbeschränkung entfiel in dem neuen Entwurf die Aufzählung von Beispielen, wie sie bisher in § 1 Abs. 2 vorgesehen war. Der Bundesjustizminister wies darauf hin, dass auf eine solche Aufzählung verzichtet worden sei, weil allen möglichen Fällen gerecht werdende Abgrenzungskriterien mit Rücksicht auf die nur graduellen Unterschiede zwischen Freiheitsentziehung und Freiheitsbeschränkung nicht gefunden werden könnten. Es sollte die Herausarbeitung typischer Merkmale vielmehr der Praxis überlassen bleiben. Für diese Lösung spräche auch, dass die andernfalls vorgenommene Auslegung von Art. 104 GG durch einfaches Gesetz auf schwere systematische Bedenken stoßen müsste.

Als Neuerung fügte das Bundesjustizministerium den Entwurf die richterliche Überprüfung von Veränderungen der Unterbringungsmodalitäten ein.

In § 8 hieß es nun:

> „Soll die Unterbringung der Person, der die Freiheit entzogen worden ist, wesentlich geändert oder soll die Person aus der Anstalt, in der sie untergebracht ist, beurlaubt oder probeweise entlassen werden, so bedarf es hierzu der Zustimmung des Gerichts."

Hiermit wollte das Bundesjustizministerium sicherstellen, dass sich die Tätigkeit des Gerichts bei Freiheitsentziehungen in der Zeit nach der Entscheidung nicht lediglich auf das Überprüfungsverfahren beschränkte. Es erschien ihm notwendig, auch nach der Entscheidung dem Gericht Einfluss auf die Durchführung dieser Unterbringungsentscheidung zu geben. Als wesentliche Änderung im Sinne dieser Vorschrift sollte dabei auch die Verlegung in eine andere Anstalt oder die Unterbringung in derselben Anstalt unter wesentlich veränderten Lebensbedingungen gelten. Auch eine Beurlaubung bzw. probeweise Entlassung aus der Anstalt sollte nur mit Zustimmung des Gerichts zulässig sein; dies sollte nach der Begründung dazu beitragen, den Zweck der Unterbringung nicht zu gefährden. Als weiteren Vorteil hob das Bundesjustizministerium hervor, dass das Gericht auf diese Weise Gelegenheit erhalte zu prüfen, ob der Unterbringungsbeschluss überhaupt noch weiterhin aufrechtzuerhalten sei oder eine Freilassung erfolgen müsse.

---

224 Schreiben des Bundesjustizministers an den Bundesminister des Innern vom 14.7.1951 (Akten des Bundesjustizministeriums, BA Koblenz, B 141/2925, Bl. 1).

Bezüglich der Voraussetzungen einer vorläufigen Festnahme war § 11 im zweiten Entwurf stark verändert. Damit wurde den von verschiedenen Seiten erhobenen Einwänden gegen den ersten Entwurf Rechnung getragen.

§ 11 lautete nun:

„(1) Bei jeder nicht auf richterlicher Entscheidung beruhenden Freiheitsentziehung hat die zuständige Verwaltungsbehörde die richterliche Entscheidung unverzüglich herbeizuführen. Ist die Freiheitsentziehung nicht mit dem Ablauf des ihr folgenden Tages durch richterliche Entscheidung nach § 4 oder § 10 für zulässig erklärt, so hat die Freilassung zu erfolgen.
(2) Falls eine Entscheidung gemäß § 4 oder § 10 nicht alsbald getroffen werden kann, kann der Richter die Freiheitsentziehung durch vorläufige Anordnung für zulässig erklären. Die vorläufige Anordnung ist nicht anfechtbar. Sie wird wirksam, wenn sie der Geschäftsstelle des Gerichts zur Bekanntmachung übergeben ist. § 4 Abs. 2 gilt entsprechend. Eine vorläufige Anordnung wird unwirksam, wenn die Freiheitsentziehung nicht binnen einer Woche nach § 4 oder § 10 für zulässig erklärt worden ist."

Der Bundesjustizminister räumte in der Begründung ein, dass die ursprüngliche Fassung dieser Regelung die Zuständigkeitsgrenze des Bundesgesetzgebers überschritten habe, sofern sie sich nicht auf die Rechtsgebiete beschränkt hatte, die zur konkurrierenden Gesetzgebung des Bundes gehören, sondern ganz allgemein das Recht der Festnahme regelte. Damit sei auf Rechtsgebiete übergegriffen worden, die eindeutig der Gesetzgebungszuständigkeit der Länder zugehörten. Da sich die Voraussetzungen der Festnahme aus dem sonstigen Bundes- und Landesrecht ergaben, sah der neu gefasste § 11 nun davon ab, diese Voraussetzungen nochmals zu regeln.

Weiterhin war es für das Bundesjustizministerium wichtig, dass der in Art. 104 Abs. 2 S. 3 GG verwendete unbestimmte Begriff „unverzüglich" durch Gesetz zeitlich festgelegt wurde. Vor allem sollte diese Regelung des § 11 darüber hinaus auch noch klarstellen, dass nicht nur die Polizei eine Person längstens bis zum Ablauf des auf die Festnahme folgenden Tages in Gewahrsam behalten dürfe, sondern dass eine solche Frist auch für andere zur Festnahme befugte Verwaltungsbehörden maßgebend sei. In der Diskussion war die grundsätzliche Frage aufgeworfen worden, ob jener in Art. 104 Abs. 3 S. 3 GG gebrauchte unbestimmte Begriff nur für die Polizei oder auch für alle übrigen zur Festnahme berechtigten Verwaltungsbehörden gelten müsse. Es wurde darauf hingewiesen, dass vor allem dann, wenn diese Regelung nur für die Polizei gelten sollte – was vom Bundesjustizministerium grundsätzlich bezweifelt wurde –, eine zeitliche Befristung der Festnahme ohne richterliche Anordnung festgelegt werden müsse, um den Intentionen von Art. 104 GG gerecht zu werden. Der neue Entwurf normierte deshalb für alle nicht auf einer richterlichen Entscheidung beruhenden Freiheitsentziehungen, unabhängig davon, ob sie von der Polizei oder einer anderen Verwaltungsbehörde angeordnet wurden, die Verpflichtung zur Herbeiführung einer richterlichen Entscheidung und ebenso die Frist, innerhalb derer andernfalls die Freilassung zu erfolgen hatte, in gleicher Weise.

Bezüglich der Anhörung der von einer Freiheitsentziehung betroffenen Person legte der neue Entwurf in § 3 Abs. 1 und 2 folgendes fest:

> „(1) In dem Verfahren ist die Person, der die Freiheit entzogen werden soll, zu hören. Erscheint sie auf Verlangen nicht, so kann ihre Vorführung angeordnet werden.
> (2) Die Anhörung kann unterbleiben, wenn sie mit besonderen Schwierigkeiten verbunden oder wenn nach fachärztlichem Urteil eine Verständigung mit dem Anzuhörenden wegen seines Geisteszustandes nicht möglich oder nicht ohne Nachteile für den Gesundheitszustand des Anzuhörenden ausführbar ist. In diesem Fall ist ihm, falls er nicht unter elterlicher Gewalt, unter Vormundschaft oder unter einer auf Grund des § 1910 Abs. 1 des Bürgerlichen Gesetzbuches angeordneten Pflegschaft steht, durch das nach § 2 zuständige Amtsgericht ein Pfleger für das Verfahren zu bestellen.“

Neu war hier zunächst die Möglichkeit der Vorführung der unterzubringenden Person, falls sie auf Vorladung nicht erschien (§ 3 Abs. 1, S.2). Wichtig ist jedoch, dass die von verschiedenen Seiten ergangene Anregung[225] nicht aufgegriffen wurde, nach der grundsätzlich eine Vernehmung des Betroffenen stattfinden müsse, bei der der Richter sich selbst ein Bild von der Verständigungsmöglichkeit mit dem Unterzubringenden machen sollte. Dies wurde damit begründet, dass bei bestimmten Formen von Geisteskrankheit – gedacht war insbesondere an Verfolgungswahn – durch die persönliche richterliche Anhörung eine Verschlimmerung des Krankheitsbildes stattfinden könnte. Für diese Fälle sollte deshalb die Möglichkeit einer Entscheidung ohne Anhörung geschaffen werden. Diese Möglichkeit sollte aber auch – und hier findet sich keine nähere Begründung oder Ausführung – für solche Fälle bestehen, in denen eine Anhörung nicht gefährlich oder unmöglich, sondern lediglich mit besonderen Schwierigkeiten verbunden war. Dadurch wurde in den Gesetzentwurf eine unbestimmte Generalklausel eingeführt, die den Grundsatz der Anhörung einer Person, der eine Freiheitsentziehung drohte, im Ergebnis sehr stark einschränkte.

225 Schreiben des Justizministers des Landes Nordrhein-Westfalen an den Bundesminister der Justiz vom 21.10.1950, Az. II 3 – 10309-34 (Akten des Bundesjustizministeriums, BA Koblenz, B 141/2925, Bl. 117).

3.2 *Die Stellungnahme des Bundesministers des Inneren vom 1. Oktober 1951 zu dem Entwurf*

In der Reaktion des Bundesministers des Inneren vom 1. Oktober 1951 auf den neuen Gesetzentwurf zeigte sich zunächst die Zufriedenheit darüber, dass in verschiedenen wichtigen Punkten seinen Anregungen und Einwendungen Rechnung getragen worden war.[226]

Kritisiert wurde vom Bundesinnenministerium jedoch, dass für die gerichtliche Entscheidung auf Antrag des von einer Freiheitsbeschränkung Betroffenen die ordentlichen Gerichte zuständig sein sollten. Der Innenminister argumentierte, dass mit der unterschiedlichen Ausgestaltung des Verfahrens bei Freiheitsentziehungen und bei Freiheitsbeschränkungen der Grund entfalle, diese Entscheidung den ordentlichen Gerichten zu überlassen. Die wie im ersten Entwurf vorgesehene Zuständigkeit der ordentlichen Gerichte sei aufgrund der Fassung des Art. 104 Abs. 2 GG nur für die Entscheidung über Freiheitsentziehungen nötig gewesen, für die Entscheidung bei Freiheitsbeschränkungen aber nicht zu begründen. Das im zweiten Abschnitt dieses Entwurfs vorgesehene Verfahren der nachträglichen gerichtlichen Entscheidung auf Antrag des Betroffenen bei Freiheitsbeschränkungen sei vielmehr das einer typischen Anfechtungsklage mit der einzigen Besonderheit, dass die Vorschriften des Gesetzes über die Angelegenheiten der freiwilligen Gerichtsbarkeit angewandt würden. Aufgrund dieser Ähnlichkeit sei nicht einzusehen, warum, wie nunmehr geplant, das Amtsgericht zuständig sein sollte, und nicht wie für Anfechtungsklagen generell, das Verwaltungsgericht. Für eine Zuständigkeit der Verwaltungsgerichte spräche darüber hinaus positiv, dass gerade bei Freiheitsbeschränkungen häufig Erwägungen des öffentlichen Wohles in Ermessensentscheidungen anzustellen seien, in deren Beurteilung diese Gerichte wesentlich routinierter seien. Eine andernfalls stattfindende Überprüfung von Ermessensentscheidungen durch ordentliche Gerichte stellte nach Auffassung des Bundesinnenministeriums geradezu einen „Einbruch in die Systematik des geltenden Rechts dar, der im Interesse einer fortschreitenden Ordnung und Klärung dieses Rechtsgebietes vermieden werden sollte."[227]

---

226 Schreiben des Bundesministers des Inneren an den Bundesminister der Justiz vom 1.10.1951, Az. 1110 – 7, A – 1216/51 (Akten des Bundesjustizministeriums, BA Koblenz, B 141/2925, Bl. 112).

227 Schreiben des Bundesministers des Inneren an den Bundesminister der Justiz vom 1.10.1951, Az. 1110 – 7, A – 1216/51 (Akten des Bundesjustizministeriums, BA Koblenz, B 141/2925, Bl. 112).

Bezüglich der gegen eine Aufteilung der Rechtswege während der Diskussion des ersten Entwurfs wiederholt als Hauptargument angeführten[228] schwierigen Abgrenzbarkeit zwischen Freiheitsentziehung und Freiheitsbeschränkung gab der Innenminister zu bedenken, dass diese Problematik auch dann nicht gelöst sei, wenn der neue Entwurf Gesetz werde, da auch dieser verschiedenartige Verfahren – wenn auch innerhalb der ordentlichen Gerichtsbarkeit – vorsehe. Er stimmte deshalb der auch schon vom Bundesjustizminister vorgebrachten Auffassung zu, wonach diese Aufgabe der Abgrenzung der Rechtsprechung zukommen müsse. Er äußerte die Erwartung, dass diese von den Gerichten auch fortschreitend gelöst werden könne, ohne dass es zu Differenzen zwischen der Judikatur der ordentlichen und der Verwaltungsgerichte kommen werde. In den meisten Fällen stünden seiner Meinung nach die Gruppen von Unterbringungsfällen ohnehin bereits vor der Entscheidung in groben Umrissen fest.

In einer Besprechung zwischen Vertretern des Bundesjustizministeriums und des Bundesinnenministeriums vom 30.10.1951 wurde dann schließlich auch Übereinstimmung darüber hergestellt, dass eine Kompetenzkonflikte ausschließende abstrakte Definition des Begriffs der Freiheitsentziehung nicht gefunden werden könne.[229] Stattdessen sollte der Begriff der Freiheitsentziehungen enumerativ definiert werden, um Kompetenzkonflikte wenigstens weitgehend zu vermeiden. In dieser Besprechung wurden explizit die Missbräuche aus der Zeit der nationalsozialistischen Herrschaft thematisiert. Es wurde festgestellt, dass Art. 104 Abs. 2 GG nach der Absicht des parlamentarischen Rates in erster Linie solche Missbräuche – wie etwa die in der Nazizeit übliche sicherheitspolizeiliche Schutzhaft – verhindern sollte. Es war darüber hinaus einhellige Meinung des Bundesjustiz- und des Bundesinnenministeriums, dass im parlamentarischen Rat bei Fassung des Art. 104 Abs.2 GG nicht die Absicht bestanden habe, die fürsorgepolizeiliche Tätigkeit durch Art. 104 Abs. 2 GG in irgend einer Weise einzuschränken. Als derzeit geltende Diskussionsgrundlage wurde in dieser Besprechung folgende Definition der Freiheitsentziehung vereinbart:

228 Vermerk von Dr. Massfeller aus dem Bundesministerium der Justiz vom 27.2.1951, Az. 3800/1-10 519/51 (Akten des Bundesjustizministeriums, BA Koblenz, B 141/2924, Bl. 63); Vermerk von Dr. Haage aus dem Bundesministerium der Justiz vom 18.6.1951, (Akten des Bundesjustizministeriums, BA Koblenz, B 141/2924, Bl. 110), Schreiben des Bundesministers der Justiz an den Bundesminister des Inneren vom 14.6.1951 (Akten des Bundesjustizministeriums, BA Koblenz B 141/2925, Bl. 1).

229 Aktennotiz des Bundesjustizministeriums vom 3.12.1951, Az. 3800/1-14463/51 (Akten des Bundesjustizministeriums, BA Koblenz, B 141/2925, Bl. 134).

„Freiheitsentziehung im Sinne dieses Gesetzes ist:
a) Die Entziehung der Freiheit einer Person durch Unterbringung in einem Gefängnis, einer Haftanstalt, einem Arbeitshaus oder einer geschlossenen Fürsorgeanstalt;
b) die Unterbringung eines Geisteskranken in einer Heil- oder Pflegeanstalt;
c) die Unterbringung eines Rauschgift- oder Alkoholsüchtigen in einer Entziehungsanstalt."

Das Bundesinnenministerium legte dabei besonderen Wert auf die Feststellung, dass gemeingefährlich oder ansteckend Erkrankte sowie Geschlechtskranke nicht unter das Bundesgesetz über das gerichtliche Verfahren bei Freiheitsentziehungen fallen sollten, da andernfalls die Möglichkeiten der Bekämpfung dieser Krankheiten gefährdet würden, wenn die notwendige Behandlung von einer gerichtlichen Entscheidung abhinge. Das Bundesjustizministerium wies diesbezüglich jedoch darauf hin, dass es gerade in diesen Fällen besonders zweifelhaft sein könne, ob die zu ergreifende Maßnahme eine Freiheitsentziehung oder eine Freiheitsbeschränkung darstelle, weshalb die Aufnahme dieser Fälle in die enumerative Definition sinnvoll sein könnte. Im Bundesjustizministerium war man sich andererseits aber auch der Tatsache bewusst, dass das Vorliegen solcher Krankheiten zweifelsfrei diagnostiziert werden kann, so dass der Richter bei seiner Entscheidung immer dem ärztlichen Gutachten folgen werde, weshalb die Entscheidung des Gerichtes in diesen Fällen tatsächlich ein überflüssiger Aufwand sei.

Kritisiert wurde von dem Bundesminister des Inneren schließlich noch die in § 8 des Entwurfs vorgesehene Einflussnahme des Richters auf die Durchführung der Freiheitsentziehung selbst. Die beispielhaft in dieser Vorschrift aufgeführten Fälle der Beurlaubung und der probeweisen Entlassung dienten der Wiederherstellung der persönlichen Freiheit des Untergebrachten. Diese Sicherung bzw. Wiederherstellung der persönlichen Freiheit sei aber gerade Sinn und Zweck des Art. 104 Abs. 2 GG, so dass es der Intention dieser Vorschrift eindeutig widerspreche, solche Maßnahmen die eben dieser Rückführung des Betroffenen in die Freiheit dienen sollten, von der Zustimmung eines Gerichts abhängig zu machen.

3.3 Die Kritik des Justizministers des Landes Nordrhein Westfalen vom 9. Oktober 1951

Die neuen Regelungen stießen auf starke Kritik des Justizministers des Landes Nordrhein-Westfalen, die er in einem Schreiben an den Bundesminister der Justiz vom 9.10.1951 vortrug.[230] Richtig sei an dem Entwurf lediglich, dass fortan die

230 Vorgetragen mit Schreiben vom 9.10.1951 an den Bundesminister der Justiz, Az. II 3 - 10308 - 34 (Akten des Bundesjustizministeriums, BA Koblenz, B 141/2925, Bl. 114).

ordentlichen Gerichte für zuständig erklärt würden, und dass für Freiheitsentziehung und für Freiheitsbeschränkung unterschiedliche Verfahren vorgesehen seien.

Aus der Tatsache, dass der Verfassungsgeber bei der Formulierung des Art. 104 GG die in der Verwaltungspraxis täglich anfallenden verschiedenen Unterbringungsfälle vor Augen gehabt haben müsse, und dennoch ausdrücklich nur die Freiheitsentziehung, nicht aber die Freiheitsbeschränkung erwähnt hat, könne gefolgert werden, dass für letztere keine zwingende richterliche Kontrolle gemäß Art. 104 Abs. 2 GG notwendig sei.

Ungenügend sei demgegenüber die in § 1 Abs. 3 des Entwurfs vorgesehene Begriffsbestimmung der Freiheitsentziehung, da sie keine Abgrenzung gegenüber der in § 14 Abs. 2 des Entwurfs bezeichneten Freiheitsbeschränkung ermögliche, sondern nur den Begriff der Freiheit als Bewegungsfreiheit definiere. Der Verzicht auf eine solche Abgrenzung bürge die große Gefahr in sich, dass in der Praxis durch die ständig zu treffende Entscheidung solcher Zweifelsfragen jegliche Effektivität des Verfahrens verhindert würde. Insbesondere wies der Landesminister darauf hin, dass der Unterschied zwischen Freiheitsentziehung und Freiheitsbeschränkung nicht so fließend und graduell sei, wie dies unterstellt würde. Vielmehr sei bereits im allgemeinen Sprachgebrauch sehr wohl eine entsprechende Unterscheidung möglich.

Im Gegensatz zum Bundesjustizminister wollte der Landesminister von Nordrhein-Westfalen hierbei nicht auf die freien Entscheidungen der Gerichte über eine entsprechende Abgrenzung vertrauen. Er regte deshalb an, dem Richter zumindest durch eine beispielhafte Aufzählung der Fälle eine Richtschnur für seine Entscheidungen an die Hand zu geben, wofür er folgende Definition vorschlug: „Freiheitsentziehung im Sinne dieses Gesetzes ist jede zwangsweise erfolgende und über den Rahmen einer Freiheitsbeschränkung hinausgehende Aufhebung der Möglichkeit, Aufenthalt und Bewegung selbst zu bestimmen, insbesondere die zwangsweise Unterbringung in einer geschlossenen Heil- und Pflegeanstalt.“[231]

Weiterer Kritikpunkt des Landesministers war die in § 3 des Entwurfs aufgenommene Regelung über die Anhörung. Zunächst könne nach dem Sprachgebrauch der Verfahrensgesetze unter Anhörung auch eine lediglich schriftliche Anhörung verstanden werden, was sehr bedenklich sei. Er wies darauf hin, dass sich ein Richter, der über so stark in die Lebensumstände einer Person eingreifende Maßnahmen wie etwa eine Anstaltsunterbringung entscheiden müsse, nicht mit einer schriftlichen Anhörung begnügen könne, sondern dass in jedem Falle

231 Schreiben des Justizministers des Landes Nordrhein – Westfalen vom 9.10.1951 an den Bundesminister der Justiz, Az. II 3 – 10308 – 34 (Akten des Bundesjustizministeriums, BA Koblenz, B 141/2925, Bl. 114).

unbedingt eine mündliche Anhörung vorzuschreiben sei. Auffällig war hier, dass der Landesjustizminister von Nordrhein-Westfalen auf jeden Fall eine richterliche Einnahme des Augenscheins verlangte, weshalb er vorschlug, zwischen Abs. 2 und dem neuen Abs. 3 folgende Formulierung einzufügen: „Unterbleibt die mündliche Anhörung auf Grund der Bestimmung des Abs. 2 Satz 1, so hat der Richter sich durch Einnahme des Augenscheins einen Eindruck von dem Zustand der Person, der die Freiheit entzogen werden soll, zu beschaffen.“[232] In diesem Zusammenhang wies er darauf hin, dass erfahrungsgemäß selbst Fachärzte nicht immer die gebotene Sorgfalt bei der Beurteilung des Geisteszustandes, insbesondere in Bezug auf die Gemeingefährlichkeit von Geisteskranken aufbrächten, weshalb ein eigenes Urteil der Richter nötig sei.

In besonderem Maße wandte sich der Justizminister des Landes Nordrhein-Westfalen gegen die in § 3 Abs. 2 des Entwurfs vorgesehene Möglichkeit, schon bei bloßen Schwierigkeiten auf diese Anhörung verzichten zu können, da er dies als eine wesentliche Verschlechterung der Position des Betroffenen ansah. Er wies mit Nachdruck darauf hin: „Die Anhörung ist von so entscheidender Bedeutung, dass auf sie nur verzichtet werden dürfte, wenn sie wegen des Geisteszustandes des Betroffenen nicht möglich oder nicht ohne wesentliche Nachteile für seinen Gesundheitszustand ausführbar ist.“[233]

Ebenso stieß die nach dem neuen Entwurf vorgesehene Einschaltung des Richters bei einer Veränderung der Unterbringung des Betroffenen innerhalb der Anstalt bzw. bei einer Verlegung auch auf die Kritik des Ministers. Kritisiert wurde, dass das Gericht schon auf die Art und Weise der ersten Unterbringung keinen Einfluss hat, so dass nicht einzusehen sei, warum es dann bei einer Änderung der Unterbringung entscheiden solle. Darüber hinaus sah er gewichtige Probleme bei der Bestimmung des Begriffes der »Wesentlichkeit« einer solchen Änderung. Hier würde die Anstaltsleitung darüber entscheiden müssen, was sie für wesentlich hielt, und dementsprechend den Richter einschalten oder nicht. Insofern sei die richterliche Überprüfung also letztlich wiederum von dem Ermessen der Anstaltsleitung abhängig, so dass die beabsichtigte zwingende Regelung in Leere laufe. Um eine zwingende richterliche Überprüfung zu gewährleisten, wäre eine generelle Mitteilungspflicht über alle Änderungen der Unterbringungsumstände des Betroffenen an das Gericht notwendig, so dass der Richter selbst über deren „Wesentlichkeit“ entscheiden könnte und sodann über das weitere Vorgehen. Eine solche zwingende richterliche Entscheidung sei jedoch nach Ansicht

232 Schreiben an den Bundesminister der Justiz vom 9.10.1951, Az. II 3 – 10308 – 34 (Akten des Bundesjustizministeriums, BA Koblenz, B 141/2925, Bl. 114).

233 Schreiben an den Bundesminister der Justiz vom 9.10.1951, Az. II 3 – 10308 – 34 (Akten des Bundesjustizministeriums, BA Koblenz, B 141/2925, Bl. 114).

des Landesjustizministers gar nicht notwendig, da dieser in der Entscheidung über die Änderung der Unterbringungsumstände reine Zweckmäßigkeitsentscheidungen sah, die genauso gut der sachnäheren Anstaltsleitung bzw. der zuständigen Verwaltungsbehörde überlassen bleiben könnten. Auch die Entscheidung über Beurlaubung bzw. probeweise Entlassung sollte demnach der Verwaltungsbehörde überlassen bleiben; das Gericht sollte lediglich über den Ort der Unterbringung und die sonstigen Maßnahmen informiert werden.

4. Die Kabinettsvorlage zum „Gesetz über das gerichtliche Verfahren bei Freiheitsentziehungen" vom Dezember 1951

4.1 Die Grundzüge des Entwurfs

Am 20.12.1951 übersandte der Bundesjustizminister schließlich einen dritten Entwurf als Vorlage an das Kabinett.[234] In der Begründung wies er ausdrücklich darauf hin, dass das materielle Unterbringungsrecht durch diesen Entwurf nicht berührt werden sollte. Der Entwurf gehe deshalb davon aus, dass das materielle Recht im Rahmen und mit den Beschränkungen des Art. 104 GG sowohl als Bundes- als auch als Landesrecht weiter in Kraft bleibe.

Der neue Entwurf regelte nicht mehr das gerichtliche Verfahren bei der Anfechtung von Verwaltungsakten, die eine Freiheitsbeschränkung anordneten, sondern beschränkte sich ausschließlich auf die Regelung des Verfahrens bei Freiheitsentziehungen. Als Begründung dienten wiederum die Erfordernisse der Verwaltungspraxis. Es wurde außerdem darauf hingewiesen, dass über die Verwaltungsinteressen hinaus auch das Interesse, die Gerichte vor solchen Verfahren zu schützen, die nicht nach Art. 104 GG notwendig seien, dafür spräche, Freiheitsbeschränkungen nicht von einer vorherigen gerichtlichen Entscheidung abhängig zu machen. Darüber hinaus hätten die Betroffenen an einer solchen gerichtlichen Entscheidung regelmäßig auch kein Interesse, weshalb es zur Wahrung des Rechtsschutzes ausreichen könne, dass die Betroffenen die in den einzelnen Verwaltungsgerichtsgesetzen vorgesehene Möglichkeit haben, die richter-

234 Textfassung mit Begründung vom 17.12.1951 (Akten des Bundesjustizministeriums, BA Koblenz, B 141/2926, Bl. 3). Der Übersichtlichkeit halber wurde auf den Abdruck dieses Entwurfes im Anhang der Arbeit verzichtet, und es sind statt dessen lediglich die für die Diskussion entscheidenden Passagen direkt in den Text eingefügt worden. Als Anhang A.3 ist der Entwurf in der Fassung, in der er später in den Bundestag eingebracht wurde, abgedruckt, und es sind dort auch die geringfügigen, meist sprachlichen Abweichungen gegenüber dem vom Bundesjustizministerium am 17.12.1951 erstellten Entwurf dargestellt.

liche Entscheidung erst nachträglich gegen die Anordnung der Freiheitsbeschränkung herbeizuführen.

Im Falle der Freiheitsentziehung dagegen verwies das Bundesjustizministerium auf die Entstehungsgeschichte von Art. 104 Abs. 2 GG hin, die Rückschlüsse darauf zulasse, dass man im Parlamentarischen Rat vorwiegend die Einschaltung der ordentlichen Gerichte im Auge gehabt habe, obwohl der gewählte Wortlaut der Vorschrift es grundsätzlich auch zulasse, die Zuständigkeit zur Anordnung von Freiheitsentziehungen auch den Verwaltungsgerichten zu übertragen. Entgegen der Auffassung des Bundesinnenministeriums wurde wiederum auf die Größe der Bezirke der Verwaltungsgerichte und die damit verbundene Verzögerung bei der Entscheidung über eine Freiheitsentziehung verwiesen. Als Argument für eine Zuständigkeit der ordentlichen Gerichte führte das Bundesjustizministerium an, dass die zu behandelnden Tatbestände in der Regel den, den ordentlichen Gerichten zugewiesenen Geschäften näher lägen als den Aufgaben, die die Verwaltungsgerichte regelmäßig wahrzunehmen hätten. Schließlich entspräche es auch nach Ansicht des Bundesjustizministeriums dem Rechtsbewusstsein des Volkes, Verfahren, bei denen es um die Entziehung der Freiheit geht, von den ordentlichen Gerichte und nicht von den Verwaltungsgerichten entscheiden zu lassen.

Zur Abgrenzung zwischen Freiheitsentziehung und Freiheitsbeschränkung wurde auf eine abstrakte Begriffsbestimmung verzichtet, da man eine solche Abgrenzung aufgrund der nur graduellen Unterschiede nicht für möglich hielt. Statt dessen wurden die Fälle der Freiheitsentziehung, die von dem Gesetz erfasst werden sollten, aufgezählt. Aus der Begründung ergibt sich, dass diese Aufzählung an den Begriff der „Einschließung“ oder „Einsperrung“ anknüpfte. Alle übrigen Fälle von Beeinträchtigungen der persönlichen Bewegungsfreiheit, in denen keine Einschließung oder Einsperrung der Betroffenen vorlag, sollten nicht als Freiheitsentziehungen, sondern lediglich als Freiheitsbeschränkungen gelten. Freiheitsentziehung im Sinne des Gesetzes sollte die Unterbringung einer Person „gegen oder ohne ihren Willen“ sein

> „a) in einem Gefängnis, einer Haftanstalt, einem Arbeitshaus oder einer geschlossenen Fürsorgeanstalt;
> b) in einer Heil- und Pflegeanstalt für Geisteskranke oder einer Entziehungsanstalt für Rauschgift- oder Alkoholsüchtige;
> c) in einer geschlossenen Krankenanstalt oder einer geschlossenen Krankenabteilung“.

Ausdrücklich stellte die Begründung klar, dass Buchst. a) auch die Unterbringung in Lagern erfasse, um Missbräuchen vorzubeugen, wie beispielsweise der in der Zeit der nationalsozialistischen Herrschaft üblichen sicherheitspolizeilichen

Schutzhaft. Nach den Erörterungen des Parlamentarischen Rates sei es Hauptzweck des Art. 104 Abs. 2 GG, eben solche Missbräuche zu verhindern.

Auch in der Formulierung in Buchst. b) sei mit Blick auf die Erfahrungen der jüngsten Vergangenheit eine besonders große Missbrauchsgefahr angelegt. Deshalb betonte die Begründung des Entwurfs die Notwendigkeit, auch diese Unterbringung in einer Anstalt nach Buchst. b) nur aufgrund eines geordneten gerichtlichen Verfahrens gestatten zu dürfen. Darüber hinaus wurde trotz der vorgebrachten Bedenken in Buchst. c) auch die Unterbringung in einer geschlossenen Krankenanstalt oder einer geschlossenen Krankenabteilung als Freiheitsentziehung im Sinne des Gesetzes definiert.

Die Anhörung des Unterzubringenden sollte nach § 4 Abs.1 des Entwurfes grundsätzlich persönlich erfolgen. Dieser Grundsatz erfuhr jedoch in § 4 Abs. 2 folgende Einschränkung:

> „(2) Die Anhörung kann unterbleiben, wenn nach fachärztlichem Urteil eine Verständigung mit dem Anzuhörenden wegen seines Geisteszustandes nicht möglich ist; in diesem Fall ist ihm, falls er nicht unter elterlicher Gewalt, unter Vormundschaft oder unter einer auf Grund des § 1910 Abs. 1 des Bürgerlichen Gesetzbuches angeordneten Pflegschaft steht, durch das nach § 3 zuständige Amtsgericht ein Pfleger für das Verfahren zu bestellen. Die Anhörung kann ferner unterbleiben, wenn sie mit besonderen Schwierigkeiten verbunden oder nicht ohne Nachteile für den Gesundheitszustand des Anzuhörenden ausführbar ist."

Das Paradigma des Verfolgungswahns wurde also auch in dem neuen Entwurf herangezogen, ebenso blieb der Ausnahmepassus über die „besonderen Schwierigkeiten" erhalten.

In § 8 wurde die regelmäßige gerichtliche Überprüfung der Erforderlichkeit der Freiheitsentziehung neu geregelt und nun folgendermaßen formuliert:

> „(1) In der Entscheidung, durch die eine Freiheitsentziehung angeordnet wird, ist eine Frist zu bestimmen, vor deren Ablauf über die Fortdauer der Freiheitsentziehung zu entscheiden ist.
> (2) Wird nicht innerhalb der Frist die Fortdauer der Freiheitsentziehung durch richterliche Entscheidung angeordnet, so ist der Untergebrachte freizulassen.
> (3) Die vom Gericht zu bestimmende Frist soll unter Berücksichtigung aller Umstände des Einzelfalles festgesetzt werden. Sie soll in der Regel nicht mehr als ein Jahr, bei schwerer Geisteskrankheit nicht mehr als zwei Jahre betragen."

Nach Ansicht des Bundesjustizministeriums ließ sich eine bestimmte Frist, die für alle Fälle gelte, aufgrund der Besonderheiten der einzelnen Einweisungen nicht angeben, so dass der Richter die Dauer der Überprüfungsfrist von Fall zu Fall individuell bestimmen müsse.

Für alle vorläufigen, nicht auf richterlicher Entscheidung beruhenden Freiheitsentziehungen, gleichgültig, ob von der Polizei oder von einer anderen Verwaltungsbehörde angeordnet, wurde die Verpflichtung zur Herbeiführung einer richterlichen Entscheidung und die Frist, innerhalb derer andernfalls die Freilassung zu erfolgen hat, in § 12 wie folgt geregelt:

„(1) Bei jeder nicht auf richterlicher Entscheidung beruhenden Freiheitsentziehung hat die zuständige Verwaltungsbehörde die richterliche Entscheidung unverzüglich herbeizuführen. Ist die Freiheitsentziehung nicht bis zum Ablauf des ihr folgenden Tages durch richterliche Entscheidung nach § 5 oder § 11 angeordnet, so hat die Freilassung zu erfolgen.
(2) Falls eine Entscheidung gemäß § 5 oder § 11 nicht alsbald getroffen werden kann, kann der Richter die Freiheitsentziehung durch vorläufige Anordnung für zulässig erklären. Die vorläufige Anordnung ist nicht anfechtbar. Sie wird wirksam, wenn sie der Geschäftsstelle des Gerichts zur Bekanntmachung übergeben ist. § 5 Abs. 2 gilt entsprechend. Die vorläufige Anordnung wird unwirksam, wenn die Freiheitsentziehung nicht binnen einer Woche nach § 5 oder § 11 für zulässig erklärt worden ist."

Im ersten Satz wiederholte der Entwurf zunächst lediglich den Wortlaut des Art. 104 Abs.2 S.2 GG, wonach jede Freiheitsentziehung, egal von wem sie angeordnet wurde, gerichtlich zu überprüfen war. Die weitere Bestimmung über die Freilassung im zweiten Satz entsprach der in Art. 104 Abs. 2 S. 3 GG ausdrücklich nur für die Polizei getroffenen Regelung. Aus der Begründung zu diesem Entwurf wird jedoch deutlich, dass unter dem Begriff der Polizei im Sinne des Verwaltungsrechts umfassend alle zur Aufrechterhaltung der öffentlichen Ruhe, Sicherheit und Ordnung verantwortlichen Behörden verstanden werden sollten. Es sei nämlich nicht ersichtlich, weshalb die Polizei eine Person nur längstens bis zum Ablauf des auf die Ergreifung folgenden Tages festhalten dürfen sollte, während für die anderen, nach den gleichen Vorschriften zur Festnahme befugten Verwaltungsbehörden eine solche Begrenzung nicht gelten sollte. Um diesen Widerspruch zu vermeiden, müssen die in diesem Entwurf getroffenen Regelungen über gerichtliche Überprüfung sowie die Frist hierzu in gleicher Weise für alle zulässigen Festnahmen gelten.

4.2 *Die Kritik des Bundesinnenministeriums am neuen Entwurf (Januar bis März 1952)*

Das Bundesinnenministerium schlug zu diesem Entwurf außer sprachlichen und formalen Korrekturen nur noch eine grundsätzliche Änderung vor.[235] Es forderte, in der Aufzählung der Freiheitsentziehungen in § 1 als Buchst. c) aufzuführen: „in einer geschlossenen Abteilung einer Krankenanstalt zum Zwecke der Behandlung oder Beobachtung auf Geschlechtskrankheiten." Dieser Vorschlag, lediglich geschlossene Abteilungen zur Therapie Geschlechtskranker und nicht wie zuvor alle geschlossenen Krankenanstalten in die Aufzählung aufzunehmen, wurde damit begründet, dass ein wesentlicher Unterschied zwischen der richterlichen Entscheidung über die Unterbringung Geschlechtskranker und der anderer Infektionskranker bestehe. Im Falle der Unterbringung von an sonstigen übertragbaren Krankheiten leidenden Personen sei eine richterliche Entscheidung entbehrlich, da diese ausschließlich auf dem Gutachten der Ärzte beruhen müsste. Das Vorliegen einer solchen Krankheit könne nur mit medizinischem Fachwissen, nicht aber mit den Kenntnissen der Richter festgestellt werden. Die Notwendigkeit einer richterlichen Entscheidung über solche Unterbringungen wäre somit ein reiner Formalakt, der entbehrlich sei. Schließlich verlange auch das Rechtsbewusstsein des Volkes in solchen Fällen keine richterliche Entscheidung, da die Isolierung in einem Krankenhaus zur medizinischen Behandlung gemeinhin nicht als Einsperrung empfunden werde.

Etwas anderes galt nach Auffassung des Bundesinnenministeriums jedoch für die Unterbringung von Geschlechtskranken. Obwohl auch in diesen Fällen der Richter bei seiner Entscheidung auf das ärztliche Urteil angewiesen sei, hätten diese Unterbringungen weit mehr den Charakter einer Einsperrung. Der Geschlechtskranke sei in der Regel körperlich trotz seiner Krankheit in der Lage zu entweichen und werde hieran gehindert. Darüber hinaus wurde angeführt, dass der mit der zwangsweisen Unterbringung Geschlechtskranker verfolgte Zweck ein anderer sei als bei der Isolation sonstiger Kranker. Die Geschlechtskranken würden neben Therapiezwecken auch deshalb festgehalten, um sie an der weiteren Übertragung ihrer Krankheit durch die Vornahme von Geschlechtshandlungen zu hindern. Diese Form der zwangsweisen Unterbringung erfordere auch nach dem Rechtsempfinden des Volkes eine richterliche Überprüfung.

Dieser Auffassung widersprach das Bundesministerium der Justiz in einer Notiz vom 29.1.1952.[236] Es sei nicht möglich, die Anwendung des Gesetzes nur

---

235 Schreiben an den Bundesminister der Justiz vom 19.1.1952, Az. 1110-7 A – 1216 III/51 (Akten des Bundesjustizministeriums, BA Koblenz, B 141/2926, Bl. 70).

236 Akten des Bundesjustizministeriums, BA Koblenz, B 141/2926, Bl. 104.

auf einzelne Fälle der Freiheitsentziehung zu beschränken. Für die Frage, ob eine Freiheitsentziehung vorliege oder nicht, komme es nur auf das Maß der Freiheitsbeeinträchtigung, nicht jedoch auf den Grund an, der zu dieser Beeinträchtigung geführt habe. Darüber hinaus wandte es sich auch gegen die Auffassung, die Frage, wann eine Freiheitsentziehung dem Gesetz unterliegen soll, könne davon abhängig gemacht werden, ob das Rechtsbewusstsein des Volkes eine richterliche Entscheidung verlange. Der Bundesminister der Justiz kam deshalb zu dem Schluss, die Frage der Unterbringung von Geschlechtskranken sei nicht anders zu behandeln als die der Unterbringung von anderen Infektionskranken. Eine Freiheitsentziehung im Sinne des Art. 104 Abs. 2 GG läge immer dann vor, wenn die Unterbringung von Infektionskranken durch Einschließung oder Einsperrung in einem geschlossenen Krankenhaus oder einer geschlossenen Krankenabteilung zu einer vollständigen Entziehung der persönlichen Bewegungsfreiheit führe. In diesem Fall aber müsse sie auch von dem vorliegenden Gesetzentwurf erfasst werden.

Darüber hinaus entspann sich zwischen dem Innenministerium und dem Justizministerium noch ein Disput über die Formulierung des Eingangspassus von § 1, der im Entwurf als Freiheitsentziehung die Unterbringung einer Person „gegen oder ohne ihren Willen“ bestimmte. Das Bundesinnenministerium wandte dagegen ein, aus sprachlichen Gründen und um Missverständnisse auszuschließen müsse es heißen „gegen ihren Willen oder im Zustand der Willenlosigkeit“.[237] Der Bundesjustizminister entgegnete darauf, es sei ihm nicht ersichtlich, inwiefern seine Fassung missverständlich sein könne bzw. warum die vom Innenministerium vorgeschlagene Formulierung sprachlich besser sei.[238] Er identifizierte die beiden Formulierungen jedoch: „Wenn sich jemand im Zustande der Willenlosigkeit befindet, so geschieht die Unterbringung eben ohne seinen Willen.“[239] In einer weiteren Notiz aus dem Bundesjustizministerium wurde darauf hingewiesen, dass der Fall der Willenlosigkeit einwandfrei von der im Entwurf gewählten Formulierung erfasst werde.[240] Der Bundesminister der Justiz lehnte es deshalb ab, eine solche Änderung vorzunehmen. Der Bundesinnenminister be-

237 Schreiben an den Bundesminister der Justiz vom 19.1.1952, Az. 1110-7 A – 1216 III/51 (Akten des Bundesjustizministeriums, BA Koblenz, B 141/2926, Bl. 70).

238 Vermerk vom 24.1.1952 (Akten des Bundesjustizministeriums, BA Koblenz, B 141/2926, Bl. 74).

239 Vermerk vom 24.1.1952 (Akten des Bundesjustizministeriums, BA Koblenz, B 141/2926, Bl. 74).

240 Notiz an sämtliche Bundesminister mit Ausnahme des Bundesministers des Inneren vom 5.2.1952, Az. 5800/1 – 10387/52 (Akten des Bundesjustizministeriums, BA Koblenz, B 141/2926, Bl. 131).

harrte dennoch auf seiner Formulierung und führte am 14.2.1952[241] aus, die Fassung „ohne ihren Willen" wäre zu weit und rein negativer Art, sie würde deshalb den hier entscheidenden geistigen Zustand nicht ausreichend kennzeichnen.

Am 11.3.1952 übersandte der Bundesminister der Justiz den neuen Entwurf eines Gesetzes über das gerichtliche Verfahren bei Freiheitsentziehungen schließlich dem Staatssekretär des Bundeskanzleramtes und regte die Einbringung im Kabinett an.[242]

Bezüglich der oben genannten Formulierung des Eingangspassus von § 1 des Entwurfs hatte sich das Bundesinnenministerium durchsetzen können. Er lautete nun:

> „Freiheitsentziehung ist die Unterbringung einer Person gegen ihren rechtlich erheblichen Willen oder im Zustande der Willenlosigkeit in
> a) einem Gefängnis, einem zum Vollzuge von Haft dienenden Raum, einem Arbeitshaus oder einer geschlossenen Anstalt der Fürsorge;
> b) einer geschlossenen Krankenanstalt oder einer geschlossenen Krankenabteilung, insbesondere einer Heil- und Pflegeanstalt oder einer Entziehungsanstalt für Rauschgift- oder Alkoholsüchtige."

Damit war klargestellt, dass es sich um eine Freiheitsentziehung handelte, wenn im Einzelfall eine Einsperrung oder Einschließung von Infektionskranken in einer geschlossenen Krankenanstalt oder in einer geschlossenen Krankenabteilung vorgenommen wurde, so dass in diesem Fall der Richter entscheiden musste. Isolierstationen wurden nicht erwähnt, da diese in der Regel nur in freiwilliger Isolation aus medizinischen Gründen und ohne Zugangshindernis bestünden, weshalb diese Form der Unterbringung nicht als Freiheitsentziehung angesehen werden könne.

Lediglich über § 13, der die Rechte des Inhabers der elterlichen Gewalt bzw. des Vormundes oder Pflegers im Falle der Freiheitsentziehung behandelte, war keine Einigung erzielt worden. Das Bundesinnenministerium hielt diese Vorschrift aufgrund der nur unzureichenden Teilregelung eines zusammengehörigen familienrechtlichen Problemkreises für in diesem Gesetz unpassend, und sprach sich für eine Streichung aus. Demgegenüber bestand das Bundesministerium der Justiz auf dieser seiner Meinung nach zur Vorbeugung von Missbräuchen elterlicher Gewalt unerlässlichen Bestimmung in § 13. Eine Einigung hierüber sollte im Bundeskabinett gesucht werden.

---

241 Schreiben an den Bundesminister der Justiz, Az. 1110 – 7/A – 106/52 (Akten des Bundesjustizministeriums, BA Koblenz, B 141/ 2926, Bl. 140).

242 Schreiben des Bundesministers der Justiz an den Staatssekretär des Bundeskanzleramtes vom 11.3.1952, Az. 3800/1 – 11227/52 (Akten des Bundesjustizministeriums, BA Koblenz, B 141/2927, Bl. 1); der Entwurf selbst ist datiert 9.3.1952.

4.3 *Die Erörterung des Entwurfs zwischen Bundesjustiz- und Bundesinnenministerium auf Anregung des Kabinetts im April 1952*

In der 213. Kabinettssitzung der Bundesregierung am 4. April 1952 kam dieser Entwurf zum ersten Mal im Kabinett zur Sprache. Das Protokoll vermerkte:

> „Der Bundesminister der Justiz [Dr. Thomas Dehler, FDP] berichtet über die von ihm mit Kabinettsvorlage vom 11. März 1952 eingebrachte Neufassung des Gesetzentwurfs. Strittig zwischen dem Bundesminister des Innern [Dr. Robert Lehr, CDU] und ihm sei nur noch der § 13 des Entwurfs (Rechte und Pflichten des Inhabers der elterlichen Gewalt). Da eine Übereinstimmung über den Inhalt dieses § 13 zwischen dem Bundesminister der Justiz und dem Bundesminister des Innern nicht erzielt werden kann und der Vizekanzler [Franz Blücher, FDP] auch noch § 11 Absatz 1 des Entwurfs (Einstweilige Anordnung der Freiheitsentziehung) zu erörtern wünscht, hält das Kabinett weitere Ressortbesprechungen für erforderlich."[243]

Am 17. April 1952 fand daraufhin zwischen Staatssekretär Dr. Strauß (Bundesministerium der Justiz) und Staatssekretär Bleeck (Bundesinnenministerium) eine Besprechung über § 13 des Entwurfs statt, an der auch Ministerialdirektor Dr. Petersen und Ministerialrat Dr. Saage teilnahmen.[244]

Der Staatssekretär Dr. Strauß betonte nochmals die Notwendigkeit des § 13, der nach dem Entwurf seines Ministeriums lauten sollte:

> „(1) Das Recht und die Pflicht des Inhabers der elterlichen Gewalt, des Vormundes oder des Pflegers, den Aufenthalt des Kindes oder des Mündels zu bestimmen, werden durch dieses Gesetz nicht berührt. Jedoch bedürfen dieses Personen zur Unterbringung des Kindes oder des Mündels in einer geschlossenen Heil– und Pflegeanstalt der vorherigen Genehmigung des Amtsgerichts, falls das Kind oder das Mündel das vierzehnte Lebensjahr vollendet hat und der Unterbringung nicht zustimmt. Die §§ 4 bis 12 gelten entsprechend; die Entscheidung trifft der Vormundschaftsrichter.
> (2) Die Vorschriften des Absatz 1 Satz 2 und 3 gelten entsprechend, wenn ein durch den Inhaber der elterlichen Gewalt, den Vormund oder den Pfleger in einer geschlossenen Heil- und Pflegeanstalt untergebrachtes Kind oder Mündel das vierzehnte Lebensjahr vollendet und der Fortdauer der Unterbringung nicht zustimmt."[245]

243 Die Kabinettsprotokolle der Bundesregierung, Bd. 5/1952, hrsgg. für das Bundesarchiv v. Hans Booms, Boppard 1989, S. 224f.

244 Vermerk des Bundesministeriums der Justiz vom 19. April 1952 (Akten des Bundesjustizministeriums, BA Koblenz, B 141/2927, Bl. 75).

245 Textfassung vom 17. Dezember 1951 (Akten des Bundesjustizministeriums, BA Koblenz, B 141/2926, Bl. 3).

Diese Vorschrift sei notwendig, wenn sie auch nicht zwingend durch den Wortlaut des Art. 104 Abs.2 GG geboten sei,[246] um Missbräuchen elterlicher Gewalt vorzubeugen. Es sei nicht ersichtlich, weshalb Eltern schon zur Verfügung über Vermögenswerte des Kindes größtenteils der vormundschaftsgerichtlichen Genehmigung bedürften, andererseits aber völlig ohne richterliche Mitwirkung befugt sein sollten, ihr Kind zwangsweise in einer Anstalt unterzubringen. Insoweit müsse die persönliche Freiheit des Kindes zumindest genauso geschützt werden wie seine Vermögenswerte, so dass eine richterliche Mitwirkung wie in § 13 vorgesehen auch in diesen Unterbringungsfragen notwendig sei.

Demgegenüber vertrat der Staatssekretär Bleeck die Auffassung, dass § 13 eine Vorschrift rein bürgerlich-rechtlichen Charakters sei, die deshalb schon systematisch nicht in das geplante Gesetz gehöre. Die in § 13 vorgeschlagene Formulierung treffe außerdem lediglich eine unvollkommene Teilregelung eines zusammengehörenden familienrechtlichen Fragenkreises. Im übrigen machte er geltend, dass § 13 dazu führen könne, dass die gesetzlichen Vertreter „aus Skrupeln" vor Anrufung des Vormundschaftsgerichtes leicht geneigt sein könnten, von einer Anstaltsunterbringung des Kindes oder Mündels abzusehen, obwohl eine solche dringend notwendig wäre. Dadurch entstünde die Gefahr, dass diese nicht untergebrachten Geisteskranken sich selbst oder andere gefährdeten. Ein Eingreifen der Verwaltungsbehörden käme in solchen Fällen zu spät. Weiterhin wandte das Bundesministerium des Inneren gegen § 13 ein, dass bislang kaum Fälle bekannt geworden seien, in denen Eltern ihr Recht, das Kind in einer Anstalt unterzubringen, missbraucht hätten. Die vom Bundesjustizministerium befürchtete Missbrauchsgefahr sei also nur gering. Die Vorschrift des § 13 führe deshalb zu einer unnötigen Belastung der Gerichte, die durch Art. 104 Abs. 2 GG, wie sogar vom Bundesjustizministerium schon in der Begründung zum Entwurf selbst eingeräumt, noch nicht einmal ausdrücklich geboten sei.

In dieser Besprechung konnte über die Streichung des § 13 keine Einigkeit erzielt werden; die Teilnehmer verblieben mit der Erklärung, dass sie die erörterten Gesichtspunkte in ihren Ministerien vortragen und sich alsbald fernmündlich die abschließende Auffassung mitteilen wollten.[247]

Bezüglich des § 11 Abs.1 bestand nach der Erörterung Übereinstimmung, diese Formulierung zu belassen. Dieser Passus sollte nach dem Entwurf lauten:

---

246 So das Bundesministerium der Justiz schon in der Begründung des Entwurfes vom 17. Dezember 1951 (Akten des Bundesjustizministeriums, BA Koblenz, B 141/2926, Bl. 3).

247 Vermerk des Bundesministeriums der Justiz vom 19. April 1952 (Akten des Bundesjustizministeriums, BA Koblenz, B 141/2927, Bl. 75).

„(1) Ist ein Antrag auf Freiheitsentziehung gestellt, so kann das Gericht, falls dies zur Vorbereitung eines Gutachtens über den Gesundheitszustand einer Person, der die Freiheit entzogen werden soll, oder aus anderen Gründen dringend erforderlich ist, durch einstweilige Anordnung eine Freiheitsentziehung für zulässig erklären. Die Freiheitsentziehung auf Grund einer einstweiligen Anordnung darf die Dauer von sechs Wochen nicht überschreiten.
(2) Nach Anhörung eines ärztlichen Sachverständigen kann durch weitere einstweilige Anordnung die Dauer der Freiheitsentziehung verlängert werden. Jedoch darf die Freiheitsentziehung aufgrund der einstweiligen Anordnung insgesamt die Dauer von drei Monaten nicht übersteigen.
(3) Für einstweilige Anordnungen im Sinne des Abs. 1 und 2 gelten § 4 Abs.1 bis 3 und 5, §§ 5 bis 7, § 8 Abs.2 und § 9 entsprechend. Die Anhörung der Person, der die Freiheit entzogen werden soll, kann außer im Falle des § 4 Abs. 2 auch bei Gefahr im Verzug unterbleiben; sie muß jedoch nachgeholt werden, sobald dies möglich ist.“[248]

Der Vizekanzler Blücher hatte in seiner Stellung als Bundesminister für den Marshallplan mit Schreiben vom 16. Januar 1952[249] zu bedenken gegeben, dass aufgrund der allgemeinen Formulierung „oder aus anderen Gründen“ eine erhebliche Missbrauchs- und Willkürgefahr bestünde, die mit der Rechtssicherheit nicht zu vereinbaren sei. Nach Erörterung mit dem Bundesministerium der Justiz hatte er als Lösung vorgeschlagen zu formulieren:

„aus anderen Gründen zur Prüfung, ob die Voraussetzungen für eine Freiheitsentziehung gegeben sind“[250].

Diesen Vorschlag griffen das Bundesjustizministerium der Justiz und das Bundesinnenministerium nicht auf, da beiden nicht ersichtlich war, aus welchen anderen Gründen als zur Prüfung der Voraussetzungen der Freiheitsentziehung die einstweilige Anordnung einer Freiheitsentziehung zulässig sein sollte.[251]

---

248 Textfassung des Entwurfs vom 17. Dezember 1951 (Akten des Bundesjustizministeriums, BA Koblenz, B 141/2926, Bl. 3), sowie Anlage A.3. dieser Arbeit.

249 Schreiben des Bundesministers für den Marshallplan, Vizekanzler Blücher an den Bundesminister der Justiz vom 16. Januar 1952, Az. K 56/5 (Akten des Bundesjustizministeriums, BA Koblenz, B 141/2926, Bl. 93).

250 Vermerk des Bundesministeriums der Justiz vom 25. Februar 1952, Az. 3800/1 – 10845/52 (Akten des Bundesjustizministeriums, BA Koblenz, B 141/2926, Bl. 144).

251 Schreiben des Bundesjustizministers an den Bundesminister für den Marshallplan, Vizekanzler Blücher vom 22. April 1952 (Akten des Bundesjustizministeriums, BA Koblenz, B 141/2927, Bl. 73), sowie Vermerk des Bundesministeriums der Justiz vom 19. April 1952 (Akten des Bundesjustizministeriums, BA Koblenz, B 141/2927, Bl. 75).

Der Gesetzentwurf des Bundesministers der Justiz wurde in einer nahezu unveränderten Fassung vom 6.5.1952 neu vorgelegt[252] und am 13.5.1952 ohne Aussprache vom Kabinett verabschiedet.[253]

Bezüglich des § 13 betreffend die Rechte und Pflichten des Inhabers der elterlichen Gewalt hatte das Bundesministerium der Justiz sich den Argumenten des Bundesinnenministeriums gebeugt und den vorgeschlagenen § 13 gestrichen.

5. Der erste Regierungsentwurf im Bundesrat (Juni 1952)

5.1 Die Einwände des Bundesrates

In seiner 84. Sitzung am 21. Februar 1952 beschloss der Rechtsausschuss des Bundesrates, einen Unterausschuss zur Vorbereitung einer Stellungnahme zu dem Regierungsentwurf für ein „Gesetz über das gerichtliche Verfahren bei Freiheitsentziehungen" einzusetzen.[254] Der Unterausschuss[255] schlug mit Schreiben vom 23. Mai 1952[256] an den Rechtsausschuss als Ergebnis seiner Beratungen neben Klarstellungen und sprachlichen Korrekturen im wesentlichen drei grundsätzliche Änderungen vor. Der die Anhörung vorschreibende § 4 des Regierungsentwurfes sollte wie folgt neu gefasst werden:

> „(2) Die Anhörung kann unterbleiben, wenn nach ärztlichem Gutachten eine Verständigung mit dem Anzuhörenden wegen seines Geisteszustandes nicht möglich ist; die Anhörung kann ferner unterbleiben, wenn sie mit besonderen Schwierigkeiten verbunden oder nach ärztlichem Gutachten nicht ohne Nachteile für den Gesundheitszustand des Anzuhörenden ausführbar ist. In diesen Fällen ist dem Unterzubringenden, falls er keinen gesetzlichen Vertreter in den die Person betreffenden Angelegenheiten

---

252 Az. 3800/1 – 12105/52 (Akten des Bundesjustizministeriums, BA Koblenz, B 141/2927, Bl. 117).

253 Das Kabinettsprotokoll vermerkte dazu: „Das Kabinett stimmt dem Entwurf des Bundesministers der Justiz ohne Aussprache zu." Die Kabinettsprotokolle der Bundesregierung, Bd. 5/1952, hrsgg. für das Bundesarchiv v. Hans Booms, Boppard 1989, S. 319. Dieser Entwurf des Gesetzes, der am 6.7.1952 im Bundesrat beraten und am 22.7.1952 im Bundestag eingebracht wurde, wird als Anlage A.3 wiedergegeben.

254 Deutscher Bundesrat, Protokoll über die 84. Sitzung des Rechtsausschusses, R 46/52, S.24.

255 Der Unterausschuss Nr. 23.5 bestand aus MR. Dr. Schäfer, OLGR. Schmitt, beide Rheinland-Pfalz (Vorsitz); MR. Dr. Berger, Hessen; MR. Dr. Roesch, Bayern; LGR. Dr. Kleiner, Baden-Würtemberg.

256 Deutscher Bundesrat, Protokolle, Anlage 1 zum Protokoll der 94. Sitzung des Rechtsausschusses am 26. Mai 1952, R 122/52.

hat, durch das nach § 3 zuständige Amtsgericht ein Pfleger für das Verfahren zu bestellen."

Auf diese Weise sollte gewährleistet werden, dass die Rechte des Betroffenen in sämtlichen Fällen, in denen er nicht angehört wurde, durch einen Verfahrenspfleger gewahrt würden.

Die zweite Neuerung bestand in der Ergänzung des § 9 (Aufhebung der Freiheitsentziehung) um den Absatz:

„(2) Das Gericht kann auf Antrag der Verwaltungsbehörde die probeweise Entlassung untergebrachter Personen anordnen. Die probeweise Entlassung kann von Auflagen abhängig gemacht werden."

Es erschien den Mitgliedern des Unterausschusses zweckmäßig, an Stelle der völligen Aufhebung der Unterbringung eine probeweise Entlassung zu ermöglichen, um so die Beurteilung darüber zu erleichtern, ob der Zweck der Unterbringung erreicht wurde.

Schließlich ergaben die Beratungen des Unterausschusses, dass durch Aufnahme einer entsprechenden Bestimmung hinter § 12 des Gesetzentwurfes ein Missbrauch ihrer Befugnisse durch die gesetzlichen Vertreter verhindert werden sollte. Für die Formulierung der als § 12a einzufügenden Vorschrift wurde vorgeschlagen:

„Das Recht und die Pflicht des Inhabers der elterlichen Gewalt, des Vormundes oder des Pflegers, den Aufenthalt des Kindes oder des Mündels zu bestimmen, werden durch dieses Gesetz nicht berührt. Jedoch bedürfen diese Personen zur Unterbringung des Kindes oder des Mündels in einer der in § 1 Abs. 1 Buchstabe b) bezeichneten Anstalten der vorherigen Genehmigung des Amtsgerichts. Die §§ 4 bis 12 gelten entsprechend; die Entscheidung trifft der Vormundschaftsrichter."

Der Rechtsausschuss billigte diese Änderungsvorschläge des Unterausschusses in seiner 94. Sitzung am 26. 5. 1952 weitestgehend.[257] Lediglich bezüglich der in § 4 enthaltenen Möglichkeiten, auch ohne Anhörung des Betroffenen entscheiden zu können, ergaben die Erörterungen im Rechtsausschuss eine diese Ausnahme im Vergleich zum Vorschlag des Unterausschusses noch stärker einschränkende Formulierung:

„(2) Die Anhörung kann unterbleiben, wenn nach amtsärztlichem Gutachten eine Verständigung mit dem Anzuhörenden wegen seines Geisteszustandes nicht möglich ist; die Anhörung kann ferner unterbleiben, wenn sie nach amtsärztlichem Gutachten

---

257 Deutscher Bundesrat, Protokoll über die 94 Sitzung am 26.5.1952, R 122/52, S. 13ff.

nicht ohne Nachteile für den Gesundheitszustand des Anzuhörenden ausführbar ist oder wenn der Anzuhörende an einer gemeingefährlichen oder übertragbaren Krankheit im Sinne des Gesetzes betreffend der Bekämpfung gemeingefährlicher Krankheiten vom 30. Juni 1900 (Reichsgesetzbl. S. 306) oder der Verordnung zur Bekämpfung übertragbarer Krankheiten vom 1. Dezember 1938 (Reichsgesetzbl. I. S. 1721) leidet. In diesen Fällen ist dem Anzuhörenden, falls er nicht unter elterlicher Gewalt, unter Vormundschaft oder unter einer auf Grund des 1910 Abs. 1 des Bürgerlichen Gesetzbuches angeordneten Pflegschaft steht, durch das nach § 3 zuständige Amtsgericht ein Pfleger für das Verfahren zu bestellen."

Statt bereits bei Vorliegen von lediglich „besonderen Schwierigkeiten" von einer Anhörung absehen zu können, wie es der Unterausschuss vorschlug, wurde der Anwendungsbereich dieser Ausnahmevorschrift somit erheblich eingeschränkt.

Am 27. 5. 1952 erörterte der Ausschuss für Innere Angelegenheiten des Bundesrates[258] den Regierungsentwurf für ein „Gesetz über das gerichtliche Verfahren bei Freiheitsentziehungen" und beschloss, dem federführenden Rechtsausschuss die Aufteilung des Gesetzes in verschiedene Abschnitte zu empfehlen, um so zu vermeiden, dass dieselbe Vorschrift sowohl die Unterbringung in Gefängnissen oder Hafträumen als auch in Krankenanstalten regelte. Eine solche Trennung sei aufgrund der Erkenntnisse über die modernen Behandlungsmethoden geboten. Der Ausschuss für Innere Angelegenheiten schlug vor, dass der erste Abschnitt in §§ 1 – 13 aus Vorschriften über das Verfahren zur Unterbringung in einer Krankenanstalt, der zweite Abschnitt, der lediglich aus dem neu zu schaffenden § 13a bestehen sollte, aus solchen über das Verfahren zur Unterbringung in einem Gefängnis, und der dritte Abschnitt in §§ 14 – 26 aus Kosten– und Überleitungsvorschriften bestehen sollte. Im übrigen riet der Ausschuss für Innere Angelegenheiten dem Rechtsausschuss, gegen das Gesetz keine weiteren Einwendungen nach Artikel 76 Absatz 2 des Grundgesetzes zu erheben.

Der Bundesrat behandelte den Entwurf für ein „Gesetz über das gerichtliche Verfahren bei Freiheitsentziehungen" in seiner 86. Sitzung am 6.6.1952.[259] Wesentlichster Änderungsvorschlag, den der Bundesrat der Bundesregierung als Ergebnis seiner Beratungen unterbreitete[260], war die Unterteilung des Gesetzes in

258 Deutscher Bundesrat, Protokoll über die 70. Sitzung des Ausschusses für Innere Angelegenheiten, In 46/52, am 27.5.1952, S. 3-8.

259 Deutscher Bundesrat, Sitzungsberichte 1952, 86. Sitzung, S. 260A – 262D. Die Sitzung fand unter Vorsitz des Ministerpräsidenten Kopf statt. Berichterstatter war der Rheinland-Pfälzische Justizminister Becher.

260 Schreiben des Präsidenten des Bundesrats an den Bundeskanzler vom 6.6.1952, Anlage 1 zu Deutscher Bundesrat, Drucksache Nr. 207/1/52.

drei Abschnitte,[261] wie sie der Ausschusses für Innere Angelegenheiten ausgearbeitet hatte.

Grundsätzlich sollte nach Ansicht des Bundesrates jeder Unterzubringende mündlich angehört werden, wie es der Entwurf in § 4 Abs. 1, Satz 1 vorsah. Auch bezüglich der Möglichkeiten, von einer Anhörung abzusehen, schloss er sich dem vorgelegten Entwurf an, sprach sich durch Ergänzung des § 4 Abs. 2 u. 4 wie vom Rechtsausschuss vorgeschlagen jedoch dafür aus, dass in den Fällen, in denen die Anhörung unterbleiben können sollte, ein Verfahrenspfleger bestellt werden müsse, sowie dafür, dass die Unterbringung in einer Heil– und Pflegeanstalt nur nach gründlicher fachärztlicher Untersuchung erfolgen dürfte. Dieses Bestreben, den Rechtsschutz des Kranken zu stärken, tritt auch in der ebenfalls vorgeschlagenen Ergänzung des § 9 Abs. 2 zutage, der eine Pflicht begründete, Anträge auf Aufhebung der Freiheitsentziehung in jedem Fall zu prüfen und zu bescheiden.

Mit dem vom Bundesrat ebenfalls gebilligten Vorschlag, einen neuen § 12a einzufügen, dem zufolge die Unterbringung eines Kindes durch seine Eltern nur nach Genehmigung des Amtsgerichtes zulässig sein sollte, wie ihn der Rechtsausschuss erstellt hatte, wollte der Bundesrat die bereits vom Bundesjustizministerium befürchteten[262] Missbräuche elterlicher Gewalt ausschließen.

Als zustimmungspflichtig wurde der Gesetzentwurf nach Auffassung des Bundesrates deshalb angesehen, da er Verfahrensbestimmungen im Sinne des Art. 84 Abs. 1 GG enthielt. Beispielhaft wurden hierfür die §§ 5, 6 Abs.2, 7 Satz 2, 12 Abs.1, 13, 14, und 16 Abs.2 des Entwurfes genannt.[263]

Die Bundesregierung wollte diesen Änderungsvorschlägen nicht zustimmen. Insbesondere erschien es ihr nicht ersichtlich, warum die gleichzeitige Regelung der Unterbringung von psychisch Kranken und sonstigen Personen in einer Vorschrift der neuzeitlichen Behandlung von psychisch Erkrankten abträglich sein sollte.[264]

261 Der aus den Änderungsvorschlägen des Bundesrates resultierende neue Entwurf wird als Anhang A.4 im Zusammenhang wiedergegeben.

262 Vergleiche hierzu die Diskussion zwischen Bundesjustizministerium und Bundesinnenministerium anhand des vom Bundesjustizministerium vorgeschlagenen § 13 in Abschnitt IV, 4, 4.3 dieser Arbeit.

263 Deutscher Bundesrat, Drucksache Nr. 207/52, Schreiben des Präsidenten des Bundesrates an den Bundeskanzler vom 7.6.1952, mit Anlage 1, Änderungsvorschläge des Bundesrats.

264 Stellungnahme der Bundesregierung zu den Vorschlägen des Bundesrates zum Entwurf eines Gesetzes über das gerichtliche Verfahren bei Freiheitsentziehungen, datiert 11.7.1952 (Akten des Bundesjustizministeriums, BA Koblenz, B 141/2928, Bl. 106).

Die Gründe, aufgrund derer der Bundesrat zwischen einer Unterbringung in einem Krankenhaus und einer sonstigen Unterbringung unterscheiden wollte, wurden einige Monate später in einer Stellungnahme der Gesellschaft Deutscher Neurologen und Psychiater vom 25.11.1953 erneut aufgegriffen.[265] Der Fachausschuss dieser Gesellschaft stellte darin fest: „Der Entwurf des Gesetzes über das gerichtliche Verfahren bei Freiheitsentziehungen betrifft nach seinem Wortlaut auch seelisch Kranke. Er gefährdet aufs schwerste das notwendige Vertrauensverhältnis zwischen Kranken und Ärzten sowie die rechtzeitige und zweckmäßige Behandlung und Versorgung der seelisch Kranken."[266]

Es wurden für diese Einschätzung folgende Gründe angeführt:

- Jedes Gerichtsverfahren schädige den Kranken und gefährde seine Behandlung.
- Die Behandlung von seelisch Kranken in einem psychiatrischen Krankenhaus sei keine Freiheitsentziehung im Sinne des Art. 104 GG. Dieser wolle lediglich vor polizeilicher Willkür schützen.
- Die Auslegung des Begriffs Freiheit der Person als räumlicher Bewegungsfreiheit sei irreführend, weil sie den Begriff der wahren Freiheit entwerte, der die Fähigkeit zu verantwortlicher Entscheidung und Handlung meine.
- Ein Gesetz, das sich mit der Behandlung seelisch Kranker befasst, könne nur ein Fürsorgegesetz sein. Die Aufnahme eines Kranken in einem entsprechenden Krankenhaus müsse daher aus Fürsorgegesichtspunkten durch alleinige Entscheidung eines Arztes ohne jede Verzögerung möglich sein.

Das ungebrochene Vertrauen in die ärztliche, insbesondere psychiatrische Kunst kann auch heute noch erstaunen; dieses Selbstvertrauen machte die Gesellschaft Deutscher Neurologen und Psychiater offenbar unfähig zu erkennen, in welchem Umfang der Gesetzentwurf in Ausführung von Art. 104 GG die Freiheit schützen wollte. Es existiert jedoch auch eine Niederschrift über eine Besprechung von Vertretern des Bundesjustizministeriums mit einem Vertreter der Gesellschaft Deutscher Neurologen und Psychiater.[267] Das Bundesjustizministerium

265 Vorgelegt am 25.11.1953 (Akten des Bundesjustizministeriums, BA Koblenz, B 141/2932, Bl. 26).

266 Stellungnahme der Gesellschaft Deutscher Neurologen und Psychiater vom 25. November 1953, (Akten des Bundesjustizministeriums, BA Koblenz, B 141/2932, Bl. 26).

267 Az. 3807/1 – 11 107/54 vom 22.4.1954 (Akten des Bundesjustizministeriums, BA Koblenz, B 141/2932, Bl. 141).

legte danach seine bekannte Haltung dar, dass sich Art. 104 GG nur auf die Unterbringung durch die öffentliche Gewalt beziehe, und es wurde bezüglich aller anderen Fälle auf ein in Vorbereitung befindliches Irrenfürsorgegesetz verwiesen. Der Vertreter der Gesellschaft erklärte daraufhin laut Vermerk des Bundesjustizministeriums, dass bei dieser Auslegung die Psychiater ihre bisherigen Bedenken gegen den Gesetzentwurf fallen lassen würden. Aus der Notiz wird jedoch nicht deutlich, ob er damit die offizielle Meinung der Gesellschaft wiedergab, bzw. ob diese Meinung tatsächlich dem Diskussionsstand innerhalb der psychiatrischen Medizin entsprach.

Im Zusammenhang mit dem Problem der gleichzeitigen Regelung unterschiedlicher Unterbringungen in einem einzigen Gesetz ist noch die Stellungnahme der Deutschen Krankenhausgesellschaft interessant, die allerdings erst 1954 nach Einbringung des neuen Gesetzentwurfs in den Bundestag erstellt wurde.[268] Nach Einschätzung dieser Gesellschaft widersprach der Gesetzentwurf aufgrund eben dieser gleichzeitigen Regelung der Unterbringung im Gefängnis und im Krankenhaus sogar dem Grundgesetz. Dies wurde unter Berufung auf Art. 1 Abs. 1 GG mit der unantastbaren Würde des Menschen begründet. Die Krankenhausgesellschaft führte aus: „Die Allgemeinheit empfindet es als unwürdig, auch nur verfahrensmäßig den kranken Menschen mit dem Rechtsbrecher auf eine Ebene zu stellen. Die beabsichtigte Regelung bedeutet eine Abwertung und Erniedrigung der Persönlichkeit nicht nur des Kranken, sondern auch seiner Ärzte und Betreuer.“[269] Diese Verbindung gefährde deshalb auch die Gesundung der Geisteskranken. Es wurde auf die Vertrauen voraussetzende Notwendigkeit der Mitarbeit des Patienten verwiesen, weshalb die Behandlung nicht erfolgreich sein könne, wenn der Kranke aggressiv bliebe oder auch nur in Resignation verharre. Es sei ein häufiges Krankheitssymptom, dass der Geisteskranke sich nicht krank fühle. Zusätzlich sei darüber hinaus zu beachten, dass die Angehörigen eine Geisteskrankheit oft als einen Ehr- und Ansehensverlust ansehen. Daraus zog die Deutsche Krankenhausgesellschaft den Schluss: „Wenn darüber hinaus das Gesetz die Unterbringungsart des Geisteskranken im Krankenhaus dem Verfahren einer Gefängniseinlieferung gleichsetzt, wird der Oppositionsgeist des Pati-

268 Schreiben der Deutschen Krankenhausgesellschaft an alle Bundestagsabgeordneten vom 15.3.1954 (Akten des Bundesjustizministeriums, BA Koblenz, B 141/2932, Bl. 128).

269 Schreiben der Deutschen Krankenhausgesellschaft an alle Bundestagsabgeordneten vom 15.3.1954 (Akten des Bundesjustizministeriums, BA Koblenz, B 141/2932, Bl. 128).

enten wie der Angehörigen gestärkt."[270] Dies aber habe zur Folge, dass nicht mit der so sehr notwendigen Mithilfe bei der Beförderung der Gesundung des Kranken zu rechnen sei.

Diesen Bedenken der Mediziner trat der Strafrechtsausschuss des Deutschen Anwaltsvereins in einer Stellungnahme vom 5. April 1954 entgegen.[271] Es sei zwar aus optischen Gründen wenig erfreulich, zwei so verschiedene Dinge wie „die Verwahrung kranker Personen" und „politisch verdächtiger oder gar krimineller Elemente"[272] in dem gleichen Gesetz zu regeln, so dass der Protest der Ärzteschaft insoweit eine gewisse Berechtigung habe. Andererseits sollte aber nicht übersehen werden, dass es sich bei dem Gesetz um reine Verfahrensvorschriften handele, „deren Gestaltung im einzelnen die breite Masse des Volkes wenig interessieren dürfte", weshalb auch der Kranke kaum Anstoß daran nehmen werde, dass neben ihm auch der Kriminelle nach dem gleichen Gesetz behandelt wird.

6. Die erste Beratung im Deutschen Bundestag und den Unterausschüssen im September 1952

Der Gesetzentwurf[273] wurde ungeachtet der Einwände des Bundesrates in der 229. Plenumssitzung des Deutschen Bundestages am 11.9.1952 behandelt.[274]

Der Entwurf fand hier über die Fraktionsgrenzen hinweg weitgehend die Zustimmung von CDU, FDP und SPD. Lediglich der Abg. Fisch von der KPD sah mit der Vorlage bedenkliche politische Motive und Absichten verknüpft.[275] So sei in der Begründung zu § 12 des Entwurfs der aus der Zeit des nationalsozialistischen Regimes noch allzu geläufige Begriff der Schutzhaft zum ersten Mal offiziell legalisiert worden. Dort hieß es:

---

270 Schreiben der Deutschen Krankenhausgesellschaft an alle Bundestagsabgeordneten vom 15.3.1954 (Akten des Bundesjustizministeriums, BA Koblenz, B 141/2932, Bl. 128).

271 Stellungnahme vom 5.4.1954 zur BT-Drucksache Nr. 169 (Akten des Bundesjustizministeriums, BA Koblenz, B 141/2932, Bl. 133).

272 Die Formulierungen stammen wörtlich aus der Stellungnahme vom 5.4.1954!

273 Dieser Entwurf ist, wie bereits erwähnt, als Anhang A.3 abgedruckt.

274 An dieser Debatte beteiligten sich der Staatssekretär im Bundesministerium der Justiz, Dr. Strauß, sowie die Abgeordneten Dr. Wahl (CDU), Frau Dr. Steinbiß (CDU), Dr. Schneider (FDP), Dr. Hammer (FDP), Dr. Greve (SPD), Dr. Reismann (FU), Fisch (KPD) und Ewers (DP).

275 BT-Protokoll, 229.Sitzung vom 11. 9. 1952, S. 10428.

„Das Grundgesetz regelt das Recht der vorläufigen Festnahme in Art. 104 Abs. 3 nur für das Strafverfahren. Es kann sich aber auch außerhalb des Strafverfahrens die Notwendigkeit ergeben, eine Person zu ihrem Schutze oder zum Schutze der Allgemeinheit alsbald festzunehmen und in eine Anstalt zu verbringen.“

Weiterhin war der vorgelegte Entwurf nach Ansicht der KPD auch deshalb nicht tragbar, weil er ein Festnahmerecht der Willkür schaffte. Da, wie sich aus der Begründung zu dem Entwurf ergab, keine klare Abgrenzung zwischen Freiheitsbeschränkung und Freiheitsentziehung aufgrund der nur graduellen Unterschiede möglich sei, könnten die Polizeiorgane jederzeit willkürlich entscheiden, ob eine Freiheitsentziehung oder lediglich eine Freiheitsbeschränkung, die keiner richterlichen Überprüfung bedürfe, vorlag. Der Abgeordnete Fisch kündigte für seine Fraktion die Ablehnung an, weil dieser Gesetzentwurf geradezu dazu geschaffen sei, im Sinne eines polizeistaatlichen Willkürregimes angewandt zu werden.

Der Bundestag überwies die Vorlage an den Ausschuss für Rechtswesen und Verfassungsrecht als federführenden Ausschuss und gleichzeitig zur Mitberatung an den Ausschuss für Fragen des Gesundheitswesens. Über die Zuständigkeit des Rechtsausschusses herrschte von vornherein Einigkeit im Bundestag. Die Hinzuziehung des Gesundheitsausschusses hatte Frau Dr. Steinbiß (CDU) unter Hinweis auf die zahlreichen Probleme bei der Unterbringung von Kranken angeregt und dafür breite Zustimmung erhalten. Der Rechtsausschuss (Bundestagsausschuss Nr.23) und der Gesundheitsausschuss (Bundestagsausschuss Nr.32) setzten für die Beratung einen Unterausschuss „Gerichtliche Verfahren bei Freiheitsentziehungen“ ein, der am 20.10.1952 unter Vorsitz des Abgeordneten Ewers (DP) seine Arbeit aufnahm.[276]

In der ersten Sitzung bestritt Ewers im wesentlichen die Diskussion.[277] Er wies darauf hin, dass eine Reihe von fachärztlichen Eingaben eingegangen waren, die er für beachtlich hielt. Es sei zu überlegen, auch das materielle Unterbringungsrecht im Gesetz zu regeln. Vom Bundesjustizministerium wurde ihm entgegnet, dass bis auf wenige Ausnahmefälle, die die Bekämpfung gemeingefährlicher und übertragbarer Krankheiten betreffen, hierfür gar keine Zuständigkeit des Bundesgesetzgebers eröffnet sei. Ewers hielt es dennoch für nötig, dass sich der Unterausschuss zunächst über die bestehenden landesrechtlichen Vorschriften in-

276 Niederschrift der 1. Sitzung des Unterausschusses „Freiheitsentziehungen“ der Bundestagsausschüsse Nr. 23 und 32 am 20. Oktober 1952.

277 Vermerk des Bundesjustizministeriums vom 22.10.1952, Az. 3800/1 – 14650/52 (Akten des Bundesjustizministeriums, BA Koblenz, B 141/2929, Bl. 24). Der Rechtsanwalt und Notar Hans Ewers war 1949 bis 1953 Mitglied des Bundestages, nachdem er 1947 bis 1949 stellvertretender DP-Landesvorsitzender in Schleswig Holstein gewesen war (Quelle: Schumacher, Martin).

formiere, aufgrund derer einer Person die Freiheit entzogen werden konnte.[278] Trotz des Einwandes aus dem Bundesjustizministerium, dass auch die Kenntnis dieser Vorschriften nichts an der Tatsache ändern würde, dass keine Bundeszuständigkeit, sondern lediglich eine ausschließliche Gesetzgebungszuständigkeit der Länder gegeben sei, schloss sich der Unterausschuss diesem Vorschlag Ewers an. Per Fernschreiben forderte das Bundesjustizministerium noch am selben Tag alle Landesjustizverwaltungen auf, die in den einzelnen Ländern geltenden Vorschriften, aufgrund derer Nichtkranken die Freiheit entzogen werden konnte, mitzuteilen.[279]

Am 10.11.1952 fand die zweite Sitzung des Unterausschusses statt.[280] Gleich zu Beginn führte der Abgeordnete Ewers außerhalb des Protokolls aus, dass er nach erneuter Überlegung ebenfalls zu dem Ergebnis gekommen sei, dass vom Bundesgesetzgeber keine Regelung des materiellen Unterbringungsrechts getroffen werden könne, da ihm hierfür in der Tat die Gesetzgebungszuständigkeit fehlte.[281]

Erörtert wurden in der Sitzung vor allem die Zwecke des Art. 104 GG und des vorliegenden Gesetzesentwurfs. Der Vertreter des Bundesjustizministeriums (MR Dr. Saage) führte aus, dass der Schutz des Staatsbürgers vor der öffentlichen Gewalt Hauptzweck des Grundgesetzes sei. Ewers erwiderte, dass er es vor diesem Hintergrund als Lücke in dem Gesetzentwurf ansehe, wenn nicht auch solche Fälle behandelt werden, in denen jemand freiwillig eine Anstalt aufgesucht habe, dann aber seinem Entlassungsgesuch nicht stattgegeben wurde. Der Vertreter des Bundesjustizministeriums wies auf die strafrechtliche Verantwortlichkeit in solchen Fällen hin. Ein Arzt, der jemanden gegen seinen Willen zurückhalte, setze sich der Gefahr einer strafrechtlichen Verfolgung wegen Freiheitsberaubung aus, weshalb der Untergebrachte sich jeder Zeit an die Strafverfolgungsbehörden wenden könne.

Der Unterausschuss beschloss weiterhin, die vom Bundesrat vorgeschlagene Unterteilung des Gesetzes in drei Abschnitte abzulehnen und dem § 1 in der von

278 Niederschrift der 1. Sitzung des Unterausschusses „Freiheitsentziehungen“ der Bundestagsausschüsse Nr. 23 und 32 am 20. Oktober 1952.

279 Fernschreiben Nr. 227-236 des Bundesministeriums der Justiz (Akten des Bundesjustizministeriums, BA Koblenz, B 141/2929, Bl. 26).

280 Niederschrift der 2. Sitzung des Unterausschusses „Freiheitsentziehungen“ der Bundestagsausschüsse Nr. 23 und 32 am 10. November 1952. Den Vorsitz des Ausschusses hatte auch in dieser Sitzung der Abgeordnete Ewers (DP) inne, vom Bundestag nahmen die Abg. Dr. Hammer (FDP), und Dr. Bärsch (SPD); von der Bundesregierung MinDir. Dr. Petersen, MinRat. Dr. Saage (Bundesjustizministerium), MinRat. Dr. Bernhard und Minrat. Dr. Koch (Bundesinnenministerium) teil.

281 Vermerk des Bundesjustizministeriums vom 13.11.1952, Az. 3800/1 (Akten des Bundesjustizministeriums, BA Koblenz, B 141/2929, Bl. 86).

der Bundesregierung beschlossenen und im Bundestag eingebrachten Fassung zuzustimmen.[282] In diesem Zusammenhang warf MR Dr. Bernhard (Bundesministerium der Justiz) die schon zwischen dem Justiz- und dem Innenministerium bei der Vorbereitung des Entwurfs ausgiebig diskutierte Frage auf, ob nicht doch ausdrücklich klargestellt werden müsse, dass die Unterbringung von Infektionskranken in geschlossenen Abteilungen mangels Einsperrungscharakter keine Freiheitsentziehung sei.[283]

In der dritten Sitzung des Unterausschusses am 25.11.1952 wurde hauptsächlich die Frage der Unterbringung von Infektionskranken weiter diskutiert.[284] Die Vertreter des Bundesjustizministeriums führten abermals aus, dass der Begriff der Freiheit für einen Infektionskranken der gleiche sei wie für einen Geisteskranken; und dass Art. 104 Abs. 2 GG bei jeder Entziehung der Freiheit eingreife, gleichgültig aus welchem Anlass diese erfolge. Die sich in diesem Zusammenhang stellende Frage der Zweckmäßigkeit einer Gerichtsentscheidung könne angesichts des eindeutigen Wortlautes von Art. 104 Abs. 2 GG nicht mehr durch ein Bundesgesetz geregelt werden. Ewers wollte diese Argumentation nicht gelten lassen, da er sich einfach nicht vorstellen konnte, dass der Parlamentarische Rat bei der Fassung des Art. 104 GG die Absicht gehabt habe, über die Entziehung der Freiheit bei allen Infektionskranken die Gerichte entscheiden zu lassen. In der Diskussion zeigten sich deutliche Differenzen zwischen dem Abg. Ewers und dem Bundesjustizministerium über die Auslegung des Grundgesetzes in diesem Punkt. Ewers erklärte, er sei sogar bereit, sich über den Wortlaut des Grundgesetzes hinwegzusetzen, worüber dann das Bundesverfassungsgericht zu entscheiden habe. Der Unterausschuss billigte schließlich seinen Vorschlag, in § 1

282 Dieser Entwurf in der von der Bundesregierung beschlossenen und am 22.7.1952 in den Bundestag eingebrachten Fassung (Bundestagsdrucksache Nr. 3640) ist als Anhang A.3 der Arbeit abgedruckt.

283 Niederschrift der 2. Sitzung des Unterausschusses „Freiheitsentziehungen" der Bundestagsausschüsse Nr. 23 und 32 am 10. November 1952. Vergleiche zu dieser Anregung die Diskussion zwischen Bundesinnen- und Bundesjustizministerium über eine Differenzierung zwischen der Unterbringung von Geschlechtskranken und der sonstiger Infektionskranker, die oben unter IV, 5., 5.2 dargestellt ist.

284 Niederschrift der 3. Sitzung des Unterausschusses „Freiheitsentziehungen" der Bundestagsausschüsse Nr. 23 und 32 am 25. November 1952. Vermerk des Bundesjustizministeriums vom 26.11.1952, Az. 3800/1 (Akten des Bundesjustizministeriums, BA Koblenz, B 141/2929, Bl. 99). Den Vorsitz hatte der Abg. Ewers (DP) inne. Vom Bundestag nahmen die Abgeordneten Frau Dr. Steinbiss, Dr. Schatz, Dr. Bärsch und Frau Nadig; von der Bundesregierung MinDir. Dr. Petersen, MinRat. Dr. Saage (Bundesjustizministerium), MinRat. Dr. Bernhard, MinR Dr. Koch und RegRat. Dr. Rüdiger (Bundesinnenministerium) teil.

folgenden Absatz 2 einzufügen, wodurch der bisherige Absatz 2 zu Absatz 3 werden sollte:

„(2) Eine Freiheitsentziehung im Sinne dieses Gesetzes liegt nicht vor, wenn eine Person, die an einer Infektionskrankheit leidet oder gelitten hat, aus seuchenpolizeilichen Gründen in Isolierung gehalten werden muß. Das gilt nicht für Geschlechtskranke und Tuberkulosekranke."

Darüber hinaus kam der Abgeordnete Ewers in dieser Sitzung nochmals auf die Notwendigkeit des Schutzes von Personen, die nachdem sie sich zunächst freiwillig in eine Anstalt begeben haben, anschließend am Verlassen gehindert werden, zu sprechen. Diese Personen müssten vor einer solchen – jeder materiellrechtlichen Grundlage entbehrenden – Freiheitsentziehung durch einen Arzt bzw. durch die Anstaltsleitung geschützt werden. Von Seiten des Justizministeriums wurde ihm auch jetzt wieder entgegnet, dass es sich um ein Ausführungsgesetz zu Art. 104 GG handele, dessen Sinn es sei vor der öffentlichen Gewalt zu schützen. Für „Kriminalfälle"[285] wie z.B. die Festhaltung und Einsperrung Kranker durch Angehörige stelle das Strafrecht die geeigneten Schutzvorschriften zur Verfügung, so dass es einer besonderen Regelung dieser Fälle im Rahmen des Gesetzes über das gerichtliche Verfahren bei Freiheitsentziehungen nicht bedürfe. Außerdem gäbe es für die überwiegende Zahl der Fälle, in denen ein Arzt einen Kranken gegen seinen Willen in einer Anstalt zurückhalte, keine Bundeskompetenz, da diese Maßnahmen nach Polizeirecht erfolgten. Durch das Festhalten würden von dem Patienten ausgehende Gefahren abgewehrt. Das Justizministerium gab als letztes Argument zu bedenken, dass der Schutz des Patienten geradezu verschlechtert werde, wenn jeder Arzt ein solches Recht hätte, seine Patienten bis zur Entscheidung des Amtsgerichts festzuhalten, da bis zu dieser Entscheidung oft lange Zeit verginge. Im Gegensatz zu der in Art. 104 Abs.2 GG und in § 12 des Entwurfs zwingend bestimmten sofortigen Freilassung, falls keine richterliche Anordnung bis zum Ablauf des ersten Tages vorlag, müsste der Untergebrachte nach der neuen Regelung eine längere Freiheitsentziehung ohne richterliche Entscheidung hinnehmen. Den Unterausschuss überzeugten diese Bedenken jedoch nicht, sondern er beschloss, gegenüber der Bundesregierung anzuregen, die Gedanken von Ewers in den Entwurf einzuarbeiten.[286]

285 Niederschrift der 3. Sitzung des Unterausschusses „Freiheitsentziehungen" der Bundestagsausschüsse Nr. 23 und 32 am 25. November 1952.

286 Vermerk des Bundesjustizministeriums vom 26.11.1952, Az. 3800/1 (Akten des Bundesjustizministeriums, BA Koblenz, B 141/2929, Bl. 99).

Die vierte Sitzung des Unterausschusses wurde am 19.1.1953 einberufen[287]. Auffällig ist, dass von Seiten des Bundestages außer Ewers als Vorsitzendem nur noch ein einziger Abgeordneter an der Sitzung teilnahm (Dr. Hammer, FDP). Diesen beiden Abgeordneten standen jeweils drei Vertreter des Bundesjustizministeriums und des Bundesinnenministeriums gegenüber. Ewers schlug vor, dass nach § 8 das Gericht besser nicht verpflichtet werden sollte, vor Ablauf der in der Unterbringungsentscheidung festgelegten Frist über die Fortdauer tatsächlich entscheiden zu müssen, sondern dass es genügen solle, wenn das Gericht nur das entsprechende Verfahren fristgerecht einleite. Die Vertreter des Bundesjustizministeriums hielten dem entgegen, dass die besagte Vorschrift gerade dem Schutz des Betroffenen diene, der bei einer längeren Verfahrensdauer sonst unnötig lange in der Anstalt festgehalten werden könnte.[288]

Der Abgeordnete Ewers äußerte darüber hinaus die Befürchtung, dass sich aus § 9 eine kaum erfüllbare Verpflichtung des Gerichts ergeben könnte, ständig darüber zu wachen, ob möglicherweise der Grund für die Freiheitsentziehung zwischenzeitlich weggefallen sei. Dem wurde von Seiten des Bundesjustizministeriums mit Berufung auf den Wortlaut widersprochen. Die Formulierung „ist aufzuheben“[289] beziehe sich nur auf die zwingende Aufhebung der Unterbringung vor Ablauf der Frist, nicht aber auf eine Verpflichtung des Gerichts zur selbständigen Überprüfung der Unterbringungsvoraussetzungen. Dies ergebe ein Vergleich mit § 8 Abs. 1, in dem genauso formuliert wurde, um eine Fristbestimmung, nicht aber eine selbständige Pflicht des Gerichts zur Entscheidung über die Freiheitsentziehung zu gewährleisten.

Am 27.1.1953 trat der Unterausschuss zum fünften Mal zusammen.[290] Vom Bundestag nahmen außer dem Vorsitzenden nur ein – und lediglich zeitweise ein

---

287 Niederschrift der 4. Sitzung des Unterausschusses „Freiheitsentziehungen“ der Bundestagsausschüsse Nr. 23 und 32 am 19. Januar 1953. Den Vorsitz hatte der Abg. Ewers (DP). Vom Bundestag nahm nur der Abg. Dr. Hammer teil. CDU und SPD waren nicht vertreten. Von der Bundesregierung nahmen MinDir. Dr. Petersen, MinR. Dr. Saage, GerAss. Dr. Mathieu (Bundesjustizministerium), MinRat. Dr. Bernhard, MinRat Dr. Koch, Frau Arndt, RegRat. Dr. Rüdiger (Bundesinnenministerium) teil.

288 Vermerk des Bundesjustizministeriums vom 20.1.1953 (Akten des Bundesjustizministeriums, BA Koblenz, B 141/2931, Bl. 190).

289 Vgl. § 9 Abs. 1 des Entwurfs. Der Bundesrat hatte in seinen Änderungen vorgeschlagen, diese Formulierung durch Ergänzung „von Amts wegen“ klarer zu fassen (vgl. diesen als Anhang A.4 abgedruckten Entwurf).

290 Über diese 4. Sitzung des Unterausschusses „Freiheitsentziehungen“ der Bundestagsausschüsse Nr. 23 und 32 am 27. Januar 1953 ist keine Niederschrift erhalten. (Schreiben des Deutschen Bundestages, Parlamentsarchiv, vom 27. Juli 2002 an den Verfasser, Geschäftszeichen WD 3/17-1513) Es liegt jedoch eine Aktennotiz des Bundesjustizministeriums vom 28.1.1953 vor, auf deren Grundlage die folgenden

weiterer – Abgeordneter teil.[291] Erneut diskutierte Ewers in erster Linie die Frage nach der Regelung des materiellen Unterbringungsrechts und die Frage, unter welchen Voraussetzungen eine Anstalt berechtigt sein sollte, einen Geisteskranken festzuhalten. Das Bundesjustizministerium führte aus, dass hier zwei Fragenkomplexe, der, der materiell-rechtlichen Voraussetzungen der Freiheitsentziehung durch die öffentliche Gewalt einerseits und der, der materiell-rechtlichen Voraussetzungen einer nicht durch die öffentliche Gewalt veranlassten Aufnahme eines Kranken in einer Anstalt andererseits streng auseinandergehalten werden müssten.

Im ersteren Fall handele es sich um landesrechtlich zu regelnde polizeirechtliche Vorschriften. Im zweiten Fall sei eine Kompetenz des Bundesgesetzgebers nur aufgrund des Art. 74 Abs. 7 GG (öffentliche Fürsorge) gegeben. Aufgrund des bestehenden Bedürfnisses nach einer bundeseinheitlichen Regelung gem. Art. 72 Abs.2 GG bereite das Bundesinnenministerium ein Irrenfürsorgegesetz vor, in dem sämtliche mit der Aufnahme und der Entlassung des Kranken aus der Anstalt zusammenhängenden Fragen geregelt werden sollten. Da es sich um gänzlich unterschiedliche Probleme handele, habe die Bundesregierung jedoch bewusst davon abgesehen, dieses Irrenfürsorgegesetz mit dem Gesetz über das gerichtliche Verfahren bei Freiheitsentziehungen zu koppeln. Das in diesem Unterausschuss zu beratende Gesetz sei das in Art. 104 Abs. 2 GG erwähnte. Dieser Artikel des Grundgesetzes beziehe sich ausdrücklich nur auf durch die öffentliche Gewalt vorgenommene Freiheitsentziehungen, so dass auch nur solche normiert werden könnten. Auf weitere Einwände wurde Ewers unter Hinweis auf die Entstehungsgeschichte von Art. 104 GG erneut[292] entgegengehalten, dass es sich hierbei um ein Grundrecht handele und dass es als solches nur den Schutz des Einzelnen vor der öffentlichen Gewalt gewährleisten könne, nicht aber den Schutz des Einzelnen vor anderen Staatsbürgern. Der Abgeordnete Ewers zeigte sich davon jedoch nicht restlos überzeugt und kündigte an, seine Gedanken in einer Denkschrift für die Ausschussmitglieder niederzulegen.

Man kann einen gewissen Rückschluss auf die Qualität und die Sachkunde der Beratungen dieses Unterausschusses aus dem Verlauf der folgenden eher nebensächlichen Debatte ziehen: Der Vorsitzende Ewers vertrat zu der Frage der Bewilligung des Armenrechts im gerichtlichen Verfahren die Ansicht, in

---

Ausführungen erfolgen. (Akten des Bundesjustizministeriums, BA Koblenz, B 141/2930, Bl. 4).

291 Aktennotiz des Bundesjustizministeriums vom 28.1.1953 (Akten des Bundesjustizministeriums, BA Koblenz, B 141/2930, Bl. 4).

292 Wie bereits in der zweiten Sitzung am 10.11.1952, Vermerk des Bundesjustizministeriums vom 13.11.1952, Az. 3800/1 (Akten des Bundesjustizministeriums, BA Koblenz, B 141/2929, Bl. 86).

Deutschland gäbe es keinen Anwalt, dem bekannt sei, dass im Verfahren der freiwilligen Gerichtsbarkeit auch das Armenrecht bewilligt werden könne. Er halte es deshalb für notwendig, in dem Gesetz ausdrücklich festzuhalten, dass das Armenrecht bewilligt werden könnte. Von Seiten des Bundesjustizministeriums wurde er darauf aufmerksam gemacht, dass in dem auf die Entscheidung über die Unterbringung anzuwendenden § 14 FGG ausdrücklich die Bewilligung des Armenrechts durch Bezugnahme auf die ZPO geregelt ist. Seit Gründung der Bundesrepublik existierten bereits zahlreiche solcher Normen, nach denen die Verfahrensvorschriften des FGG maßgebend seien, und es sei bisher nirgends für erforderlich gehalten worden, noch einmal ausdrücklich die Bewilligung des Armenrechts im Gesetz selbst zu regeln. Darüber hinaus könne man sich nicht vorstellen, dass die Unkenntnis der Anwälte so groß sei, dass sie von dieser Bewilligungsmöglichkeit nichts wüssten.

Diese sich in solchen Vorschlägen exemplarisch offenbarende geringe juristische Sachkunde der Mitglieder des Ausschusses ist sicher einer der Gründe gewesen, weshalb das Bundesjustizministerium später bei der Formulierung des neuen Gesetzentwurfes zur Einbringung in den neu gewählten Bundestag die Anregungen des Unterausschusses im wesentlichen nicht aufgegriffen hat.

In der ersten Legislaturperiode des deutschen Bundestages ist kein Gesetz über das gerichtliche Verfahren bei Freiheitsentziehungen mehr verabschiedet worden.

7. Der zweite Regierungsentwurf vom November 1953

Nach den Bundestagsneuwahlen am 6. September 1953 befasste sich das neue Kabinett erstmals in seiner dritten Sitzung am 3. November 1953 mit dem vom Bundesjustizministerium vorgeschlagenen Gesetzentwurf. Das Kabinettsprotokoll vermerkte dazu:

> „Der Bundesminister der Justiz [Fritz Neumayer, FDP] berichtet dem Kabinett, daß der vorgenannte Gesetzentwurf bereits beim ersten Bundestag eingebracht, jedoch von diesem nicht abschließend behandelt worden sei. In den jetzt vorgelegten Entwurf seien die zum früheren Entwurf vom Bundesrat geäußerten Änderungsvorschläge eingearbeitet, soweit ihnen die damalige Bundesregierung zugestimmt habe. Ferner seien zum Teil die Ergebnisse der Ausschußberatungen des Bundestages verwertet worden. Der Gesetzentwurf müsse daher erneut dem Bundesrat zugeleitet werden.“[293]

---

293 Die Kabinettsprotokolle der Bundesregierung, Bd. 6/1953, hrsgg. für das Bundesarchiv von Hans Booms, Boppard 1989, S. 473f.

Faktisch griff die Formulierung dieses Gesetzentwurfes jedoch zum großen Teil weder die Vorschläge des Bundesrates noch die Anregungen der Unterausschüsse auf, sondern entsprach im wesentlichen dem schon zuvor im ersten Bundestag eingebrachten Entwurf.[294] Dessen grundsätzliche Linie war beibehalten worden, indem nur das gerichtliche Verfahren, nicht aber das materielle Unterbringungsrecht normiert worden war, und die Entscheidung über Freiheitsentziehungen dem Zivilrichter obliegen sollte. Das gerichtliche Verfahren der Anfechtung von Verwaltungsakten, die eine Freiheitsbeschränkung anordneten, war in dem neuen Entwurf ebenfalls nicht geregelt.

Die Kabinettsvorlage wies gegenüber der bereits in den ersten Bundestag eingebrachten Fassung lediglich folgende bedeutsame Änderungen auf:

Der Begriff der Freiheitsentziehung wurde in § 1 schärfer umrissen, insofern nicht mehr von geschlossener Anstalt, sondern von abgeschlossener Anstalt die Rede war. Die Definition im § 1 lautete nun:

> „(1) Freiheitsentziehung ist die Unterbringung einer Person gegen ihren Willen oder im Zustande der Willenlosigkeit in
> a) einem Gefängnis, einem Haftraum, einem Arbeitshaus, einer abgeschlossenen Verwahranstalt oder einer abgeschlossenen Anstalt der Fürsorge;
> b) einer abgeschlossenen Krankenanstalt oder einem abgeschlossenen Teil einer Krankenanstalt, insbesondere einem abgeschlossenen Teil einer Heil- und Pflegeanstalt oder Entziehungsanstalt für Rauschgift- oder Alkoholsüchtige."

§ 4 des neuen Entwurfes schrieb für die wichtigsten Fälle der Freiheitsentziehung, nämlich der aufgrund von Geisteskrankheit, erstmals die Beiordnung eines Rechtsanwalts zwingend vor. Demgegenüber blieb bei der Unterbringung wegen Alkohol- oder Rauschgiftsucht eine solche Beiordnung lediglich fakultativ. Diese Unterscheidung begründete das Bundesjustizministerium damit, dass aufgrund der nur temporären Unzurechnungsfähigkeit dieser zweiten Gruppe gewährleistet sei, dass sie zumindest in der Regel ihre Interessen noch selbst wahrnehmen könnte. § 4 Abs.1,2 sollten formuliert werden:

> „(1) Das nach § 3 zuständige Amtsgericht hat eine wegen Geisteskrankheit in einer der in § 1 Abs. 1 Buchst. b bezeichneten Anstalten unterzubringenden Person einen Rechtsanwalt beizuordnen. Die Beiordnung kann unterbleiben oder aufgehoben werden, wenn ein Rechtsanwalt mit der Vertretung des Unterzubringenden beauftragt ist.

---

294 Deutscher Bundestag, 1. Wahlperiode 1952, Drucksache Nr. 3640, deren Text als Anhang A.3 wiedergegeben ist. Die gegenüber diesem Entwurf in dem vierten Entwurf vom November 1953 geänderten Vorschriften wurden direkt innerhalb dieser Darstellung in den Text eingefügt. Auf den Abdruck des gesamten Entwurfes, der sich in den Akten des Bundesjustizministeriums, BA Koblenz, B 141/2931, Bl. 96 findet, wurde der Übersichtlichkeit halber verzichtet.

(2) Einem wegen Alkohol- oder Rauschgiftsucht Unterzubringenden kann ein Rechtsanwalt beigeordnet werden, wenn es zur Wahrnehmung seiner Interessen erforderlich erscheint."

Entsprechend dieser Änderung trat auch in der Regelung über die Anhörung in § 5 Abs. 2 S.2 an die Stelle des im früheren Entwurf vorgesehenen Verfahrenspflegers die Beiordnung eines Rechtsanwalts:

„(1) Das Gericht hat die Person, der die Freiheit entzogen werden soll, mündlich zu hören. Erscheint sie auf Vorladung nicht, so kann ihre Vorführung angeordnet werden.
(2) Die Anhörung kann unterbleiben, wenn nach ärztlichem Gutachten eine Verständigung mit dem Anzuhörenden wegen seines Geisteszustandes nicht möglich ist; die Anhörung kann ferner unterbleiben, wenn sie nach ärztlichem Gutachten nicht ohne Nachteile für den Gesundheitszustand des Anzuhörenden ausführbar ist oder wenn der Anzuhörende an einer übertragbaren Krankheit im Sinne der Verordnung zur Bekämpfung übertragbarer Krankheiten vom 1. Dezember 1938 (...) leidet. In diesen Fällen ist dem Anzuhörenden, wenn er keinen gesetzlichen Vertreter in den persönlichen Angelegenheiten hat und nicht bereits durch einen Rechtsanwalt vertreten wird, durch das nach § 3 zuständige Gericht ein Rechtsanwalt beizuordnen. § 4 Abs. 3 gilt entsprechend..."

Neu eingefügt worden war der § 12, der die Rechte des Betroffenen auch praktisch sicherstellen sollte:

„Anträge des Untergebrachten an Verwaltungsbehörden und Gerichte sowie Briefe des Untergebrachten an seine Angehörigen, seinen gesetzlichen Vertreter, den ihm nach § 4 oder § 5 Abs. 2 Satz 2 beigeordneten Rechtsanwalt oder seinen Rechtsbeistand dürfen nicht zurückgehalten werden."

Schließlich bestimmte § 14 Abs. 4 des neuen Entwurfs erstmals, dass die in den Abs. 1 bis 3 geltenden Fristen für Freiheitsentziehungen auch für Verfahren gelten sollten, in denen über die Fortdauer einer Freiheitsentziehung entschieden wurde. Es sollte damit klargestellt werden, dass auch in dem Verfahren, in dem über die Fortdauer einer Freiheitsentziehung entschieden wurde, eine einstweilige Anordnung möglich war. Diese Fälle seien vor allem dann bedeutsam, wenn sich das Verfahren so sehr verzögert hatte, dass eine endgültige Entscheidung nicht vor Ablauf der bei der Anordnung gemäß § 10 festgesetzten Frist getroffen werden konnte.[295]

---

295 Vermerk des Bundesjustizministeriums vom 2.11.1953, Az. 3807/1 – 12 620/53 (Akten des Bundesjustizministeriums, BA Koblenz, B 141/2931, Bl. 135).

8. Der zweite Regierungsentwurf für ein „Gesetz über das gerichtliche Verfahren bei Freiheitsentziehungen“ im Bundesrat (November 1953)

Inhaltlich befasste sich im Bundesrat erstmals der *Unterausschuss des Rechtsausschusses des Bundesrates* in seiner Sitzung am *13. November 1953* mit dem Regierungsentwurf.[296] Zu Beginn dieser ersten Sitzung wurde die grundsätzliche Frage, ob überhaupt ein Bedürfnis nach Art. 72 Abs. 2 GG für ein Bundesgesetz bestand, diskutiert. Die Entscheidung fiel mit 3 : 2 Stimmen dahingehend, dass ein solches Bedürfnis unter Hinweis auf die uneinheitliche Rechtsprechung und das Fehlen von Unterbringungsvorschriften in einigen Ländern bejaht wurde. Ebenso knapp erfolgte die Abstimmung darüber, ob an der vom Bundesrat bisher[297] vorgeschlagenen Dreiteilung des Gesetzes weiterhin festgehalten werden sollte. Ein Antrag auf Änderung der Regierungsvorlage in diesem Punkt wurde bei Stimmengleichheit im Unterausschuss abgelehnt.

Die Erörterung der einzelnen Vorschriften führte zu zwei grundsätzlichen Empfehlungen, die rein logisch die Änderung einzelner weiterer Vorschriften nach sich zogen. Die erste dieser Empfehlungen des Unterausschusses lautete, das Gesetz mit folgender Fassung des § 1 beginnen zu lassen:

> „Das gerichtliche Verfahren bei Freiheitsentziehungen (Art. 104 Abs. 2 des Grundgesetzes für die Bundesrepublik Deutschland) bestimmt sich nach diesem Gesetz, soweit das Bundesrecht es nicht abweichend regelt.“

Auf diese Weise sollte der Charakter des Gesetzes als Ausführungsgesetz zu Art. 104 Abs. 2 GG deutlich zum Ausdruck gebracht und darüber hinaus der Vorrang der bestehenden bundesrechtlichen Regelungen nochmals unterstrichen werden.[298]

Als zweiten Änderungsvorschlag beschloss der Unterausschuss folgende Fassung des § 4:

> „(1) Das nach § 3 zuständige Amtsgericht hat für eine wegen Geisteskrankheit oder wegen Alkohol- oder Rauschgiftsucht unterzubringende Person, die geschäftsunfähig ist, einen Rechtsanwalt als Pfleger für das Verfahren zu bestellen.

---

296 Deutscher Bundesrat, Protokolle, Rechtsausschuss, Niederschrift über die Sitzung des Unterausschusses des Rechtsausschusses am 13. November 1953 (Az.: R 2289 (2), Drucks. Nr. R. 196/53).

297 Deutscher Bundesrat, Drucksache I/49 Nr. 3640.

298 Deutscher Bundesrat, Protokolle, Rechtsausschuss, Niederschrift über die Sitzung des Unterausschusses des Rechtsausschusses am 13. November 1953 (Az.: R 2289 (2), Drucks. Nr. R. 196/53), S. 2.

(2) In den übrigen Fällen wird einer wegen Geisteskrankheit oder wegen Alkohol- oder Rauschgiftsucht unterzubringenden Person ein Rechtsanwalt beigeordnet, wenn dies zur Wahrung ihrer Interessen geboten ist. Die Beiordnung unterbleibt oder wird aufgehoben, wenn ein Rechtsanwalt mit der Vertretung des Unterzubringenden beauftragt ist.
(3) Anordnungen nach §§ 14 und 15 können bereits ergehen, bevor ein Pfleger bestellt oder ein Rechtsanwalt beigeordnet ist."

Es erschien den Mitgliedern des Unterausschusses nicht ausreichend, geschäftsunfähigen untergebrachten Personen einen Rechtsanwalt lediglich beizuordnen, sondern sie hielten es für unumgänglich, diesem die Stellung eines Pflegers einzuräumen, um eine optimale Besorgung der Geschäfte zu gewährleisten.

Wenige Tage später setzte sich auch der Ausschuss für Innere Angelegenheiten des Bundesrates in seiner 101. Sitzung am 19.11.1953 mit dem Gesetzentwurf auseinander.[299] Hier kam wiederum das Problem zur Sprache, ob überhaupt ein Bedürfnis nach einer bundeseinheitlichen Regelung bestünde, das gemäß Art. 72 Abs. 2 GG Voraussetzung für ein Bundesgesetz sei.[300] Der Vertreter des Landes Bayern, MinR Dr. Feneberg, verneinte dies strikt, da die gesamte Materie der Unterbringung durch die Ländergesetzgebung wirksam geregelt werden könnte. Darüber hinaus befürchtete er große Schwierigkeiten, falls materiell-rechtliche und verfahrensrechtliche Vorschriften getrennt in verschiedenen Gesetzgebungsverfahren geschaffen würden. Der sich diesen Bedenken anschließende Antrag des Vertreters des Landes Baden-Württemberg, Dr. Brösamle, das Bedürfnis nach einer bundeseinheitlichen Regelung gemäß Art. 72 Abs. 2 des Grundgesetzes zu verneinen, wurde jedoch gegen die Stimmen von Baden-Württemberg, Bayern und Hessen bei Stimmenthaltung von Rheinland-Pfalz abgelehnt.[301]

Der Ausschuss für Innere Angelegenheiten beschloss vorzuschlagen, den Gesetzentwurf wiederum – wie schon in der ersten Bundesratsberatung[302] – in drei Abschnitte einzuteilen und so die Vorschriften über die Unterbringung Kranker von den anderen Fällen der Unterbringung in einem Gefängnis klar zu trennen. Als entsprechende Formulierung des §1 Abs. 1 schlug der Ausschuss für Innere Angelegenheiten vor:

„(1) Die Unterbringung einer Person gegen ihren Willen oder im Zustande der Willenlosigkeit in einer abgeschlossenen Krankenanstalt oder einem abgeschlossenen

299 Deutscher Bundesrat, Protokolle, Niederschrift über die 101 Sitzung des Ausschusses für Innere Angelegenheiten am 19. November 1953, (Az.: 20-01/101).
300 Niederschrift der Ausschussberatungen vom 19.11.1953 (Akten des Bundesjustizministeriums, BA Koblenz, B 141/2931, Bl. 187).
301 Deutscher Bundesrat, Protokolle, Niederschrift über die 101 Sitzung des Ausschusses für Innere Angelegenheiten am 19. November 1953, (Az.: 20-01/101) S. 3.
302 Deutscher Bundesrat, Drucksache I/49 Nr. 3640.

Teil einer Krankenanstalt, insbesondere einem abgeschlossenen Teil einer Heil- und Pflegeanstalt oder Entziehungsanstalt für Rauschgift- oder Alkoholsüchtige, ist eine Freiheitsentziehung im Sinne des Art. 104 Abs. 2 des Grundgesetzes."

Entsprechend hätte der zweite Abschnitt des Gesetzes mit folgendem § 16 a (neu) zu beginnen:

„(1) Freiheitsentziehung im Sinne des Art. 104 Abs. 2 des Grundgesetzes ist auch die Unterbringung einer Person gegen ihren Willen oder im Zustand der Willenlosigkeit in
a) einer abgeschlossenen Anstalt der Fürsorge,
b) einem Gefängnis, einem Haftraum oder einem Arbeitshaus.
(2) Für das gerichtliche Verfahren zur Unterbringung gelten die Vorschriften des Abschnitts I mit Ausnahme der §§ 1, 5 Abs. 4, 11 Abs. 3, soweit nicht das Bundesrecht das gerichtliche Verfahren bei Freiheitsentziehungen abweichend regelt."

Diese Trennung sollte den neuzeitlichen Behandlungsmethoden psychisch Kranker gerecht werden.

Schließlich sah der Innenausschuss des Bundesrates den Gesetzentwurf einstimmig als zustimmungsbedürftig an, da er in §§ 8 Abs.2, 9 S.3, 10 Abs.3, 15 Abs.1 S.1, 16, 17 S.1 und 19 Abs.2 Bestimmungen enthielt, die das Verwaltungsverfahren im Sinne des Art. 84 Abs. 1 GG regelten.

Als letzte Änderung beschloß der Innenausschuß vorzuschlagen, dem § 2 eine Bestimmung anzufügen, durch die die Landesregierungen ermächtigt werden sollten, die nach § 2 Abs. 1 für die Stellung des Antrages auf Unterbringung zuständige Verwaltungsbehörde selbst zu bestimmen.[303]

Abgelehnt wurde demgegenüber der Vorschlag des Landes Baden-Württemberg die Unterbringung Geisteskranker und Suchtkranker aus dem Anwendungsbereich des Gesetzes auszuklammern. Ebenso wenig Zustimmung fand der Vorschlag des Landes Baden-Württemberg, als Geisteskranke im Sinne dieses Gesetzes auch Geistesschwache und Gemütskranke gelten zu lassen.

In seiner ebenfalls am *19. November 1953* stattfindenden 126. Sitzung[304] beschloss der *Rechtsausschuss des Bundesrates*, nachdem ihm diese Vorschläge des Innenausschusses vorgetragen worden waren, sich in Zukunft gegen eine Aufteilung des Gesetzes in drei Abschnitte auszusprechen. Grund für diese neue Haltung war, dass eine solche Aufteilung, wie sie der Innenausschuss vorschlug, für gesetzestechnisch nur schwer durchführbar gehalten wurde. Auch bei einer

303 Deutscher Bundesrat, Protokolle, Niederschrift über die 101 Sitzung des Ausschusses für Innere Angelegenheiten am 19. November 1953, (Az.: 20-01/101) S. 5.

304 Deutscher Bundesrat, Protokolle, Niederschrift über die 126. Sitzung des Rechtsausschusses am 19. November 1953 (Az. R 0055, Drucks. Nr. R/200/53).

Untergliederung wären Bezugnahmen und Verweisungen unumgänglich, gegen die dann wiederum die gleichen Bedenken wie gegen eine Gesamtfassung bestünden. Durch die Verweisungen in die einzelnen Unterabschnitte würden die einzelnen Gruppen der Unterzubringenden letztlich doch wieder in eine gewisse Verbindung zueinander gesetzt, die sich von der im Regierungsentwurf durch die gemeinsame Aufzählung vorgenommene Verbindung im Ergebnis nicht wesentlich unterscheide.

Unter Hinweis auf verfassungsrechtliche Bedenken lehnte der Rechtsausschuss den § 2 betreffenden Änderungsvorschlag des Innenausschusses,[305] soweit er Landesrecht betraf,[306] ab. Darüber hinaus hatte der Rechtsausschuss auch systematische Bedenken gegen eine solche Änderung, da die Zuständigkeit der Verwaltungsbehörden sich aus den materiellen Rechtsvorschriften ergebe und infolgedessen zum Verwaltungsverfahren gehöre, während der vorliegende Gesetzentwurf seiner Zweckbestimmung nach nur das gerichtliche Verfahren regeln sollte. Aus diesem Grunde passe eine solche materielle Regelung nicht in den Entwurf.

Aus der am Ende dieser Sitzung des Rechtsausschusses diskutierten[307]und letztlich bejahten Frage, ob auch die Unterbringung von Minderjährigen bzw. Mündeln durch die Eltern bzw. den Vormund einer gerichtlichen Entscheidung bedürfen sollte, wird deutlich, dass auf der einen Seite die Einschaltung der Gerichte in solchen Unterbringungsfällen zwar für notwendig gehalten wurde, dies aber andererseits nur in der im Vergleich zum sonstigen Freiheitsentziehungsverfahren gelockerten Form der bloßen Genehmigung der (privaten) Unterbringung durch das Gericht.

Der Innenausschuss sprach sich entschieden gegen eine solche aus der Ansicht des Rechtsausschusses resultierende Einführung einer generellen Genehmigungspflicht aller Unterbringungen durch Privatpersonen aus. Er gab zu bedenken, dass jede Einschaltung eines Gerichtes die gerade in solchen Fällen sehr wichtige schnelle Unterbringung in Heilanstalten zumindest verzögere. Aufgrund der weit verbreiteten Scheu vor der Justiz bestünde die Gefahr, dass sie oftmals

305 Deutscher Bundesrat, Protokolle, Ausschuss für Innere Angelegenheiten, Niederschrift über die 101. Sitzung am 19. November. 1953 (Az.: 20-01/101), S. 5.

306 Diese Argumentation war schon vorgebracht worden in: Deutscher Bundesrat, Protokolle, Rechtsausschuss, Niederschrift über die 126. Sitzung am 19. November 1953 (Az.: R200/53), S. 14.

307 Deutscher Bundesrat, Protokolle, Rechtsausschuss, Niederschrift über die 126. Sitzung am 19. November 1953 (Az.: R200/53), S. 17. Mit diesem Vorschlag hatte der Rechtsausschuss das Ergebnis der Beratungen im Unterausschuss aufgegriffen, Deutscher Bundesrat, Protokolle, Unterausschuss des Rechtsausschusses Niederschrift über die Sitzung am 13. November 1953, S. 8.

sogar ganz unterbleiben würde. Neben diesen eher praktischen Argumenten hatte der Innenausschuss gegen die Einführung einer gerichtlichen Genehmigungspflicht der Unterbringung durch Privatpersonen auch rein formelle Bedenken. Das im Entwurf zur Diskussion stehende Gesetz sei ein Ausführungsgesetz zu Art. 104 GG, so dass es dem Einzelnen Schutz gegenüber Freiheitsentziehungen durch die öffentliche Gewalt gewähre. Nicht erfasst seien demgegenüber Freiheitsentziehungen durch Private. Gegen solche Entziehungen der Freiheit könnten ausschließlich Vorschriften des Bürgerlichen Gesetzbuches Schutz bieten, weshalb eine Vorschrift, wie sie der Rechtsausschuss in Form eines neuen § 15 a vorgeschlagen hatte, in dem die gerichtliche Mitwirkung bei der Unterbringung von Minderjährigen oder Mündeln durch Private geregelt werden sollte, ins Bürgerliche Gesetzbuch aufgenommen werden müsse.

Sowohl der federführende Rechtsausschuss als auch der Innenausschuss des Bundesrates stimmten zumindest den Grundlinien des Entwurfs in allen wesentlichen Punkten zu.[308] Beide hielten das Gesetz aufgrund der in §§ 10 Abs. 3 und 15 Abs. 1 des Entwurfs enthaltenen Verfahrensvorschriften für zustimmungsbedürftig. Ferner waren sich die Ausschüsse am ende darüber einig, den Unterzubringenden im Verfahren wegen der Unterbringung geschäftsunfähiger Geisteskranker nicht nur einen Rechtsanwalt beizuordnen, sondern diesen Rechtsanwalt auch zum Pfleger zu bestellen. Außerdem sollte gemäß der Meinung von Rechts- und Innenausschuss die Möglichkeit geschaffen werden, einen Untergebrachten, dessen völlige Entlassung aus der Anstalt noch nicht aufgrund eines Überprüfungsverfahrens gerechtfertigt erschien, widerruflich und gegebenenfalls unter Auflagen zu beurlauben.

Der *Bundesrat* selbst behandelte das Gesetz in seiner 116. Sitzung am *27.11.1953*[309]. Berichterstatter war Bleibtreu aus Nordrhein-Westfalen, der zunächst darauf hinwies, dass der nunmehr zur Beratung vorliegende Entwurf im wesentlichen immer noch der früheren Gesetzesvorlage entsprach. Als wichtigste Neuerung sah er die durch den neuen § 4 obligatorische Beiordnung eines Rechtsanwalts in Fällen der Unterbringung von Geisteskranken in geschlossenen Anstalten an.[310]

Von den gewichtigen Argumenten des Innenausschusses gegen die Aufnahme einer Pflicht zur Genehmigung der privaten Unterbringung durch ein Gericht ließ sich der Bundesrat in der 116. Sitzung am 27.11.53 nicht überzeugen. Der Bun-

308 Der sich aus den Änderungsvorschlägen des Bundesrates ergebende Gesetzentwurf ist als Anhang A.5 abgedruckt.

309 Deutscher Bundesrat, Drucksache Nr. 484/1/53.

310 Deutscher Bundesrat, Protokoll der 116. Sitzung vom 27. November 1953, S.434 ff, 435.

desrat beschloss vielmehr, der Bundesregierung die Einfügung eines neuen § 15 a in das Gesetz mit folgendem Inhalt vorzuschlagen:

> „Das Recht und die Pflicht des Inhabers der elterlichen Gewalt, des Vormunds oder des Pflegers, den Aufenthalt des Mündels zu bestimmen, wird durch dieses Gesetz nicht berührt. Jedoch bedürfen diese Personen zur Unterbringung des Kindes oder des Mündels in eine der in § 1 a Abs. 2 bezeichneten Anstalten der Genehmigung des Vormundschaftsgerichts."[311]

In diesem Zusammenhang ist interessant, dass erst 1960 bei den Beratungen zum Familienrechtsänderungsgesetz diese Anregung aufgegriffen wurde, als das Justizministerium vorschlug, in § 1800 BGB a.F.[312] einen zweiten Absatz einzufügen, der die zwangsweise Unterbringung eines Mündels von der Genehmigung durch das Vormundschaftsgericht abhängig machte. Zuvor war erwogen worden, eine entsprechende Vorschrift in das Jugendhilfegesetz einzufügen. Mit dieser Ergänzung des BGB wurde einem einschlägigen Urteil des BVerfG entsprochen.[313] Das BVerfG hatte in dieser Entscheidung die Mitwirkung des Vormundschaftsgerichts im Falle eines volljährigen Entmündigten gefordert, gleichzeitig jedoch verdeutlicht, dass eine solche auch bei einem minderjährigen Mündel erforderlich sei, da der Vormund – anders als die Eltern – als der verlängerte Arm des Staates anzusehen sei.[314] Diesem Vorschlag folgte der Gesetzgeber, so dass § 1800 BGB a.F. um folgenden Absatz ergänzt wurde:[315]

> „(2) Eine Unterbringung des Mündels, die mit Freiheitsentziehung verbunden ist, ist nur mit Genehmigung des Vormundschaftsgerichts zulässig; das Vormundschaftsgericht soll den Mündel vor der Entscheidung hören. Ohne die Genehmigung ist die Unterbringung nur zulässig, wenn mit dem Aufschub Gefahr verbunden ist; die Ge-

---

311 Änderungsvorschläge des Bundesrats zum Gesetz über das gerichtliche Verfahren bei Freiheitsentziehungen in der Anlage 1 zum Schreiben des Präsidenten des Bundesrats vom 27.11.53 an den Bundeskanzler. (Akten des Bundesjustizministeriums, BA Koblenz, B 141/ 2932, Bl. 2).

312 Im Rahmen der Neuregelung des Rechts der elterlichen Sorge im Jahre 1979 wurde der Genehmigungsvorbehalt in § 1631b BGB aufgenommen, so dass § 1800 Abs. 2 BGB a.F. wieder gestrichen wurde, da die allgemeine Verweisung des § 1800 BGB nunmehr auch § 1631b BGB und damit die Unterbringung erfasste. Seit dem 11.1992 schränkt § 1906 Abs.2 BGB den Anwendungsbereich der §§ 1631b, 1800 BGB ein.

313 BVerfGE 10, 302 vom 10.2.1960, NJW 1960, S. 811.

314 Vgl. dazu das Protokoll der 6. Sitzung des Unterausschusses »Familienrechtsänderungsgesetz« des Rechtsausschusses, 1.12.1960, (Akten des Bundesjustizministeriums, BA Koblenz, B 141/15644, Bl. 260).

315 Gesetz zur Vereinheitlichung und Änderung familienrechtlicher Vorschriften (Familienrechtsänderungsgesetz) vom 11. August 1961, Bundesgesetzblatt I, 1961, S. 1221ff, 1226.

nehmigung ist unverzüglich nachzuholen. Das Gericht hat die Genehmigung zurückzunehmen, wenn das Wohl des Mündels die Unterbringung nicht mehr erfordert."

Auch in den anderen beiden Diskussionspunkten, in denen zwischen Rechts- und Innenausschuss keine Einigkeit erzielt worden war, folgte der Bundesrat jeweils der Argumentation des Rechtsausschusses und empfahl der Bundesregierung, die entsprechenden Änderungsvorschläge in dem Entwurf umzusetzen.

Den sämtlichen übrigen Änderungsvorschlägen, bezüglich derer sich auch schon Rechts- und Innenausschuss einig gewesen waren, schloss sich der Bundesrat an.

Angenommen wurde darüber hinaus in dieser 116. Bundesratssitzung noch ein für die Bedeutung des gesamten Gesetzes sehr entscheidender Antrag des Landes Hessen. Hiernach sollte die bisher in der Praxis als einer der Hauptanwendungsfälle des Gesetzes vorgesehene zwangsweise Unterbringung in Heilanstalten aus dem Anwendungsbereich des Gesetzes über das gerichtliche Verfahren bei Freiheitsentziehungen ausgeklammert werden. Entsprechend diesem Antrag schlug der Bundesrat der Regierung vor, § 1 des Entwurfes um folgenden § 1a zu ergänzen:

> „§ 1 a
> Freiheitsentziehung ist die Unterbringung einer Person
> gegen ihren Willen oder im Zustand der Willenlosigkeit in
> einem Gefängnis, einem Haftraum, einem Arbeitshaus, einer abgeschlossenen Verwahranstalt oder einer abgeschlossenen Anstalt der Fürsorge;
> einer abgeschlossenen Krankenanstalt oder einem abgeschlossenen Teil einer Krankenanstalt.
> ...
> Dieses Gesetz findet keine Anwendung auf Geisteskranke und Rauschgift- oder Alkoholsüchtige."[316]

Der hessische Vertreter Dr. Kant argumentierte, dass das materielle Unterbringungsrecht unstreitig Sache der Länder sei und dass es aufgrund der auf diesem Rechtsgebiet bestehenden engen Verknüpfung zwischen materiellem Recht und Verfahrensrecht unzweckmäßig sei, die Ausarbeitung formellen und materiellen Rechts verschiedenen Gesetzgebern zu überlassen. Diese enge Verzahnung zwischen materiellem- und Verfahrensrecht bestünde deshalb, da der Richter in solchen Freiheitsentziehungsverfahren selbst die Unterbringung anordnen müsse

---

316 Änderungsvorschläge des Bundesrats zum Gesetz über das gerichtliche Verfahren bei Freiheitsentziehungen in der Anlage 1 zum Schreiben des Präsidenten des Bundesrats vom 27.11.53 an den Bundeskanzler. (Akten des Bundesjustizministeriums, BA Koblenz, B 141/ 2932, Bl. 2).

und nicht lediglich wie beispielsweise im Verwaltungsverfahren nur bestehende Anordnungen zu überprüfen habe.

Darüber hinaus wurde in der Begründung des hessischen Antrags die Gesetzgebungskompetenz des Bundes für diese Gruppe der Unterzubringenden in Frage gestellt. Es bestünde kein Bedürfnis nach einer bundeseinheitlichen Regelung, so dass die Voraussetzungen des Art. 72 Abs.2 GG nicht erfüllt seien. Die einzelnen Länder könnten – und sollten gemäß der oben dargestellten Argumentation auch zweckmäßiger – das gerichtliche Verfahren der Unterbringung Geisteskranker und Süchtiger selbst regeln, was sie vielfach auch bereits getan hätten.

9. Die Stellungnahme der Bundesregierung zu den Beschlüssen des Bundesrates

Die Bundesregierung übersandte am 7. Jan. 1954 einen Entwurf ihrer Stellungnahme an den Präsidenten des Bundestages, in dem sie die Vorschläge des Bundesrates zur Änderung des Gesetzentwurfes über das gerichtliche Verfahren bei Freiheitsentziehungen weiter ablehnte.[317] Grundlegende Aussage war erneut, dass entgegen der im Bundesrat geäußerten Bedenken der Bund das Gesetzgebungsrecht für das geplante Gesetz habe, da ein Bedürfnis für eine bundesgesetzliche Regelung bestehe. Der Gesetzentwurf regele das gerichtliche Verfahren, so dass es der konkurrierenden Gesetzgebung gem. Art. 74 Nr.1 GG („gerichtliche Verfahren") unterfiel. Das Bedürfnis nach bundesgesetzlicher Regelung im Sinne von Art. 74 Abs. 2 Nr. 3 GG bestünde deshalb, weil die Wahrung der Rechtseinheit eine einheitliche Regelung erfordere. So fehlten zum Teil entsprechende Landesgesetze völlig, da die Länder[318] die Verabschiedung eigener Verfahrensgesetze in Erwartung dieses geplanten Bundesgesetzes bisher zurückgestellt hatten. Zwar, so räumte die Bundesregierung ein, hätten einige Länder bereits entsprechende Regelungen getroffen, aufgrund der zahlreichen Abweichungen dieser einzelnen Regelungen in wesentlichen Punkten bestünde aber immer noch ein

317 Deutscher Bundestag, 2. Wahlperiode, 1953, Drucksache Nr. 169. Der sich aus diesem Entwurf einer Stellungnahme ergebende Gesetzentwurf der Bundesregierung ist als Anhang A.6 dieser Arbeit abgedruckt.

318 Als Beispiel sind in der Stellungnahme Nordrhein-Westfalen, Rheinland-Pfalz und Schleswig-Holstein angeführt. Vermerk des Bundesjustizministeriums vom 25.11.1953, Az. 3807/1 (Akten des Bundesjustizministeriums, BA Koblenz, B 141/2931, Bl. 202).

Bedürfnis für eine bundeseinheitliche Regelung[319]. Die bisher erlassenen Landesgesetze erfassten in einigen Ländern sämtliche Fälle von Freiheitsentziehungen, in anderen demgegenüber nur Geisteskranke, Rauschgift- und Alkoholsüchtige, teils sogar nur Geisteskranke und Seuchenkranke. Außerdem wurde die Freiheitsentziehung nach einigen Landesregelungen durch das Gericht angeordnet, in anderen Ländern dagegen hatten Gerichte die von den Verwaltungsbehörden vorgenommenen Freiheitsentziehungen lediglich zu bestätigen. Die Zuständigkeit hierfür lag teilweise bei den Amtsgerichten, in anderen Ländern wiederum bei den Verwaltungsgerichten. Aufgrund dieser Unterschiede ergaben sich nach Ansicht der Bundesregierung auch praktische Anwendungsschwierigkeiten, da die Verwaltung und die Anstalten bei der Durchführung von über die Landesgrenzen hinweg reichenden Freiheitsentziehungen auf Kompetenzkonflikte stieß. Darüber hinaus bestanden auch für die Angehörigen eines Unterzubringenden, die in einem anderen Lande wohnten aufgrund der unterschiedlichen Landesregelungen praktische Schwierigkeiten und große Unsicherheiten über ihre Rechte (Bekanntmachung, Anhörungsrechte, Beschwerdemöglichkeiten).

Nach Ansicht der Bundesregierung bedurfte der Gesetzentwurf auch nicht der Zustimmung des Bundesrats, da das Gesetz nicht das Verwaltungsverfahren im Sinne des Art. 84 Abs. 1 GG regeln, sondern nur materiell-rechtliche Verpflichtungen der Verwaltungsbehörden und ihre Stellung im gerichtlichen Verfahren festlegen sollte.

Auch der Vorschlag, durch Aufnahme eines § 15 a die private Freiheitsentziehung in dem Gesetz zu regeln, fand nicht die Zustimmung der Bundesregierung. In einem Ausführungsgesetz zu Art. 104 GG sei eine solche Regelung nicht geboten, da dieser Grundgesetzartikel lediglich die Freiheitsentziehungen durch die öffentliche Gewalt der gerichtlichen Kontrolle unterziehen wolle. Nach Ansicht der Bundesregierung gehörte eine solche Regelung eher ins Bürgerliche Gesetzbuch zu den übrigen Familienrechtsvorschriften. Aufgrund nur sehr weniger bisher bekannt gewordener Fälle, in denen Eltern oder Vormünder ihre Befugnisse missbraucht hatten, sei eine solche Regelung auch nicht dringend erforderlich.

Gegen den von Bayern und Hessen im Bundesrat erhobenen Einwand, wonach es zweckmäßig sei, das materielle und das Verfahrensrecht von demselben Gesetzgeber regeln zu lassen, weshalb das hier zur Diskussion stehende Verfahrensrecht wegen der landesrechtlichen materiellen Unterbringungsregelungen auch von den Ländern geregelt werden sollte, hatte bereits das Bundesjustizministerium vorgetragen, dass Fälle, in denen auch bei materiellem Landesrecht das

319 Anlage zum Schreiben des Bundesministers der Justiz an den Staatssekretär des Bundeskanzleramtes vom 15.12.53, Az. 3807/1-13146/53 (Akten des Bundesjustizministeriums, BA Koblenz, B 141/ 2932, Bl. 48).

Verfahren bundesrechtlich geregelt ist, häufig seien. Es wurde auch von der Bundesregierung als nicht zweckmäßig angesehen, den einzelnen Ländern jeweils die Schaffung eigener Verfahrensgesetze zu überlassen, da das materielle Freiheitsentziehungsrecht im wesentlichen Polizeirecht sei und als solches zwar in verschiedenen Landesgesetzen, aber inhaltlich größtenteils völlig gleich geregelt sei (Gefährdung der öffentlichen Sicherheit und Ordnung). Schließlich gab die Bundesregierung zu bedenken, dass es auch gesetzgebungstechnisch nicht ungewöhnlich sei, Verfahrensgesetze zeitlich vor materiellen Regelungen aufzustellen, da beispielsweise auch die ZPO vor dem BGB geschaffen worden sei.

Darüber hinaus schloss sich die Bundesregierung der Meinung des Bundesministeriums der Justiz an und sprach sich gegen eine Herausnahme der Gruppe der Geisteskranken aus dem Anwendungsbereich des Gesetzentwurfes aus. Art. 104 GG schütze umfassend die Freiheit der Person im Sinne der räumlichen Bewegungsfreiheit, die auch einem Geisteskranken zustehe. Aus diesem Grunde sei die Auffassung, ein Geisteskranker habe keinen Willen, folglich auch keinen Freiheitswillen, explizit abzulehnen. Art. 104 GG schütze sogar die Freiheit des – obwohl medizinisch gesehen vielleicht willenlosen – Geisteskranken gegenüber der öffentlichen Gewalt. Der Entwurf sei nur Ausführungsgesetz zu Art. 104 GG, behandele also nur die Freiheitsentziehung durch das öffentliche Recht und wolle keineswegs die Gesamtmaterie der Unterbringung von Geisteskranken regeln. Außerdem verwies die Bundesregierung darauf, dass eine rein medizinische Argumentation in diesem Zusammenhang nicht überzeugen könne, weil nach Art. 104 GG das Gericht erst darüber zu entscheiden habe, ob der Unterzubringende geisteskrank sei. Des weiteren nahm die Bundesregierung in ihrer Begründung Bezug auf die Entstehungsgeschichte von Art. 104 GG, aus der sich kein Anhaltspunkt dafür ergebe, dass diese Bestimmung Geisteskranke nicht schützen solle. Vielmehr sollte dieser Artikel gerade Missbräuche der öffentlichen Gewalt, wie sie unter der nationalsozialistischen Herrschaft vorgekommen sind, verhindern, wozu etwa auch ungerechtfertigte Unterbringungen in Irrenanstalten zählten.

Aus dieser Notwendigkeit einer bundesgesetzlichen Regelung leitete die Bundesregierung auch ab, dass die Fälle der Freiheitsentziehung von Geisteskranken zusammen mit den anderen Fällen von Freiheitsentziehungen in einem gemeinsamen Gesetz behandelt werden müssten, da allen diesen Fällen die Notwendigkeit des Schutzes des einzelnen Staatsbürgers vor der öffentlichen Gewalt gemeinsam war. Gegen die Auffassung des Bundesrates in diesem Punkt sei zu bedenken, dass durch diesen Entwurf keineswegs der Geisteskranke mit Kriminellen und Rechtsbrechern auf eine Stufe gestellt werde. Dies könne schon deshalb nicht der Fall sein, weil der Entwurf keine materiell-rechtliche Gleichstellung des Geisteskranken mit Rechtsbrechern und Asozialen mit sich bringe. Außerdem behandele der Entwurf überhaupt nicht die Unterbringung von Kriminellen und Rechtsbrechern, die Erwähnung von Institutionen wie Gefängnis oder Haftraum in § 1 Abs. 1 Buchst. a beziehe sich nicht auf die Person des Unterzubringenden und den Unterbringungsgrund, sondern nur auf den Ort der Unterbringung, ohne dadurch zu der soziologischen Einordnung des Unterzubringenden Stellung zu nehmen. Insbesondere gehe es hier nicht um die Unterbringung als Strafmaßnahme.

Eine Aufteilung des Gesetzes in drei Abschnitte lehnte die Bundesregierung ab. Insbesondere sah sie die vom Bundesrat als Argument für eine solche Aufteilung vorgebrachten medizinischen Gründe als nicht stichhaltig an, da nicht einsichtig sei, dass die gleiche Behandlung der Unterbringung von psychisch Kranken und sonstigen Personen in einer den Begriff der Freiheitsentziehung definierenden Verfahrensvorschrift der ärztlichen Behandlung der psychisch Erkrankten abträglich sein könnte. Die lediglich verfahrensrechtliche Gleichbehandlung sei keine Gleichbewertung in soziologischer Hinsicht.

Als letztes praktisches Argument führte die Bundesregierung gemäß der Argumentation des Bundesjustizministeriums gegen eine Aufteilung noch an, dass die psychisch Kranken kaum das Gesetz studieren und an der verfahrensrechtlichen Gleichbehandlung aller unterzubringenden Personen Anstoß nehmen würden. Falls dies aber vereinzelt doch der Fall sein sollte, hätte die Heraushebung der psychisch Kranken aus dem Kreis der sonstigen vom Gesetz betroffenen Personen durch die damit erfolgende Betonung ihrer Krankheit auf den labilen Zustand der psychisch Kranken eine wesentlich ungünstigere Auswirkung, als die ausdrückliche Gleichbehandlung mit psychisch Gesunden. Bei einer getrennten Verfahrensregelung würden die Geisteskranken auch nicht einsehen, dass diese Vorschriften zu ihrem eigenen Schutz getroffen wurden, sondern sich abgegrenzt fühlen.

Zur Klärung der Frage, ob im Gesetz eine vorherige Anordnung der Freiheitsentziehung durch das Gericht oder eine nachträgliche Zulässigkeitserklärung einer von der Verwaltungsbehörde vorgenommenen Freiheitsentziehung durch das Gericht geregelt werden sollte, wurde wie bereits vom Justizministerium auch von der Bundesregierung zunächst der Wortlaut des Art. 104 GG als Argument dafür angeführt, dass hier eine Anordnung durch das Gericht erfolgen müsse. Zwar war der Wortlaut innerhalb des Art. 104 GG uneinheitlich, da in Abs. 2 S.1 von „Zulässigkeit“, in Abs. 2 S.2 sowie in Abs. 4 demgegenüber von „richterliche Anordnung“ die Rede war; überwiegend wurde aber die Formulierung „Anordnung“ verwendet. Darüber hinaus entspräche die Abhängigkeit einer Freiheitsentziehung von einer Anordnung durch das Gericht auch der großen Bedeutung einer solchen Entscheidung. Schließlich sehe die Mehrheit der bestehenden Landesgesetze auch bereits vor, dass das Amtsgericht die Freiheitsentziehung anordnet und nicht nur über die Zulässigkeit einer von der Verwaltungsbehörde angeordneten Freiheitsentziehung zu entscheiden habe.

Der sich aus dieser Argumentation der Bundesregierung ergebende Entwurf eines Gesetzes über das gerichtliche Verfahren bei Freiheitsentziehungen ist als Anhang A.6 dieser Arbeit abgedruckt. In der Begründung dieses wie bereits ausgeführt am 7. Januar 1954 von der Bundesregierung an den Bundestag übersandten Regierungsentwurfs sind die drei von der Bundesregierung immer wieder aufgeworfenen Hauptproblemkreise noch einmal wie folgt abschliessend zusammen gefasst:

Erstens sollte der Gesetzentwurf nach dem Willen der Bundesregierung nur das gerichtliche Verfahren bei Freiheitsentziehungen behandeln und das materielle Unterbringungsrecht grundsätzlich nicht berühren. Das materielle Recht sollte vielmehr im Rahmen und mit den Beschränkungen des Art. 104 GG weiter gelten. Art. 104 GG bezog sich nach dieser Auffassung ausschließlich auf Freiheitsentziehungen durch die öffentliche Gewalt, weshalb in der Begründung der Bundesregierung erneut darauf hingewiesen wurde, dass die materiellen und verfahrensrechtlichen Voraussetzungen einer nicht durch die öffentliche Gewalt vorgenommenen Unterbringung durch ein besonderes und in Vorbereitung befindliches Irrenfürsorgegesetz[320] behandelt werden sollten.

Der Gesetzentwurf sollte weiterhin lediglich das Verfahren bei Freiheitsentziehungen regeln, wohingegen gerichtliche Verfahren bei der Anfechtung von Freiheitsbeschränkungen anordnenden Verwaltungsakten ausdrücklich nicht geregelt wurden. Das Grundgesetz fordere keine Gleichbehandlung von Freiheitsentziehung und Freiheitsbeschränkung, sondern die Erfordernisse der Verwaltungspraxis ließen es gerade geboten erscheinen, Freiheitsbeschränkungen nicht denselben Voraussetzungen wie Freiheitsentziehungen zu unterwerfen.

Drittens seien die ordentlichen Gerichte zur Entscheidung über die Freiheitsentziehungen zuständig, da bereits aus der Entstehungsgeschichte des Art. 104 Abs. 2 GG hervorgehe, dass man im Parlamentarischen Rat vorwiegend die Einschaltung der ordentlichen Gerichte bezwecken wollte, auch wenn der Wortlaut dieser Regelung es offen lasse, ob damit der ordentliche Richter oder der Ver-

---

320 Die Beratungen über ein Irrenfürsorgegesetz des Bundes finden sich unter dem Titel „Gesetz über die Freiheitsentziehung und – Einschränkung für Geisteskranke“ in den Akten des Bundesinnenministeriums aus den Jahren 1951-1963 (Akten des Bundesinnenministeriums, BA Koblenz, B 106 / 36773), sowie unter dem Titel „Gesetz über die Fürsorge für Geisteskranke“ in den Akten des Bundesgesundheitsministeriums aus den Jahren 1950-1955, (Akten des Bundesgesundheitsministeriums, BA Koblenz, B142 / 4085). Ein solches Bundesgesetz ist nie zustande gekommen. An seine Stelle traten die entsprechenden Landesgesetze, für die in Kap. V zwei Beispiele dargestellt werden.

waltungsrichter gemeint sei. Ausschlaggebend für die Ansicht der Bundesregierung waren praktische Erwägungen, wie etwa die Größe der Bezirke der Verwaltungsgerichte und die engere Beziehung der ordentlichen Gerichte zu den zu behandelnden Tatbeständen. Schließlich verwies die Bundesregierung auch in der Begründung wiederum auf das Rechtsbewusstsein des Volkes, dem es entspreche, dass Verfahren, bei denen es um die Entziehung der Freiheit gehe, vor den ordentlichen Gerichten stattfinden müssten.

10. Die Beratung und Verabschiedung des Regierungsentwurfs im Zweiten Deutschen Bundestag im Januar 1954

10.1 Die erste Beratung im Zweiten Deutschen Bundestag am 21. Januar 1954

Der Bundestag behandelte die Regierungsvorlage in seiner 10. Sitzung am 21.01. 54 in erster Lesung.[321] Nach kurzer Diskussion, die lediglich die schon behandelten Standpunkte anriss, verwies der Bundestag die Vorlage an den Ausschuss für Rechtswesen und Verfassungsrecht als federführenden Ausschuss und an den Ausschuss für Gesundheitswesen als mitberatenden Ausschuss. In dieser Bundestagssitzung bestand über die Parteigrenzen hinweg inhaltlich weitgehende Einigkeit über den Entwurf; nicht einmal in Teilbereichen erhob sich eine Opposition. Das Protokoll vermittelt vielmehr den Eindruck, als habe es sich um eine typische Ausschuss-Überweisungs-Sitzung gehandelt.

Bezüglich des weiteren Vorgehens vertraten der Ältestenrat und die SPD-Fraktion die Ansicht, die Gesetzesvorlage sollte auch im Ausschuss zum Schutz der Verfassung beraten werden. Der Abg. Dr. Menzel (SPD) begründete dies mit den Worten: „Dieser Gesetzentwurf geht davon aus, dass weitgehend in die vom Grundgesetz garantierten Grund- und Freiheitsrechte eingriffen werden soll und muss. Es ist geradezu die Aufgabe des Ausschusses zum Schutze der Verfassung, dass er die Grundlage der Verfassung – dazu gehören vor allem auch die Grund- und Freiheitsrechte – mit schützen und, soweit Gesetzentwürfe dazu vorliegen, mit beraten soll."[322] Die Mehrheit des Bundestages lehnte diesen Antrag jedoch ab, so dass es bei der Überweisung an den Ausschuss für Rechtswesen und Verfassungsrecht sowie mitberatend an den Ausschuss für Gesundheitswesen blieb.

---

321 Protokoll der 10. Sitzung des Zweiten Deutschen Bundestages am 21.1.1954. An der Debatte beteiligten sich außer dem Bundesminister der Justiz, Neumayer, noch die Abgeordneten Maier (SPD), Becker (DP), Dr. Czermak (GB/BHE), Dr. Bucher (FDP), Cillien (CDU/CSU) und Dr. Menzel (SPD).

322 Deutscher Bundestag, Protokoll der 10. Sitzung am 21.1.1954, S. 292ff, 293.

10.2 Die Ausschussberatungen

Der *Ausschuss für Fragen des Gesundheitswesens* (Bundestagsausschuss Nr. 14) behandelte den Gesetzentwurf erstmals in seiner vierten Sitzung am 3. Mai 1954.[323] Zu Beginn faßten der Vertreter des Bundesjustizministeriums (Min. Dir. Dr. Petersen) und der des Bundesinnenministeriums (Min. Rat. Dr. Koch) den Entwurf noch einmal in seinen wesentlichen Grundzügen zusammen. In der anschließenden Beratung wiesen Prof. Dr. Villinger und Dr. Erhardt, die als Vertreter der Gesellschaft Deutscher Neurologen und Psychiater als Sachverständige geladen waren, mit Nachdruck auf die sich aus medizinischer Sicht ergebenden starken Bedenken gegen eine Zusammenfassung der verschiedenen Unterbringungstypen (Kriminelle und Geisteskranke) in ein und demselben Gesetz hin.[324] Die Behandlung sei nicht nur aufgrund des aus der Gleichstellung mit Kriminellen resultierenden Vertrauensbruchs zwischen Patient und Arzt erschwert, sondern vor allem in Fällen von stark schwankenden Bewusstseinszuständen der Geisteskranken oft nahezu unmöglich. Bei solchen Krankheitsbildern müsste bei jeder Veränderung des Gesundheitszustandes, der eine andere Therapie erfordere, erneut eine richterliche Entscheidung eingeholt werden, was eine best- bzw. schnellstmögliche Behandlung vereitele. Dass der vorliegende Gesetzentwurf Kriminelle und Geisteskranke zusammenfasse, würde von der Ärzteschaft und insbesondere von den praktischen Psychiatern als eine „schwere, ja unerträgliche Belastung der Psychiatrie" aufgefasst, da durch ein Gesetz noch einmal das Misstrauen bestätigt und sogar verstärkt werde, das die Psychiatrie bereits als Hypothek aus der Zeit der nationalsozialistischen Herrschaft trage.

Diese Sichtweise teilten mehrere Abgeordnete, etwa Pohle und Hubert von der SPD und Steinbiß von der CDU/CSU. Die Vertreter des Bundesjustizministeriums (Dr. Petersen u. Dr. Saage) wiesen demgegenüber darauf hin, dass die Un-

323 Stenographisches Protokoll über die 4. Sitzung des Ausschusses für Fragen des Gesundheitswesens (Ausschuss Nr. 14), (Deutscher Bundestag, Parlamentsarchiv, Gesetzesdokumentationen, DOC. II –274 A). An der Sitzung nahmen teil der Vorsitzende Dr. Hammer (FDP), von der CDU/CSU die Abgeordneten Demmelmeier, Ehren, Lang, Maier, Dr. Moerchen, Frau Praetorius, Ruf, Scheppmann, Schüttler, Frau Dr. Steinbiß, Dr. Franz, von der SPD die Abgeordneten Dr. Bärsch, Frau Dr. Hubert, Frau Meyer, Pohle, Frau Wolff, von der FDP außer dem Vorsitzenden noch die Abg. Frau Dr. Ilk, für den GB/BHE der Abg. Dr. Reichstein; das Bundesministerium der Justiz war vertreten durch Dr. Petersen und Dr. Saage, das Bundesministerium des Inneren durch Dr. Bernhardt, Dr. Koch und Arndt, als Sachverständige nahmen teil Prof. Dr. Villinger und Dr. Ehrhardt, beide Marburg.

324 Diese Bedenken sind bereits oben unter IV, 5., 5.2 im Rahmen der Stellungnahme von medizinischer Seite zu den Beratungen des Gesetzentwurfs im Bundesrat dargestellt worden.

terteilung des § 1 in a) und b) keinerlei Wertung des Unterbringungsgrundes darstellte, sondern nur eine Trennung nach Unterbringungsorten bedeutete. Saage erklärte, dass diese Zusammenfassung aller Fallgruppen der Freiheitsentziehungen in einem Gesetzentwurf in erster Linie deshalb vorgenommen worden sei, um den Begriff der Freiheitsentziehung klarzustellen und ihn gegenüber der Freiheitsbeschränkung abzugrenzen. Der Begriff der Freiheit i.S.d. Art. 104 GG meine körperliche Bewegungsfreiheit, wie sie auch ein Geisteskranker habe, so dass es für eine umfassende Definition unerlässlich sei, diesen im Anwendungsbereich des Gesetzentwurfes zu belassen.

Das Bundesinnenministerium (Dr. Koch) argumentierte in die gleiche Richtung mit dem Hinweis, dass die Zusammenfassung von Kranken und Gesunden in einem Verfahren keineswegs neu sei, da etwa die Strafprozessordnung die Unterbringung in einer Heil- und Pflegeanstalt sowie die Sicherheitsverwahrung ebenfalls in einem einheitlichen Verfahren regelte.

Am Ende der ersten Sitzung des Ausschusses für Fragen des Gesundheitswesens herrschte über diesen Punkt der gemeinsamen Regelung aller Freiheitsentziehungsfälle sowie über die Einbeziehung Geisteskranker in den Anwendungsbereich des Gesetzes Einvernehmen. Keine Einigkeit konnte demgegenüber über die Frage, ob ausschließlich Freiheitsentziehungen durch die öffentliche Gewalt oder alle Unterbringungen auch durch sonstige Personen von dem Ausführungsgesetz zu Art. 104 GG erfasst sein sollten, erzielt werden. Hierzu wollte der Gesundheitsausschuss keine Stellung beziehen, da ihm entsprechende Informationen fehlten,[325] weshalb der Vorsitzende (Dr. Hammer, FDP) anregte, die Beratung dieser Frage solange auszusetzen, bis sie durch den Rechtsausschuss geklärt sei.

Der Rechtsausschuss (Bundestagsausschuss Nr.16) diskutierte daraufhin in seiner 23. Sitzung am 7. Sept. 1954, welche Arten von Freiheitsentziehungen von dem Gesetzentwurf erfasst werden sollten.[326] Die Vertreter des Bundesjustizmi-

---

325 Es lag dem Ausschuss nur eine einzige Äußerung des Bundesjustizministeriums in Form des Protokolls der 10. Bundestagssitzung vom 21. Jan. 1954 vor, in der lediglich festgestellt wurde, dass Art. 104 GG nur Freiheitsentziehungen durch die öffentliche Gewalt erfasse. (Deutscher Bundestag, Bundestagsprotokolle 10. Sitzung, 21.1.54, S. 293ff, 293.).

326 Protokoll der 23. Sitzung des Ausschusses für Rechtswesen und Verfassungsrecht am 7.9.54, (Deutscher Bundestag, Parlamentsarchiv, Gesetzesdokumentation, DOC II –274A -). Anwesend waren außer dem Vorsitzenden Abg. Hoogen (CDU/CSU) für die CDU/CSU die Abg. Dr. von Buchka, Dr. Bürkel, Dr. Kihn, Frau Dr. Kuchtner, Platner, Dr. Pohle, Seidl, Frau Dr. Weber, Dr. Weber, Dr. Welskop, Dr. Klising, Frau Dr. Steinbiß, für die SPD die Abg. Dr. Arndt, Bauer, Metzger, Frau Nadig, Rehs, Schröter, Wittrock, Maier, Frau Wolff, für die FDP die Abg. Frau Dr. Lüders, Dr. Schneider und Frau Dr. Ilk, und für den GB/BHE der Abg. Dr. Czermak. Das Bundesjustizministerium war vertreten durch Dr. Petersen, Dr. Saage, Dr.

nisteriums untermauerten erneut ihre bereits in der Begründung des Gesetzentwurfs dargelegte Auffassung, dass ausschließlich Freiheitsentziehungen durch die öffentliche Gewalt von den Verfahrensregelungen des Entwurfs erfasst sein sollten. Die Ausdehnung der strengen Anforderungen des Art. 104 GG auch auf sonstige Freiheitsentziehungen hätte zur Folge, dass jede durch § 239 StGB bereits streng sanktionierte private Freiheitsberaubung außerdem noch einer erneuten Zulässigkeitskontrolle durch einen anderen Richter unterzogen würde, was nicht sinnvoll sei. Darüber hinaus zeige § 239 StGB, dass abgesehen von der öffentlichen Gewalt niemand die Berechtigung habe, einem anderen die Freiheit zu entziehen, weshalb es sinnwidrig wäre, sich über die Ausgestaltung eines gerichtlichen Verfahrens zur Überprüfung solcher rechtswidriger Freiheitsentziehungen Gedanken zu machen. In diesen Fällen müsse vielmehr die Staatsanwaltschaft ein Ermittlungsverfahren wegen Freiheitsberaubung einleiten.

Lediglich zwei Abgeordnete aus der SPD, Friederike Nadig und Hannsheinz Bauer, waren in der Ausschusssitzung anderer Meinung und wollten den Anwendungsbereich des Gesetzentwurfs auf sämtliche Freiheitsentziehungen, unabhängig von wem sie vorgenommen wurden, ausdehnen. Dies entspräche der Intention des Parlamentarischen Rates. Diese Intention leiteten die Abgeordneten aus dem Umstand ab, dass im Parlamentarischen Rat ausgiebig die Behandlung der Fälle der Festnahme durch die SA sowie der Verschleppung von Geisteskranken bis hin zur Vergasung erörtert worden seien, die nach Ansicht der Abgeordneten keineswegs eine Freiheitsentziehung durch die öffentliche Gewalt darstellten. Dem widersprach der Vorsitzende und wies auf das Gesetz zur Sicherung der Einheit von Partei und Staat[327] hin, aufgrund dessen solche Fälle seiner Zeit sehr wohl als Maßnahmen öffentlicher Gewalt anzusehen waren.

Die Sitzung des Rechtsausschusses endete mit der Feststellung, dass sich Art. 104 GG nach allgemeiner Meinung nur auf Freiheitsentziehungen durch die öffentliche Gewalt beziehen sollte.

Nach Mitteilung dieses Beratungsergebnisses an den *Bundestagsausschuss für Fragen des Gesundheitswesens* diskutierte dieser in seiner 17. Sitzung am 19. Jan. 1955, ob es zweckmäßig sei, nur die prozentual geringen Fälle der Freiheitsentziehungen durch die öffentliche Gewalt zu regeln.[328] Es setzte sich auch hier

---

Mercker und Dr. Weitnauer, das Bundesinnenministerium durch Dr. Koch, das Bundesarbeitsministerium durch Dr. Jantz, Dr. Prange, Dr. Strobrawa und Dr. Miller, das Bundeswirtschaftsministerium war vertreten durch Dr. Eschke, v. Hofe, Dr. Hauss, Kreutzberger, Rauschenbach und Dellerich. Vom Bundesrat nahmen teil Dr. Gichtel (Bayern), Dr. Entholt (Bremen), Sprekels (Hamburg).

327 Gesetz vom 1. Dez. 1933, RGBL 1933, Teil I, S. 1016.

328 Protokoll über die 17. Sitzung des Ausschusses für Fragen des Gesundheitswesens am 19. Jan. 1955, (Deutscher Bundestag, Parlamentsarchiv, Gesetzesdokumentation,

die Auffassung durch, dass die gesetzliche Regelung nur den Tatbestand der Freiheitsentziehung durch die öffentliche Gewalt erfassen sollte. Schon mit Rücksicht auf die dringende Regelungsbedürftigkeit der die Öffentlichkeit beschäftigenden Materie müsse auf den Versuch einer Lösung für die sonstigen Fälle der Unterbringung von Geisteskranken vorerst verzichtet werden, um überhaupt ein Gesetz in absehbarer Zeit zustande zu bringen.[329] Der Gesundheitsausschuss beschloss, einen Unterausschuss einzusetzen, der bis zur nächsten Sitzung eine Stellungnahme vorbereiten sollte.[330] Diese Stellungnahme sollte eine Aufforderung an den Rechtsausschuss enthalten, umgehend Rechtsschutzmöglichkeiten für diejenigen seelisch Kranken, die nicht unter den Anwendungsbereich des Gesetzentwurfs fielen, zu schaffen. Der Unterausschuss kam in seiner Besprechung am 27. Jan. 1955 zu dem Ergebnis, dass sich Art. 104 GG nur auf Freiheitsentziehungen durch die öffentliche Gewalt beziehe, weshalb das Gesetz über das gerichtliche Verfahren bei Freiheitsentziehungen deshalb auch nur diese Fälle umfassen könne. Nach Ansicht des Unterausschusses war unter „Unterbringung durch die öffentliche Gewalt“ nur eine durch die Polizei verfügte Einweisung zu verstehen. Ausdrücklich wies er darauf hin, dass der Hauptausschuss seine Beratungen dann noch nicht als abgeschlossen ansehen könne, wenn der Rechtsausschuss im Laufe seiner Beratungen zu einer anderen Auslegung dieses Begriffes der „Unterbringung durch die öffentliche Gewalt“ kommen sollte. Als drittes Besprechungsergebnis hielt der Unterausschuss es für erforderlich, im Interesse eines größtmöglichen Schutzes der psychisch Kranken beschleunigt auch die Fälle bundeseinheitlich zu regeln, in denen die Aufnahme der psychisch Kranken in abgeschlossene Anstalten nicht durch die öffentliche Gewalt, sondern auf andere Weise erfolgte.[331]

DOC II –274A.) Anwesend waren außer dem Vorsitzenden Dr. Hammer (FDP) für die CDU/CSU die Abg. Demmelmeier, Gontrum, Land, Maier, Dr. Moerchel, Frau Praetorius, Ruf, Frau Dr. Steinbiß, für die SPD die Abg. Dr. Bärsch, Frau Dr. Hubert, Frau Meyer, Pohle, Frau Schroeder, Frau Wolff, für den GB/BHE der Abg. Dr. Reichstein, für die DP der Abg. Becker; die Bundesregierung war vertreten durch Dr. Buurman und Dr. Bernhardt vom Innenministerium und Dr. Saage und v.Schack vom Justizministerium; für den Bundesrat nahm Sprekels (Hamburg) teil.

329 Aktennotiz des Bundesjustizministeriums vom 24.1.1955, Az. 3807/1/55 (Akten des Bundesjustizministeriums, BA Koblenz, B 141/2933, Bl. 18).

330 Diesem Unterausschuss gehörten folgende Mitglieder des Ausschusses für Fragen des Gesundheitswesens an: Abg. Frau Dr. Steinbiß, Abg. Ruf (beide CDU / CSU), Abg. Frau Dr. Hubert, Abg. Pohle (beide SPD), Abg. Dr. Hammer (FDP), Abg. Dr. Reichstein (DP).

331 Aktenvermerk des Bundesjustizministeriums vom 11.2.1955 (Akten des Bundesjustizministeriums, BA Koblenz, B 141/2933, Bl. 21).

Die nächste Sitzung *des Bundestagsausschuss für Fragen des Gesundheitswesens* fand am 9.2.1955 statt.[332] Neben den vom Unterausschuss vorgelegten drei Besprechungsergebnissen wurde in dieser 18. Sitzung noch der Vorschlag von Elinor Hubert (SPD), die über Freiheitsentziehungen entscheidenden Gerichte im Interesse einer fachkundigen Entscheidung mit ärztlichen Beisitzern zu besetzen erörtert. Unter Hinweis auf die Gewährleistung der Sachkunde durch die Möglichkeit der Bestellung von Sachverständigen in schwierigen Fällen lehnten die Ausschußmitglieder diesen Vorschlag aber ab und beschlossen, die Besprechungsergebnisse des Unterausschusses ohne Änderungen dem Rechtsausschuss als ihre Stellungnahme zuzuleiten.

Der *Ausschuss für Rechtswesen und Verfassungsrecht* tagte daraufhin erneut am 8.3.1955.[333] Der Berichterstatter (Abg. Rehs, SPD) versuchte zu Beginn der Sitzung die bisherige Diskussionen des Entwurfs auf zwei Fragen zusammenzufassen: Ist es überhaupt möglich, in einem Bundesgesetz außer Verfahrensfragen auch materielle Fragen der Unterbringung zu regeln? Sei eine bundeseinheitliche Regelung des Verfahrens bei Freiheitsentziehungen zweckmäßig und geboten?

---

332 Protokoll über die 18. Sitzung des Ausschusses für Fragen des Gesundheitswesens am 9. Feb. 1955, (Deutscher Bundestag, Parlamentsarchiv, Gesetzesdokumentation, DOC II –274 A.) Anwesend waren außer dem Vorsitzenden Dr. Hammer von der FDP für die CDU/CSU die Abg. Ehren, Wieninger, Harnischfeger, Lang, Maier, Frau Praetorius, Ruf und Frau Dr. Steinbiß, für die SPD die Abg. Dr. Bärsch, Frau Albrecht, Höcker, Frau Dr. Hubert, Frau Meyer, Pohle, Frau Schroeder und Frau Wolff, für die FDP außer dem Vorsitzenden noch die Abg. Frau Friese-Korn, für den GB/BHE Dr. Reichstein und für die DP Becker. Die Bundesregierung war durch Prof. Dr. Gabel, Dr. Koch und Arndt für das Innenministerium und durch Dr. Saage, v.Schack und Dr. Mercker für das Justizministerium vertreten; vom Bundesrat nahm Dr. Müller aus Nordrhein-Westfalen teil.

333 Protokoll der 48. Sitzung des Ausschusses für Rechtswesen und Verfassungsrecht am 8. März 1955, (Deutscher Bundestag, Parlamentsarchiv, Gesetzesdokumentation, DOC II –274A.). Anwesend waren außer dem Vorsitzenden Abg. Hoogen von der CDU/CSU für die CDU/CSU die Abg. Prof.Dr. Böhm, Dr. v. Buchka, Dr. Bürkel, Hoogen, Dr. Kihn, Frau Dr. Kuchtner, Platner, Dr. Pohle, Seidl, Frau Dr. Weber, Dr. Weber, Frau Pitz, Kliesing, für die SPD die Abg. Dr. Arndt, Frau Nadig, Rehs, Schröter, Wittrock, Frau Wolff, für die FDP die Abg. Frau Dr. Lüders und Frau Dr. Ilk, für den GB/BHE der Abg. Dr. Czermak und für die DP der Abg. Dr. v.Merkatz. Für die Bundesregierung nahmen für das Bundesministerium der Justiz teil Dr. Petersen, Dr. Mercker, Dr. Saage, v. Schack, für das Innenministerium Dr. Lechner, Dr. Bernhardt, Dr. Koch, Frau Tauche, Dr. Rüdiger und Arndt, für das Auswärtige Amt nahm Dr. Voigt teil und für das Bundesministerium für gesamtdeutsche Fragen Dr. Münchheimer; der Bundesrat war vertreten durch Dr. Rosenthal-Pelldram, Schmunk und Dietrich (Hessen), Dr. Kutcher (Rechtsausschuß Bundesrat), Dr. Katzenstein (Hamburg), Dr. Gichtel (Bayern) und Malicke (Berlin).

Rehs kam bezüglich der ersten Frage zu dem Ergebnis, eine generelle Bundeszuständigkeit für das gesamte materielle Unterbringungsrecht bestehe nicht, da weder in Art. 73 noch in Art. 74 GG das materielle Unterbringungsrecht ausdrücklich aufgeführt sei. Die Zuständigkeit hänge vielmehr davon ab, ob die konkrete Unterbringung unter eine der Fallgruppen des Art. 74 GG falle oder nicht. So sei entgegen der Ansicht der Bundesregierung für gesetzliche Regelungen der Unterbringung Geisteskranker und Süchtiger der Bund gem. Art. 74 Nr. 7 GG zuständig, da die dort aufgeführte „öffentliche Fürsorge“ alles erfasse, was sich nach Wesen und Sinn der Maßnahme in irgend einer Form als staatliche Obhutmaßnahme darstellt. Die ebenfalls diskutierte Gruppe der Seuchen- und Infektionskranken werde von Art. 74 Nr.19 GG (Maßnahmen gegen gemeingefährliche Krankheiten) erfasst, so dass die Gesetzgebungszuständigkeit für die Unterbringung dieses Personenkreises ebenfalls beim Bund liege.

Die Zuständigkeitsfrage des Bundes für die Regelung des gesamten Unterbringungsrechts bejahte der Berichterstatter Rehs des Rechtsausschusses also im Ergebnis.

Die zweite Frage nach der Zweckmäßigkeit einer bundeseinheitlichen Regelung des Verfahrens der Freiheitsentziehungen bejahte Rehs ebenfalls. Hiermit stellte er sich, was die Unterbringung Geisteskranker und Süchtiger betraf, gegen die vom Bundesrat auf den Antrag Hessens, diese Gruppe der Unterzubringenden aus dem Gesetzentwurf herauszunehmen,[334] erhobenen Bedenken. Der Bundesrat hatte argumentiert, dass das Verfahren der Unterbringung dieses Personenkreises wirksam durch die Länder geregelt werden könnte, so dass es an einem Bedürfnis nach einer bundeseinheitlichen Regelung, wie in Art. 72 Abs. 2 GG vorausgesetzt, fehlte. Rehs sah aufgrund der nicht zu unterschätzenden Bedeutung eines einheitlichen Verfahrens für den Bestand eines Rechtsstaates ein solches Bedürfnis sehr wohl gegeben, und führte aus: „Mir scheint in der Auffassung des Bundesrats hierzu überhaupt eine beträchtliche Unterschätzung der Bedeutung zu liegen, die der Einheitlichkeit des gerichtlichen Verfahrens in einer rechtsstaatlichen Demokratie zukommt. In der Verfassung kommen dem Bürger die rechtsstaatlichen Garantien ja doch nur in Form von Grundsätzen zum Bewusstsein. In dem Verfahren aber kommen ihm diese rechtsstaatlichen Garantien unmittelbar zum Bewusstsein. Hier wird nicht nur negativ im Zugriff des Staates, sondern auch positiv dem Einzelnen sichtbar, dass er diesem Zugriff nicht schutzlos aus-

---

334 Deutscher Bundesrat, Protokolle 116. Sitzung am 27. Nov. 1953, S. 435ff, S.436. Vergleiche die Ausführungen über diesen Antrag oben unter IV ,8., 8.3.

geliefert ist. Für die freiheitliche rechtsstaatliche Willensbildung ist meines Erachtens die Form des Verfahrens ein ganz entscheidender Faktor."[335]

Als letzten Punkt seiner ausführlichen Darstellung des Diskussionsstandes kam der Berichterstatter schließlich auf die Stellungnahme des Gesundheitsausschusses zu sprechen. Das erste Teilergebnis der Beratungen im Gesundheitsausschuss, wonach das Gesetz über das gerichtliche Verfahren bei Freiheitsentziehungen ausschließlich auf Freiheitsentziehungen durch die öffentliche Gewalt anwendbar sei, da Art. 104 GG auch nur diese Fälle erfasse, erschien ihm nachvollziehbar. Als problematisch sah Rehs wie zu erwarten demgegenüber den zweiten Teil der Stellungnahme, wonach unter „Unterbringung durch die öffentliche Gewalt" nur durch die Polizei verfügte Einweisungen zu verstehen seien, an. Er nahm nicht nur an der Beschränkung auf die Polizei, sondern auch an der Beschränkung auf die Fälle der „Einweisung" in Anstalten Anstoß. Der Wortlaut des Art. 104 GG enthalte weder eine Beschränkung auf die Polizei, noch auf Fälle der Einweisung. Aus der gewählten sehr allgemeinen Formulierung des Verfassungsgebers müsse vielmehr gefolgert werden, dass „alles, was unter öffentlicher Autorität unter öffentlicher Verantwortung zu einer Freiheitsentziehung führt, ... , eben aufgrund der Verantwortung der öffentlichen Gewalt für diesen Zustand dann auch den Bedingungen des Art. 104 Abs.2 GG unterworfen"[336] ist.

Den Beginn und Hauptteil der Ausschussberatungen in dieser 48. Sitzung des Rechtsausschusses wie auch die weitere bis zur Verabschiedung des Gesetzes im Bundestag geführte Diskussion prägten die grundsätzlichen Fragen nach der Abtrennbarkeit eines Verfahrensgesetzes von den materiellen Unterbringungsregelungen sowie die Frage, ob der Entwurf auch die Unterbringung von Geisteskranken regeln sollte.

MR. Dr. Petersen vom Bundesjustizministerium stellte den Plan der Bundesregierung vor, zunächst das im Entwurf vorliegende reine Verfahrensgesetz fertig zu stellen, um anschließend bundeseinheitliche Vorschriften des materiellen Unterbringungsrechts zu schaffen. Das materielle Unterbringungsrecht sollte in dem vom Bundesinnenministerium bereits vorbereiteten Irrenfürsorgegesetz normiert werden.[337] MR Dr. Koch erklärte als Vertreter des Bundesinnenministeriums,

---

335 Protokoll der 48. Sitzung des Ausschusses für Rechtswesen und Verfassungsrecht am 8. März 1955, S. 8.(Deutscher Bundestag, Parlamentsarchiv, Gesetzesdokumentation, DOC II –274A.).

336 Protokoll der 48. Sitzung des Ausschusses für Rechtswesen und Verfassungsrecht am 8. März 1955, S. 13 (Deutscher Bundestag, Parlamentsarchiv, Gesetzesdokumentation, DOC II –274A.).

337 Ein solches Bundesgesetz ist nie zustande gekommen, der letzte Entwurf ist im Anhang zu dieser Arbeit unter A 8. abgedruckt. An seine Stelle traten die entsprechenden Landesgesetze, für die in Kap. V zwei Beispiele dargestellt werden. Die Bera-

dass die Vorarbeiten zu dem Irrenfürsorgegesetz so weit gediehen seien, dass es umgehend nach Verabschiedung des Verfahrensgesetzes fertiggestellt werden könnte. Eine vorherige Verabschiedung des Verfahrensgesetzes hielt er deshalb für notwendig, da „selbstverständlich die Regelungen des Geisteskrankenfürsorgegesetzes[338] von der endgültigen Gestalt des Gesetzes über das gerichtliche Verfahren bei Freiheitsentziehungen abhängig" seien.[339] Diese Vorgehensweise befürwortete auch das Bundesjustizministerium: „Die besonderen Schwierigkeiten, die sich bei den Beratungen über das Irrenfürsorgegesetz, ... ergeben haben, lassen es geboten erscheinen, die Verfahrensregelung getrennt vorwegzunehmen und sie nicht so lange aufzuschieben, bis alle im Zusammenhang mit der Irrenfürsorgegesetzgebung entstehenden Fragen geklärt sind, was voraussichtlich noch ganz erhebliche Zeit in Anspruch nehmen werde."[340] Insbesondere erwartete das Bundesjustizministerium langwierige Diskussionen über die Gesetzgebungszuständigkeit des Bundes in Fragen des materiellen Unterbringungsrechts, wie sie bereits in dem Einführungsbericht des Berichterstatters zu dieser Sitzung angeklungen waren.[341]

Bedenken gegen eine Trennung des Verfahrensrechts von den materiellen Unterbringungsregelungen äußerte lediglich der MD Dr. Rosenthal-Pelldram aus Hessen, der als Beauftragter des Bundesrates an der Sitzung teilnahm. Da seine Ausführungen über die angeblich nicht mögliche Trennung zwischen formellem

---

tungen über ein Irrenfürsorgegesetz des Bundes finden sich unter dem Titel „Gesetz über die Freiheitsentziehung und – einschränkung für Geisteskranke" in den Akten des Bundesinnenministeriums aus den Jahren 1951-1963 (Akten des Bundesinnenministeriums, BA Koblenz, B 106 / 36773), sowie unter dem Titel „Gesetz über die Fürsorge für Geisteskranke" in den Akten des Bundesgesundheitsministeriums aus den Jahren 1950-1955, (Akten des Bundesgesundheitsministeriums, BA Koblenz, B142 / 4085) vgl. hierzu auch unten IV. 10.

338 Dieser Titel stellte nach persönlicher Meinung des MR Dr. Koch eine treffendere Bezeichnung für ein Gesetz über die Unterbringung und Entlassung Geisteskranker dar.

339 Protokoll der 48. Sitzung des Ausschusses für Rechtswesen und Verfassungsrecht am 8. März 1955, S. 15 (Deutscher Bundestag, Parlamentsarchiv, Gesetzesdokumentation, DOC II –274A.).

340 Ausführungen MD Dr. Petersen, Protokoll der 48. Sitzung des Ausschusses für Rechtswesen und Verfassungsrecht am 8. März 1955, S. 15 (Deutscher Bundestag, Parlamentsarchiv, Gesetzesdokumentation, DOC II –274A.).

341 Aus dem veröffentlichten und vom Verfasser ausgewerteten Material sind die Gründe, an denen ein Irrenfürsorgegesetz letztendlich gescheitert ist, nicht erkennbar. Es ist jedoch aufgrund der später erfolgten Regelungen auf landesgesetzlicher Ebene davon auszugehen, dass ein Bundesgesetz wegen eben dieser Zuständigkeitsprobleme nicht zustande gekommen ist. Vgl. hierzu auch die Ausführungen unten unter IV. 10.

und materiellem Recht sich jedoch ausdrücklich auf die spezielle Gruppe der geisteskranken Unterzubringenden bezogen, über die erst später diskutiert werden sollte, konnte der Vorsitzende Einigkeit über die generelle Aufteilung zwischen Verfahrens- und materiellem Recht feststellen. Da man „die interessierten Kreise nicht länger auf dieses Gesetz warten lassen (könne), das bereits den 1. Bundestag beschäftigt habe und dem 2. Bundestag auch schon mehr als ein Jahr"[342] vorlag, sei dies ein großer Fortschritt.

Die Frage, ob das Gesetz über das gerichtliche Verfahren bei Freiheitsentziehungen auch Geisteskranke erfassen sollte, stellte der Abgeordnete Rehs auch in dieser Rechtsausschusssitzung erneut. Er erklärte, dass nach Angaben der Ärzteschaft nur 10 % der psychisch Kranken durch die öffentliche Gewalt untergebracht würden, d. h. dass 90 % aller Unterbringungen von Geisteskranken ohnehin nicht unter das Verfahrensgesetz fielen, weshalb es sinnvoller sei, den umstrittenen Gesamtkomplex der Geisteskranken aus dem Anwendungsbereich auszuklammern und in einem eigenen Gesetz zu regeln. Dies hätte den Vorteil, dass der verbleibende Teil des zur Beratung stehenden Gesetzesentwurfs unstreitig sei und umgehend entsprechend der einhelligen Meinung des Ausschusses vorab erlassen werden könnte. Dieser Meinung war auch bereits der Gesundheitsausschuss in seiner ersten Sitzung am 3. Mai 1954 gewesen.[343]

Gegen eine vollständige Ausklammerung der Unterbringung Geisteskranker aus dem Gesetzentwurf sprachen sich lediglich das Bundesjustizministerium (MR Dr. Petersen) sowie der Abg. Seidl (CDU/CSU) aus. Ihnen war nicht verständlich, warum sich die Ärzteschaft so sehr gegen ein Gesetz wehrte, das den Schutz der Patienten im Ergebnis nur verbesserte. Dem bei einer gemeinsamen Regelung beider Unterbringungstypen in ein und demselben Gesetz befürchteten Bruch des Vertrauens zwischen Patient und Arzt könne durch die Unterteilung in Abschnitte leicht begegnet werden.

Obwohl der Rechtsausschuss seine ausführlichen Beratungen ohne Ergebnis in dieser Frage schloss, zeichnete sich doch eine Mehrheit für die Ausklammerung der Gruppe der Geisteskranken aus dem Anwendungsbereich des Gesetzes über das gerichtliche Verfahren bei Freiheitsentziehungen ab. Auslösend waren hierfür die detaillierten Ausführungen des Vertreters des Bundesrates, Ministerialdirektor Dr. Rosenthal– Pelldram, der anhand zahlreicher Beispiele aus seiner

342 Protokoll der 48. Sitzung des Ausschusses für Rechtswesen und Verfassungsrecht am 8. März 1955, S. 17 (Deutscher Bundestag, Parlamentsarchiv, Gesetzesdokumentation, DOC II –274A.).

343 Stenographisches Protokoll über die 4. Sitzung des Ausschusses für Fragen des Gesundheitswesens (Ausschuss Nr. 14), (Deutscher Bundestag, Parlamentsarchiv, Gesetzesdokumentationen, DOC. II –274 A). Vergleiche auch die Ausführungen hierzu am Anfang dieses Kapitels.

Erfahrung als Generalstaatsanwalt in Frankfurt a. Main aufzeigte, dass es auf dem Gebiet der Unterbringung von Geisteskranken unmöglich sei, das formelle und materielle Recht zu trennen. Er erklärte, dass „diese Dinge praktisch gesehen unendlich kompliziert sind, weil auch in der rein psychiatrischen Behandlungsfrage Dinge wie die Ablehnung der Familie, einen Kranken wieder zurückzunehmen, usw. so in jeden Einzelfall hineinspielen, dass man kaum eine Regelung treffen kann, die das Formelle regelt, ohne dass man gleichzeitig weiß, an welche Voraussetzungen denn überhaupt der behördliche Eingriff geknüpft ist.“[344] Besonders gelte dies für die häufigen Fälle, in denen ein Patient, der freiwillig einen Arzt aufgesucht habe, von diesem dann im Laufe der Behandlung an einem Verlassen der Anstalt gehindert werde. Hier sei schon der Zeitpunkt des Eingreifens der öffentlichen Gewalt, ab der das formelle Verfahren beginnen müsse, nicht ohne die zur Entziehung der Freiheit berechtigenden materiellen Regelungen bestimmbar.

Die nach den bisherigen Darstellungen eigentlich am wichtigsten erscheinende Frage, ob eine „Unterbringung durch die öffentliche Gewalt“ nur durch die Polizei erfolgen konnte, wurde erst am Ende der Sitzung behandelt und dann verneint. MR Dr. Mercker stellte als Vertreter des Bundesministeriums der Justiz fest, dass entgegen dem Vorschlag des Gesundheitsausschusses nicht nur die Polizei in Einweisungsfällen als „öffentliche Gewalt“ im Sinne des Gesetzentwurfs anzusehen sei, sondern dass „jegliche Tätigkeit der übergeordneten öffentlichen Gewalt in Betracht komme, gleichgültig, um welche Stellen es sich handele, und gleichgültig in welcher Form sie in Erscheinung trete.“[345] Eine weitere Ausdehnung des Anwendungsbereiches des Gesetzes auch auf Fälle, in denen die Unterbringungen durch Privatpersonen auf dem Gebiet des Privatrechts stattfänden, wäre deshalb nicht nötig, da entgegen der in den Diskussionsbeiträgen immer wieder zutage tretenden Ansicht Einzelner diese Bereiche keineswegs ungeregelt seien. Tatsächlich sanktioniere diese Fälle das Strafgesetzbuch. Ein Arzt, der einen Kranken gegen dessen Willen in einer Anstalt festhält, mache sich strafbar, es sei denn dass ihm ein Rechtfertigungsgrund zur Seite stehe.[346]

Diese Ausführungen blieben im Rechtsausschuss auch in den weiteren Sitzungen unwidersprochen.

---

344 Protokoll der 48. Sitzung des Ausschusses für Rechtswesen und Verfassungsrecht am 8. März 1955, S. 20 (Deutscher Bundestag, Parlamentsarchiv, Gesetzesdokumentation, DOC II –274A.).

345 Protokoll der 48. Sitzung des Ausschusses für Rechtswesen und Verfassungsrecht am 8. März 1955, S. 24 (Deutscher Bundestag, Parlamentsarchiv, Gesetzesdokumentation, DOC II –274A.).

346 Dies wird in den meisten Fällen der Rechtfertigungsgrund des übergesetzlichen Notstandes sein.

10.3 Die Einigung im Rechtsausschuss am 19. Oktober 1955

Der Rechtsausschuss nahm die Beratungen in seiner 82. Sitzung am 19.10.1955 wieder auf.[347] Der stellvertretende Ausschussvorsitzende (Dr. Arndt, SPD) sprach sich erneut im Sinne des Bundesjustizministeriums, der Bundesregierung und des Gesundheitsausschusses dafür aus, den Bereich der Unterbringung in zwei getrennten Gesetzen zu regeln. Das erste, hier zur Beratung stehende Gesetz, sollte ausschließlich das Verfahren der Unterbringung durch die öffentliche Gewalt regeln. Das zweite, später getrennt zu beratende Gesetz, sollte bundeseinheitliche Regelungen für sämtliche materielle Unterbringungsfragen treffen. Dr. Arndt legte großen Wert auf die Feststellung, dass in diesem späteren Gesetz auch diejenigen Personen, die durch den Vormund oder durch einen Arzt oder auf irgendeine andere Weise in eine Anstalt gelangt seien, erfasst würden.[348] Erklärter Sinn und Zweck des Art. 104 GG sei es, jeden unfreiwilligen Freiheitsverlust einer gerichtlichen Überprüfung zu unterstellen.

Nachdem sich der Vertreter des Bundesjustizministeriums (Staatssekretär Dr. Strauß) dieser Aufteilung in zwei Gesetze auch im Namen der Bundesregierung angeschlossen hatte, konnte der Ausschussvorsitzende Übereinstimmung im Rechtsausschuss über dieses Vorgehen feststellen. Damit war das wichtigste Hindernis aus den bisherigen Beratungen ausgeräumt.

Auf Vorschlag des Bundesjustizministeriums (MR Dr. Saage) wurde dementsprechend folgender § 01 vor dem § 1 der Regierungsvorlage eingefügt:

> „Das gerichtliche Verfahren bei Freiheitsentziehungen, die auf Grund Bundesrechts angeordnet werden, bestimmt sich nach diesem Gesetz, soweit das Bundesrecht das Verfahren nicht abweichend regelt."

---

347 Protokoll der 82. Sitzung des Ausschusses für Rechtswesen und Verfassungsrecht am 19.Okt. 1955 (Deutscher Bundestag, Parlamentsarchiv, Gesetzesdokumentation, DOC II – 274 A.) Anwesend waren außer dem stellv. Vorsitzenden Abg. Dr. Arndt (SPD), der den Vorsitz führte, für die CDU/CSU die Abg. Dr. v. Buchka, Dr. Kihn, Frau Dr. Kuchtner, Frau Dr. Schwarzhaupt, Dr. Weber, Dr. Welskop, Gontrum, Lenze und Richarts, für die SPD die Abg. Bauer, Metzger, Frau Nadig, Rehs, Schröter, Wittrock, für die FDP die Abg. Frau Dr. Lüders, Dr. Bucher, Dr. Czermak, für den GB/BHE der Abg. Dr. Gille und für die DP der Abg. Dr. Schranz; das Bundesjustizministerium war durch den Staatssekretär Dr. Strauß und Dr. Saage vertreten und das Bundesinnenministerium durch Dlugosch; den Bundesrat repräsentierten Schmunck (Hessen) und Dr. Mösl (Bayern).

348 Protokoll der 82. Sitzung des Ausschusses für Rechtswesen und Verfassungsrecht am 19.Okt. 1955 (Deutscher Bundestag, Parlamentsarchiv, Gesetzesdokumentation, DOC II – 274 A.)

Bei den Fällen vorrangiger bundesgesetzlicher Regelungen im Sinne des letzten Halbsatzes war vor allem an Strafverfahren und an die Haft im Zivilprozess gedacht worden.

Die weiteren vom Ausschuss für Rechtswesen und Verfassungsrecht beschlossenen Änderungen hingen mit dem Vorhaben zusammen, die Gruppe der Geisteskranken und Süchtigen aus dem Anwendungsbereich des Gesetzes über das gerichtliche Verfahren bei Freiheitsentziehungen auszuklammern. Der Rechtsausschuss nahm in Anlehnung des Vorschlages des Bundesrates diesen Vorschlag für eine entsprechende Formulierung des § 1 an:

> „(1) Freiheitsentziehung ist die Unterbringung einer Person gegen ihren Willen oder im Zustande der Willenlosigkeit in einem Gefängnis, einem Haftraum, einem Arbeitshaus, einer abgeschlossenen Verwahranstalt, einer abgeschlossenen Anstalt der Fürsorge, einer abgeschlossenen Krankenanstalt oder einem abgeschlossenen Teil einer Krankenanstalt.
> Steht die unterzubringende Person unter elterlicher Gewalt, Vormundschaft oder wegen Geschäftsunfähigkeit unter Pflegschaft, so ist der Wille desjenigen maßgebend, dem die gesetzliche Vertretung in den persönlichen Angelegenheiten zusteht."

Überflüssig wurde die in § 4 des Entwurfs vorgesehene zwangsweise Beiordnung eines Rechtsanwalts für Geistes- oder Suchtkranke, so dass diese Bestimmung gestrichen wurde.

Die Anpassung des § 5 Abs. 2 des Entwurfs, in dem die Fälle, in denen eine Anhörung vor der Entscheidung unterbleiben konnte, aufgezählt waren, hatte eine längere Ausschussdebatte zur Folge. Als Vertreter der Bundesregierung hatte MR. Dr. Saage folgende Neufassung des § 5 Abs.2 vorgeschlagen:

> „(2) Die Anhörung kann unterbleiben, wenn sie nach ärztlichem Gutachten nicht ohne Nachteile für den Gesundheitszustand des Anzuhörenden ausführbar ist oder wenn der Anzuhörende an einer übertragbaren Krankheit im Sinne der Verordnung zur Bekämpfung übertragbarer Krankheiten vom 1. Dezember 1938 (Reichsgesetzblatt I, S. 1721) leidet. In diesen Fällen ist dem Anzuhörenden, wenn er keinen gesetzlichen Vertreter in den persönlichen Angelegenheiten hat und auch nicht durch einen Rechtsanwalt vertreten wird, durch das nach § 3 zuständige Gericht ein Pfleger für das Verfahren zu bestellen. Eine einstweilige oder vorläufige Anordnung (§§ 14,15) kann bereits ergehen, bevor dem Unterzubringenden ein Pfleger bestellt ist."

Der Abg. Rehs erhob im Hinblick auf Art. 103 Abs. 1 GG, nach dem rechtliches Gehör unter allen Umständen zu gewähren ist, zunächst Bedenken dagegen, dass nach § 5 Abs. 2 in Einzelfällen eine Entscheidung gänzlich ohne Anhörung denkbar sei. Diese Bedenken stellte er jedoch nach Hinweis des Bundesjustizministeriums auf Abs. 3 der Vorschrift anschließend wieder zurück, da er hierin eine ausreichende Absicherung der Rechtsposition des Unterzubringenden sah. Einen umfassenden Schutz derjenigen Unterzubringenden, die aufgrund ihres Gesundheitszustandes nicht anzuhören seien, biete darüber hinaus der Verfahrenspfleger, dessen Aufgabe es sei, die Interessen des Unterzubringenden umfassend wahrzunehmen. Auf die Frage des Abg. Dr. Weber (CDU/CSU), ob die vorgeschlagene Formulierung nicht gegenüber der Regierungsvorlage eine Schwächung der Rechte des Unterzubringenden bedeute, da statt eines Rechtsanwalts nunmehr nur noch die Bestellung eines Verfahrenspflegers vorgesehen sei, kam es im Rechtsausschuss zu einer Diskussion darüber, ob es nicht notwendig sei, in Fällen des § 5 Abs. 2 einen generellen Anwaltszwang zu statuieren. Die Abg. Dr. Weber, Dr. Welskop (beide CDU/CSU) und Dr. Bucher (FDP) sprachen sich für eine solche zwangsweise Beiordnung eines Rechtsanwalts aus. Nur so könne die sogar im Grundgesetz (Art. 103 GG) garantierte Anhörung wirksam sichergestellt werden. Demgegenüber sahen der stellvertretende Vorsitzende Abg. Dr. Arndt, der Abg. Rehs (beide SPD) sowie MR Dr. Saage die Anhörung auch bei der vorgeschlagenen Bestellung eines Pflegers schon aufgrund praktischer Überlegungen sichergestellt. Die Bestellung eines Pflegers sei „ein so fürchterlicher Umstand, dass der Richter wenn möglich sehr viel lieber die Anhörung des Betroffenen durchführen werde.“[349] Darüber hinaus führte MR Dr. Saage gegen den vorgeschlagenen Anwaltszwang an, dass hierdurch „mindestens vier umfangreiche neue Paragraphen bezüglich der Kosten und Gebühren für den beizuordnenden Anwalt an das Gesetz angefügt werden müssten. Ein solcher Umfang der Kostenvorschriften stünde in keinem Verhältnis mehr zu der Bedeutung, die das Gesetz nach der Herausnahme der Geisteskranken noch habe.“[350] Diese Argumente überzeugten die übrigen Ausschussmitglieder.

Schließlich wurde im Zuge der Streichung der Formulierungen, die sich auf die Unterbringung Geisteskranker bezogen, in § 10 Abs.2 des Entwurfs die Frist zur Überprüfung der die Freiheitsentziehung anordnenden Entscheidung auf die absolute Höchstdauer von einem Jahr festgesetzt. Hiermit wurde der sich aus der unbestimmten bisherigen Formulierung („Sie soll in der Regel nicht mehr als ein Jahr betragen“) resultierenden Gefahr, dass voneinander abweichende Einzelentscheidungen ergehen könnten, begegnet. Zur Vereinfachung wurde der Vorschlag gemacht, die Fristbestimmung in Abs. 1 aufzunehmen und Abs. 2 ganz zu streichen. Dem folgte der Ausschuss und beschloss die Formulierung für Abs. 1:

---

349 Abg. Dr. Arndt, Protokoll der 82. Sitzung des Ausschusses für Rechtswesen und Verfassungsrecht am 19.Okt. 1955, S. 11 (Deutscher Bundestag, Parlamentsarchiv, Gesetzesdokumentation, DOC II – 274 A).

350 MR Dr. Saage, Protokoll der 82. Sitzung des Ausschusses für Rechtswesen und Verfassungsrecht am 19.Okt. 1955, S. 13 (Deutscher Bundestag, Parlamentsarchiv, Gesetzesdokumentation, DOC II – 274 A).

„(1) In der Entscheidung, durch die eine Freiheitsentziehung angeordnet wird, ist eine Frist bis zur Höchstdauer eines Jahres zu bestimmen, vor deren Ablauf über die Fortdauer der Freiheitsentziehung von Amts wegen zu entscheiden ist.“

Entsprechend wurde der bisherige Abs. 3 nun als neuer Abs. 2 aufgenommen. Weggefallen war somit folgender Passus: „Die vom Gericht zu bestimmende Frist soll unter Berücksichtigung aller Umstände des Einzelfalles festgesetzt werden. Sie soll in der Regel nicht mehr als ein Jahr, bei voraussichtlich lange dauernder Geisteskrankheit nicht mehr als zwei Jahre betragen.“

Die Beratungen über die sich aus dem Wegfall der Gruppe der geisteskranken Unterzubringenden ergebenden Änderungen wurden in der 83. Sitzung des *Ausschusses für Rechtswesen und Verfassungsrecht* am 20. Oktober 1955 fortgesetzt.[351] Bezüglich § 14 stellte der Ausschuss fest, dass nach der jetzigen Fassung des Gesetzes ein Gutachten über den Gesundheitszustand in den meisten Fällen entbehrlich sei; ihm komme im wesentlichen nur noch bei gemeingefährlichen Krankheiten, die mit mikroskopischen Untersuchungen nachgewiesen werden müssten, Bedeutung zu. Deshalb könne auf den speziellen Grund der Vorbereitung eines Gutachtens über den Gesundheitszustand für die Anordnung einer einstweiligen Freiheitsentziehung verzichtet werden. Dieser Paragraph (§ 13 neu) sollte folgenden Wortlaut haben:

„Ist ein Antrag auf Freiheitsentziehung gestellt, so kann das Gericht eine einstweilige Freiheitsentziehung anordnen, sofern dringende Gründe für die Annahme vorhanden sind, daß die Voraussetzungen für die Unterbringung vorliegen und über die endgültige Unterbringung nicht rechtzeitig entschieden werden kann. Die einstweilige Freiheitsentziehung darf die Dauer von 6 Wochen nicht überschreiten.“

Die Frist von sechs Wochen war trotz einiger Bedenken wegen ihrer Länge deshalb belassen worden, weil man für die Fälle der Unterbringung von Ausländern für internationale Ermittlungen einen gewissen zeitlichen Spielraum haben wollte. In allen übrigen Fällen sollte die einstweilige Freiheitsentziehung auf ei-

---

351 Protokoll der 83. Sitzung des Ausschusses für Rechtswesen und Verfassungsrecht am 20.Okt. 1955 (Deutscher Bundestag, Parlamentsarchiv, Gesetzesdokumentation, DOC II – 274 A.) Den Vorsitz führte zunächst der Abg. Dr. Arndt von der SPD, dann die Abg. Frau Dr. Lüders von der FDP, für die CDU/CSU nahmen nur noch die Abg. Dr. v. Buchka, Frau Dr. Schwarzhaupt, Dr. Weber und Dr. Welskop teil, für die SPD die Abg. Bauer, Rehs und Schröter, für die FDP die Abg. Frau Dr. Lüders, Dr. Czermak und Dr. Bucher und für den GB/BHE der Abg. Dr. Gille; das Bundesjustizministerium war vertreten durch Dr. Strauß und Dr. Saage, das Bundesinnenministerium durch Dr. Bernhardt; den Bundesrat vertraten nunmehr Dr. Nehlert und Jaeschke (Berlin), Schmunck (Hessen) und Dr. Mösl (Bayern).

nen bloßen Verdacht hin als Notmaßnahme aber immer so kurz wie irgend möglich gehalten werden.

Der einzige bedeutende Änderungsvorschlag des Entwurfs, den der Rechtsausschuss unabhängig von der durch den Wegfall der Geisteskranken notwendigen Umstellungen beschloss, betraf § 15. Hinsichtlich der Formulierung in § 15 Abs. 1 wurde von Seiten des stellvertretenden Vorsitzenden Dr. Arndt besonderer Wert darauf gelegt, den Unterschied zwischen der Freiheitsentziehung de facto, die von der Polizei oder der Verwaltungsbehörde vorgenommen werde, und der Freiheitsentziehung de iure, die nur der Richter anordnen könne, zu verdeutlichen. Dr. Arndt führte dabei aus, welche große psychologische Rolle es spiele, der Verwaltung bewusst zu machen, dass sie nur als bloßes Hilfsorgan des zuständigen Richters handle. Andernfalls würde die Verwaltung erfahrungsgemäß leicht dazu neigen, die vorläufige Freiheitsentziehung als ihre eigene freie Entscheidung und den Richter nur als eine Art Notar anzusehen, der die Angelegenheit im Anschluss an die Unterbringungsentscheidung nur noch zu beurkunden habe. Der Ausdruck „Freiheitsentziehung" wurde deshalb durch den Begriff „Verwaltungsmaßnahme, die eine Freiheitsentziehung darstellt", ersetzt, so dass für § 15 folgende Fassung vorgeschlagen wurde:

> „(1) Bei jeder nicht auf richterlicher Anordnung beruhenden Verwaltungsmaßnahme, die eine Freiheitsentziehung darstellt, hat die zuständige Verwaltungsbehörde die richterliche Entscheidung unverzüglich herbeizuführen. Ist die Freiheitsentziehung nicht bis zum Ablauf des ihr folgenden Tages durch richterliche Entscheidung nach § 7 oder § 13 angeordnet, so hat die Freilassung zu erfolgen."

Diese Formulierung fand die Billigung des Ausschusses. Bezüglich des Abs. 2, der die Freiheitsentziehung durch vorläufige Anordnung ermöglichen sollte, wenn eine Entscheidung nach § 7 oder § 14 nicht rechtzeitig getroffen werden kann, stellte der Ausschuss fest, dass diese Regelung überflüssig sei, da das Gericht die einstweilige Freiheitsentziehung nur anordnen dürfe, wenn es der Überzeugung sei, dass die materiellen Voraussetzungen für die Freiheitsentziehung aller Wahrscheinlichkeit nach gegeben seien. Es sei nicht einzusehen, warum es nicht möglich sein sollte, im Normalfall bis zum Ablauf des Tages nach der Festnahme zumindest eine einstweilige Anordnung nach § 14 Abs. 1 zu erlassen, weshalb der Abs. 2 ersatzlos zu streichen sei.

Nach dieser Sitzung des Rechtsausschusses blieben nur noch einige wenige Fragen offen, die vorwiegend die Kostenerstattung sowie das Wiederinkrafttreten von § 20 der Verordnung über die Fürsorgepflicht vom 13.2.1924 im Gebiet des früheren Landes Württemberg-Baden sowie in den Ländern Bayern, Bremen und Hessen betrafen. Die Regelung, dass bis zu einer anderweitigen gesetzlichen Regelung § 7 der Ausländerpolizeiverordnung vom 22.8.1938, die Verordnung zur

Bekämpfung übertragbarer Krankheiten vom 1.12.1938 sowie § 20 der Verordnung über Fürsorgepflicht als förmliche Gesetze im Sinne des Art. 104 Abs. 1 GG gelten sollten, war ebenfalls noch nicht gebilligt.

Die abschließende Beratung des *Ausschusses für Rechtswesen und Verfassungsrecht* über den Gesetzentwurf fand am 27.10.1955 statt.[352] Im Ergebnis folgte der Ausschuss weitgehend den Formulierungsvorschlägen des Bundesjustizministeriums bezüglich der wenigen noch offenen und nicht entscheidenden Fragen. Der Rechtsausschuss hatte damit die ihm vom Bundestag überwiesene Regierungsvorlage stark verändert.[353] Neben der ausdrücklichen Beschränkung auf ein Verfahrensgesetz zeichnete sich der vorgeschlagene Entwurf vor allem durch die Herausnahme der Regelung des Verfahrens der Freiheitsentziehung für psychisch Kranke aus.

Der Gesetzentwurf kam trotz dieser schon zu diesem Zeitpunkt bestehenden Einigkeit über seinen Inhalt in der 112. Sitzung des Ausschusses für Rechtswesen und Verfassungsrecht am 22.2.1956 noch ein letztes Mal zur Sprache, als der Staatssekretär des Bundesjustizministeriums (Dr. Strauß) bat, dafür zu sorgen, dass das am 27.10.1955 im Ausschuss beschlossene Gesetz noch vor den Osterferien in die 2. und 3. Lesung gelange, und darüber den Ausschuss um Zustimmung ersuchte, das Datum des Inkrafttretens vom 1.4.1956 auf den 1.7.1956 zu verschieben. Der Ausschuss erklärte sich mit dieser Änderung des § 23 Abs. 1 (Zeitpunktes des Inkrafttretens) einverstanden.[354]

---

352 Protokoll der 84. Sitzung des Ausschusses für Rechtswesen und Verfassungsrecht am 27.Okt. 1955 (Deutscher Bundestag, Parlamentsarchiv, Gesetzesdokumentation, DOC II – 274 A.). Neben dem stellv. Vorsitzenden Dr. v. Buchka (CDU/CSU) waren für die CDU/CSU anwesend die Abg. Dr. Kihn, Frau Dr. Kuchtner, Platner, Seidl und Frau Pitz, für die SPD die Abg. Bauer und Wittrock, für die FDP der Abg. Dr. Bucher; das Bundesinnenministerium wurde vertreten durch Frau Dlugosch, Dr. Rüdiger, Frau Tauche und Frau Arndt und das Bundesjustizministerium durch Dr. Petersen und Dr. Saage; vom Bundesrat nahmen teil Dr. Katzenstein (Hamburg), Dr. Müller (Nordrhein-Westfalen) und Dr. Gichtel (Bayern).

353 Der sich aus den vom Bundestagsausschuss für Rechtswesen und Verfassungsrecht beschlossenen Änderungsvorschlägen ergebende Entwurf findet sich in der Bundestagsdrucksache Nr. 2322, Deutscher Bundestag, 2. Wahlperiode, 1953. Aufgrund der späteren unveränderten Annahme dieses Entwurfs im Bundestag ist der Inhalt identisch mit dem als Anhang A.7 abgedruckten Gesetz über das gerichtliche Verfahren bei Freiheitsentziehungen vom 29. Juni 1956 (BGBl. 1956, S. 599-602).

354 Protokoll der 112. Sitzung des Ausschusses für Rechtswesen und Verfassungsrecht am 22.2. 1955 (Deutscher Bundestag, Parlamentsarchiv, Gesetzesdokumentation, DOC II – 274 A.).

Mit Antrag des Ausschusses vom 18.4.1955 wurde dem Bundestag vorgeschlagen, den Gesetzentwurf in der neuen Fassung anzunehmen.[355]

10.4 Das Resultat der Beratungen im Rechtsausschuss

Während der Beratungen im Ausschuss für Rechtswesen und Verfassungsrecht hatte sich die einhellige Meinung herauskristallisiert, dass es sinnvoll sei, die Gruppe der Geistes- und Suchtkranken aus dem Anwendungsbereich des Gesetzes über das gerichtliche Verfahren bei Freiheitsentziehungen auszuklammern.

Zum einen hatte dies den Vorteil, dass auf diese Weise einer der Haupthinderungsgründe, an denen eine Einigung über den Inhalt des Verfahrensgesetzes bisher immer wieder gescheitert war, beseitigt wurde und dadurch der Weg zu einer schnellen Verabschiedung des lang diskutierten Gesetzes geebnet war.

Zum anderen waren während der Ausschussberatungen auch die Vorteile, die ein eigenes Bundesgesetz über alle bei der Unterbringung Geisteskranker auftauchende Fragen sowohl materieller als auch verfahrensrechtlicher Art hätte, deutlich geworden. Es hatte sich die Erkenntnis durchgesetzt, dass gerade bei der Unterbringung dieser speziellen Gruppe der Geisteskranken und Süchtigen das materielle vom Verfahrensrecht besonders schwer zu trennen war. Gesehen wurde aber auch, dass die Verabschiedung eines solchen neuen Geisteskranken- oder Irrenfürsorgegesetzes aufgrund der Auswirkungen auf bestehende Regelungen in verschiedenen Rechtsgebieten zahlreiche Änderungen anderer Gesetze nach sich ziehen würde und dadurch ein langwieriges Gesetzgebungsverfahren erwarten ließ. So war etwa in materiell rechtlicher Hinsicht das Recht der öffentlichen Fürsorge tangiert, und es wurde auch mit Auswirkungen an verschiedenen Stellen des Bürgerlichen Gesetzbuches gerechnet. Der Ausschuss riet jedoch, dies in Kauf zu nehmen, da er der Ansicht war, dass sich ein umfassender Rechtsschutz für alle psychisch Kranken nur auf Bundesebene wirksam verwirklichen lasse. Andererseits sei es aber auch unverantwortlich, der interessierten Öffentlichkeit das weitestgehend fertiggestellte bundesrechtliche Verfahrensgesetz noch länger vorzuenthalten. Aus dieser Überzeugung heraus brachte der Rechtsausschuss in dem schriftlichen Abschlußbericht deutlich den Wunsch zum Ausdruck, die Bun-

355 Deutscher Bundestag 2. Wahlperiode 1955 Drucksache Nr. 2322 (B). In dieser Drucksache ist auch eine Zusammenstellung des Entwurfs des Gesetzes über das gerichtliche Verfahren bei Freiheitsentziehungen mit den Beschlüssen des Ausschusses für Rechtswesen und Verfassungsrecht (16. Ausschuss) enthalten.

desregierung solle möglichst schnell einen Entwurf für ein entsprechendes Fürsorgegesetz für Geisteskranke ausarbeiten und vorlegen.[356]

Für die Bedeutung des von den Ausschüssen letztlich beschlossenen und vorgeschlagenen Gesetzes hatte die Entscheidung, alle Fragen der Unterbringung Geisteskranker aus dem Gesetzentwurf völlig auszuklammern, entscheidende Auswirkungen. Nunmehr war der Anwendungsbereich des Gesetzes auf die verfahrensrechtliche Regelung derjenigen Fälle beschränkt, in denen das materielle Unterbringungsrecht bundesgesetzlich normiert war. Dies waren Freiheitsentziehungen aufgrund der Verordnung zur Bekämpfung übertragbarer Krankheiten[357], aufgrund des Gesetzes zur Bekämpfung von Geschlechtskrankheiten[358], aufgrund des § 20 der Fürsorgepflichtverordnung[359] sowie aufgrund des § 7 der Ausländerpolizeiverordnung.[360] Der § 1 des Gesetzentwurfes über das gerichtliche Verfahren bei Freiheitsentziehungen bestimmte dementsprechend, dass das Gesetz nur für solche Freiheitsentziehungen das Verfahren vorschreibe, die materiellrechtlich aufgrund von Bundesrecht erfolgten. Das Gesetz sollte jedoch auch dann wiederum nicht anwendbar sein, wenn bereits eine bundesrechtliche Regelung des gerichtlichen Verfahrens existierte, wie dies beispielsweise für das Strafverfahren der Fall war.

10.5 Die Annahme des Gesetzes im Bundestag

Der Bundestag beriet das Gesetz in seiner 149. Sitzung am 8.6.1956 in zweiter und dritter Lesung.[361] In seinem einleitenden Vortrag stellte der Berichterstatter Abg. Rehs (SPD) einen Punkt des Entwurfs noch einmal besonders heraus, dies mit der ausdrücklichen Absicht, eine „authentische Interpretation" zu geben, um weitere Erörterungen oder gar Anträge zu vermeiden. Es handelte sich um die Frage, ob das Gesetz auch in solchen Fällen angewendet werden muss, in denen das Bundesrecht bereits eine Verfahrensregelung für Freiheitsentziehungen ent-

---

356 Schriftlicher Bericht des Ausschusses für Rechtswesen und Verfassungsrecht über den Entwurf eines Gesetzes über das gerichtliche Verfahren bei Freiheitsentziehungen, Deutscher Bundestag, 2. Wahlperiode, 1953, Drucksache Nr. 2322, S.3.

357 Verordnung zur Bekämpfung übertragbarer Krankheiten vom 1. Dez. 1938, Reichsgesetzblatt I, S. 1721.

358 Gesetz zur Bekämpfung der Geschlechtskrankheiten vom 23. Juli 1953, Bundesgesetzblatt I, S. 700.

359 Verordnung über die Fürsorgepflicht vom 13. Feb. 1924, Reichsgesetzblatt I, S. 100.

360 Ausländerpolizeiverordnung vom 22. August 1938, Reichsgesetzblatt I, S. 1053.

361 Protokoll der 149. Sitzung des zweiten Deutschen Bundestages vom 8. Juni 1956, S. 7919ff.

hält, diese Regelung aber nicht den Erfordernissen des Art. 104 Abs. 2 GG entspricht, weil sie nicht die Einschaltung der Gerichte vorsieht. Insbesondere wurde hier die Freiheitsentziehung aufgrund des § 20 der Fürsorgepflichtverordnung genannt, der nach § 22 Abs. 2 des Entwurfs künftig als förmliches Gesetz im Sinne des Art. 104 Abs. 1 GG gelten sollte. Rehs argumentierte, dass dann, wenn die am Anfang des Gesetzes noch vor den jetzigen ersten Paragraphen eingefügte Bestimmung „die Anwendung des Gesetzes über das gerichtliche Verfahren bei Freiheitsentziehungen für die Fälle ausschließt, in denen das Bundesrecht das Verfahren abweichend regelt, ... er damit selbstverständlich nur die Fälle treffen, in denen das Verfahren bereits bundesrechtlich in einer den Anforderungen des Art. 104 Abs. 2 des Grundgesetzes entsprechenden Weise geregelt ist, d. h. bereits die Freiheitsentziehung nur durch das Gericht angeordnet werden kann. Das ergibt sich schon aus dem Zweck des Gesetzes, für alle auf materiellem Bundesrecht beruhenden Unterbringungsfälle, für die noch keine dem Art. 104 Abs. 2 des Grundgesetzes entsprechende Regelung besteht, die nötigen Verfahrensvorschriften zu treffen; denn eine Freiheitsentziehung durch die Verwaltungsbehörde ohne Einschaltung des Gerichts ist wegen Art. 104 Abs. 2 des Grundgesetzes unzulässig, weil über die Zulässigkeit und Fortdauer einer Freiheitsentziehung nur der Richter zu entscheiden hat. Daher ist selbstverständlich auch auf Grund § 20 der Fürsorgepflichtverordnung ebenso wie auf Grund der beiden weiteren in § 22 Abs. 2 des Entwurfs genannten Verordnungen eine Freiheitsentziehung nur unter Anwendung der Vorschriften des Gesetzes über das gerichtliche Verfahren bei Freiheitsentziehungen zulässig. Das ergibt sich im übrigen bereits aus Abschnitt III Ziffer 2 des schriftlichen Berichts, wo ausdrücklich die Anwendbarkeit des Gesetzes auf die in § 22 Abs. 2 des Entwurfs genannten Vorschriften hervorgehoben ist. Hierüber bestand auch im Ausschuss für Rechtswesen und Verfassungsrecht allseitiges Einverständnis."[362]

In der genannten Sitzung wurde das Gesetz ohne weitere Änderungsanträge in zweiter und dritter Lesung behandelt und vom Bundestag einstimmig angenommen. [363]

Der Bundesrat beschloss in seiner 160. Sitzung am 15.6.1956 ohne erneute[364] Berichterstattung, dem Gesetz zuzustimmen.[365]

---

362 Protokoll der 149. Sitzung des zweiten Deutschen Bundestages vom 8. Juni 1956, S. 7919ff, 7920.

363 Deutscher Bundestag, 2. Wahlperiode, 1953, Beschluss Nr. 149/56.

364 Der Bundesrat hatte sich bereits am 7. Juni 1956 mit dem Gesetz befasst. Niederschrift über die 167. Sitzung des Rechtsausschusses des Bundesrates vom 7. Juni 1956, Az. R 005-Nr.R. 132/56 (Akten des Bundesjustizministeriums, BA Koblenz B 141/2934).

365 Deutscher Bundesrat, Drucksache Nr. 221/56.

Nach Verkündung im Bundesgesetzblatt unter dem Datum des 29.6.1956 trat das Gesetz am 1.7.1956 in Kraft.[366]

11. Die Auswirkungen der Verabschiedung des Gesetzes auf das in Vorbereitung befindliche „Gesetz über die Fürsorge für seelisch Kranke."

Die Vorarbeiten für ein auch unter den Titeln „Irrenfürsorgegesetz"[367], „Gesetz über die Freiheitsentziehung- und Einschränkung für Geisteskranke"[368] oder „Geisteskrankenfürsorgegesetz"[369] bearbeiteten Bundesgesetzes, in dem die materiellen Unterbringungsvoraussetzungen bundeseinheitlich festgelegt werden sollten, wurden nach Verabschiedung des Freiheitsentziehungsverfahrensgesetzes nicht weiter fortgeführt.

Der letzte Entwurf für ein „Gesetz über die Fürsorge für seelisch Kranke" vom Februar 1954, der im Anhang zu dieser Arbeit unter A. 8 abgedruckt ist, stammt aus dem Bundesministerium des Inneren, das beabsichtigte, den vorläufigen Entwurf in dieser Fassung den Bundestagsausschüssen im Zuge der Beratungen des Gesetzes über das gerichtliche Verfahren bei Freiheitsentziehungen vorzulegen[370]. Dies sollte, wie sich aus einem erläuternden Schreiben des Bundesministeriums des Inneren vom 2. März 1954 ergibt, jedoch erst auf ausdrückliche Anfrage geschehen, da befürchtet wurde, dass dieser Gesetzentwurf für ein materielles Unterbringungsgesetz durch die sich schon zu diesem Zeitpunkt aus der Diskussion abzeichnende Entscheidung des Bundestages, die Gruppe der Geisteskranken aus dem Anwendungsbereich des Freiheitsentziehungsverfahrensgesetzes auszuklammern, noch einmal stark überarbeitet und wesentlich verändert werden müsste.[371] Als Lösung schlug das Bundesinnenministerium vor, den § 9 des Entwurfes um einen zweiten Absatz zu ergänzen, der lauten sollte:

---

366 BGBl. 1956, Teil I, Nr. 32, S. 599ff. Das Gesetz ist auch im Anhang zu dieser Arbeit unter A.7. abgedruckt.

367 Vgl. Begründung des von der Bundesregierung beschlossenen Entwurfes, oben unter II. 9.

368 Akten des Bundesinnenministeriums, BA Koblenz B 106 / 36773.

369 MR. Dr. Koch als Vertreter des Bundesinnenministeriums, Protokoll der 48. Sitzung des Ausschusses für Rechtswesen und Verfassungsrecht am 8. März 1955, S. 15 (Deutscher Bundestag, Parlamentsarchiv, Gesetzesdokumentation, DOC II –274A.).

370 Akten des Bundesgesundheitsministeriums, BA Koblenz B 142 / 4085.

371 Schreiben des MR. Dr. Koch, Bundesministerium des Inneren, vom 2. März 1954 an Prof. Dr. Villinger, Az. 4101-431/54, Akten des Bundesgesundheitsministeriums, BA Koblenz, BA 142 / 4085.

„(2) Auf das Verfahren findet das Gesetz über das gerichtliche Verfahren bei Freiheitsentziehungen vom ... (BGBl. I S. ...) nach Maßgabe der folgenden Bestimmungen Anwendung....“[372]

Daran angeschlossen werden müssten dann nach Ansicht des Bundesinnenministeriums neue, noch auszuarbeitende Sonderbestimmungen für das gerichtliche Verfahren bei der Einweisung Geisteskranker in den Gesetzentwurf aufgenommen werden.

Woran die weitere Erarbeitung eines solchen materiellen Bundesgesetzes zur Unterbringung letztlich scheiterte, ließ sich aus dem zugänglichen Quellenmaterial nicht feststellen. Aufgrund der dargestellten Bedenken kann jedoch davon ausgegangen werden, dass der Bundesgesetzgeber die arbeitsintensive Ausarbeitung der materiellen Unterbringungsregelungen lieber den Ländern überlassen wollte. Diese Lösung bot sich auch vor dem Hintergrund der immer noch nicht zufriedenstellend gelungenen Begründung der Gesetzgebungszuständigkeit des Bundes an.[373]

Diese Zuständigkeitsfrage konnte selbst in der Folgezeit nicht abschließend geklärt werden. Die Streitfrage zwischen Bund und Ländern gipfelte schließlich in einen 1968 von der Bundesregierung vorgelegten Gesetzentwurf zur Änderung des Art. 74 Nr. 19 GG, demzufolge die Verhütung und Bekämpfung von Krankheiten der Gesetzgebungsbefugnis des Bundes unterfallen sollte. Unter dem 12. Juni 1968 übersandte der Bundeskanzler diesen an den Präsidenten des Bundesrates.[374] In der Begründung hierzu hieß es: „zu den dringlichen Aufgaben, die nach Verabschiedung der zu Art. 74 Nr. 19 GG vorgeschlagenen Änderungen in Angriff genommen werden müssen, gehört ferner die Gesundheitshilfe für psychisch Kranke. Die Tätigkeit des Staates auf diesem Gebiete bedarf dringend einer Reform... Hier muß entsprechend den Erkenntnissen der Medizin ein grundlegender Wandel vollzogen werden.“[375] Nach Ansicht der Bundesregierung war es ein „schwerwiegender und nicht vertretbarer Mangel, wenn überregionale gesetzgeberische Maßnahmen der Gesundheitsvorsorge und des Gesundheitsschut-

---

372 Schreiben des MR. Dr. Koch, Bundesministerium des Inneren, vom 2. März 1954 an Prof. Dr. Villinger, Az. 4101-431/54, Akten des Bundesgesundheitsministeriums, BA Koblenz, BA 142 / 4085.

373 Vgl. die Darstellung der Diskussion dieser Zuständigkeitsfrage oben unter IV, 9, 9.2.

374 Deutscher Bundesrat Drucksache 332/68; Deutscher Bundesrat Dokumentationen.

375 Deutscher Bundesrat Drucksache 332/68, S.5. Deutscher Bundesrat Dokumentationen.

zes unterbleiben müssen, weil dem Bund hierfür die Gesetzgebungszuständigkeit fehlt."[376]

Darüberhinaus wurde mit der Gesetzgebungszuständigkeit argumentiert, da der Schutz vor Krankheiten auch bereits in anderen Teilbereichen Gegenstand der konkurrierenden Gesetzgebung war. So regelte etwa Art. 74 Nr. 11a die Bundeszuständigkeit für den Schutz vor Gefahren der Kernenergie und Art. 74 Nr. 20 diese für den gesamten Bereich des Verkehrs mit Lebensmitteln, weshalb es nur konsequent sei, dem Bund auch die zur Verhütung und Bekämpfung anderer als gemeingefährlicher und übertragbarer Krankheiten notwendige Regelungszuständigkeit zu übertragen.

Der federführende Rechtsausschuß des Bundesrates hat zusammen mit dem Ausschuß für Arbeit und Sozialpolitik, dem Ausschuß für Finanzen, dem für Gesundheitswesen sowie dem Ausschuß für Innere Angelegenheiten am 28. Juni 1968 über den Entwurf beraten und daraufhin dem Bundesrat mit Schreiben vom gleichen Tag empfohlen, diesen abzulehnen. Hauptargument hierfür war die Feststellung, dass kein sachliches Bedürfnis für eine Bundeszuständigkeit bestünde, da die Länder in der Vergangenheit bereits gezeigt hätten, in der Lage zu sein, die Aufgaben der Gesundheitsfürsorge in eigener Zuständigkeit zu erfüllen. Einzige Schwierigkeit hierbei sei die Finanzknappheit in den Länderhaushalten. Es heißt hierzu in der Begründung zu der Ausschussempfehlung: „Soweit noch Lükken bestehen, können diese nicht durch eine Bundeskompetenz, sondern vielmehr dadurch geschlossen werden, dass der Bund den Ländern durch eine Änderung der Beteiligungsverhältnisse an der Einkommens – und Körperschaftssteuer die Mittel belässt, die sie zur Schließung dieser Lücken benötigen."[377] Die „Gefahr, dass im Angebot gesundheitsvorsorgender Maßnahmen ein Gefälle zwischen den einzelnen Bundesländern entstehen könnte" wurde als äußerst gering angesehen, da „alle Erfahrungen zeigen, dass die Länder bestrebt sind sich an den jeweiligen Spitzenreitern auszurichten."[378]

---

376 Deutscher Bundesrat Drucksache 332/68; S. 3. Deutscher Bundesrat Dokumentationen.

377 Deutscher Bundesrat Empfehlungen der Ausschüsse zu Punkt 19 der Tagesordnung für die 327. Sitzung des Bundesrates am 5. Juli 1968 (Drucksache 332/68); S. 2. Deutscher Bundesrat Dokumentationen.

378 Deutscher Bundesrat Empfehlungen der Ausschüsse zu Punkt 19 der Tagesordnung für die 327. Sitzung des Bundesrates am 5. Juli 1968 (Drucksache 332/68), S.4; Deutscher Bundesrat Dokumentationen

Auch nach Auffassung des Ausschusses für Gesundheitswesen konnten „Kompetenzänderungen jedenfalls dann nicht in Betracht kommen, wenn der Bund seinen bereits bestehenden Kompetenzbereich nicht voll ausgenutzt hat.[379]

Aus den Protokollen der 337. Sitzung des Bundesrates vom 5. Juli 1968[380] ist ersichtlich, dass den Bundesrat diese von den Ausschüssen vorgetragenen Argumente schnell überzeugt haben. Der Vertreter des Rechtsausschusses, Herr Dr. Heinsen führte gleich zu Beginn der Sitzung aus, dass die „ausgewogene Zuständigkeitsverteilung nur aus zwingenden Gründen geändert werden darf. Allgemein folgt aus diesem Ultima-ratio-Prinzip, dass es für die Bejahung eines Bedürfnisses für eine neue Bundeskompetenz nicht genügt, dass erforderliche oder erwünschte Maßnahmen in der Vergangenheit nur deshalb unterblieben sind, weil den Ländern das Geld dafür fehlte.“[381]

In der Bundesratssitzung vom 5. Juli 1968 gab schließlich der Minister Dr. Schlegelberger namens der Schleswig Holsteinischen Landesregierung eine Erklärung zu den Änderungsvorschlägen ab, in der er sich ebenfalls entschieden gegen eine Bundeszuständigkeit aussprach. Er führte aus: „Die Landesregierung ist der Auffassung, dass auch heute, auch ohne Grundgesetzänderung, die Bundesregierung in der Lage ist, anzuregen, zu koordinieren und eine überzeugende Vorstellung ... auf dem Gebiet der Gesundheitspolitik zu geben.“[382]

Auf diese Weise war es dem Bundesrat letztlich gelungen, zu verhindern, dass den Ländern die Gesetzgebungszuständigkeit für den gesamten Bereich der Verhütung und Bekämpfung von Krankheiten durch den Bund entzogen wurde. Die Schaffung eines einheitlichen Bundesrechtes in diesem Bereich war mithin weiterhin nicht möglich. Die Folge dieser Weichenstellung ist die in den folgenden Kapiteln exemplarisch dargestellte Flut von landesgesetzlichen Einzelregelungen. Unklar ist, ob es rückblickend betrachtet richtig war, eine bundeseinheitliche Regelung dieser sensiblen Materie so vehement abzuwehren. Fraglich ist in diesem Zusammenhang insbesondere, ob das föderative Hauptargument, dem von den Ländern ein so hohes Gewicht beigemessen wurde, die bis heute zahlreiche Probleme bereitende Rechtszersplitterung des Unterbringungsrechtes rechtfertigt.

---

379 Deutscher Bundesrat Plenarprotokolle, 1968, Band 1, Protokoll der 327. Sitzung am 5. Juli 1968, S. 188.

380 Deutscher Bundesrat Plenarprotokolle, 1968, Band 1, S. 185 – 201.

381 Deutscher Bundesrat Plenarprotokolle, 1968, Band 1, Protokoll der 327. Sitzung am 5. Juli 1968, S. 186.

382 Deutscher Bundesrat Plenarprotokolle, 1968, Band 1, Protokoll der 327. Sitzung am 5. Juli 1968, S. 194.

IV. Unterbringungs- und Psychisch-Kranken-Gesetze: zwei Beispiele für landesrechtliche Regelungen

1. Das Unterbringungsrecht in Hamburg bis zur Verabschiedung des Hamburgischen „Gesetzes zum Schutz der öffentlichen Sicherheit und Ordnung“ vom 14. März 1966

Nach Inkrafttreten des Grundgesetzes am 24. Mai 1949 erließ Hamburg bereits am 17. August 1949 als erstes Bundesland ein Gesetz zur Ausführung des Art. 104 Abs. 2, S.2 GG.[383] Der Senat hatte dazu einen Gesetzentwurf vorgelegt, über den im Justizausschuss der Hamburger Bürgerschaft auf Anhieb Einigkeit erzielt wurde.[384] Dieses Gesetz sah vor, dass das Vormundschaftsgericht spätestens bis zum Ende des Tages nach der Ergreifung über Zulässigkeit und Fortdauer der Freiheitsentziehung eine Entscheidung, wenn möglich nach persönlicher Anhörung des Betroffenen, fällen sollte. Das Verfahren vor dem Vormundschaftsgericht sollte nach den Vorschriften des Gesetzes über die Angelegenheiten der freiwilligen Gerichtsbarkeit ablaufen. In der Begründung zu diesem Entwurf war ausgeführt, dass die durch Art. 104 Abs. 2, S. 4 GG vorgeschriebene nähere gesetzliche Regelung auf verschiedene Weise denkbar gewesen wäre. Entweder konnten die materiellen zur Freiheitsentziehung berechtigenden Bestimmungen selbst der von Art. 104 GG geforderten richterlichen Entscheidung angepasst und entsprechend umformuliert werden. Oder es konnte, was für wesentlich unkomplizierter und weniger langwierig gehalten wurde, ein eigenes Ausführungsgesetz zu Art. 104 GG formuliert werden, das die Entscheidung des Gerichts über die Zulässigkeit von Freiheitsentziehungen ausdrücklich vorschrieb.

Aufgrund des großen Zeitaufwandes, den die Abänderung der zahlreichen materiellen Einzelvorschriften erwarten ließ, entschied sich die Hamburger Bürgerschaft für den zweiten Weg und verabschiedete ein Ausführungsgesetz, das mit seiner Veröffentlichung im Hamburgischen Gesetz- und Verordnungsblatt am

---

383 Gesetz zur Ausführung des Artikels 104 des Bonner Grundgesetzes vom 17. August 1949, Hamburgisches Gesetz- und Verordnungsblatt 1949, S. 177ff. Dieses Gesetz ist im Anhang dieser Arbeit unter B.3. abgedruckt.

384 Vgl. die Niederschrift über die Beratung des Justizausschusses vom 12.7.1949, Gemeindeverwaltung der Hansestadt Hamburg, Sozialverwaltung 136.00-4, Hauptakte A, Bd. III; sowie den »Entwurf eines Gesetzes zur Ausführung des Artikels 104 des Bonner Grundgesetzes« des Berichterstatters, Senatssyndikus Dr. Drexelius, im gleichen Band.

20. August 1949 in Kraft trat. Hiermit war das Verfahren der Unterbringung sehr schnell den neuen rechtsstaatlichen Anforderungen des Grundgesetzes angepasst worden.

Parallel zu dieser Entwicklung im Bereich der Verfahrensregelungen kam in Hamburg auch das Thema der Schaffung eines materiellen Bewahrungsgesetzes auf die politische Agenda.

Bisher beruhten Unterbringungen in Hamburg auf zwei verschiedenen gesetzlichen Regelungen, je nachdem ob sie auf dem „Alt Hamburger Gebiet“ oder in den ehemals preußischen Gebietsteilen Harburg, Altona und Wandsbek erfolgten. In den altpreußischen, in Groß Hamburg eingegliederten Gebieten galt das Preußische Polizeiverwaltungsgesetz vom 1. Juni 1931 als Landesgesetz.[385] Nach §§ 14, 15 des Preußischen Polizeiverwaltungsgesetzes konnten Personen zum eigenen Schutz oder zur Beseitigung einer Störung oder Gefahr der öffentlichen Sicherheit oder Ordnung für einen Tag, gemeingefährliche Geisteskranke auch länger, polizeilich verwahrt werden. Die Vorschrift des § 22 des „Gesetzes betreffend das Verhältnis der Verwaltung zur Rechtspflege vom 23. April 1879“[386] bildete die Rechtsgrundlage für alle Unterbringungen im ursprünglichen Stadtgebiet Hamburgs. Da es sich bei dieser Vorschrift um eine hamburgische Verordnung handelte, war ihr Anwendungsbereich auf dieses Gebiet des Alt Hamburg begrenzt.[387] Nach § 22 dieses Gesetzes waren die Verwaltungsbehörden sogar befugt, Personen zur Aufrechterhaltung der öffentlichen Ruhe bis zum nächsten Werktag in Verwahrung zu nehmen.

Die Befugnis der Behörden zur Wahrnehmung fürsorgerischer Aufgaben bestand seit dem Gesetz über die Polizeiverwaltung vom 7. November 1947 wie folgt:

> „§ 5
> (1) Personen in polizeiliche Verwahrung zu nehmen sind die ordentliche Polizei und die Sonderpolizeibehörden nur dann befugt, wenn diese Maßnahme erforderlich ist:
> zum eigenen Schutz dieser Personen,
> zur Beseitigung einer bereits eingetretenen Störung der öffentlichen Sicherheit oder Ordnung oder der Abwehr einer unmittelbar bevorstehenden polizeilichen Gefahr, falls die Beseitigung der Störung oder die Abwehr der Gefahr auf andere Weise nicht möglich ist.

385 Preußisches Polizeiverwaltungsgesetz vom 1. Juni 1931 (PrPVG), Hamburgische Gesetzessammlung, S. 77. Die einschlägigen §§14,15 des PrPVG sind im Wortlaut im Anhang zu dieser Arbeit unter B.2.abgedruckt.

386 Gesetz betreffend das Verhältnis der Verwaltung zur Rechtspflege vom 23. April 1879 (“Verhältnisgesetz“, VerhG), Hamburgische Gesetzessammlung S. 110. Der einschlägige § 22 dieser Vorschrift ist im Anhang unter B.1. abgedruckt.

387 Baumbach, Unterbringungsrecht, S. 134ff.

Diese Befugnis haben auch die Polizeistellen der Gesundheitsbehörde, soweit Maßnahmen aus gesundheitspolizeilichen Gründen, der Sozialbehörde, soweit Maßnahmen aus fürsorgerischen Gründen, der Jugendbehörde, soweit Maßnahmen zum Schutz Minderjähriger erforderlich werden. ...“[388]

Obwohl aufgrund dieses hamburgischen Ausführungsgesetzes zum Grundgesetz[389] auch nach Einführung des Grundgesetzes Unterbringungen weiterhin nach den bisher geltenden, oben dargestellten materiellen Vorschriften erfolgen konnten, wurde das Bedürfnis nach einem materiellen Hamburger Bewahrungsgesetz immer stärker. Auslösend hierfür war eine Mitteilung des Rechtsamtes des Hamburgischen Senates vom 9. März 1949 an das Rechtsamt der Sozialbehörde, wonach an der Schaffung eines neuen Hamburgischen Polizeiverwaltungsgesetzes gearbeitet werde und fest damit zu rechnen sei, dass durch dieses Gesetz der § 22 VerhG in Kürze aufgehoben würde.[390] Diese Ankündigung führte dazu, dass die Rechtsabteilung der Sozialbehörde der Hansestadt Hamburg an die Gesundheitsbehörde und an die Jugendbehörde (Amt II – Reg.Rat Petersen, Amt VI – Direktor Steigerthal) am 15. März 1949 einen Entwurf für ein Bewahrungsgesetz sowie für eine Durchführungsverordnung hierzu übersandte. Diese Entwürfe sollten als Diskussionsgrundlage für eine »informatorische Besprechung« zur Schaffung eines Hamburgischen Bewahrungsgesetzes dienen.[391]

Dieser erste Entwurf eines Bewahrungsgesetzes lautete:

„§ 1

Personen über 18 Jahre können in Bewahrung genommen werden, wenn und solange dies zur Beseitigung einer bestehenden oder Verhütung einer drohenden Verwahrlosung erforderlich ist und kein anderes Mittel zu Gebote steht.

Als verwahrlost gelten Personen, die in ihrer geistigen oder sittlichen Lebenshaltung oder körperlichen Verfassung weit unter dem Durchschnitt dessen stehen, was die Allgemeinheit von ihren Mitgliedern erwarten muss, und die daher durch ihre Untüchtigkeit sich selbst oder ihre Umgebung gefährden.

388 Gesetz über die Polizeiverwaltung vom 7. November 1947, Hamburgisches Gesetz- und Verordnungsblatt 1947, S. 73.

389 Gesetz zur Ausführung des Artikels 104 des Bonner Grundgesetzes vom 17. August 1949, Hamburgisches Gesetz- und Verordnungsblatt 1949, S. 177ff. Dieses Gesetz ist im Anhang dieser Arbeit unter B.3. abgedruckt.

390 Schreiben des Hamburger Senates vom 9. März 1949 an die Sozialbehörde Hamburg, Gemeindeverwaltung der Hansestadt Hamburg, Sozialverwaltung 136.00-4, Hauptakte A, Bd. III.

391 Schreiben der Sozialbehörde an die Gesundheits- und die Jugendbehörde vom 15.März 1949, Gemeindeverwaltung der Hansestadt Hamburg, Sozialverwaltung 136.00-4, Hauptakte A, Bd. III

§ 2
Die Bewahrung ist eine Maßnahme der Fürsorge mit dem Zweck, den Bewahrten zur Arbeit anzuhalten und an ein geordnetes Leben zu gewöhnen. Ist dies nicht möglich, so ist der Zweck der Bewahrung der fürsorgerische Schutz der Bewahrten."

In der Durchführungsverordnung war eine vormundschaftsgerichtliche Entscheidung vorgesehen, die nach den Vorschriften des Gesetzes über die Angelegenheiten der freiwilligen Gerichtsbarkeit ergehen sollte.

Aus der Zielsetzung des Bewahrungsgesetzes als bloße Ergänzung zu dem in Vorbereitung befindlichen Polizeiverwaltungsgesetz[392] erklärte sich auch der Umstand, dass der erste Entwurf eines hamburgischen Bewahrungsgesetzes lediglich aus zwei Paragraphen bestand. Schon am 17. März 1949 wurde von der selben Behörde ein neuer Entwurf erstellt, der die genannte Durchführungsverordnung weitgehend in den Gesetzentwurf integrierte.[393] Aus dem Begleitschreiben der Sozialbehörde hierzu wurde deutlich, dass die endgültige Entscheidung über die gesetzestechnische Form eines Bewahrungsgesetzes (ein umfassendes Gesetzeswerk oder ein knappes Gesetz mit Durchführungsverordnung) weiteren Besprechungen zwischen den beteiligten Behörden vorbehalten bleiben sollte. An dem dazu einberufenen Gespräch zum Thema „Schaffung eines Bewahrungsgesetzes" in der Rechtsabteilung der Sozialbehörde am 21. März 1949 nahmen Vertreter der Jugend-, der Gesundheits- und der Sozialbehörde teil.[394]

Statt einer Einigung über die gesetzestechnische Ausgestaltung wurden jedoch erst einmal die grundsätzlichen Interessen der Beteiligten an einem solchen Gesetz sondiert. Es zeigte sich, dass vor allem von Seiten der Sozialbehörde Interesse an dem geplanten Gesetz bestand, während Jugendbehörde und Gesundheitsbehörde aufgrund der von ihnen für ihren Aufgabenbereich als ausreichend angesehenen Gesetzeslage keinerlei Notwendigkeit für eine Neuregelung sahen. Lediglich Reg. Rat Harder von der Jugendbehörde bekundete ein gewisses Interesse, allerdings nur dann, wenn auch die Unterbringung Arbeitsscheuer durch das Bewahrungsgesetz geregelt werden würde. Sämtliche Beteiligte waren sich am

392 Tatsächlich stand die Verabschiedung des neuen Polizeiverwaltungsgesetzes jedoch nicht unmittelbar bevor, sondern es wurde erst am 14 März 1966 ein Gesetz zum Schutz der Öffentlichen Sicherheit und Ordnung (SOG) verabschiedet (Hamburgisches Gesetz- und Verordnungsblatt 1966, S. 77ff.). Der einschlägige § 13 SOG „Gewahrsam von Personen" ist dem § 22 VerhG, der im Anhang unter B.1. abgedruckt ist, nachgebildet.

393 Anlage zum Schreiben der Sozialbehörde an den Senat vom 17.März 1949, Gemeindeverwaltung der Hansestadt Hamburg, Sozialverwaltung 136.00-4, Hauptakte A, Bd. III.

394 Aktenvermerk vom 4.April.1949, Gemeindeverwaltung der Hansestadt Hamburg, Sozialverwaltung 136.00-4, Hauptakte A, Bd. III.

Schluss der Besprechung vom 21. März 1949 darüber einig, dass das Interesse der einzelnen Behörden für die Schaffung eines hamburgischen Bewahrungsgesetzes letztlich entscheidend davon abhing, ob eine Vorschrift, die die Befugnis zur polizeilichen Inverwahrnahme auch der Gesundheits-, Sozial- und der Jugendbehörde erteilte, in das neue Bewahrungsgesetz aufgenommen würde, oder ob diese Vorschrift weiterhin im Polizeiverwaltungsgesetz verbliebe.

Im Ergebnis schien sich das Interesse aller an der Diskussion beteiligten Hamburger Behörden auf den Erhalt einer inhaltlich dem bisherigen § 5 Abs. 1 S.2 Polizeiverwaltungsgesetz[395] entsprechenden Regelung zu reduzieren. Auf die zahlreichen schriftlichen Einzeleingaben aller beteiligten Behörden, in denen sie argumentierten, ihre fürsorgerischen Aufgaben ohne die ausdrückliche polizeiliche Befugnis in der Praxis nicht mehr wirksam erfüllen zu können, hin ließ sich das Rechtsamt des Senates am 28. März 1949 schließlich davon überzeugen, diese Regelung auch weiterhin im Polizeiverwaltungsgesetz zu belassen und sie nicht in das geplante Bewahrungsgesetz aufzunehmen.[396]

Nach dieser Entscheidung verlor die Diskussion über die Schaffung eines hamburgischen Bewahrungsgesetzes merklich an Bedeutung. Offensichtlich befand man sich in einer abwartenden Position und wollte den zu dieser Zeit auf Bundesebene stattfindenden Beratungen über das Freiheitsentziehungsverfahrensgesetz nicht vorgreifen. Der Senat der Hansestadt Hamburg führte hierzu in einem Schreiben an alle beteiligten Behörden am 21. Dezember 1950 aus: „Die Vorarbeiten für ein hamburgisches Bewahrungsgesetz sind in letzter Zeit im Hinblick auf die Erörterung des Entwurfs des Bundesjustizministeriums für ein Bundesgesetz über das gerichtliche Verfahren bei Freiheitsentziehungen etwas zurückgestellt worden, weil die Abgabe einer hamburgischen Stellungnahme zu dem letztgenannten Entwurf vordringlich erschien, da dieser sich offenbar auch in einigen Punkten mit der erwogenen landesrechtlichen Neuregelung überschnitt. Inzwischen hat die Bürgerschaft jedoch das Ersuchen an den Senat gerichtet, ihr beschleunigt ein Gesetz vorzulegen, in dem die Rechte der Geisteskranken auf Schutz ihrer Freiheit und Persönlichkeit voll gewahrt und die Grundsätze der staatlichen Fürsorge für sie festgelegt werden.“[397]

---

395 Gesetz über die Polizeiverwaltung vom 7. November 1947, Hamburgisches Gesetz- und Verordnungsblatt 1947, S. 73.

396 Vermerk über die Besprechung vom 28. März 1949 im Rechtsamt des Hamburger Senates , Gemeindeverwaltung der Hansestadt Hamburg, Sozialverwaltung 136.00-4, Hauptakte A, Bd. III.

397 Schreiben des Senats der Hansestadt Hamburg an die Gesundheits-, Sozial- und Jugendbehörde, sowie die Polizei Hamburg vom 21. Dezember 1950, Gemeindeverwaltung der Hansestadt Hamburg, Sozialverwaltung 136.00-4, Hauptakte A, Bd. VI.

Trotz dieser dringenden Aufforderung ruhten die Vorarbeiten für ein Bewahrungsgesetz in Hamburg aber weiterhin. Auf einer Sitzung der Deputierten der Hamburgischen Sozialbehörde am 23. Januar 1952 führte der zuständige Referent OberRegR. Dr. Petersen diese Tatenlosigkeit erneut auf die laufende Beratung in Bonn zurück und erklärte: „... Die Vorarbeiten wurden vom Bund übernommen, und der Bundestagsausschuss für öffentliche Fürsorge beschäftigt sich jetzt mit der Angelegenheit. ... Die Dringlichkeit eines solchen Gesetzes wird im Bund weiter bejaht. ...“[398]

Auch der Deutsche Verein für Öffentliche und private Fürsorge hob in seinen Sitzungen immer wieder hervor, dass die endgültige Formulierung eines Unterbringungsgesetzes sehr stark von der Fassung des Freiheitsentziehungsverfahrensgesetzes des Bundes abhinge, so dass diese abzuwarten sei.[399]

Nach Verabschiedung des Bundesgesetzes über das gerichtliche Verfahren bei Freiheitsentziehungen am 29. Juni 1956 wurde in Hamburg immer noch kein Unterbringungsgesetz erlassen. Die Unterbringung erfolgte bis 1966 vielmehr weiterhin nach dem Hamburgischen Gesetz betreffend des Verhältnis der Verwaltung zur Rechtspflege vom 23. April 1879 und in den altpreußischen Gebieten Harburg, Altona und Wandsbeck nach dem Preußischen Polizeiverwaltungsgesetz vom 1. Juni 1931 jeweils in Verbindung mit dem Hamburgischen Gesetz zur Ausführung des Art. 104 des Bonner Grundgesetzes vom 17. August 1949.

Erst mit dem 17. März 1966 trat das Hamburgische Gesetz zum Schutz der öffentlichen Sicherheit und Ordnung (SOG) in Kraft.[400] Durch dieses Gesetz wurden das bisher geltende Hamburgische „Verhältnisgesetz“ sowie das preußische Polizeiverwaltungsgesetz aufgehoben. Die in § 13 Abs. 1 SOG unter Buchstaben a und b aufgeführten Alternativen sind den § 15 PrPVG nachgebildet und geben in eingeschränkter Form den bisherigen § 22 VerhG wieder. Inwieweit die in Nordrhein-Westfalen zuvor geführte und im nächsten Kapitel dargestellte Diskussion über das „Gesetz über die Unterbringung geisteskranker, geistesschwacher und suchtkranker Personen“ das SOG inhaltlich prägte, ist aus den ausgewerteten Materialien nicht zu entnehmen. Eine gewisse Beeinflussung ist jedoch

---

398 Niederschrift über die 48. Sitzung der Deputierten der Sozialbehörde am 23. Januar 1952, Gemeindeverwaltung der Hansestadt Hamburg, Sozialverwaltung 136.00-4, Hauptakte A, Bd. VI.

399 Niederschrift über die 1. Sitzung des Deutschen Vereins für Öffentliche und Private Fürsorge am 30,31 März 1953, die 2. Sitzung am 16,17. Juni 1953, sowie die 4. Sitzung am 25,26. Juni 1954, Gemeindeverwaltung der Hansestadt Hamburg, Sozialverwaltung 136.00-4, Hauptakte A, Bd. V.

400 Gesetz zum Schutz der öffentlichen Sicherheit und Ordnung (SOG) vom 14. März 1966, Hamb.GVBl. 1966, S. 77. Der einschlägige § 13 „Gewahrsam von Personen“ ist im Anhang zu dieser Arbeit unter B.5. abgedruckt.

anzunehmen. Dennoch sollte es der Begründung zufolge § 13 Abs. 1 Buchst. b. SOG es insbesondere ermöglichen, Personen in Gewahrsam zu nehmen, die ohne Hilfe der Öffentlichkeit, insbesondere ohne Anstaltspflege, verwahrlosen würden oder einer Lebensgefahr oder erheblichen Gesundheitsbeschädigung ausgesetzt wären.[401] Der Gewahrsam durfte fortdauern, solange die Voraussetzungen des Absatz 1 vorlagen, oder solange der Betroffene einwilligte. Absatz 2 gab darüber hinaus das Recht, den Gewahrsam bei psychisch kranken und bei süchtigen Personen unter etwas erleichterten Bedingungen fortdauern zu lassen. Diese Möglichkeit ging über die nordrhein-westfälische Regelung hinaus, war jedoch in Hamburg schon vorher durch § 22 VerhG gegeben gewesen, dies sogar ohne Beschränkung auf bestimmte Fälle. Nach § 1 des Hamburgischen Gesetzes zur Ausführung des Art. 104 des Bonner Grundgesetzes vom 17. August 1949 sollte das Vormundschaftsgericht über Zulässigkeit und Fortdauer der nach dem SOG angeordneten Unterbringung entscheiden. Im übrigen erfolgten Unterbringungen in Hamburg zu dieser Zeit größtenteils in Ausübung des Aufenthaltsbestimmungsrechtes (§§ 1800, 1901 BGB) durch den Vormund, der bei dem Personenkreis der Alkohol- und sonstigen Süchtigen fast ausnahmslos von der Behörde gestellt wurde, so dass diese Aufgabe mit der sonstigen fürsorgerischen Tätigkeit in einer Hand lag. Einem Vermerk der Sozialbehörde vom 19. Oktober 1966 zufolge wurde insbesondere im Hinblick auf diese Vorgehensweise der Erlass eines speziellen Unterbringungsgesetzes in Hamburg noch im Jahre 1966 für entbehrlich gehalten.[402]

Schließlich konnten Unterbringungen in Hamburg theoretisch auch noch unter Anwendung des § 73 Bundessozialhilfegesetz vorgenommen werden.[403] Die Unterbringungen aufgrund dieser Vorschrift erfolgten jedoch nur in geringem Maße, da die Freie und Hansestadt Hamburg zusammen mit Hessen die Verfassungsmäßigkeit dieser Bestimmung bereits 1962 vor dem Bundesverfassungsgericht angegriffen hatte, weil sie sie für nichtig hielt.[404] Das Bundesverfassungsgericht be-

---

401 Begründung des Entwurfs zu § 13 SOG, in Baumann, Unterbringungsrecht S. 665.

402 Vermerk der Sozialbehörde der Freien und Hansestadt Hamburg, Rechtsabteilung, vom 19. Oktober 1966, Az. 050.10-2, Akten der Sozialbehörde Hauptakte 2, Band II, Inverwahrnahme verwahrloster Personen, 050.10-2.

403 Bundessozialhilfegesetz (BSHG) vom 30.Juni 1961, BGBl. I S.815. Der einschlägige § 73 „Hilfe in einer Anstalt, einem Heim oder einer gleichartigen Einrichtung" ist im Anhang zu dieser Arbeit unter A.9. abgedruckt.

404 Vgl. hierzu die Niederschrift über die 8. Sitzung der Deputation der Sozialbehörde am 7. September 1967, in der das Verfahren sowie das stattgebende Urteil des Bundesverfassungsgerichtes vom 18. Juli 1967 (BverfGE 22, S. 180ff.) erläutert wurde. Freie und Hansestadt Hamburg, Sozialbehörde, Hauptakte, Bewahrungsgesetz-Unterbringungsgesetz, Band V. Sowie die Ausführungen unten unter V.5. dieser Arbeit.

stätigte diese Ansicht mit Urteil vom 18.7.1967 und erklärte die zwangsweise Unterbringung ausschließlich zur Besserung des Untergebrachten für verfassungswidrig[405]. Darüber hinaus erwies sich dieses Verfahren der Unterbringung nach § 73 Bundessozialhilfegesetz in der Praxis als sehr langwierig und damit uneffizient, weshalb es auch aus praktischen Gründen selten durchgeführt wurde.[406] Der erste in Hamburg aktenkundige auf § 73 BSHG gestützte Unterbringungsantrag erfolgte erst am 20. Juni 1963.[407]

2. Das Unterbringungsrecht in Nordrhein-Westfalen bis zum „Gesetz über die Unterbringung geisteskranker, geistesschwacher und suchtkranker Personen" vom 16. Oktober 1956

Das Grundgesetz und hier insbesondere Art. 104 Abs. 2 GG löste in Nordrhein–Westfalen anders als in Hamburg keine unmittelbaren gesetzgeberischen Aktivitäten aus. In Nordrhein-Westfalen wurde zunächst kein Ausführungsgesetz zu Art. 104 GG erlassen. Eine solche verfahrensrechtliche Regelung[408] enthielt erst das „Gesetz über die Unterbringung geisteskranker, geistesschwacher und suchtkranker Personen" vom 16. Oktober 1956.[409]

Das Fehlen einer solchen Verfahrensregelung hatte dazu geführt, dass sich zum einen neben den ordentlichen auch die Verwaltungsgerichte für zuständig hielten, über Unterbringungen zu entscheiden, und dass zum anderen eine von Art. 104 GG vorgeschriebene richterliche Entscheidung in der Regel nicht bis zum Ablauf des auf die Freiheitsentziehung folgenden Tages erfolgte.

Die Uneinigkeit über das zuständige Gericht bestand aufgrund der weiten Formulierung des Art. 104 GG, da Richter im Sinne dieser Vorschrift sowohl ein solcher der ordentlichen als auch der Verwaltungsgerichtsbarkeit sein konnte.

---

405 BVerfGE 22, S. 188ff, 218. Der Leitsatz Nr. 5 dieses Urteils lautet „Die zwangsweise Anstalts- oder Heimunterbringung eines Erwachsenen, die weder dem Schutz der Allgemeinheit noch dem Schutz des Betroffenen selbst, sondern ausschließlich seiner Besserung dient, ist verfassungswidrig."

406 Vgl. Schreiben der Sozialbehörde der Freien und Hansestadt Hamburg vom 12 Mai 1966 an das Landessozialamt Altona, sowie das Landessozialamt Hamburg, Akten der Sozialbehörde, Hauptakte Inverwahrnahme verwahrloster Personen, Band II.

407 Vermerk der OberRegR. Glombek der Sozialbehörde vom 20. Juni 1963, Az.: 050.10-2, Akten der Sozialbehörde, Hauptakte Inverwahrnahme verwahrloster Personen, Band II.

408 So § 1 Abs. 1 Nr. 1 der allgemeinen Verfügung des nordrhein – westfälischen Justizministers vom 19. Dezember 56, MBl. NRW. 1956, S. 2359.

409 GVBl. NRW 1956, S. 300. Der Text ist als Anhang B.4. am Ende dieser Arbeit abgedruckt.

Gegen die vom Bundesgerichtshof in seinem Urteil vom 4. Februar 1952[410] getroffenen Grundsatzentscheidung, dass sich aus Art. 104 GG in Verbindung mit dem in Art. 19 Abs. 4 GG enthaltenen Rechtsgedanken ergebe, dass über die Zulässigkeit und Fortdauer einer Freiheitsentziehung die ordentlichen Gerichte zu entscheiden hätten, wandte sich in Nordrhein– Westfalen das OVG Münster in ständiger Rechtsprechung.[411] Unter Berufung auf die in diesem Bundesland als Besonderheit geltende Verordnung Nr. 165 der Britischen Militärregierung über die Verwaltungsgerichtsbarkeit[412] und auf Art. 74 der Verfassung von Nordrhein–Westfalen vertrat es die Auffassung, dass über Zulässigkeit und Fortdauer einer Freiheitsentziehung im Rahmen des Art. 104 Abs. 2 GG ausschließlich die Verwaltungsgerichte zu entscheiden hätten. Weiterhin argumentierte das OVG Münster mit dem Wesen der Entscheidung gem. Art. 104 GG. Die Unterbringung eines Geisteskranken, Rauschgift- oder Alkoholsüchtigen sei nicht wie vom BGH angenommen eine Fürsorgemaßnahme, sondern im wesentlichen vielmehr eine Maßnahme des Polizeirechts.[413] Aus diesem polizeirechtlichen Charakter der Einweisung auch zum Schutz des eigenen Lebens und der eigenen Gesundheit des Erkrankten ergebe sich die Zuständigkeit der Verwaltungsgerichte.

Eine richterliche Entscheidung über die Zulässigkeit und Dauer einer Freiheitsentziehung erfolgte deshalb nicht, wie von Art. 104 GG gefordert, bis zum Ablauf des auf die Freiheitsentziehung folgenden Tages, weil in der Praxis vielfach der Antrag der Ordnungsbehörden auf richterliche Entscheidung nicht gleichzeitig mit der Unterbringung, sondern erst Wochen später beim Verwaltungsgericht gestellt wurde.[414]

Auch in materieller Hinsicht wurde in Nordrhein– Westfalen lange Zeit keine eigene neue Rechtsgrundlage zur Unterbringung von Geisteskranken geschaffen. Es galt weiterhin § 15 des preußischen Polizeiverwaltungsgesetzes vom 1. Juni 1931.[415] Aufgrund der Vorarbeiten zu einem neuen Ordnungsbehördengesetzes in Nordrhein– Westfalen war bekannt, dass gemäß § 58 Abs. 1 dieses neuen Gesetzes das Polizeiverwaltungsgesetz in absehbarer Zeit ausdrücklich für nicht mehr anwendbar erklärt werde.[416] Es musste daher umgehend eine neue materi-

410 BGHZ 5, 46.

411 NRW VRspr. 1953, 111, 529, 699; 1955, 835; NJW 1954, S. 736.

412 Amtsblatt der Militärregierung Deutschland – Britisches Kontrollgebiet – 1948 Nr. 24, S. 799.

413 OVG Münster, NJW 1954, S.736; ÖV 1955, S.476.

414 Schreiben des Innenministers des Landes Nordrhein – Westfalen an den Mnisterpräsidenten, den Justizminister und den Arbeits – und Sozialminister vom 25. Juli 55, Az. I C 3 /19–26.10, Hauptstaatsarchiv Düsseldorf, NW 189/256, Bl. 1ff.

415 Anhang B.2.

416 Vgl. Landtag Nordrhein Westfalen, 3. Wahlperiode, Drucksachen Nr. 6, 243. Gesetz über Aufbau und Befugnisse der Ordnungsbehörden – Ordnungsbehördengesetz –

elle Rechtsgrundlage für die zwangsweise Unterbringung Geisteskranker geschaffen werden. Zunächst war beabsichtigt, eine entsprechende Bestimmung in das Ordnungsbehördengesetz selbst aufzunehmen.[417] Im Laufe der parlamentarischen Beratungen trat jedoch der Wunsch hervor, der Bedeutung der Materie entsprechend einen Entwurf für ein gesondertes Unterbringungsgesetz zu schaffen.[418] Vor allem der Ausschuss für Innere Verwaltung sprach sich dafür aus, diese Regelungen in einem selbständigen Gesetz vorzunehmen.[419] Einen ersten Entwurf eines Gesetzes über die Freiheitsentziehung geisteskranker, geistesschwacher und suchtkranker Personen übersandte der Nordrhein-westfälische Innenminister am 25. Juli 1955 an den Ministerpräsidenten, den Justizminister, sowie den Arbeits- und Sozialminister.[420] Dieser Entwurf beschränkte sich im Wesentlichen auf die Schaffung einer materiellen Rechtsgrundlage. Dennoch waren in ihm auch einzelne Verfahrensregelungen enthalten, allerdings nur insoweit, als sie „wegen ihres untrennbaren Zusammenhanges mit den materiellen Vorschriften unentbehrlich" waren.[421]

Die Ordnungsbehörden sollten die Einweisungsverfügung bereits auf ein amtsärztliches Attest hin aussprechen und gleichzeitig die Entscheidung des zuständigen Verwaltungsgerichts beantragen. Ein Richter des Verwaltungsgerichts sollte dann bis zum Ablauf der Frist nach Art. 104 Abs. 2 S. 3 GG einen vorläufigen Unterbringungsbescheid erlassen, ohne jedoch verpflichtet zu sein, den Unterzubringenden persönlich vernehmen zu müssen. Die Ermächtigung zur Entziehung der Freiheit wurde in § 1 des Entwurfes wie folgt formuliert:

> „§ 1
> Geisteskranken, geistesschwachen oder suchtkranken Personen kann die Freiheit nur entzogen werden, wenn und solange durch ihr Verhalten sich selbst oder anderen gegenüber eine unmittelbare bevorstehende Gefahr für die öffentliche Sicherheit oder Ordnung droht und diese Gefahr nicht anders abgewendet werden kann; die Freiheits-

---

für das Land Nordrhein – Westfalen vom 16. Oktober 1956 (OBG), Gesetz- und Verordnungsblatt NRW 1956, S. 289.

417 Vgl. § 28 des Regierungsentwurfs, Landtag Nordrhein Westfalen, 3. Wahlperiode, Drucksache Nr. 6.

418 Rietdorf, Ordnungsbehördengesetz, S. 370.

419 12. Sitzung des Ausschusses für Innere Verwaltung am 8. Juni 1955, stenographischer Bericht, Hauptstaatsarchiv Düsseldorf, NW 189/256.

420 Anlage zum Schreiben vom 25 Juli 1955, Hauptstaatsarchiv Düsseldorf, NW 189/256.

421 Begründung des vom Innenminister am 25. Juli 1955 an die Minister übersandten Entwurfes, Hauptstaatsarchiv Düsseldorf, NW 189/256.

entziehung ist durch Unterbringung in einer psychiatrischen Klinik oder in einer psychiatrischen Heil- oder Entziehungsanstalt vorzunehmen."[422]

Dieser erste Entwurf des Innenministers wurde nicht dem Kabinett vorgelegt, sondern dem Kabinett lag am 7. Oktober 1955[423] ein neuer, nur noch aus zwei Paragraphen bestehender Entwurf aus dem gleichen Hause zur Beratung vor, der lautete:

„§1
Geisteskranken, geistesschwachen oder suchtkranken Personen kann die Freiheit nur entzogen werden, wenn und solange durch ihr Verhalten sich selbst oder anderen gegenüber eine unmittelbar bevorstehende Gefahr für die öffentliche Sicherheit oder Ordnung droht und diese Gefahr nicht anders abgewendet werden kann; die Freiheitsentziehung ist durch Unterbringung in einer psychiatrischen Klinik oder in einer psychaitrischen Heil- oder Entziehungsanstalt vorzunehmen.
§ 2
Durch dieses Gesetz werden im Rahmen des Art. 19 Abs. 2 des Grundgesetzes das Recht auf Freiheit der Person (Art. 2 Abs.2 Satz 2 des Grundgesetzes) und auf die Unverletzlichkeit der Wohnung (Art. 13 des Grundgesetzes) eingeschränkt."[424]

Dieser zweite Entwurf beschränkte sich mit Rücksicht auf die im Bundestag als Bundestagsdrucksache Nr. 169 im Entwurf beratene bundesgesetzliche Regelung, die das Verfahrensrecht der Unterbringungen abschließend zu regeln schien, darauf, ausschließlich eine Rechtsgrundlage für Freiheitsentziehungen zu schaffen.[425] So führte der Innenminister in der Begründung zu diesem zweiten Entwurf aus, dass sich dieser „bewusst auf die Schaffung einer materiellen Rechtsgrundlage beschränkt. Das zur Zeit gehandhabte Verfahren hat sich eingespielt. Eine Verfahrensregelung des Bundes zur Ausführung des Art. 104 GG

---

422 Entwurf in Anlage zum Schreiben vom 25 Juli 1955, Hauptstaatsarchiv Düsseldorf, NW 189/256.

423 Kabinettsprotokolle der Landesregierung Nordrhein –Westfalen 1954 bis 1958, herausgegeben von *K. Düwell* und O. *Dascher*, Dokument Nr. 160.

424 Der mit Schreiben an den Chef der Staatskanzlei vom 7. Oktober 1955, Az. I C 3/19-26-10, Hauptstaatsarchiv Düsseldorf, NW 189/256 übersandte Entwurf ist wortgleich mit dem von der Landesregierung am 18. Oktober 55 verabschiedeten Entwurf, der dem Landtag zum Beschluss vorgelegt wurde. Landtagsdrucksache NRW, 3. Wahlperiode, Nr. 252.

425 Kabinettsprotokolle der Landesregierung Nordrhein – Westfalen 1954 bis 1958, herausgegeben von *K. Düwell* und *O. Dascher*, Dokument Nr. 158, 160, sowie Vermerk über Punkt 2 der Tagesordnung der 442. Kabinettssitzung vom 18. Oktober 1955, Az. 1030a – II B. 34 – Hauptstaatsarchiv Düsseldorf, NW 189/256. Das Kabinettsprotokoll vermerkt lediglich: „Entwurf entsprechend der Vorlage des Innenministers vom 7.10.1955 beschlossen".

wird in den Ausschüssen des Bundestages beraten, so dass noch vor Ablauf der gegenwärtigen Legislaturperiode mit dem Erlass eines Bundesgesetzes gerechnet werden kann. Es wäre unzweckmäßig, noch für die Zeit bis zum Erlass des Bundesgesetzes eine neue Verfahrensregelung zu treffen, da eine solche Regelung nur zahlreiche Zweifelsfragen aufwerfen würde, die die Gerichte stark belasten und im übrigen Rechtsunsicherheit in die Reihen der Betroffenen tragen würde."[426]

Diese Beschränkung auf eine vorwiegend materielle Regelung stieß in der ersten Lesung des Gesetzentwurfes im Landtag am 15. November 1955 auf allgemeine Ablehnung.[427] Sowohl die Abgeordneten der CDU als auch der SPD sprachen sich mit Nachdruck dafür aus, dass das neue Gesetz auch das Verfahren der Unterbringung regeln müsse. Der Abgeordnete der CDU, Dr. Flehingaus, führte als Argument hierfür den eindeutigen Wortlaut des Art. 104 GG an, dem entnommen werden müsse, dass der Verfassungsgesetzgeber von Verfahrensregelungen in den Landesgesetzen ausging[428]. Am Ende der Sitzung beschloss der Landtag einstimmig, den Gesetzentwurf in dieser Form nicht anzunehmen, sondern die Vorlage dem Ausschuss für Innere Verwaltung zur Überarbeitung zu überweisen. Während der dortigen Beratungen wurde bekannt, dass der in den Bundestagsausschüssen diskutierte Entwurf zu einem Gesetz über das gerichtliche Verfahren bei Freiheitsentziehungen die Gruppe der geisteskranken, geistesschwachen oder suchtkranken Personen überhaupt nicht erfassen sollte. Daraufhin kündigte der Innenminister in der 17. Sitzung des Ausschusses für Innere Verwaltung am 23. November 1955 an, einen neuen Entwurf zu einem Unterbringungsgesetz, in dem auch das Verfahren geregelt würde, auszuarbeiten.[429]

Mit der Landtagsdrucksache Nr. 300 brachte die Landesregierung unter dem 7. Februar 1956 einen weiteren Entwurf eines Unterbringungsgesetzes ein.[430] Um die Vorschriften über das gerichtliche Verfahren so weit wie möglich dem geplanten Bundesgesetz anzupassen, sah dieser Entwurf vor, dass der Richter selbst

---

426 Landtag Nordrhein – Westfalen, 3. Wahlperiode, Drucksache Nr. 252, Begründung.

427 Landtag Nordrhein – Westfalen, 3. Wahlperiode, 25. Sitzung am 15. November 1955, stenographischer Bericht, I. Lesung des Entwurfs eines Gesetzes über die Zulässigkeit der Unterbringung geisteskranker, geistesschwacher und suchtkranker Personen, Drucksache Nr. 252.

428 Landtag Nordrhein – Westfalen, 3. Wahlperiode, 25. Sitzung am 15. November 1955, stenographischer Bericht, I. Lesung des Entwurfs eines Gesetzes über die Zulässigkeit der Unterbringung geisteskranker, geistesschwacher und suchtkranker Personen, Drucksache Nr. 252.

429 Schreiben des Innenministers des Landes Nordrhein – Westfalen an den Justizminister vom 17. Dezember 1955, Az. I C3/19-26.10, Hauptstaatsarchiv Düsseldorf, NW 189/256.

430 Landtag Nordrhein – Westfalen, 3. Wahlperiode, Drucksache Nr. 300.

über die Unterbringung entscheiden sollte und nicht nur die Zulässigkeit einer von der Verwaltungsbehörde bereits angeordneten Freiheitsentziehung nachzuprüfen habe. Darüber hinaus sollten die ordentlichen Gerichte zuständig sein, in einem dem Reichsgesetz über die Angelegenheiten der freiwilligen Gerichtsbarkeit entsprechenden Verfahren zu entscheiden.

In seiner 36. Sitzung am 20. März 1956[431] beschloß der Landtag den Gesetzentwurf neben dem Ausschuß für Innere Verwaltung auch dem Justiz- und Sozialausschuß zur Beratung vorzulegen.

In einer Besprechung am 18. April 1956 erfolgte schließlich eine Einigung zwischen Justiz- und Innenministerium und der Staatskanzlei auf folgende Fassung des § 1:[432]

> „Die Unterbringung von geisteskranken, geistesschwachen oder suchtkranken Personen ist nur zulässig, wenn und so lange ihr Verhalten gegen sich oder andere die öffentliche Sicherheit oder Ordnung derart bedroht, dass eine Gefahr unmittelbar bevorsteht, die nicht anders abgewehrt werden kann.“

Demgegenüber wollte der Städtetag Nordrhein-Westfalen die entsprechende Bestimmung in stärkerer Anlehnung an § 15 Polizeiverwaltungsgesetz formulieren, hierbei aber die Voraussetzung der „unmittelbar bevorstehenden Gefahr“ als Voraussetzung für eine Anstaltsunterbringung nicht übernehmen.[433] § 1 sollte nach diesem Vorschlag lauten:

> „Geisteskranken, geistesschwachen oder suchtkranken Personen kann die Freiheit nur entzogen werden, wenn und solange dies erforderlich ist
> a) zum eigenen Schutz dieser Personen,
> b) zur Beseitigung einer bereits eingetretenen Störung oder zur Abwehr einer drohenden Gefahr für die öffentliche Sicherheit oder Ordnung, falls die Beseitigung dieser Störung oder die Abwehr der Gefahr auf andere Weise nicht möglich ist.“

Der Städtetag hob als großen Vorteil seines Vorschlages hervor, dass sich durch diese Formulierung an der bisherigen Unterbringungspraxis nichts zu ändern bräuchte, sondern der Wortlaut des Gesetzes lediglich in Übereinstimmung mit dem bisher praktizierten Verfahren gebracht würde.

Auch die Krankenhausgesellschaft Nordrhein – Westfalen erhob Bedenken gegen das aus § 15 PVG übernommene Kriterium der „unmittelbar bevorstehen-

---

431 Landtag Nordrhein – Westfalen, 3. Wahlperiode, 36. Sitzung am 20. März 1956, Entwurf eines Gesetzes über die Zulässigkeit der Unterbringung geisteskranker, geistesschwacher und suchtkranker Personen, Drucksache Nr. 300.

432 Aktenvermerk v. 20.4.1956, Hauptstaatsarchiv Düsseldorf, NW 189/257, Bl. 16ff.

433 Stellungnahme des Städtetags Nordrhein-Westfalen vom 26.4.1956, Hauptstaatsarchiv Düsseldorf, NW 189/257, Bl. 23.

den Gefahr".[434] Sie befürchtete bei zahlreichen Geisteskrankheiten im Laufe des Krankheitsverlaufs eine so schwere Gefährdung der öffentlichen Sicherheit und Ordnung, dass ein Abwarten mit der Unterbringung bis zum unmittelbaren Bevorstehen dieser Gefahren unverantwortlich sei.

Eine weitere Gelegenheit zur Stellungnahme zu dem Entwurf erhielten die ärztlichen Sachverständigen auf einer gemeinsamen Sitzung des Justiz- und Sozialausschusses am 25. April 1956.[435] Hier sprachen sich die Ärzte vor allem gegen die Beschränkung der Unterzubringenden auf Fälle des »ordnungswidrigen« Verhaltens des Kranken sowie gegen das vorgeschlagene gerichtliche Verfahren aus. Ihrer Meinung nach reichte die Möglichkeit, Geistes- oder Suchtkranke erst im Stadium von »Gemeingefährlichkeit« unterzubringen, für eine wirksame Therapie nicht aus, sondern es müsse unbedingt auch die Möglichkeit geschaffen werden, Kranke schon zu Heilzwecken zwangsweise in eine Anstalt oder eine geschlossene Krankenabteilung einzuweisen.

Im Gegensatz dazu sprach sich die Mehrheit der Mitglieder des Justiz- und Sozialausschusses in dieser Sitzung dafür aus, dass sich das Landesgesetz auf die zwangsweise Unterbringung gemeingefährlicher Geistes- oder Suchtkranker beschränken sollte. Zur Begründung verwiesen die Ausschussmitglieder darauf, dass es vor dem Hintergrund der Erfahrungen aus den Jahren 1933-1945 äußerst gefährlich und auch im Hinblick auf das Grundgesetz zumindest bedenklich sei, dem Staat schon in Fällen, in denen eine zwangsweise Unterbringung Einzelner zum Schutze der Allgemeinheit nicht erforderlich sei, das Recht zu geben, Menschen gegen ihren Willen zwangsweise einzuweisen. Auch im Rahmen sonstiger gesetzlicher Vorschriften könne niemand gezwungen werden, sich einer Heilbehandlung zu unterziehen, solange er nicht an einer ansteckenden Krankheit leide, die eine Isolierung und ärztliche Behandlung zum Schutz der Öffentlichkeit erforderlich mache.

Für die weitere Beratung des Gesetzentwurfs im Justizausschuss des Landtags von Nordrhein-Westfalen war charakteristisch, dass die Diskussionen ausschließlich Details der Gesetzesformulierungen betrafen, während die größeren Linien des Entwurfes offensichtlich übereinstimmend gebilligt wurden. So wurde beispielsweise etwa die Regelung in § 7, wonach die »Vorführung« des Anzuhörenden angeordnet werden konnte, von dem Abgeordneten Dr. med. Krabbe als

434 Stellungnahme vom 3.4.1956, Hauptstaatsarchiv Düsseldorf, NW 189/257, Bl. 35ff.

435 Es handelte sich um je einen Arzt des Landschaftsverbandes Rheinland und des Landschaftsverbandes Westfalen-Lippe, und den Präsidenten der Ärztekammer Westfalen und um einen frei praktizierenden Psychiater; Aktenvermerk vom 3.5.1956, Hauptstaatsarchiv Düsseldorf, NW 189/257, Bl. 31ff.

„diffamierender Anklang an das Strafverfahren“ empfunden.[436] Der Justizausschuss holte daraufhin eine gutachterliche Stellungnahme des Justizministeriums ein, die zu dem Ergebnis kam, dieser Paragraph könne nicht, wie vom Justizausschuss vorgeschlagen, im Hinblick auf die Vorschriften in §§ 13, 33 FGG völlig gestrichen werden, da diese zwar auf den ersten Blick inhaltlich ähnliche Vorschrift eine Eigenverantwortlichkeit des Untergebrachten voraussetzte.[437]

Weiterhin wurde die Notwendigkeit der in § 9 getroffenen Regelung diskutiert, wonach dem Gericht die Möglichkeit eingeräumt werden sollte, auch die Art und Weise der Unterbringung in seiner Entscheidung festzulegen. Hier stand in der Diskussion eine Auffassung, wonach das Gericht grundsätzlich mit der Vollstreckung gar nichts zu tun haben sollte, einer anderen gegenüber, der zufolge man gar nicht sorgfältig genug verfahren könne, um zu verhindern, dass der Kranke bei der Art der Unterbringung den Entscheidungen der Ordnungsbehörden allein ausgeliefert sei. Man befürchtete, die Ordnungsbehörden könnten zum Beispiel fiskalische Motive verfolgen und hierüber das Wohl des Kranken vernachlässigen. Mit knapper Mehrheit entschied sich der Justizausschuss schließlich für einen Kompromiss, wonach das Gericht die Befugnis haben sollte, in seiner Entscheidung die Unterbringungsanstalt zu bezeichnen.

Der Landtag stimmte dem Gesetz über die Unterbringung geisteskranker, geistesschwacher und suchtkranker Personen trotz dieser diskutierten Punkte in der unveränderten Fassung der Drucksache Nr. 300 in erster Lesung am 20. März 1956[438], in zweiter am 3. Oktober 1956[439] und in dritter Lesung am 4. Oktober 1956[440] zu. Die Landesregierung fertigte das Gesetz in ihrer 485. Kabinettsverhandlung am 23. Oktober 1956 aus,[441] es wurde am 16. Oktober 1956 veröffentlicht und trat am 1. Januar 1957 in Kraft. [442]

---

436 Vermerk über die Sitzung des Justizausschusses vom 26.5.1956, Hauptstaatsarchiv Düsseldorf, NW 189/257, Bl. 84.

437 Schreiben an den Justizausschuss vom 5.6.1956, Hauptstaatsarchiv Düsseldorf, NW 189/257, Bl. 97.

438 Landtag Nordrhein – Westfalen, 3. Wahlperiode, 36. Sitzung am 20. März 1956, Stenographischer Bericht.

439 Landtag Nordrhein – Westfalen, 3. Wahlperiode, 47. Sitzung am 3. Oktober 1956, Stenographischer Bericht. In dieser Lesung wurde auch der Bericht des Justizausschusses, sowie des Ausschusses für innere Verwaltung (Landtag Nordrhein – Westfalen, 3. Wahlperiode, Drucksache Nr.300) erörtert.

440 Landtag Nordrhein – Westfalen, 3. Wahlperiode, 48. Sitzung am 4. Oktober 1956, Stenographischer Bericht.

441 Kabinettsprotokolle der Landesregierung Nordrhein – Westfalen 1954 bis 1958, herausgegeben von *K. Düwell* und *O. Dascher*, Dokument Nr. 259.

442 Der Gesetzestext ist im Anhang zu dieser Arbeit unter B.4. abgedruckt.

3. Das Nordrhein– Westfälische Gesetz über Hilfen und Schutzmaßnahmen bei psychischen Krankheiten (PsychKG) vom 2. Dezember 1969

Die Gesetzgebung der Länder auf dem Gebiet des Unterbringungsrechts verlief in zwei großen Schüben. Die bisher am Beispiel von Hamburg und Nordrhein-Westfalen dargestellte „erste Welle“[443] der Unterbringungsgesetze erfolgte wie aufgezeigt in den 50er Jahren in Ausführung des durch Art. 104 Abs. 2 S. 4 GG aufgestellten Gebotes, „das nähere gesetzlich zu regeln.“ Der Schwerpunkt dieser vorwiegend polizeirechtlich geprägten, die älteren Polizeigesetze ablösenden Landesgesetze bestand darin, durch die Unterbringung Geisteskranker die öffentliche Sicherheit und Ordnung vor den von diesen ausgehenden Gefahren zu schützen. Äußerlich kam dieses vordergründig verfolgte Ziel bereits durch die Überschrift des Hamburger „Gesetzes zum Schutz der öffentlichen Sicherheit und Ordnung“[444] zum Ausdruck. Inhaltlich wurde es in § 2 des Nordrhein– westfälischen Gesetzes unter der Überschrift „Voraussetzungen der Unterbringung“ in der als notwendige Voraussetzung für eine Unterbringung aufgestellten „gegenwärtigen Gefahr für die öffentliche Sicherheit und Ordnung“ deutlich gemacht.[445]

Im Jahre 1966, als das Saarland mit seinem Unterbringungsgesetz[446] das Schlusslicht der „ersten Welle“ bildete, begann eine „zweite Welle“ von Ländergesetzen, in der die einzelnen Bundesländer ihre Unterbringungsgesetze erstmals reformierten.[447] Gemeinsam ist diesen neuen Gesetzen die stärkere Ausgestaltung der Möglichkeiten der fürsorgerischen Betreuung psychisch Kranker insbesondere auch mit anderen Mitteln als dem der zwangsweisen Unterbringung. Vorreiter dieser Entwicklung in den novellierten Unterbringungsgesetzen der einzelnen Bundesländer war Nordrhein– Westfalen.

Die Nordrhein– westfälische Landesregierung beschloss in der Kabinettssitzung vom 30. April 1968 den Entwurf eines „Gesetz über Hilfen und Schutzmaßnahmen bei psychischen Krankheiten“, der am 3. Mai 1968 als Drucksache Nr. 725 vom Ministerpräsidenten dem Landtag zugeleitet wurde.[448] In der Be-

---

443 So formuliert von *Helle*, Entwicklungslinien und Inhalte der Psychisch-Kranken-Gesetze, S. 10.

444 Hamburgisches Gesetz- und Verordnungsblatt 1966, S. 77.

445 Gesetz über die Unterbringung geisteskranker, geistesschwacher und suchtkranker Personen, nordrhein – westfälisches Gesetz- und Verordnungsblatt 1956, S. 300.

446 Gesetz Nr. 896 über die Unterbringung von psychischen Kranken und Süchtigen (Unterbringungsgesetz) vom 10.12.1969. Amtsblatt des Saarlandes 1970, S.22.

447 Vergleiche zu den Gesetzgebungsaktivitäten der einzelnen Bundesländer die Darstellung unten unter V, 5.

448 Landtag Nordrhein – Westfalen, 6. Wahlperiode, Drucksache Nr. 725; Schreiben des Ministerpräsidenten des Landes Nordrhein – Westfalen vom 3. Mai 1968, Az. I A3 – 16.25. Auf den Abdruck des Entwurfs wurde der Übersichtlichkeit halber ver-

gründung zu diesem Entwurf wurden „die gewaltigen Fortschritte der psychiatrischen Wissenschaft, die ... erheblich verbesserte Möglichkeiten der Prävention, Therapie und Rehabilitation bei psychischen Erkrankungen gebracht" haben, als Hauptgrund für die Notwendigkeit einer Neuregelung der Unterbringungsgesetze angeführt.[449] Insbesondere die inzwischen von der medizinischen Industrie entwickelten Psychopharmaka[450] ermöglichten eine Beruhigung sogar zahlreicher bisher als ausgesprochen gefährlich eingestufter Geisteskranker, so dass eine Unterbringung oftmals völlig entfallen, zumindest aber wesentlich verkürzt werden konnte.

Der Begründung zufolge kam es bei diesem Gesetzentwurf in erster Linie darauf an, alle Arten von Hilfen für Geisteskranke möglichst frühzeitig einsetzen zu lassen, da so nach ärztlicher Erfahrung eine kritische Entwicklung der Krankheitsbilder in Richtung einer Gefährdung oftmals vermieden werden konnte. Die Landesregierung erklärte ausdrücklich, dass eine bloße Novellierung des bestehenden Unterbringungsrechtes den vielen neuzeitlichen Entwicklungen nicht gerecht werden konnte, sondern dass ein vollkommen neues Gesetz erforderlich sei.[451] Diese Notwendigkeit einer Neuregelung war der Bevölkerung von Nordrhein- Westfalen schmerzlich durch den am 11. Juni 1964 auf die Volksschule Köln- Volkhoven durch einen nicht untergebrachten Geisteskranken verübten brutalen Flammenwerferüberfall vor Augen geführt worden.[452]

Da sich das Verfahren der Unterbringungen in Nordrhein- Westfalen seit Erlass des Gesetzes über die Unterbringung geisteskranker, geistesschwacher und suchtkranker Personen vom 16. Oktober 1956 aber in der Praxis mittlerweile ziemlich gut eingespielt hatte, sollte das neue Gesetz dieses Verfahren so weit wie möglich bestehen lassen. Die bisherigen Unterbringungsregelungen sollten nur insoweit geändert werden, als Auslegungsprobleme aufgekommen waren. Zur Erleichterung der Anwendung wurden beispielsweise in § 1 die medizinischen Begriffe „Psychose, Suchtkrankheit oder Schwachsinn" in den Gesetzentwurf aufgenommen, so dass Gesetz und medizinische Diagnose nunmehr in einem ein-

---

zichtet, und statt dessen die Veränderungen, sowie die endgültige Fassung dargestellt. Das PsychKG ist im Anhang unter B.6 abgedruckt.

449 Landtag Nordrhein – Westfalen, 6. Wahlperiode, Drucksache Nr. 725, Begründung I, Nr.7.

450 Die Pharmakatherapie von Psychosen begann in Deutschland mit der Einführung des Wirkstoffes Chlorpromazin im Jahre 1952.

451 Landtag Nordrhein – Westfalen, 6. Wahlperiode, Drucksache Nr. 725, Begründung I, Nr. 5.

452 Vgl. zu Einzelheiten dieser Katastrophe den Bericht des Hauptausschusses, Landtag Nordrhein – Westfalen, 5. Wahlperiode, Drucksachen Nr. 462, 514; sowie den stenographischen Bericht über die 42. Sitzung des Landtages am 13. Oktober 1964.

heitlichen Vokabular verfasst waren.[453] Die Rechtsprechung erforderte die gegenüber der früheren Regelung einschränkende Änderung des §10 Abs.2, S.2, da hiermit einem Beschluss des Bundesgerichtshofes vom 28. April 1967[454], wonach nur geschäftsunfähige Personen gegen ihren Willen von einem Pfleger untergebracht werden konnten, Rechnung getragen wurde. Ebenso wurde durch die Klarstellung in §11 Abs.1, S. 3, dass eine mangelnde Behandlungsbereitschaft allein noch keine Unterbringung rechtfertigte, auf das Urteil des Bundesverfassungsgerichtes vom 18. Juli 1967[455] reagiert, wonach es verfassungsrechtlich nicht zulässig sei, einem Staatsbürger allein deshalb die Freiheit zu entziehen, damit er sich besserte. Schließlich enthielt § 23 des Entwurfs keine der bisherigen Regelung des § 10 Abs. 3 Unterbringungsgesetz entsprechende Bestimmung mehr, da das Bundesverfassungsgericht bereits am 10. Februar 1960[456] entschieden hatte, dass jeder Geisteskranke für ein Verfahren, in dem über die wegen seines Geisteszustandes einzuleitenden Maßnahmen entschieden wurde, als prozessfähig anzusehen sei, weshalb die im Unterbringungsgesetz enthaltene gegenteilige Aussage gestrichen werden musste.

Die erste Lesung des Gesetzentwurfs erfolgte im Landtag von Nordrhein–Westfalen in der 34. Sitzung am 14. Mai 1968.[457] In seiner Eröffnungsrede erläuterte der Innenminister Weyer die grobe inhaltliche Dreiteilung des Entwurfs in erstens Vorschriften über vorbeugende Hilfen (§§7-9), zweitens Vorschriften über die Unterbringung (§§10-33) und drittens Vorschriften über die nachgehende Hilfe (§§34-37).[458] Er stellte heraus, dass eine solche umfassende Regelung aller nach modernen Erkenntnissen der Psychiatrie therapeutisch möglichen und notwendigen Maßnahmen zur Behandlung Geisteskranker in einem einzigen Gesetz eine beispiellose Neuregelung sei, da es in den anderen Bundesländern bisher ausschließlich Vorschriften über das Verfahren der Unterbringung, aber keinerlei Bestimmungen über eine konstruktive Hilfestellung für Geisteskranke gebe.

Durch den am Ende der Sitzung gefassten Beschluss des Landtags wurde dieser Entwurf eines Gesetzes über Hilfen und Schutzmaßnahmen bei psychischen Krankheiten an den Ausschuss für Soziales und Gesundheit sowie durch Land-

---

453 Landtag Nordrhein – Westfalen, 6. Wahlperiode, Drucksache Nr. 725, Begründung II, zu §1.

454 BGH, JZ 1967, S. 677.

455 BVerfGE vom 18.Juli 1967, NJW 1967, S. 1795.

456 BverfGE 10, 302ff.

457 Landtag Nordrhein – Westfalen, 6. Wahlperiode, Stenographischer Bericht über die 34. Sitzung vom 14. Mai 1968.

458 Protokoll der Eröffnungsrede, Anlage zu Landtag Nordrhein – Westfalen, 6. Wahlperiode, Stenographischer Bericht über die 34. Sitzung vom 14. Mai 1968.

tagsbeschluss vom 1. Oktober 1968 an den Justizausschuss zur Mitberatung überwiesen.[459] Die Ausschüsse haben den Gesetzentwurf ausgiebig diskutiert und sich ein eigenes Bild der bestehenden Lage in den vorhandenen Einrichtungen durch zahlreiche Gespräche mit Ärzten, Sachverständigen und Patienten verschafft. Die abschließende Beratung erfolgte in einer gemeinsamen Sitzung des Ausschusses für Soziales und Gesundheit mit dem Justizausschuss am 19. Juni 1969.[460] Von den Veränderungen, die der Gesetzesentwurf in diesen Beratungen erfuhr, sind drei wesentliche herauszustellen:[461]

In § 3 wurde die bisherige Fassung:

> „§ 3 Einsetzen der Hilfen
> Die Hilfen sind zu gewähren, sobald dem Träger dieser Hilfen durch Antrag, durch begründete Anregung Dritter, oder auf sonstige Weise bekannt wird, dass die in § 1 Nr. 1 bezeichneten Voraussetzungen vorliegen."

verkürzt, und es wurde vorgeschlagen zu formulieren:

> „§ 3 Anspruch auf Hilfen
> Die Hilfen sind zu gewährleisten, sobald dem Träger dieser Hilfen durch begründeten Antrag bekannt wird, dass die in § 1 Nr. 1 bezeichneten Voraussetzungen vorliegen".

Diese Reduzierung der möglichen Auslöser für die Einleitung eines Unterbringungsverfahrens sollte verhindern, dass die Unterbringung Geisteskranker von einzelnen Denunzianten zur vorübergehenden Ausschaltung unliebsamer gesunder Mitbürger missbraucht werden konnte. Durch das Erfordernis der Begründung aller Anträge durch den Anzeigenden versprachen sich die Ausschussteilnehmer neben dieser Abschreckung von Denunzianten und dem damit verbundenen Schutz des Betroffenen auch einen gewissen Schutz der Träger der Hilfseinrichtungen davor, auf alle noch so unbegründeten Anträge erst einmal durch Einleitung kostenintensiver Ermittlungen reagieren zu müssen.

Die zweite wesentliche Änderung betraf § 9 des Gesetzentwurfs, der die Untersuchung des Unterzubringenden regelte. Die bisherige Regelung, nach der die Untersuchung in jedem Fall in den Räumen des Gesundheitsamtes durch einen dort angestellten Arzt zu erfolgen hatte, wurde durch ein neues Verfahren ersetzt, nach dem gemäß den Änderungsvorschlägen der Ausschüsse der Patient zwi-

---

459 Landtag Nordrhein – Westfalen, 6. Wahlperiode, Stenographischer Bericht über die 39. Sitzung vom 1. Oktober 1968.

460 Bericht des Ausschusses für Soziales und Gesundheit zur zweiten Lesung, Landtag Nordrhein – Westfalen, 6. Wahlperiode, Drucksache Nr. 1350.

461 Der in den Ausschüssen überarbeitete Entwurf findet sich in Landtag Nordrhein – Westfalen, 6. Wahlperiode, Drucksache Nr. 1350.

schen einer Untersuchung durch den Arzt des Gesundheitsamtes oder durch seinen persönlichen Hausarzt wählen können sollte. Darüber hinaus wurde die Möglichkeit einer Untersuchung im Rahmen eines diskreten Hausbesuches eingeführt.[462] Durch diese Neuerungen wollte man das nach modernen psychiatrischen Erkenntnissen für ausgesprochen wichtig erachtete Vertrauensverhältnis zwischen Patient und Arzt stärken.

Schließlich wurde der Schutz des Betroffenen vor möglicherweise missbräuchlichen Entscheidungen der gesetzlichen Vertreter durch die Änderung des § 26 Abs. 2 des Entwurfs gewährleistet. In diesem mit „Ärztliche Heilbehandlung" überschriebenen Paragraphen war nach der Regierungsvorlage vorgesehen, dass gemäß § 26 Abs. 2 S.2 für die Zulässigkeit ärztlicher Eingriffe, die das Leben des Patienten gefährdeten, in den Fällen in denen der Betroffene die Tragweite des Eingriffs nicht beurteilen konnte, allein der Wille des gesetzlichen Vertreters maßgebend sein sollte. Nach der veränderten Fassung sollte stets zusätzlich die Zustimmung des Gerichtsärztlichen Ausschusses für so folgenschwere Eingriffe erforderlich sein, und § 26 Abs. 2 S.1 lauten:

> „Ärztliche Eingriffe, die mit erheblicher Gefahr für Leben oder Gesundheit verbunden sind oder die Persönlichkeit wesentlich verändern, dürfen nur mit Einwilligung der betreffenden Person und mit Zustimmung des Gerichtsärztlichen Ausschusses vorgenommen werden...."[463]

Diese wesentlichen inhaltlichen Veränderungen prägten auch die Diskussion in der zweiten Lesung des Entwurfs am 16. September 1969 im Landtag maßgeblich.[464] Zusätzlich hierzu hob die Abgeordnete Wanke (SPD) in dieser Sitzung noch ausdrücklich die ihrer Meinung nach wesentlichste Neuerung, die sie in der unverändert aus dem ersten Entwurf übernommenen Möglichkeit einer vorläufigen Entlassung Untergebrachter sah, hervor (§ 30). Die Schaffung dieser Möglichkeit einer schnelleren Entlassung von Patienten in den Fällen, in denen gewährleistet war, dass sie ihre beruhigenden Medikamente weiterhin nahmen, sei „ein beachtliches Merkmal der Entwicklung der Psychiatrie."[465] Der Vertreter der CDU, Abgeordneter Neuhaus, lobte im Rahmen dieser zweiten Lesung die konstruktiven Beratungen des Entwurfs zwischen den Ausschussmitgliedern, Sachverständigen, Ärzten und Berufsverbänden, die dazu geführt hätten, dass der vorliegende Entwurf ein praxisgerechtes und für alle an dem Unterbringungsver-

462 Landtag Nordrhein – Westfalen, 6. Wahlperiode, Drucksache Nr. 1350.
463 Landtag Nordrhein – Westfalen, 6. Wahlperiode, Drucksache Nr. 1350.
464 Landtag Nordrhein – Westfalen, 6. Wahlperiode, Stenographischer Bericht über die 60. Sitzung am 16. September 1969.
465 Landtag Nordrhein – Westfalen, 6. Wahlperiode, Stenographischer Bericht über die 60. Sitzung am 16. September 1969, vgl. hierzu auch *Parensen*, S. 329.

fahren Beteiligten ohne große Umstellung praktizierbares Verfahren normierte. Der Gesetzentwurf wurde in dieser Sitzung vom Landtag einstimmig in zweiter Lesung angenommen. Während der Debatte hatten jedoch sowohl der Abg. Neuhaus (CDU) als auch der Abg. Knoll (FDP) beantragt, den Entwurf noch einmal an die bisher beteiligten Ausschüsse zur abschließenden Beratung und Ausarbeitung von letzten Details zurück zu überweisen.[466] Die Rücküberweisung des Gesetzesentwurfs an den Ausschuss für Soziales und Gesundheit und an den Gesundheitsausschuss wurde am Schluss dieser Sitzung ebenfalls einstimmig beschlossen.

Der dritten Lesung[467] in der 62. Landtagssitzung am 11. November 1969 lag ein nur in zwei wesentlichen Punkten ergänzter Entwurf zugrunde, der aus den abschließenden Beratungen des Ausschusses für Soziales und Gesundheit und des Justizausschusses am 30. Oktober 1969 resultierte.[468]

Zunächst schlugen der Ausschuss für Soziales und Gesundheit und der Justizausschuss vor, den § 28 „Besuchskommission" um einen neuen Absatz 2, Satz 2 zu ergänzen:

> „Eine Zusammenfassung der Besuchsberichte übersendet der Innenminister dem Landtag von Nordrhein-Westfalen erstmals zum 1. Februar 1971, sodann mindestens alle 2 Jahre."

Auf diese Weise sollte sichergestellt werden, dass die Landesregierung in einer Art Erfolgskontrolle laufend überwachen konnte, ob die mit dem Gesetz verfolgten Zielvorstellungen in der Praxis auch tatsächlich realisiert wurden. Darüber hinaus erhoffte man sich durch diese zusätzliche Kontrollmöglichkeit ein weiteres Instrument, um einer befürchteten und in der Vergangenheit erlebten missbräuchlichen Anwendung der Vorschriften zur zwangsweisen Unterbringung von Menschen gegen ihren Willen entgegenwirken zu können. Im Zusammenhang mit dieser Befürchtung ist auf einen – heftigen Beifall auslösenden – abschließenden Ausspruch des Abgeordneten Knoll (FDP) hinzuweisen: „Meine Damen und Herren, wir sind heute 24 Jahre nach 1945, und ich meine, wir sollten, so sehr ich immer für Kontrolle bin, den Menschen, die diesen schweren Dienst an den Kranken im Lande tun, Vertrauen entgegenbringen, mehr Vertrau-

466 Landtag Nordrhein – Westfalen, 6. Wahlperiode, Stenographischer Bericht über die 60. Sitzung am 16. September 1969, S. 2457, 2458.

467 Diese war aufgrund der erfolgten nochmaligen Rücküberweisung notwendig.

468 Bericht des Ausschusses für Soziales und Gesundheit zur dritten Lesung vom 30. Oktober 1969, Landtag Nordrhein – Westfalen, 6. Wahlperiode, Drucksache Nr. 1546.

en, als ihnen bisher von der Öffentlichkeit entgegengebracht worden ist."[469] Dieser Satz verdeutlicht, wie sehr die Öffentlichkeit immer noch eine missbräuchliche Anwendung der Unterbringungsregelungen fürchtete.

Der zweite Änderungsvorschlag der Ausschüsse betraf die bisher in §§ 40ff enthaltene und unverändert aus dem ersten Regierungsentwurf übernommene Kostenregelung. Um den Betroffenen die Annahme der in diesem Gesetzentwurf angebotenen „Hilfen zu erleichtern, aber auch um die sozialpolitischen Zielsetzungen zu unterstreichen,"[470] waren die beiden beteiligten Ausschüsse der Meinung, dass für eventuell durchzuführende gerichtliche Verfahren keinerlei Kosten erhoben werden sollten.

Durch diese Neufassung des § 40:

> „Für das gerichtliche Verfahren werden Kosten nicht erhoben."

entfiel § 41 und die folgenden Paragraphen wurden in den Nummerierungen entsprechend vorgezogen.

Der Landtag von Nordrhein– Westfalen verabschiedete diesen Gesetzentwurf in dritter Lesung einstimmig, und das Gesetz über Hilfen und Schutzmaßnahmen bei psychischen Krankheiten (PsychKG) trat nach seiner Verkündung am 2. Dezember 1969 am 1. Januar 1970 in Kraft.[471]

4. Das Hamburgische Gesetz über Hilfen und Schutzmaßnahmen bei psychischen Krankheiten (HmbPsychKG) vom 22. September 1977

Während in Nordrhein– Westfalen vor allem die Weiterentwicklung der medizinischen Forschung die Novellierung des Unterbringungsrechtes motiviert hatte, wurde die Novellierung in Hamburg neben der Wahrnehmung der veränderten Therapiemethoden vor allem durch die Veröffentlichung des Berichtes über die

469 Landtag Nordrhein – Westfalen, 6. Wahlperiode, Stenographischer Bericht über die 62. Sitzung am 11. November 1969.

470 Landtag Nordrhein – Westfalen, 6. Wahlperiode, Stenographischer Bericht über die 62. Sitzung am 11. November 1969.

471 Gesetz- und Verordnungsblatt Nordrhein – Westfalen, 1969, S. 872ff. Dieses Gesetz ist im Anhang zu dieser Arbeit unter B.15. abgedruckt. Es wurde durch Gesetz vom 18. Dezember 1984,"Gesetz über den Vollzug freiheitsentziehender Maßregeln in einem psychiatrischen Krankenhaus und einer Entziehungsanstalt (Maßregelvollzugsgesetz-MRVG)", GVBl. 1985 S. 14, geändert, und später durch das „Gesetz über Hilfen und Schutzmaßnahmen bei psychischen Krankheiten (PsychKG)" vom 17. Dezember 1999, GVBl. S. 662 abgelöst. Vergleiche zu den Hintergründen und Stadien der Veränderungen die Ausführungen unten unter V., 5.

Lage der Psychiatrie in der Bundesrepublik ausgelöst.[472] Der Bundestag hatte in seiner 130. Sitzung am 23. Juni 1971 beschlossen, eine Enquete über die Situation der Psychiatrie in Deutschland durch eine unabhängige Sachverständigenkommission erstellen zu lassen, aus der die bestehende psychiatrische Versorgung der Bevölkerung ersichtlich sein sollte.[473] Ausschlaggebend für diesen Beschluss war die Erkenntnis, dass psychische Erkrankungen inzwischen mit einer Verbreitung von 10 – 12 % der Gesamtbevölkerung die häufigsten Erkrankungsformen waren. Im Bundestag wurde es für möglich gehalten, bei Anwendung moderner Behandlungsmethoden einen großen Teil dieser Kranken zu heilen oder zumindest ihren Zustand zu bessern. Um eine stärkere Verbreitung moderner Therapien zu ermöglichen, bedurfte es umfassender neuer Regelungen, was wiederum eine Ermittlung des konkreten Bedarfes voraussetzte.

Die konstituierende Sitzung der Sachverständigenkommission fand am 31. August 1971 im Bundesministerium für Jugend, Familie und Gesundheit unter dem Vorsitz des Staatssekretärs Prof. von Manger– Koenig statt.[474] Nach über vierjähriger Untersuchungstätigkeit war die Sachverständigenkommission zu dem Schluss gekommen, dass eine Novellierung der in den meisten Bundesländern seit den 50er Jahren unverändert geltenden Unterbringungsgesetze dringend notwendig war. In dem Abschlußbericht hieß es hierzu: „Diese Unterbringungsgesetze sind im Kern alle mehr oder weniger modifizierte Polizeigesetze. Der Sicherheitsgedanke ist Anlass und wird es auch bleiben. Da ein dominierendes Sicherungsbedürfnis aber nur bei einem Bruchteil der von den Unterbringungen Betroffenen und bei diesen meist nur vorübergehend gegeben ist, müssen in die Unterbringungsregelungen verstärkt fürsorgerische Gesichtspunkte beispielsweise durch Einbeziehung vorbeugender und nachgehender Hilfsmaßnahmen einbezogen werden.“[475]

Diese Erkenntnis griff die CDU als Oppositionspartei in ihrem am 17. März 1976 in die Hamburger Bürgerschaft eingebrachten Antrag auf, ein Hamburgisches Unterbringungsgesetz gemäß einem beigefügtem Entwurf zu beschlie-

---

472 Deutscher Bundestag, 7. Wahlperiode, Drucksache Nr. 7/4200. „Unterrichtung durch die Bundesregierung: Bericht über die Lage der Psychiatrie in der Bundesrepublik Deutschland – zur psychiatrischen und psychotherapeutischen Versorgung der Bevölkerung.“ Dieser Bericht umfasst 426 Seiten und ist mit einem, die einzelnen Gutachten und Erhebungen enthaltenden 1192 seitigen Anhang versehen.

473 Deutscher Bundestag, 6. Wahlperiode, Drucksache Nr. 474/2322.

474 Vorsitzender war Prof. Kulenkampf; als Vertreter der Länder war im Vorstand der Präsident der Deutschen Gesellschaft für Psychiatrie und Nervenheilkunde Prof. Dr. Degkwitz, der von Prof. Hippius abgelöst wurde. Das Vollzählige Verzeichnis aller Mitglieder der Kommission ist in: Deutscher Bundestag, 7. Wahlperiode, Drucksache Nr. 7/4201 unter C,7, S.1181 abgedruckt.

475 Deutscher Bundestag, 7. Wahlperiode, Drucksache Nr. 7/4200, D,6,7.1.

ßen.[476] Im Rahmen der späteren Erörterung dieses Entwurfs führte der Abgeordnete Voigt (CDU) aus, dass die bisher praktizierten Unterbringungen mit „einer derartigen polizeirechtlichen Ausgestaltung ... sowohl aus humanitären als auch aus allgemeinen politischen Erwägungen nicht gerechtfertigt" seien.[477] Durch Vorlage ihres Gesetzentwurfes wollte die CDU die rechtliche Situation verbessern und gleichzeitig auch eine umfassende Kontrolle der Anstalten ermöglichen. Bisher hatten bereits acht Bundesländer diese Materie durch Novellierung ihrer Unterbringungsgesetze gesetzlich geregelt.[478] Lediglich in den Ländern Niedersachsen, Bremen und Hamburg fehlten zu diesem Zeitpunkt noch neue Gesetze.

Der erste Entwurf für ein Hamburgisches Unterbringungsgesetz der CDU-Fraktion war trotz dieser ausdrücklich erklärten Zielsetzung mit dem Titel „Unterbringungsgesetz" überschrieben und regelte auch inhaltlich ausschließlich die reine Unterbringung, ohne dass vor- oder nachgehende Hilfen für Geisteskranke vorgesehen waren.[479] Er verfolgte im wesentlichen lediglich zwei Hauptziele, erstens die Verbesserung der Rechtsstellung des Unterzubringenden durch einzuhaltende Verfahrensvorschriften (insbesondere §§ 5,8,9,16), und zweitens die Sicherstellung einer angemessenen Unterbringung durch Regelungen über die ärztliche Behandlung und sonstige Betreuung (§§ 18,19).

Kurze Zeit nach diesem Antrag brachte die FDP in die Hamburger Bürgerschaft am 13. April 1976 einen eigenen Entwurf für ein Hamburgisches Gesetz über Hilfen und Schutzmaßnahmen bei psychischen Krankheiten (HmbPsychKG) ein.[480] Wie schon der gewählte Titel besagte, stand bei diesem Entwurf neben dem ordnungspolitischen Gesichtspunkt der Unterbringung zum Schutz sowohl der Öffentlichkeit als auch des Einzelnen vor drohenden Gefahren vor allem die Bereitstellung verschiedenartigster Hilfen für die psychisch Kranken im Vordergrund. Nach Ansicht der FDP sollten Prävention, Therapie und Rehabilitation die vorrangigen Aufgaben des Staates sein, die „mit dem Endziel einer sozialen Eingliederung aller", oder besser bereits der „Verhinderung jeglicher sozialer Entfremdungen",[481] zu verfolgen seien. In der Erläuterung seines Entwurfes räumte

---

476 Bürgerschaft der Freien und Hansestadt Hamburg, 8. Wahlperiode, Drucksache Nr. 8/1391.

477 Bürgerschaft der Freien und Hansestadt Hamburg, 8. Wahlperiode, Plenarprotokoll der 50. Sitzung Nr. 8/50.

478 Zur Entwicklung der einzelnen Landesgesetze vergleiche die Darstellung unten unter V, 5.

479 Bürgerschaft der Freien und Hansestadt Hamburg, 8. Wahlperiode, Drucksache Nr. 8/1391.

480 Bürgerschaft der Freien und Hansestadt Hamburg, 8. Wahlperiode, Drucksache Nr. 8/1466.

481 Bürgerschaft der Freien und Hansestadt Hamburg, 8. Wahlperiode, Plenarprotokoll, 50. Sitzung, 14. April 1976, Nr. 8/50.

der Abgeordnete Hempel ein, dass man sich inhaltlich sehr stark an dem nordrhein– westfälischen Gesetz über Hilfen und Schutzmaßnahmen bei psychischen Krankheiten orientiert habe, und führte erklärend aus: „Wir haben dies getan, weil wir erkannt haben, dass es sich... um das fortschrittlichste Gesetz in der Bundesrepublik Deutschland handelt. Es differenziert am weitestgehenden und berücksichtigt neben dem ordnungspolitischen Teil auch die vorangehenden begleitenden und nachgehenden Hilfen. Das ist der Punkt, der unseren Entwurf von dem der CDU wesentlich unterscheidet."[482]

Bezüglich der Ausgestaltung der Vorschriften über die Art und Weise der Unterbringung selbst bestand weitgehende inhaltliche Übereinstimmung zwischen den beiden Entwürfen. Lediglich die von der FDP in § 28 ausdrücklich normierten ärztlichen Zwangsmaßnahmen und die hier besonders unter erleichterten Voraussetzungen für zulässig erklärte Verabreichung von Psychopharmaka ging über den CDU-Entwurf hinaus. Dieser Punkt wurde aufgrund der großen Bedeutung, die der Behandlung mit Beruhigungsmitteln inzwischen in der modernen Psychiatrie zukam, für unbedingt regelungsbedürftig gehalten.

Die SPD-Fraktion beschränkte sich in ihrem ebenfalls am 13. April 1976 eingebrachten Antrag zur Neuregelung des Unterbringungsrechts darauf, die Hamburger Bürgerschaft zu ersuchen, die Überweisung des CDU-Antrages[483] an den Gesundheitsausschuss zu beschließen, mit der Maßgabe, über die Regelung der Unterbringung hinaus auch vorsorgende und nachgehende Hilfen gesetzlich vorzuschreiben.[484] In seine Erörterungen sollte der Ausschuss nach diesem Willen der SPD sowohl die Grundsätze des Nordrhein– westfälischen Gesetzes über Hilfen und Schutzmaßnahmen bei psychischen Krankheiten vom 2. Dezember 1969 als auch die dort mittlerweile bei der Anwendung gesammelten praktischen Erfahrungen einbeziehen. Dieser Verzicht der SPD auf einen eigenen Gesetzentwurfes verführte den FDP-Abgeordneten Hempel zu der geringschätzigen Bemerkung, dass die SPD durch dieses Verhalten innerhalb der Gesetzesberatung den olympischen Gedanken „Dabei sein ist alles" seiner Meinung nach etwas übertrieben beherzigt habe.[485] Auf diese Provokation hin hob der Vertreter der SPD in der Hamburger Bürgerschaft, Dr. Tarnowski, noch einmal die dringende Notwendigkeit der Schaffung eines neuen Unterbringungsechtes in Hamburg

482 Bürgerschaft der Freien und Hansestadt Hamburg, 8. Wahlperiode, Plenarprotokoll, 50. Sitzung, 14. April 1976, Nr. 8/50.

483 Bürgerschaft der Freien und Hansestadt Hamburg, 8. Wahlperiode, Drucksache Nr. 8/1391.

484 Bürgerschaft der Freien und Hansestadt Hamburg, 8. Wahlperiode, Drucksache Nr. 8/1467.

485 Bürgerschaft der Freien und Hansestadt Hamburg, 8. Wahlperiode, Plenarprotokoll, 50. Sitzung, 14. April 1976, Nr. 8/50, S. 2970.

hervor und begründete diese neben dem hohen Alter und der Lückenhaftigkeit der bestehenden Regelungen erstmals auch gesetzessystematisch. Er erklärte, die „gesetzliche Neuerung der Zwangseinweisung psychisch Kranker und Süchtiger ist durch Bundesrecht zwingend vorgeschrieben. Wie Sie wissen, regelt unser Strafgesetzbuch die Frage freiheitsentziehender Maßnahmen für schuldunfähige Täter in § 63 und § 64 StGB. Zu diesen gesetzlichen Bestimmungen hat der Bund Vollstreckungsregelungen erlassen, die am 1. Januar 1977 in Kraft treten werden. § 138 dieser Vollstreckungsregelungen bestimmt eindeutig:

> §138
> Die Unterbringung in einem psychiatrischen Krankenhaus... richtet sich nach Landesrecht, soweit Bundesgesetze nichts anderes bestimmen.

Mit anderen Worten: Die Bundesländer sind gehalten, die Zwangseinweisung schuldunfähiger Täter durch Landesrecht zusammenhängend zu regeln.“[486]

Diese Argumentation überzeugte die Hamburger Bürgerschaft und sie beschloss am Ende der 50. Sitzung einstimmig die Überweisung der Entwürfe mit der Maßgabe, auch vorsorgende und nachgehende Hilfen vorzusehen, an den Gesundheitsausschuss zur weiteren Ausarbeitung.[487]

Der Gesundheitsausschuss setzte alsbald einen Unterausschuss ein.[488] Diskussionsgrundlage der Beratungen des Unterausschusses war neben den beiden Fraktionsentwürfen sowie dem Nordrhein- westfälischen Gesetz zusätzlich noch eine von der Gesundheitsbehörde in Abstimmung mit der Justizbehörde erarbeitete weitere Gesetzesfassung, die sich dadurch auszeichnete, dass sie auf die bestehenden Hamburger Verhältnisse abgestimmt und unter Berücksichtigung der von der Verwaltung geäußerten praktischen Wünsche formuliert war.[489] Der von der Gesundheitsbehörde erarbeitete Gesetzentwurf erklärte die seit Bestehen des Unterbringungsrechts in Hamburg praktizierte Verfahrensweise, dass die Verwaltungsbehörde die Unterbringung anordnete und das zuständige Gericht diese Maßnahme anschließend nur bestätigte, für zulässig. Im Unterschied dazu sah der FDP-Entwurf vor, dass die Unterbringung grundsätzlich von dem zuständigen

---

486 Bürgerschaft der Freien und Hansestadt Hamburg, 8. Wahlperiode, Plenarprotokoll, 50. Sitzung, 14. April 1976, Nr. 8/50, S. 2969.

487 Bürgerschaft der Freien und Hansestadt Hamburg, 8. Wahlperiode, Plenarprotokoll, 50. Sitzung, 14. April 1976, Nr. 8/50, S. 2972.

488 Bürgerschaft der Freien und Hansestadt Hamburg, 8. Wahlperiode, Drucksache Nr. 8/2213 (Zwischenbericht des Gesundheitsausschusses); Plenarprotokoll, 70. Sitzung, 9. Februar 1977, 8/70 (Mitteilung an die Hamburgische Bürgerschaft).

489 Stellungnahme der Gesundheitsbehörde Hamburg, Rechtsdezernat, vom 28. Dezember 1976, Staatsarchiv Hamburg, Arbeits- und Sozialbehörde, Hauptakte Band VI, 136.00-4.

Gericht angeordnet werden musste. Die zuständige Behörde sollte lediglich bei besonderer Eilbedürftigkeit einen Kranken selbst unterbringen dürfen, dann aber umgehend einen Antrag auf Unterbringung beim Gericht stellen müssen.

Der FDP-Entwurf lehnte sich in dieser Hinsicht stark an das Gesetz des Landes Nordrhein-Westfalen an. Dagegen brachte die Gesundheitsbehörde vor, dass gerade die mittlerweile dort gemachten Erfahrungen zeigten, dass die eigentlich vorgesehene Ausnahme von der üblichen Verfahrensweise, also die sofortige Unterbringung durch die zuständige Behörde, inzwischen in der Praxis zur Regel geworden sei. Nur selten sei in besonderes eilbedürftigen Unterbringungsfällen sofort ein Gericht erreichbar. Wenn sich in der Praxis jedoch erwiesen habe, dass die Ausnahme zur Regel geworden sei, müssten diese Erfahrungen in ein neues Gesetz von vornherein eingearbeitet werden. Die Gesundheitsbehörde wies deshalb darauf hin, dass das Unterbringungsverfahren sich praktischer, den realen Gegebenheiten angepasster und für den Kranken letztlich vorteilhafter gestalten lasse, wenn die in Hamburg bislang praktizierte Verfahrensweise sich auch in dem künftigen Gesetz wiederfände.[490]

Unter Berücksichtigung dieser Stellungnahmen erarbeitete der Unterausschuss des Gesundheitsausschusses eine eigene Neufassung des Unterbringungsgesetzes.[491] Der neue Gesetzentwurf trug den Titel »Hamburgisches Gesetz über Hilfen und Schutzmaßnahmen bei psychischen Krankheiten« (HmbPsychKG) und regelte in getrennten Abschnitten »Allgemeine Bestimmungen über die Hilfen für psychisch Kranke« und »Vorsorgende Hilfen für psychisch Kranke« die Untersuchung und die Unterbringung psychisch Kranker sowie die »Nachgehende Hilfe für psychisch Kranke«[492]. Der Abschnitt »Unterbringung« war in die Unterabschnitte »Begriff und Voraussetzungen«, »Verfahren«, »Rechtsstellung und Betreuung während der Unterbringung« sowie »Entlassung« eingeteilt. Dementsprechend sollte das Gesetz in erster Linie »Hilfen«, dann die »Anordnung von Maßnahmen« und nur als letzte Möglichkeit darüber hinaus die Unterbringung regeln, letzteres für Personen, „die an einer Psychose, einer psychischen Störung, die in ihrer Auswirkung einer Psychose gleichkommt, einer Suchtkrankheit oder an Schwachsinn leiden und dadurch sich selbst oder die Allgemeinheit erheblich gefährden" (§ 1).

---

490 Stellungnahme der Gesundheitsbehörde, Rechtsdezernat, vom 28.12.1976, Staatsarchiv Hamburg, Arbeits- und Sozialbehörde, Hauptakte Bd. VI, 136.00-4

491 Aufgrund der späteren unveränderten Annahme dieses Entwurfes durch die Hamburger Bürgerschaft kann bezüglich des Inhaltes auf das im Anhang zu dieser Arbeit unter B. 7 abgedruckte Gesetz verwiesen werden.

492 Der Entwurf findet sich als Anlage zum Bericht des Gesundheitsausschusses, Bürgerschaft der Freien und Hansestadt Hamburg, 8. Wahlperiode, Drucksache 8/2676.

Der Gesundheitsausschuss stellte in seinem Bericht über die Beratung der Anträge der CDU, FDP und SPD nochmals als wichtige Neuerung heraus, dass neben der eigentlichen Unterbringung eine vorsorgende und eine nachgehende Hilfe vorgesehen sei.[493] Darüber hinaus sei die eigentliche Unterbringung differenziert in Maßnahmen zur sofortigen und solche zur vorläufigen Unterbringung, in die Unterbringung zur Untersuchung sowie die Unterbringung auf längere Sicht unterteilt worden, um den individuellen Bedürfnissen der Betroffenen gerecht zu werden. Wichtigste Bestimmung für die Bedeutung und Zielsetzung des Gesetzes war nach Ansicht des Gesundheitsausschusses jedoch die in § 31 Abs. 2 vorgesehene Organisation eines psychiatrischen Notdienstes. Hiervon versprach man sich eine ähnliche Entwicklung wie die von der SPD in der späteren Bürgerschaftsberatung ausdrücklich angeführte Entwicklung der Unterbringungen in Holland[494], wo sich die Zahl der Zwangsunterbringungen deutlich reduzierte. Von erfahrenen Ärzten könne nach Ansicht des Ausschusses neben der Abwägung möglicher Alternativen zu einer Unterbringung erwartet werden, dass sie die Patienten so weit beruhigten, dass eine menschenwürdige Art und Weise des Transportes und der Unterbringung selbst möglich sei.

Das Ziel einer Humanisierung des Unterbringungsverfahrens und der Unterbringung selbst wurde in der Sitzung der Hamburger Bürgerschaft am 14. September 1977, in der der Gesetzentwurf schließlich auch verabschiedet wurde, immer wieder als bedeutender Fortschritt hervorgehoben.[495] Die hamburgische Bürgerschaft verabschiedete das aus der Mitte des Gesundheitsausschusses stammende Gesetz „Hamburgisches Gesetz über Hilfen und Schutzmaßnahmen bei psychischen Krankheiten“ einstimmig in erster und zweiter Lesung, nachdem die Anträge[496] der CDU, FDP und der SPD für erledigt erklärt worden waren.

Das Gesetz wurde am 22. September 1977 vom Senat ausgefertigt, am 28. September 1977 durch Veröffentlichung im Hamburgischen Gesetz- und Verordnungsblatt verkündet, und es trat am 1. Januar 1978 in Kraft.[497]

---

493 Bürgerschaft der Freien und Hansestadt Hamburg, 8. Wahlperiode, Drucksache Nr. 8/2676.

494 Bürgerschaft der Freien und Hansestadt Hamburg, 8. Wahlperiode, Plenarprotokoll, 83. Sitzung, 14. September 1977, S. 5111. Die SPD gab an, daß sich in Holland durch dieses Verfahren der frühzeitigen Krisenintervention die Zahl der Zwangseinweisungen von 100 auf 30 gesenkt habe.

495 Bürgerschaft der Freien und Hansestadt Hamburg, 8. Wahlperiode, Plenarprotokoll, 83. Sitzung, 14. September 1977.

496 Bürgerschaft der Freien und Hansestadt Hamburg, 8. Wahlperiode, Drucksachen Nr. 8/1391, 8/1466, 8/1467.

497 Hamburgisches Gesetz- und Verordnungsblatt 1977, S. 261. Dieses Gesetz ist im Anhang zu dieser Arbeit unter B 7. abgedruckt. Das Gesetz wurde durch § 39 des Maßregelvollzugsgesetzes vom 14. Juni 1998, GVBl. S. 99 geändert. Durch das

5. Die Entwicklung in den übrigen Bundesländern, insbesondere den neuen, nach Herstellung der deutschen Einheit

Erst am 10. Dezember 1969, dem Datum, an dem das Saarland als letztes Bundesland ein Unterbringungsgesetz verabschiedete, hatten alle Bundesländer das durch Art. 104 Abs. 2 S.4 GG aufgestellte Gebot, „das nähere gesetzlich zu regeln“, durch Ausarbeitung von Unterbringungsgesetzen erfüllt.[498]

Zu diesem Zeitpunkt hatte – wie oben bereits dargestellt – der Gedanke der Fürsorge für die Betroffenen immer stärker an Bedeutung gewonnen, was zu einer Welle von Novellierungen der bisher geschaffenen Landesgesetze führte. Nachdem Nordrhein-Westfalen als erstes Bundesland am 2. Dezember 1969 das „Gesetz über Hilfen und Schutzmaßnahmen bei psychischen Krankheiten (PsychKG)“ verabschiedet hatte, überarbeiteten in den 70er und 80er Jahren auch die übrigen Bundesländer ihre Unterbringungsgesetze, die sie immer stärker nach fürsorgerischen Gesichtspunkten ausgestalteten und schließlich dem seit dem 1.1.1992 geltenden Betreuungsrecht anpassten.[1] Diese „Unterbringungsgesetze der zweiten Generation“[1] sind dem nordrhein-westfälischen PsychKG nachgebildet, so dass sie sich in den wesentlichsten Punkten gleichen. Sie regeln das Unterbringungsverfahren, Hilfen für die psychisch Kranken, sowie den Begriff und die Voraussetzungen der Unterbringung. Schließlich werden in den Gesetzen für den Zeitraum der Unterbringung die Untersuchung, die Heilbehandlung, der Schriftverkehr und die Beurlaubungen, sowie nachgehende Hilfen für den Betroffenen geregelt.

Unterschieden werden jeweils drei Arten der Unterbringung. Die hierfür verwandte Terminologie ist jedoch uneinheitlich. Während im nordrhein-westfälischen PsychKG zwischen „sofortiger“, „einstweiliger“ und „sonstiger“ Unterbringung unterschieden wird, bezeichnet der Gesetzgeber z.B. in Baden- Württemberg erstere als „fürsorgliche Aufnahme und Zurückhaltung“ und letztere als „regelmäßiges Unterbringungsverfahren“, und in Bremen wird die langfristige Unterbringung „befristete Unterbringung“ genannt. Bei einem Vergleich[1] dieser reformierten Landesgesetze gewinnt man den Eindruck, dass sich die jeweiligen

---

„Gesetz zur Neuregelung des Hamburgischen Gesetzes über Hilfen und Schutzmaßnahmen bei psychischen Krankheiten und zur Änderung des Hamburgischen Rettungsdienstes“ vom 27. September 1995, GVBl. S. 235, wurde es durch das „Hamburgische Gesetz über Hilfen und Schutzmaßnahmen bei psychischen Krankheiten (HmbPsychKG)“ vom 27. September 1995,GVBL. S. 235 abgelöst. Zu den Hintergründungen und der Entwicklung dieser Veränderungen vergleiche die Ausführungen unten unter V, 5.

498 Diese Unterbringungsgesetze der einzelnen Bundesländer sind im Anhang unter B. 8. aufgeführt.

Gesetzgeber bemüht haben, für die für den Betroffenen ausgesprochen einschneidenden Maßnahmen möglichst harmlos klingende Bezeichnungen zu finden. Inhaltlich unterscheiden sich die Gesetze lediglich in zwei wichtigen Punkten, nämlich der Beiordnung eines Rechtsanwaltes und der vorgeschriebenen Qualifikation der ärztlichen Gutachter. Vorgesehen sind Gutachten eines Arztes, Amtsarztes, in der Psychiatrie erfahrenen Arztes oder Arztes für Psychiatrie. In einigen Bundesländern ist die Beiordnung eines Rechtsanwalts zwingend vorgeschrieben, in anderen demgegenüber fakultativ, und in Baden- Württemberg überhaupt nicht vorgesehen.

Im Gebiet der früheren Deutschen Demokratischen Republik war die Unterbringung durch das „Gesetz über die Einweisung in stationäre Einrichtungen für psychisch Kranke" (DDR-EinwG) vom 11.6.1968 geregelt.[1] Hiernach konnten psychisch Kranke, Kranke mit begründetem Verdacht auf eine psychische Erkrankung und Personen mit schwerer Fehlentwicklung der Persönlichkeit von Krankheitswert (§ 1 EinwG) nach ärztlicher Diagnose mit Zustimmung des Kreisarztes (§ 3 EinwG) zum Schutz von Leben und Gesundheit des Kranken oder zur Abwehr einer ernsten Gefahr für andere Personen oder das Zusammenleben der Bürger bis zu sechs Wochen (§ 6 EinwG) oder nach Entscheidung im gerichtlichen, nicht öffentlichen (§ 12 EinwG) Verfahren auch länger (§ 11 EinwG) in ein Krankenhaus für psychisch Kranke oder einer Pflegeeinrichtung eingewiesen werden.

Nach Wirksamwerden der staatlichen Einigung Deutschlands infolge Beitritts der früheren DDR nach Art. 23 GG galten in den daraus hervorgehenden neuen Bundesländern gemäß Art. 9 Abs. 1 des Einigungsvertrages vom 31.8.1990[499] die Vorschriften des DDR-EinwG solange als Landesrecht weiter, soweit sie die materiellen Voraussetzungen der öffentlich rechtlichen Unterbringung betrafen, bis die Länder eigene Regelungen geschaffen hatten. Das gerichtliche Verfahren der Unterbringung sollte nach dem Einigungsvertrag demgegenüber bereits ab dem Beitritt in allen sechzehn Bundesländern sofort einheitlich nach den Vorschriften der §§ 70 bis 70n FGG ablaufen, damit den rechtsstaatlichen Anforderungen schnellstmöglich entsprochen war.[500] Auch bei der Auslegung der bis zum Erlass von eigenen Gesetzen in den neuen Bundesländern fortgeltenden materiellrechtlichen Vorschriften waren das Grundgesetz und die Rechtsprechung des Bundesverfassungsgerichts zur Verhältnismäßigkeit zu beachten[501]. Aus diesem Grunde war auch im Beitrittsgebiet keine sechswöchige Unterbrin-

499 BGBL II S. 889, 892; Deutscher Bundestag, Drucksache Nr. 11/7817, S. 26, 64.

500 BGBL II S. 889, 940.

501 Deutscher Bundestag Drucksache Nr. 11/7817, S. 64, sowie erläuternd *Weber*, S. 20.

gung zulässig, da Art. 104 Abs. 2 GG eine gerichtliche Entscheidung am Tag nach der Einweisung forderte.

Gänzlich fehlten in den fortgeltenden Vorschriften Regelungen über den Vollzug der Unterbringung, weshalb jeder über die Freiheitsentziehung selbst hinausgehende Eingriff in die Grundrechte des Betroffenen unzulässig war. Dies galt insbesondere für alle Arten der Zwangsbehandlung. Vor diesem Hintergrund war eine gesetzliche Neuregelung des Unterbringungsrechts in den neuen Bundesländern dringend notwendig.[502] Rolf Marschner hat hierzu 1992 einen „Musterentwurf eines Gesetzes für psychisch Kranke" erarbeitet.[503] Als erstes der neuen Bundesländer verabschiedete Sachsen– Anhalt am 30. Januar 1992 mit dem „Gesetz über Hilfen für psychisch Kranke und Schutzmaßnahmen des Landes Sachsen–Anhalt (PsychKG LSA)"[504] ein eigenes Unterbringungsgesetz. Mit dem letzten in den neuen Bundesländern neu geschaffenen brandenburgischen „Gesetz über Hilfen und Schutzmaßnahmen sowie über den Vollzug gerichtlich angeordneter Unterbringung für psychisch Kranke (Brandenburgisches Psychisch-Kranken-Gesetz – BdgPsychKG)"[505] vom 8. Februar 1996 gelten nun in allen sechzehn deutschen Bundesländer moderne Psychisch-Kranken-Gesetze.[506]

502 So auch *Reichel*, FamRZ 1990, S. 1318ff, S.1320.
503 Rolf *Marschner, Bernd Volckart*, Musterentwurf, R&P 1992, S. 54ff.
504 GVBl. 1992, S. 88, ber. GVBL. S. 432.
505 GVBl. 1996, S. 26.
506 Die heute in den einzelnen Bundesländern geltenden Psychisch-Kranken-Gesetze sind im Anhang zu dieser Arbeit unter B. 3. aufgelistet. Die Gesetzestexte finden sich bei *Klie*, Betreuungs- und Unterbringungsrecht, Band 3.

V. Resümee: Verwahrung und Unterbringung auf dem Weg von der Weimarer Republik bis zur Bundesrepublik der Gegenwart

Die demokratische und rechtsstaatliche Verfassung der Bundesrepublik setzte neue Vorgaben für eine Freiheitsentziehung ohne strafrechtliche Grundlage. Damit wandelten sich die Voraussetzungen für eine Bewahrung im Vergleich zur Weimarer Republik auf radikale Weise. Aber auch aufgrund der in der Gesellschaft vorherrschenden veränderten geistigen Grundhaltung verfolgten die gesetzgeberischen Bemühungen nunmehr andere Ziele.

In der Weimarer Republik war die Intention, die Gesellschaft vor den „Asozialen" schützen zu müssen, die zentrale und die Vorbereitung einer gesetzlichen Regelung maßgeblich prägende gedankliche Konstellation. Dieser hohe Stellenwert des Fürsorgegedankens spiegelt sich bereits in der Begründung, die Agnes Neuhaus für den gewählten Titel ihres Gesetzentwurfes gab, deutlich wieder. „Ich erinnere mich noch, wie ich am Schreibtisch saß und dachte, wie ich das Gesetz nennen sollte. Sie können sich nicht selbst verwahren, ich will das Gesetz daher Verwahrungsgesetz nennen."[507] Während der Zeit der nationalsozialistischen Herrschaft trat dieser Fürsorgegedanke in den Hintergrund; bestimmend wurde nun die Vorstellung, die „Volksgemeinschaft" vor den „Gemeinschaftsfremden" als Personen – also nicht nur vor ihren Handlungen – schützen zu müssen. Die Fachdiskussion dieser Zeit führten Juristen, die für die Einhaltung eines Mindestmasses rechtsstaatlicher Prinzipien eintraten, mit solchen Vertretern der nationalsozialistischen Regierung, die für ihr Ziel einer „Ausmerzung" von „Volksschädlingen" unter Umständen sogar bereit waren, auf rechtsstaatliche Grundsätze zu verzichten. Obwohl das mit dem Gesetz verfolgte Ziel selbst unumstritten war, zeigten sich immer wieder Unterschiede in der Bereitschaft, dafür auf – zu dieser Zeit ohnehin noch nicht sehr stark ausgeprägte – rechtsstaatliche Elemente zu verzichten.

Die Gesetzgebung der Bundesrepublik prägten dagegen von Anfang an die Vorgaben des Art. 104 GG. Das Ziel war die Verwirklichung der in der Verfassung festgeschriebenen Rechtsgarantien, deren Entstehung wiederum durch die Erfahrungen aus der nationalsozialistischen Herrschaft beeinflusst war. Durch die Diskussionen dieser Zeit zieht sich wie ein roter Faden die Intention, den einzelnen Staatsbürger auch bei Freiheitsentziehungen – und anfänglich sogar bei Freiheitsbeschränkungen – durch die öffentliche Gewalt vor eben dieser öffentlichen

507 *Agnes Neuhaus* in: *Hopmann*, S.214.

Gewalt zu schützen. Es ist nicht übertrieben zu behaupten, dass die Richtung der Gedankengänge sich im Vergleich zur NS-Zeit, aber auch im Vergleich zur demokratischen Weimarer Republik geradezu umgekehrt hatte. Stand zur Zeit der Weimarer Republik der Fürsorgegedanke und im Nationalsozialismus die Umsetzung der Rassenideologie im Vordergrund, so war die Ausarbeitung des „Gesetzes über das gerichtliche Verfahren bei Freiheitsentziehungen" von der Aufgabe geprägt, den einzelnen Bürger vor der öffentlichen Gewalt zu schützen.

Mit dieser pointierten Gegenüberstellung soll nicht der Eindruck vermittelt werden, die Notwendigkeit des Schutzes der Gesellschaft und des Staates vor solchen Menschen, die für ihre Handlungen strafrechtlich nicht zur Verantwortung gezogen werden können, habe keine große Rolle mehr gespielt. Hätte man die Freiheitsentziehungen ohne strafrechtliche Grundlage nicht länger für wichtig gehalten, so wäre die arbeitsintensive Ausarbeitung eines entsprechenden Gesetzes sicher als nicht mehr notwendig abgebrochen worden. Entscheidend verändert hatte sich aber die Relation der beiden Sichtweisen zueinander. Die Notwendigkeit des Schutzes der Gesellschaft war jetzt nur noch ein Nebenaspekt der Ausarbeitung des Gesetzes zum Schutz der Freiheit des Einzelnen. Im Unterschied hierzu war in der NS-Zeit dieser Schutz der Gemeinschaft nahezu ausschließlich bestimmend gewesen. Nunmehr war es selbstverständlich, dass ein Eingriff in die Freiheit der Person nur dann zulässig war, wenn sowohl ein förmliches Gesetz als Rechtsgrundlage existierte als auch das formelle Verfahren der richterlichen Anordnung eingehalten wurde. Auf diese Weise sollte sichergestellt werden, dass Unterbringungsentscheidungen nicht mehr ideologisch beeinflusst, sondern in Form von gebundenen richterlichen Entscheidungen nach geltendem Recht getroffen wurden.

Vor diesem Hintergrund werden auch die beiden wichtigsten Diskussionsgegenstände deutlich, die die Ausarbeitung der Regierungsvorlagen und die parlamentarischen Beratungen über das geplante Bundesgesetz prägten: die Forderung der Verwaltungspraxis und die Einwände, die aus einer neuen Sichtweise der psychischen Erkrankungen resultierten. Diese Themen lassen sich zeitlich und institutionell relativ gut zuordnen, wenn sich auch Überschneidungen zeigten.

Der erste Problemkreis betrifft die verwaltungstechnische Praktikabilität. Dieser wurde durch den Vergleich der Äußerungen der hauptsächlich an der Ausführung des Grundgesetzauftrages interessierten Ministerialbeamten des Justizministeriums mit den Einwänden der stärker an der verwaltungstechnischen Durchführbarkeit interessierten Ministerialbeamten aus dem Bundesinnenministerium sowie aus verschiedenen Landesministerien deutlich. Die auf der anderen Seite bestehende Einigkeit zwischen Justiz- und Innenministerium darüber, dass stets die rechtsstaatlichen Grundsätze auf dem Gebiet der Freiheitsentziehung zu beachten waren, wurde dadurch gut erkennbar, dass schon sehr früh nur noch über die Detailfrage eine Auseinandersetzung stattfand, ob nur eine vorherige richterliche Anordnung die Rechtssicherheit wahren konnte oder ob hierfür auch schon eine lediglich kontrollierende richterliche Nachprüfung von Verwaltungsentscheidungen genügen könne. In jedem Fall sollte eine gerichtliche Entscheidung vorausgehen müssen.

Ein weiteres Beispiel für den hohen Stellenwert der rechtsstaatlichen Grundsätze gegenüber der verwaltungstechnischen Praktikabilität war die Diskussion darüber, ob die Amtsgerichte oder die Verwaltungsgerichte über die Unterbringung entscheiden sollten. Diejenigen, die die Entscheidung durch die Amtsgerichte befürworteten, sahen den rechtsstaatlichen Schutz des Staatsbürgers besser gewährleistet, wenn die Verwaltung bei Freiheitsentziehungen stets von Entscheidungen abhängig blieb, die von einer, ihr möglichst fern stehenden Gerichtsbarkeit getroffen wurden. Demgegenüber war das Vertrauen der sich für eine Entscheidung der Verwaltungsgerichte Aussprechenden in die Verwaltungspraxis so groß, dass sie einen erweiterten Schutz des Bürgers durch die Judikative nicht für nötig hielten.

Am Beginn dieser Diskussion über die Praktikabilität der Entwürfe zum Freiheitsentziehungsverfahrensgesetz waren noch einzelne Gedanken aus der Weimarer Zeit erkennbar. Dazu gehörte etwa die zunächst vorgesehene Unterbringung in einem Arbeitshaus zum Zwecke der Arbeitserziehung und die Freiheitsentziehung als „polizeiliche Schutzhaft", die in Aktenvermerken des Bundesjustizministeriums ausdrücklich erwähnt wurde. Von diesen Formulierungen ist im letztlich verabschiedeten Gesetz nur noch wenig zu finden. Mögen solche Formulierungen auch heute befremdend wirken, so ging es zu dieser Zeit nicht um die Aufrechterhaltung in der NS- Zeit diskreditierter Einrichtungen, sondern darum rechtsstaatliche Sicherungsmechanismen für bereits bzw. noch existierende Institutionen durch die Bindung an das förmliche Gesetz und die richterliche Entscheidung zu schaffen.

Der zweite zentrale Diskussionsgegenstand bei der Beratung des Gesetzentwurfes beruhte auf der sich wandelnden Auffassung von der Natur psychischer Erkrankungen. Diese hatte in den Auseinandersetzungen zwischen Bundesjustizministerium und Bundesinnenministerium noch keine Rolle gespielt. Erst als der Entwurf im Bundesrat zur Diskussion stand, wurden starke Bedenken gegen eine einheitliche Regelung aller Freiheitsentziehungen, also auch derjenigen von psychisch Kranken, laut. Der Bundesrat hatte sich hier zum Sprachrohr der von der Ärzteschaft bestimmten Kritik in der Öffentlichkeit gemacht. Der ursprünglich leitende Gedanke der Gewährleistung der Rechtssicherheit für alle von einer Freiheitsentziehung durch die öffentliche Gewalt betroffenen Personen trat gegenüber dem immer stärker aufkommenden fürsorgerischen Gedanken des Schutzes psychisch Erkrankter zurück.

Bei genauer Betrachtung der vorgebrachten Argumente gewinnt man den Eindruck einer gewissen Ambivalenz dieser Diskussion. Zum einen wurde sie durch das Bestreben geprägt, psychisch Kranke, denen ohne ihre Schuld und zu therapeutischen Zwecken ihre Freiheit entzogen wird, auf keinen Fall mit Personen gleichzusetzen, die zwar ohne strafrechtlich relevante Schuld, aber auch in einem nur eingeschränkten Sinne krankheitsbedingt, in ihrer Freiheit durch die öffentliche Gewalt eingeschränkt werden sollten. Zum anderen zeigte sich in der Diskussion auch die starke Überzeugung vor allem der Fachpresse von der alleinigen Richtigkeit des diagnostischen und therapeutischen Wissenstandes der Medizin, eines Wissens, das in manchen Stellungnahmen sogar als vollkommen ausreichend angesehen wurde, um damit Freiheitsentziehungen auf rein medizinischer Grundlage und ohne Absicherung durch ein rechtstaatliches Verfahren anordnen zu können.

Die Auswertung der erhaltenen Quellen hat ergeben, dass sich während der Gesetzesberatungen über den Punkt der gemeinsamen Regelung aller Unterbringungen im wesentlichen immer wieder zwei grundverschiedene Ansatzpunkte wiederfinden. Von Anfang an war man sich vor allem auch im Bundesjustizministerium der therapeutischen Notwendigkeit der Unterbringung psychisch Kranker bewusst. Nach dieser Vorstellung sollte die Zusammenfassung der verschiedenen Gruppen von Betroffenen in dem geplanten Gesetz keinerlei Wertung ausdrükken. Die Verfahrensregelungen sollten lediglich Rechtssicherheit für die Betroffenen schaffen und damit die rechtsstaatlichen Garantien auch für psychisch Erkrankte verbessern. Diesen Denkansatz des Rechts als Instrument der Freiheitssicherung teilten die Vertreter der Medizin nur sehr eingeschränkt.

Auf der anderen Seite zeigte sich bei den Vertretern des Bundesjustizministeriums bis hin zu den Beratungen im Rechtsausschuss des Bundestages aber auch ein wenig ausgeprägtes Bewusstsein für die politische Dimension eines Verfahrensgesetzes. Man war der Meinung, es sei nicht nur rechtlich, sondern auch politisch möglich, die Materie der Freiheitsentziehung durch die öffentliche Gewalt von der Problematik der rechtsstaatlichen Sicherung des Verfahrens durch ein förmliches Gesetz und durch die Entscheidung eines gesetzlichen Richters vollständig zu trennen. Verständlicher wird diese Ansicht dann, wenn man sich den fundamentalen Wandel der Vorstellungen über psychische Krankheiten und die zum Schutz der Erkrankten nötigen Sicherungen der im Laufe der Beratungszeit über dieses Gesetz erfolgte bewusst macht. Das ursprünglich verfolgte Ziel der Gleichbehandlung aller von einer Freiheitsentziehung betroffenen Personen, ungeachtet der Gründe einer solchen Maßnahme, bestand am Ende der Beratungen nicht mehr in gleicher Weise.

Erst die Bereitschaft des Bundesjustizministeriums, auf die Bedenken gegen eine rein verfahrensrechtliche Regelung einzugehen, die inzwischen nicht nur von der fachlich interessierten Öffentlichkeit und dem Bundesrat vorgebracht wurden, sondern die mittlerweile auch im Bundestag selbst Resonanz gefunden hatten, ermöglichte die dann weitgehend konfliktlose Verabschiedung des Gesetzes im Rechtsauschuss des Bundestages. Hierdurch war der Weg frei für die Annahme des Gesetzes durch das Plenum des Bundestages. Der immer stärker aufkommende Gedanke einer Drittwirkung der Grundrechte ließ eine Beschränkung auf die gesetzliche Regelung der Freiheitsentziehungen durch die öffentliche Gewalt politisch nicht mehr durchsetzbar erscheinen. Damit war der Überzeugung, die grundrechtliche Freiheitsgarantie durch eine rein verfahrensrechtliche Sicherung ausfüllen zu können, endgültig die Grundlage entzogen worden.

Bei der Betrachtung der heute auf Bundesebene bestehenden Unterbringungsregelungen fällt auf, dass die Anfang des vorigen Jahrhunderts von Agnes Neuhaus entwickelten Ziele der Verwahrung sich teilweise im Bundessozialhilfegesetz (BSHG) vom 30. Juni 1961 wiederfinden.[508] Der wichtigste Teil des Unterbringungsrechts, die Unterbringung zur Abwehr von Geisteskranken ausgehender Gefahren wurde demgegenüber als besonderer Teil des Polizeirechts angesehen, was die Regelung dieser Unterbringungen in die Zuständigkeit der Landesgesetzgeber fallen ließ. Hilfsangebote wurden hingegen lange Zeit ausschließlich als alleinige Aufgabe des Sozialrechtes angesehen.

Erst die zweite Generation der Unterbringungsgesetze, die in der Folge des nordrhein-westfälischen „Gesetzes über Hilfen und Schutzmaßnahmen bei psychischen Krankheiten" vom 2. Dezember 1969 entstanden, sahen Hilfen erstmals auf landesgesetzlicher Ebene vor. Die Reformierung der übrigen Landesgesetze in diese Richtung wurde vor der dem Bundestag am 25. November 1975 zugeleiteten Psychiatrieenquete,[509] die die Notwendigkeit des Ausbaus der ambulanten Hilfsmöglichkeiten für psychisch Kranke aufzeigte, auch bereits durch die „Strafvollzugsentscheidung"[510] vom 14. März 1972 des zweiten Senates des Bundesverfassungsgerichts ausgelöst, wonach sämtliche Grundrechtseingriffe auch während Freiheitsentziehungen einer gesetzlichen Grundlage bedurften. In den Psychisch–Kranken-Gesetzen der Länder sind Elemente der Hilfe und des Zwangs sowie sozialrechtliche und polizeirechtliche Regelungen zu neuen Unterbringungsgründen zusammengefasst worden. Marschner spricht in diesem Zusammenhang von der Gefahr der Schaffung eines Netzes sozialer Kontrolle,

508 BGBl.1961, I., S. 815-841.

509 Bericht über die Lage der Psychiatrie in der Bundesrepublik Deutschland, Deutscher Bundestag – 7. Wahlperiode Drucksache 7/4200 (1975).

510 BVerfGE 33, S. 1-18,1,9ff. so bezeichnet von *Marschner, Volckart*, Freiheitsentziehung 2001, S. 5.

durch das im Ergebnis wesentlich mehr Betroffene als zuvor auf die Voraussetzungen einer Unterbringung hin überprüft werden könnten.[511]

Die nur bei gleichzeitiger Betrachtung des Bundesgesetzes und der Landesgesetze erkennbare gegenläufige Entwicklung des Verfahrens und der materiellen Voraussetzungen der Unterbringung (hier Verfestigung, dort Ausweitung) bürgt die Gefahr in sich, dass das Unterbringungsrecht im Extremfall letztlich zu einem allgemeinen Behandlungszwang des Einzelnen pervertiert werden könnte.[512] Hintergrund dieser Befürchtung ist die Überlegung, dass Freiheit auch die Freiheit zur Krankheit umfasst, jedenfalls so lange Rechtsgüter Dritter nicht beeinträchtigt werden. Jede Ausweitung der zur Unterbringung berechtigenden materiellen Unterbringungsgründe bedingt eine gewisse Vernunfthoheit der Ärzteschaft über die Patienten und kann letztlich zu einer bedenklichen Entscheidungshoheit des Staates über seine Bürger führen.

Für die Zukunft ist zu hoffen, dass bei der Überarbeitung der geltenden Gesetze schwerpunktmäßig Wert darauf gelegt wird, eine Sicherstellungspflicht im Rahmen der der Unterbringung vor- und nachgehenden Hilfen, Hilfsangebote und Zwangsmaßnahmen zu entflechten, sowie die Patientenrechte zu stärken.[513] Dringend notwendig ist darüber hinaus die Überarbeitung des Freiheitsentziehungsverfahrensgesetzes, dessen Vorschriften an den Verfahrensstandard der § 70 ff FGG, durch die das Verfahrensrecht ab dem 1. Januar 1992 aus den Unterbringungsgesetzen der Bundesländer ausgegliedert und nunmehr bundeseinheitlich geregelt worden ist, angeglichen werden sollten.

Darüber hinaus ist eine Neuregelung des Vollzuges derjenigen Freiheitsentziehungen, die auf der Grundlage des Infektionsschutzgesetzes[514] und des Ausländergesetzes[515] erfolgen, wünschenswert. Es wäre sinnvoll, diesen Vollzug zusammen mit den ebenfalls noch ausstehenden Regelungen über die Untersuchungshaft, der einstweiligen Unterbringung nach § 126a StPO, der Sicherungshaft und der Sicherungsverwahrung nach §§ 453c, 463 StPO zu regeln, um einheitliche Maßstäbe zu schaffen.

---

511 *Marschner, Volckart*, Freiheitsentziehung 2001, S. 5.

512 Ähnlich auch *Baumann*, Unterbringungsrecht, S. 25.

513 So auch *Marschner, Volckart*, Freiheitsentziehung 2001, S. 6.

514 Gesetz zur Verhütung und Bekämpfung von Infektionskrankheiten beim Menschen (Infektionsschutzgesetz-IfSG), Artikel 1 des Gesetzes zur Neuordnung seuchenrechtlicher Vorschriften (Seuchenrechtsneuordnungsgesetz- SeuchRNeuG) vom 20. Juli 2000, BGBl. I. S. 1045.

515 Gesetz über die Einreise und den Aufenthalt von Ausländern im Bundesgebiet (Ausländergesetz-AuslG) vom 9. Juli 1990, BGBl. I, S. 1354, zuletzt geändert 29. Oktober 1997, BGBL. I, S. 2584.

Es bleibt nach Schaffung einer solchen anzustrebenden, möglichst einheitlichen Regelung in allen Bundesländern abzuwarten, ob sich in der Folge irgendwann auch die bisher regional sehr unterschiedlichen Unterbringungszahlen angleichen werden. Einer Studie aus dem Jahre 1988 zufolge differierte die Wahrscheinlichkeit für einen psychisch Kranken zwangseingewiesen zu werden bei einem Vergleich verschiedener deutscher Großstädte zwischen der „gefährlichsten" Stadt (Frankfurt am Main) und der „ungefährlichsten" Stadt (Karlsruhe) um den Faktor vierzig.[516] Die Zwangseinweisungsrate (Anzahl der Zwangseinweisungen pro 100 000 Einwohner) schwankt dieser Studie zufolge auch zwischen verschiedenen Städten ein und desselben Bundeslandes zum Teil erheblich. Noch deutlicher differieren die Zahlen aber zwischen den einzelnen Bundesländern. Die Häufigkeit von Zwangseinweisungen variiert hier zwischen 12 % und 70 % der psychiatrischen Klinikaufnahmen,[517] wobei die süddeutschen Bundesländer insgesamt etwas niedrigere Zwangseinweisungsraten aufzuweisen scheinen.

Es drängt sich die Frage auf, wie diese regionalen Unterschiede trotz der im wesentlichen ähnlichen Gesetzeslage zu erklären sind. Bruns führt diese Differenzen auf „regional wechselnde Einweisungs- und Behandlungsgepflogenheiten" zurück, die er vor allem im Hinblick auf das Gleichbehandlungsgebot des Grundgesetzes für äußerst bedenklich hält.[518] Eine andere, an der Erhebungspraxis orientierte Erklärungsmöglichkeit für diese unterschiedlichen Zahlen ergibt sich aus einer Untersuchung im Amtsgerichtsbezirk Bonn, wo festgestellt wurde, dass ein großer Teil der statistisch erfassten Unterbringungen doppelt gezählt werden, weshalb das Zahlenmaterial kaum brauchbar ist.[519] Dies beruht auf der üblichen Praxis derjeniger Amtsgerichte, in deren Bezirk sich keine geeigneten Unterbringungsanstalten befinden. In Ausführung des § 70 Abs. 5, Satz 2 FGG werden alle beim Wohnortgericht des Betroffenen anhängig gemachten PsychKG-Verfahren von diesem an das Gericht, „in dessen Bezirk der Betroffene untergebracht ist" (Anstaltsgericht), abgegeben. Bei diesem Anstaltsgericht wird dann wiederum jede Unterbringung als eigenes Verfahren gezählt, so dass all diejenigen Untergebrachten, die bislang in einem Gerichtsbezirk ohne „Anstalt" lebten, zwei Mal statistisch erfasst werden.

---

516 Ergebnis einer im Sommer 1988 durchgeführten Umfrage bei den jeweils zuständigen Behörden. Erfragt wurden die nach den Unterbringungsgesetzen bzw. PsychKG erfolgten Zwangseinweisungen. Die Untersuchung wurde unter Leitung von Prof. Dr. H. Friedrich von der Universität Göttingen durchgeführt. Auszüge sind bei *Bruns*, Gefahrenabwehr, MschrKrim, S. 25ff. wiedergegeben.

517 *Bauer*, Zwangseinweisungen, S.10.

518 *Bruns*, Zwangseinweisungen, S. 10.

519 *Jensen, Röhling*, Betreuungsrecht, S. 165.

Zu keiner zahlenmäßigen Verringerung der Unterbringungen hat nach einer Langzeituntersuchung über die Jahre 1979 bis 1983[520] der bisher vehement geforderte[521] verstärkte Ausbau ambulanter psychischer Betreuungsangebote geführt. Vielmehr ist ein deutlicher Anstieg der Zwangsunterbringungen proportional zum Ausbau der ambulanten Behandlungsdienste beobachtet worden. Bruns versucht diese, der Empfehlung der Psychiatrie-Enquete eindeutig widersprechende Entwicklung damit zu erklären, dass zum einen Patienten im Vertrauen auf eine gute ambulante Nachsorge schneller als früher wieder entlassen werden, was häufigere Rehospitalisierungen bewirke. Andererseits sei durch eben diese verbesserten ambulanten Angebote der Erstkontakt zu psychisch auffälligen Personen erleichtert worden. Dieser frühe Kontakt zum Patienten ermögliche heute eine Behandlung auch derjenigen zwangseinweisungsbedürftigen Personen, deren Zustand sich innerhalb kurzer Zeit wieder entschärft, und die deshalb früher mit ausschließlich stationären Diagnosemöglichkeiten oftmals gar nicht erfasst worden sind.

Im Rückblick auf diese Arbeit drängt sich die Frage auf, ob die zahlreichen Änderungen der Unterbringungsgesetze der Länder die Lage der Betroffenen letztlich verbessert haben, und zwar in der Weise, dass im Ergebnis heute weniger Zwangseinweisungen erfolgen. Nach Auswertung des bestehenden, wenn auch lückenhaften Zahlenmaterials muss dies bis jetzt verneint werden. Eine plausible Erklärung für diese negative Bilanz könnte ein von Bruns[522] nur am Rande in Betracht gezogener Umstand sein. Im Zuge der in dieser Arbeit dargestellten neueren Entwicklung des Unterbringungsrechtes vom Ordnungsrecht zum therapeutisch ausgerichteten Fürsorgerecht haben sich die Beurteilungskompetenzen von den Polizeibehörden auf Mediziner und hier insbesondere auf Psychiater verlagert. Diese urteilen mit ihrer Diagnose trotz der letztlich richterlichen Unterbringungsentscheidung faktisch über die Unterbringungsbedürftigkeit der Betroffenen und legen ihren Entscheidungen nicht nur die enger gefassten Sicherheitserfordernisse, sondern viele weitere Behandlungsgesichtspunkte aus medizinischer Sicht zugrunde. Dieser veränderte Blickwinkel der letztendlichen Entscheidungsträger erklärt einerseits die bis heute noch zu beobachtende tendenzielle Zunahme der Zwangsunterbringungszahlen. Aufgrund der auf diese Weise sichergestellten fachkundigen therapeutischen Entscheidung besteht auf der anderen Seite aber auch Grund zu der optimistischen Annahme, dass sich die Situation für alle Zwangsunterzubringenden in Zukunft letztlich verbessern wird.

---

520 Statistisches Landesamt Bremen, Statistisches Landesamt Hamburg; in Auszügen abgedruckt in *G. Bruns*, Zwangseinweisung, S. 120,121.

521 Bericht über die Lage der Psychiatrie in der Bundesrepublik Deutschland, Deutscher Bundestag – 7. Wahlperiode (1975) Drucksache 7/4200, S. 36.

522 *Bruns*, a.a.O. S.121.

VI. Anhang

A. Bundesgesetze

A. 1. Entwurf des Bundesministeriums der Justiz zu einem Gesetz über das gerichtliche Verfahren bei Freiheitsbeschränkungen in der am 24.8.1950 vom Bundesminister der Justiz den Landesjustizverwaltungen zugeleiteten Fassung[1].

§ 1

(1) Die Beschränkung und Entziehung der Freiheit einer Person auf Grund besonderer bundesrechtlicher Vorschriften, die den Anforderungen des Art. 104 des Grundgesetzes für die Bundesrepublik Deutschland genügen, und das in diesen Fällen anzuwendende gerichtliche Verfahren bestimmen sich nach diesen bundesrechtlichen Vorschriften.

(2) Soweit sonst nach Bundes- oder Landesgesetzen die Freiheit einer Person beschränkt oder entzogen werden darf, ist diese Maßnahme, insbesondere die Unterbringung in einer Krankenanstalt, einer Heil- und Pflegeanstalt, einer Heilanstalt für Suchtkranke oder in einem Anhaltelager, die Zwangsverschickung sowie der Haus- oder Ortsarrest, nur auf Grund einer gerichtlichen Entscheidung (§§ 2 bis 10, 12) oder nach Maßgabe des § 11 zulässig.

(3) Als Freiheitsbeschränkung im Sinne dieses Gesetzes gilt jede Freiheitsentziehung und jede sonstige Beschränkung der Freiheit.

§ 2

(1) Über die Zulässigkeit einer Freiheitsbeschränkung entscheidet auf Antrag der zuständigen Behörde das Amtsgericht.

(2) Örtlich zuständig ist das Amtsgericht, in dessen Bezirk die Person, deren Freiheit beschränkt werden soll, ihren gewöhnlichen Aufenthalt hat.

---

1 Aus Akten des Bundesjustizministeriums, BA Koblenz 141 / 2923.

(3) Das Gericht kann aus wichtigen Gründen die Sache an ein anderes Gericht abgeben, wenn sich dieses zur Übernahme der Sache bereit erklärt. Einigen sich die Gerichte nicht, so entscheidet das gemeinschaftliche obere Gericht, falls dieses der Bundesgerichtshof ist, das Oberlandesgericht, zu dessen Bezirk das Gericht gehört, an welches die Sache abgegeben werden soll. Die Entscheidung ist unanfechtbar.

(4) Auf das Verfahren sind die Vorschriften des Reichsgesetzes über die Angelegenheiten der freiwilligen Gerichtsbarkeit anzuwenden.

§ 3

(1) In dem Verfahren ist die Person, deren Freiheit beschränkt werden soll, zu hören.

(2) Die Anhörung kann unterbleiben, wenn nach ärztlichem Urteil eine Verständigung mit dem Anzuhörenden wegen seines Geisteszustandes nicht möglich ist. In diesem Fall ist ihm, falls er nicht unter elterlicher Gewalt, unter Vormundschaft oder Pflegschaft steht, ein Pfleger für das Verfahren zu bestellen.

(3) Steht die Person, deren Freiheit beschränkt werden soll, unter elterlicher Gewalt, unter Vormundschaft oder Pflegschaft, so ist auch der Gewalthaber, Vormund oder Pfleger zu hören.

(4) Im Verfahren über die weitere Beschwerde ist eine Anhörung gemäß Abs. 1 bis 3 nicht erforderlich.

§ 4

(1) Das Gericht entscheidet über die Zulässigkeit der Freiheitsbeschränkung durch einen mit Gründen zu versehenden Beschluss. Die Unterbringung in einer Krankenanstalt, einer Heil- und Pflegeanstalt oder in einer Heilanstalt für Suchtkranke darf nur nach Anhörung eines ärztlichen Sachverständigen für zulässig erklärt werden.

(2) Die Entscheidung ist, vorbehaltlich der Bekanntmachung nach den allgemeinen Vorschriften, einem Angehörigen des Unterzubringenden oder einer Person seines Vertrauens unverzüglich bekannt zumachen.

§ 5

Gegen die Entscheidung des Amtsgerichts findet die sofortige Beschwerde statt. Die Entscheidung, durch die eine Freiheitsbeschränkung für zulässig erklärt wird,

wird erst mit der Rechtskraft wirksam; das Gericht kann jedoch die sofortige Wirksamkeit der Entscheidung anordnen.

§ 6

(1) In der Entscheidung, durch die eine Freiheitsbeschränkung für zulässig erklärt wird, ist eine Frist zu bestimmen, vor deren Ablauf über die Fortdauer der Freiheitsbeschränkung zu entscheiden ist.
(2) Wird nicht innerhalb der Frist die Fortdauer der Freiheitsbeschränkung durch gerichtliche Entscheidung angeordnet, so ist der Untergebrachte freizulassen.
(3) Die vom Gericht zu bestimmende Frist soll unter Berücksichtigung aller Umstände des Einzelfalles festgesetzt werden. Sie soll in der Regel nicht mehr als sechs Monate, im Falle schwerer Geisteskrankheit nicht mehr als zwei Jahre betragen.
(4) Auch vor Ablauf der Frist ist jederzeit von Amts wegen darauf zu achten, ob die Fortdauer der Freiheitsbeschränkung noch zulässig und notwendig ist.

§ 7

(1) Die Entscheidung, durch die eine Freiheitsbeschränkung für zulässig erklärt wird, ist auch vor Ablauf der Frist aufzuheben, wenn eine Fortdauer der Freiheitsbeschränkung nicht mehr zulässig oder notwendig ist.
(2) Anträge auf Aufhebung der Freiheitsbeschränkung sind in jedem Falle zu prüfen und zu bescheiden. Hat der Untergebrachte den Antrag gestellt, so kann von einem Bescheid nur abgesehen werden, wenn sich aus dem Antrag ergibt, dass wegen des Geisteszustandes des Untergebrachten eine Verständigung mit ihm nicht möglich ist.

§ 8

Die §§ 2 bis 7 gelten entsprechend für das Verfahren, in dem über die Fortdauer einer Freiheitsbeschränkung entschieden wird.

§ 9

(1) Das Gericht kann, falls dies zur Vorbereitung eines Gutachtens über den Geisteszustand einer Person, deren Freiheit beschränkt werden soll, oder aus anderen Gründen dringend erforderlich ist, durch einstweilige Anord-

nung eine Freiheitsbeschränkung für zulässig erklären. Die Freiheitsbeschränkung auf Grund einer einstweiligen Anordnung darf die Dauer von sechs Wochen nicht übersteigen.

(2) Nach Anhörung eines ärztlichen Sachverständigen kann durch weitere einstweilige Anordnung die Dauer der Freiheitsbeschränkung verlängert werden. Jedoch darf die Freiheitsbeschränkung auf Grund der weiteren einstweiligen Anordnung die Dauer von drei Monaten nicht übersteigen.

(3) Auf die einstweiligen Anordnungen im Sinne des Abs. 1 und 2 sind die Vorschriften des § 3, § 4 Abs. 1 Satz 1, Abs. 2, § 5 und des § 6 Abs. 2 entsprechend anzuwenden. Die Anhörung der Person, deren Freiheit beschränkt werden soll, kann außer im Falle des § 3 Abs. 2 auch bei Gefahr im Verzug unterbleiben; sie muß jedoch nachgeholt werden, sobald dies möglich ist.

§ 10

Eine einstweilige Anordnung ist aufzuheben, sobald eine Fortdauer der Freiheitsbeschränkung nicht mehr erforderlich oder eine Entscheidung nach § 4 erlassen ist.

§ 11

(1) Die vorläufige Festnahme einer Person ist nur zulässig,
   1. wenn die Voraussetzungen gegeben sind, unter denen ein Gesetz die Freiheitsbeschränkung zulässt, und
   2. wenn die vorläufige Festnahme zur Aufrechterhaltung der öffentlichen Ruhe, Ordnung und Sicherheit geboten ist, und
   3. wenn eine richterliche Entscheidung vor der Festnahme nicht herbeigeführt werden kann.

(2) Im Falle des Abs. 1 ist die richterliche Entscheidung unverzüglich herbeizuführen. Ist bis zum Ablauf des Tages, der, der Festnahme folgt, die Freiheitsbeschränkung nicht durch richterliche Entscheidung für zulässig erklärt, so ist der Festgenommene freizulassen.

(3) Falls eine Entscheidung gemäß § 4 oder § 9 nicht alsbald getroffen werden kann, kann der Richter die Freiheitsbeschränkung durch vorläufige Anordnung für zulässig erklären. Die vorläufige Anordnung wird schon vor der Bekanntmachung wirksam. Sie wird unwirksam, wenn die Freiheitsbeschränkung nicht binnen einer Woche nach § 4 oder § 9 für zulässig erklärt worden ist.

(4) Solange die Freiheitsbeschränkung nicht nach § 4 oder § 9 für zulässig erklärt worden ist, darf der Festgenommene nur mit Zustimmung des zuständigen Gerichts aus dessen Bezirk weggebracht werden.

§ 12

Das Recht und die Pflicht des Inhabers der elterlichen Gewalt, des Vormundes oder Pflegers, den Aufenthalt des Kindes oder des Mündels zu bestimmen, wird durch dieses Gesetz nicht berührt. Jedoch bedarf der Inhaber der elterlichen Gewalt, der Vormund oder Pfleger zur Unterbringung des Kindes oder Mündels in einer geschlossenen Anstalt der vorherigen Genehmigung des Vormundschaftsgerichts, falls das Kind oder der Mündel das vierzehnte Lebensjahr vollendet hat und der Unterbringung nicht zustimmt. Die §§ 4 bis 11 sind entsprechend anzuwenden; an die Stelle des Amtsgerichts tritt das Vormundschaftsgericht.

§ 13

Ist eine Freiheitsbeschränkung vor dem Inkrafttreten dieses Gesetzes erfolgt und ist sie nicht durch gerichtliche Entscheidung für zulässig erklärt, so muss die gerichtliche Entscheidung über die Fortdauer der Freiheitsbeschränkung unverzüglich herbeigeführt werden. Der Untergebrachte ist freizulassen, wenn die Freiheitsbeschränkung nicht binnen drei Monaten seit dem Inkrafttreten dieses Gesetzes für zulässig erklärt ist.

§ 14

(1) Dieses Gesetz tritt am Tage nach der Verkündung in Kraft.
(2) Mit dem Inkrafttreten dieses Gesetzes treten außer Kraft:
   1.) das Hamburgische Gesetz zur Ausführung des Art. 104 des Bonner Grundgesetzes vom 17. August 1949 (Ges.u.VOBl.S.177),
   2.) das Niedersächsische Gesetz über die Anstaltsunterbringung gemeingefährlicher Geisteskranker, Rauschgift- und Alkoholsüchtiger vom 23. Mai 1950 (Ges.u.VOBl.S.27), soweit darin das gerichtliche Verfahren geregelt ist.

A. 2. Entwurf des Bundesministeriums der Justiz zu einem Gesetz über das gerichtliche Verfahren bei Freiheitsentziehungen und Freiheitsbeschränkungen vom 9.7.1951[2]

1. Abschnitt: Gerichtliches Verfahren bei Freiheitsentziehungen

§ 1

(1) Über die Entziehung der Freiheit einer Person auf Grund bundes- oder landesgesetzlicher Vorschriften entscheidet auf Antrag der zuständigen Verwaltungsbehörde das Amtsgericht. Auf das Verfahren sind die Vorschriften des Reichsgesetzes über die Angelegenheiten der freiwilligen Gerichtsbarkeit anzuwenden, soweit sich aus den folgenden Vorschriften nichts anderes ergibt.

(2) Die Vorschrift des Absatzes 1 gilt nicht in den Fällen, in denen das gerichtliche Verfahren bei Freiheitsentziehungen durch Bundesrecht in einer den Anforderungen des Art. 104 Abs. 2 des Grundgesetzes für die Bundesrepublik Deutschland genügenden Weise geregelt ist.

(3) Freiheitsentziehung im Sinne dieses Gesetzes ist jede Entziehung der räumlichen Bewegungsfreiheit.

§ 2

(1) Örtlich zuständig ist das Amtsgericht, in dessen Bezirk die Person, der die Freiheit entzogen werden soll, ihren gewöhnlichen Aufenthalt. Hat sie keinen gewöhnlichen Aufenthalt im Geltungsbereich dieses Gesetzes oder ist der gewöhnliche Aufenthalt nicht feststellbar, so ist das Amtsgericht zuständig, in dessen Bezirk das Bedürfnis für die Freiheitsentziehung hervortritt. Befindet sich die Person bereits in Verwahrung einer Anstalt, so ist das Amtsgericht zuständig, in dessen Bezirk die Anstalt liegt.

(2) Für eilige auf Grund dieses Abschnitts zu treffende Anordnungen ist neben dem nach Absatz 1 zuständigen Gericht auch das Gericht einstweilen zuständig, in dessen Bezirk das Bedürfnis der Anordnung entsteht. Das Gericht hat dem nach Abs. 1 zuständigen Gericht die Anordnung mitzuteilen. Mit dem Eingang der Mitteilung geht die Zuständigkeit auf das nach Absatz 1 zuständige Gericht über.

(3) Das Gericht kann aus wichtigen Gründen die Sache an ein anderes Gericht abgeben, wenn sich dieses zur Übernahme der Sache bereit erklärt. Einigen

2 Aus Akten des Bundesjustizministeriums, BA Koblenz B 141 / 2925

sich die Gerichte nicht, so entscheidet das gemeinschaftliche obere Gericht, falls dieses der Bundesgerichtshof ist, das Oberlandesgericht, zu dessen Bezirk das Gericht gehört, an welches die Sache abgegeben werden soll. Die Entscheidung ist unanfechtbar.

§ 3

(1) In dem Verfahren ist die Person, der die Freiheit entzogen werden soll, zu hören. Erscheint sie auf Vorladung nicht, so kann ihre Vorführung angeordnet werden.
(2) Die Anhörung kann unterbleiben, wenn sie mit besonderen Schwierigkeiten verbunden oder wenn nach fachärztlichem Urteil eine Verständigung mit dem Anzuhörenden wegen seines Geisteszustandes nicht möglich oder nicht ohne Nachteile für den Gesundheitszustand des Anzuhörenden ausführbar ist. In diesem Fall ist ihm, falls er nicht unter elterlicher Gewalt, unter Vormundschaft oder unter einer auf Grund des § 1910 Abs. 1 des Bürgerlichen Gesetzbuches angeordneten Pflegschaft steht, durch das nach § 2 zuständige Amtsgericht ein Pfleger für das Verfahren zu bestellen.
(3) Steht die Person, der die Freiheit entzogen werden soll, unter elterlicher Gewalt, unter Vormundschaft oder unter einer auf Grund des § 1910 Abs. 1 des Bürgerlichen Gesetzbuches oder des Absatzes 2 Satz 2 angeordneten Pflegschaft, so sind auch der Inhaber der elterlichen Gewalt und der andere Elternteil, der Vormund oder der Pfleger zu hören.
(4) Die Unterbringung in einer Krankenanstalt, einer Heil- und Pflegeanstalt oder in einer Heilanstalt für Suchtkranke darf nur nach Anhörung eines ärztlichen Sachverständigen für zulässig erklärt werden.
(5) Im Verfahren über die weitere Beschwerde ist eine Anhörung gemäss den Absätzen 1 bis 4 nicht erforderlich.

§ 4

(1) Das Gericht entscheidet über die Freiheitsentziehung durch einen mit Gründen zu versehenden Beschluss.
(2) Die Entscheidung ist bekannt zumachen:
   a) der Person, der die Freiheit entzogen werden soll, sowie ihrem Ehegatten oder einem sonstigen Angehörigen oder einer Person ihres Vertrauens;
   b) den in § 3 Abs. 3 genannten Personen;
   c) der Verwaltungsbehörde, die den Antrag auf Freiheitsentziehung gestellt hat.

(3) Ist die Bekanntmachung an die Person, der die Freiheit entzogen werden soll, nach fachärztlichem Gutachten nicht ohne Nachteile für ihren Gesundheitszustand ausführbar, so kann sie unterbleiben.

§ 5

(1) Gegen die Entscheidung des Amtsgerichts findet die sofortige Beschwerde statt.

(2) Die Beschwerde steht zu:
   a) den Personen, denen die Entscheidung nach § 4 Abs. 2 bekannt zumachen ist;
   b) der Verwaltungsbehörde, die den Antrag auf Freiheitsentziehung gestellt hat.

(3) Ein unter elterlicher Gewalt stehendes Kind oder ein unter Vormundschaft stehendes Mündel kann ohne Mitwirkung seines gesetzlichen Vertreters das Beschwerderecht ausüben. Dies gilt nicht für Personen, die geschäftsunfähig sind oder das vierzehnte Lebensjahr nicht vollendet haben.

(4) Die eine Freiheitsentziehung anordnende Entscheidung wird erst mit der Rechtskraft wirksam; das Gericht kann jedoch die sofortige Wirksamkeit der Entscheidung anordnen. Die Entscheidung wird von der zuständigen Verwaltungsbehörde vollzogen.

§ 6

(1) In der Entscheidung, durch die eine Freiheitsentziehung angeordnet wird, ist eine Frist zu bestimmen, vor deren Ablauf über die Fortdauer der Freiheitsentziehung zu entscheiden ist.

(2) Wird nicht innerhalb der Frist die Fortdauer der Freiheitsentziehung durch richterliche Entscheidung angeordnet, so ist der Untergebrachte freizulassen.

(3) Die vom Gericht zu bestimmende Frist soll unter Berücksichtigung aller Umstände des Einzelfalles festgesetzt werden. Sie soll in der Regel nicht mehr als ein Jahr, bei schwerer Geisteskrankheit nicht mehr als zwei Jahre betragen.

§ 7

(1) Die Entscheidung, durch die eine Freiheitsentziehung angeordnet wird, ist auch vor Ablauf der nach § 6 Abs. 1 festgesetzten Frist aufzuheben, wenn der Grund für die Freiheitsentziehung weggefallen ist.

(2) Beantragt der Untergebrachte die Aufhebung der Freiheitsentziehung, so kann von einem Bescheid abgesehen werden, wenn sich aus Form und Inhalt des Antrages ergibt, dass wegen des Geisteszustandes des Untergebrachten eine Verständigung mit ihm nicht möglich ist.

§ 8

Soll die Unterbringung der Person, der die Freiheit entzogen worden ist, wesentlich geändert oder soll die Person aus der Anstalt, in der sie untergebracht ist, beurlaubt oder probeweise entlassen werden, so bedarf es hierzu der Zustimmung des Gerichts. Die Vorschriften des § 5 sind entsprechend anzuwenden.

§ 9

Die §§ 1 bis 8 gelten entsprechend für das Verfahren, in dem über die Fortdauer einer Freiheitsentziehung entschieden wird.

§ 10

(1) Ist ein Antrag auf Freiheitsentziehung gestellt, so kann das Gericht, falls dies zur Vorbereitung eines Gutachtens über den Gesundheitszustand einer Person, der die Freiheit entzogen werden soll, oder aus anderen Gründen dringend erforderlich ist, durch einstweilige Anordnung eine Freiheitsentziehung für zulässig erklären. Die Freiheitsentziehung auf Grund einer einstweiligen Anordnung darf die Dauer von sechs Wochen nicht übersteigen.
(2) Nach Anhörung eines ärztlichen Sachverständigen kann durch weitere einstweilige Anordnung die Dauer der Freiheitsentziehung verlängert werden. Jedoch darf die Freiheitsentziehung auf Grund der einstweiligen Anordnungen insgesamt die Dauer von drei Monaten nicht übersteigen.
(3) Für einstweilige Anordnungen im Sinne des Abs. 1 und 2 gelten § 3 Abs. 1 bis 3 und 5, § 4, § 5, § 6 Abs. 2, § 7 Abs. 1 und § 8 entsprechend. Die Anhörung der Person, der die Freiheit entzogen werden soll, kann außer im Falle des § 3 Abs. 2 auch bei Gefahr im Verzug unterbleiben; sie muss jedoch nachgeholt werden, sobald dies möglich ist.

§ 11

(1) Bei jeder nicht auf richterlicher Entscheidung beruhenden Freiheitsentziehung hat die zuständige Verwaltungsbehörde die richterliche Entscheidung

unverzüglich herbeizuführen. Ist die Freiheitsentziehung nicht bis zum Ablauf des ihr folgenden Tages durch richterliche Entscheidung nach § 4 oder § 10 für zulässig erklärt, so hat die Freilassung zu erfolgen.

(2) Falls eine Entscheidung gemäss § 4 oder § 10 nicht alsbald getroffen werden kann, kann der Richter die Freiheitsentziehung durch vorläufige Anordnung für zulässig erklären. Die vorläufige Anordnung ist nicht anfechtbar. Sie wird wirksam, wenn sie der Geschäftsstelle des Gerichts zur Bekanntmachung übergeben ist. § 4 Abs. 2 gilt entsprechend. Die vorläufige Anordnung wird unwirksam, wenn die Freiheitsentziehung nicht binnen einer Woche nach § 4 oder § 10 für zulässig erklärt worden ist.

§ 12

Das Recht und die Pflicht des Inhabers der elterlichen Gewalt, des Vormunds oder Pflegers, den Aufenthalt des Kindes oder des Mündels zu bestimmen, wird durch dieses Gesetz nicht berührt. Jedoch bedarf der Inhaber der elterlichen Gewalt, der Vormund oder Pfleger zur Unterbringung des Kindes oder des Mündels in einer geschlossenen Heil- und Pflegeanstalt der vorherigen Genehmigung des Amtsgerichts, falls das Kind oder der Mündel das vierzehnte Lebensjahr vollendet hat und der Unterbringung nicht zustimmt. Die §§ 3 bis 11 gelten entsprechend; die Entscheidung trifft der Vormundschaftsrichter.

§ 13

Ist eine Freiheitsentziehung vor dem Inkrafttreten dieses Gesetzes erfolgt und nicht durch gerichtliche Entscheidung für zulässig erklärt worden, so muss die gerichtliche Entscheidung über die Fortdauer der Freiheitsentziehung unverzüglich herbeigeführt werden. Der Untergebrachte ist freizulassen, wenn die Freiheitsentziehung nicht binnen sechs Monaten seit dem Inkrafttreten dieses Gesetzes für zulässig erklärt ist.

2. Abschnitt: Gerichtliches Verfahren bei Freiheitsbeschränkungen

§ 14

(1) Die Verfügung einer Verwaltungsbehörde, durch welche die Freiheit einer Person beschränkt wird, kann ausschließlich nach den Vorschriften dieses Abschnitts angefochten werden.

(2) Freiheitsbeschränkung im Sinne dieses Gesetzes ist jede Beschränkung der räumlichen Bewegungsfreiheit.

§ 15

(1) Wird eine Person durch Verfügung einer Verwaltungsbehörde in ihrer Freiheit beschränkt, so kann sie innerhalb zweier Wochen, nachdem ihr die Verfügung bekannt gegeben ist, bei der Verwaltungsbehörde oder bei dem Amtsgericht den Antrag auf gerichtliche Entscheidung über die Zulässigkeit der Freiheitsbeschränkung stellen. § 5 Abs. 3 gilt entsprechend. Über den Antrag entscheidet das Amtsgericht.

(2) Der Antrag auf gerichtliche Entscheidung kann bei der Verwaltungsbehörde schriftlich oder mündlich, bei dem Amtsgericht schriftlich oder zu Protokoll der Geschäftsstelle gestellt werden. Die Verwaltungsbehörde übersendet, falls sie nicht ihre Verfügung zurücknimmt, die Akten dem Amtsgericht.

(3) Gegen die Versäumung der Antragsfrist ist unter den in § 22 des Reichsgesetzes über die Angelegenheiten der freiwilligen Gerichtsbarkeit bezeichneten Voraussetzungen die Wiedereinsetzung in den vorigen Stand zulässig. Das Gesuch ist bei der Verwaltungsbehörde oder bei dem Amtsgericht anzubringen.

(4) Der Antrag auf gerichtliche Entscheidung hat keine aufschiebende Wirkung.

(5) Das Gericht kann vor der Entscheidung eine einstweilige Anordnung erlassen; es kann insbesondere anordnen, dass die Vollziehung der angefochtenen Verfügung auszusetzen ist. Die einstweilige Anordnung ist unanfechtbar.

§ 16

Auf das gerichtliche Verfahren sind die Vorschriften des Reichsgesetzes über die Angelegenheiten der freiwilligen Gerichtsbarkeit anzuwenden, soweit sich aus den folgenden Vorschriften nichts anderes ergibt.

§ 17

Örtlich zuständig ist das Amtsgericht, in dessen Bezirk die Verwaltungsbehörde ihren Sitz hat. § 2 Abs. 3 gilt entsprechend.

§ 18

In dem Verfahren sind der Antragsteller und die Verwaltungsbehörde zu hören. § 3 Abs. 2 Satz 1 und Abs. 3 gilt entsprechend.

§ 19

(1) Das Gericht entscheidet über die Zulässigkeit der Freiheitsbeschränkung durch einen mit Gründen zu versehenden Beschluss.
(2) Die Entscheidung ist der Verwaltungsbehörde, dem Antragsteller sowie den in § 3 Abs. 3 genannten Personen bekannt zumachen.
(3) § 10 gilt entsprechend.

§ 20

(1) Gegen die Entscheidung des Amtsgerichts findet die sofortige Beschwerde statt.
(2) Die Beschwerde steht jedem zu, dem die Entscheidung nach § 19 Abs. 2 bekannt zumachen ist.
(3) § 5 Abs. 4 gilt entsprechend.

§ 21

(1) Die Person, deren Freiheit beschränkt worden ist, kann, auch nachdem die Freiheitsbeschränkung durch gerichtliche Entscheidung rechtskräftig für zulässig erklärt worden ist, den Antrag stellen, durch gerichtliche Entscheidung die Freiheitsbeschränkung wieder aufzuheben.
(2) Dem Antrag ist stattzugeben, wenn der Grund für die Freiheitsbeschränkung weggefallen ist.
(3) Für das gerichtliche Verfahren gelten die §§ 16 bis 20 entsprechend.

§ 22

Stellt die von der Verwaltungsbehörde verfügte Massnahme nach Auffassung des Gerichts eine Freiheitsentziehung dar, so gilt die Verfügung als Antrag auf Freiheitsentziehung nah § 1 Abs. 1.

3. Abschnitt: Kostenvorschriften

§ 23

(1) Für die Gerichtskosten gelten, soweit nichts anderes bestimmt ist, die Vorschriften der Kostenordnung vom 25. November 1935 (Reichsgesetzbl. I S.1371).

(2) Für jede Entscheidung, durch die eine Freiheitsentziehung oder Freiheitsbeschränkung angeordnet oder für zulässig erklärt wird, wird eine Gebühr von 30 Deutsche Mark erhoben. Das Gericht kann jedoch unter Berücksichtigung der wirtschaftlichen Verhältnisse des Zahlungspflichtigen und der Bedeutung und des Umfangs des Verfahrens die Gebühr bis auf 5 Deutsche Mark ermäßigen oder bis auf 200 Deutsche Mark erhöhen. Entscheidungen über Anträge nach § 7 und § 21 sind gebührenfrei.

(3) Kostenvorschüsse werden nicht erhoben.

§ 24

(1) Schuldner der Gebühren sind der Betroffene und ihm Rahmen ihrer gesetzlichen Unterhaltspflicht die zu seinem Unterhalt Verpflichteten; sie haben, soweit sie gebührenpflichtig sind, auch die baren Auslagen des gerichtlichen Verfahrens zu tragen.

(2) Die Verwaltungsbehörden sind zur Zahlung von Gerichtsgebühren nicht verpflichtet. Jedoch hat die Gebietskörperschaft, der die Verwaltungsbehörde angehört, die Auslagen des gerichtlichen Verfahrens, die von dem Kostenschuldner nicht eingezogen werden können oder die bei Ablehnung eines von ihr gestellten Antrags oder bei Aufhebung einer von ihr getroffenen Verfügung entstehen, der Staatskasse zu ersetzen.

§ 25

Die Gebühren der Rechtsanwälte bestimmen sich nach den Vorschriften der Landesgebührenordnungen. Soweit Landesgebührenordnungen nicht ergangen sind, ist die Gebührenordnung für Rechtsanwälte vom 7. Juli 1879 sinngemäss anzuwenden.

4. Abschnitt: Schlussvorschriften

§ 26

Bis zu einer anderweitigen gesetzlichen Regelung können auch auf Grund des § 7 der Ausländerpolizeiverordnung vom 22. August 1938 (Reichsgesetzbl. I S. 1053) und der Verordnung zur Bekämpfung übertragbarer Krankheiten vom 1. Dezember 1938 (Reichsgesetzbl. I S. 1721) Freiheitsentziehungen und Freiheitsbeschränkungen nach den Vorschriften dieses Gesetzes angeordnet werden. Das Grundrecht der Freiheit der Person nach Art. 2 Abs. 2 Satz 2 des Grundgesetzes für die Bundesrepublik Deutschland wird insoweit eingeschränkt.

§ 27

(1) Dieses Gesetz tritt am Tage nach der Verkündigung in Kraft.

(2) Mit dem Inkrafttreten dieses Gesetzes treten Vorschriften, die das von diesem Gesetz umfasste Gebiet betreffen, außer Kraft.

(3) § 26 tritt mit Ablauf des 31.12.1952 außer Kraft.

A. 3. Entwurf eines Gesetzes über das gerichtliche Verfahren bei Freiheitsentziehungen in der von der Bundesregierung beschlossenen und am 6.6.1952 im Bundesrat beratenen und am 22.7.1952 im (ersten) Deutschen Bundestag eingebrachten Fassung (Bundestags Drucksache, 1. Wahlperiode, 1952 Nr. 3640)[3]

§ 1

Freiheitsentziehung ist die Unterbringung einer Person gegen ihren rechtlich erheblichen Willen oder im Zustande der Willenlosigkeit in

a) einem Gefängnis, einem zum Vollzuge von Haft dienenden Raum, einem Arbeitshaus oder einer geschlossenen Anstalt der Fürsorge;
b) einer geschlossenen Krankenanstalt oder einer geschlossenen Krankenabteilung, insbesondere einer Heil- und Pflegeanstalt oder einer Entziehungsanstalt für Rauschgift- oder Alkoholsüchtige.

§ 2

(1) Über eine Freiheitsentziehung auf Grund bundes- oder landesgesetzlicher Vorschriften entscheidet auf Antrag der zuständigen Verwaltungsbehörde das Amtsgericht. Für das Verfahren gelten die Vorschriften des Reichsgesetzes über die Angelegenheiten der freiwilligen Gerichtsbarkeit, soweit sich aus den folgenden Vorschriften nichts anderes ergibt.
(2) Die Vorschrift des Absatzes 1 gilt nicht in den Fällen, in denen das Bundesrecht das gerichtliche Verfahren bei Freiheitsentziehungen abweichend regelt.

---

3 Diese Bundestagsdrucksache weist gegenüber dem Entwurf aus dem Bundesjustizministerium vom 17.1.1951 nur minimale, vor allem sprachliche Veränderungen auf. So sah der Ministeriumsentwurf für § 1 vor zu formulieren: „Freiheitsentziehung im Sinne dieses Gesetzes ist die Unterbringung einer Person gegen oder ohne ihren Willen a) in einem Gefängnis, einer Haftanstalt, einem Arbeitshaus oder einer geschlossenen Fürsorgeanstalt; b) in einer Heil –und Pflegeanstalt für Geisteskranke oder einer Erziehungsanstalt für Rauschgift – oder Alkoholsüchtige; c) in einer geschlossenen Krankenanstalt oder einer geschlossenen Krankenabteilung.“ In § 3 Abs. 3, Satz 3 wurde außerdem „unanfechtbar“ durch „nicht anfechtbar“ ersetzt. Die einzige inhaltliche Abweichung besteht in dem Verzicht der Bundestagsdrucksache auf eine Regelung über die Rechte und Pflichten des Inhabers der elterlichen Gewalt, wie sie das Bundesjustizministerium in § 13 vorsah. Hierdurch verschob sich die Nummerierung der folgenden Paragraphen. Der vom Bundesjustizministerium erarbeitete § 13 ist in der Fußnote zu § 13 der hier abgedruckten Drucksache wiedergegeben.

§ 3

(1) Örtlich zuständig ist das Amtsgericht, in dessen Bezirk die Person, der die Freiheit entzogen werden soll, ihren gewöhnlichen Aufenthalt hat. Hat sie keinen gewöhnlichen Aufenthalt im Geltungsbereich dieses Gesetzes oder ist der gewöhnliche Aufenthalt nicht feststellbar, so ist das Amtsgericht zuständig, in dessen Bezirk das Bedürfnis für die Freiheitsentziehung hervortritt. Befindet sich die Person bereits in Verwahrung einer Anstalt, so ist das Amtsgericht zuständig, in dessen Bezirk die Anstalt liegt.

(2) Für eilige auf Grund dieses Gesetzes zu treffende Anordnungen ist neben dem nach Absatz 1 zuständigen Gericht auch das Gericht einstweilen zuständig, in dessen Bezirk das Bedürfnis der Anordnung entsteht. Das Gericht hat dem nach Absatz 1 zuständigen Gericht die Anordnung mitzuteilen. Mit dem Eingang der Mitteilung geht die Zuständigkeit auf das nach Absatz 1 zuständige Gericht über.

(3) Das Gericht kann nach Anhörung der zuständigen Vewaltungsbehörde (§ 2 Abs. 1) aus wichtigen Gründen die Sache an ein anderes Gericht abgeben, wenn sich dieses zur Übernahme der Sache bereiterklärt. Einigen sich die Gerichte nicht, so entscheidet das gemeinschaftliche obere Gericht, falls dieses der Bundesgerichtshof ist, das Oberlandesgericht, zu dessen Bezirk das Gericht gehört, an welches die Sache abgegeben werden soll. Die Entscheidung ist nicht anfechtbar.

§ 4

(1) In dem Verfahren ist die Person, der die Freiheit entzogen werden soll, zu hören. Erscheint sie auf Vorladung nicht, so kann ihre Vorführung angeordnet werden.

(2) Die Anhörung kann unterbleiben, wenn nach ärztlichem Urteil eine Verständigung mit dem Anzuhörenden wegen seines Geisteszustandes nicht möglich ist; in diesem Fall ist ihm, falls er nicht unter elterlicher Gewalt, unter Vormundschaft oder unter einer auf Grund des § 1910 Abs. 1 des Bürgerlichen Gesetzbuches angeordneten Pflegschaft steht, durch das nach § 3 zuständige Amtsgericht ein Pfleger für das Verfahren zu bestellen. Die Anhörung kann ferner unterbleiben, wenn sie mit besonderen Schwierigkeiten verbunden oder nicht ohne Nachteile für den Gesundheitszustand des Anzuhörenden ausführbar ist.

(3) Steht die Person, der die Freiheit entzogen werden soll, unter elterlicher Gewalt, unter Vormundschaft oder unter einer auf Grund des § 1910 des Bürgerlichen Gesetzbuches oder des Absatzes 2 Satz 1 angeordneten Pfleg-

schaft, so sind auch der Inhaber der elterlichen Gewalt und der andere Elternteil, der Vormund oder der Pfleger zu hören. Ist die Person, der die Freiheit entzogen werden soll, verheiratet, so ist, sofern die Ehegatten nicht dauernd getrennt leben, auch der Ehegatte zu hören.

(4) Die Unterbringung in einer geschlossenen Krankenanstalt oder einer geschlossenen Krankenabteilung darf nur nach Anhörung eines ärztlichen Sachverständigen, die Unterbringung in einer Heil- und Pflegeanstalt oder in einer Entziehungsanstalt für Rauschgift- oder Alkoholsüchtige nur nach Anhörung eines Amtsarztes angeordnet werden.

(5) Im Verfahren über die weitere Beschwerde ist eine Anhörung gemäß den Absätzen 1 bis 4 nicht erforderlich.

§ 5

(1) Das Gericht entscheidet über die Freiheitsentziehung durch einen mit Gründen versehenen Beschluss.

(2) Die Entscheidung ist bekannt zumachen:
   a) der Person, der die Freiheit entzogen werden soll, und sofern die Entscheidung nicht bereits nach Buchst. b dem Ehegatten bekannt zumachen ist, einem sonstigen Angehörigen oder einer Person ihres Vertrauens;
   b) den in § 4 Abs. 3 genannten Personen;
   c) der Verwaltungsbehörde, die den Antrag auf Freiheitsentziehung gestellt hat.

(3) Ist die Bekanntmachung an die Person, der die Freiheit entzogen werden soll, nach ärztlichem Gutachten nicht ohne Nachteile für ihren Gesundheitszustand ausführbar, so kann sie unterbleiben.

(4) Der Bekanntmachung soll eine Rechtsmittelbelehrung beigefügt werden.

§ 6

(1) Gegen die Entscheidung des Amtsgerichts findet die sofortige Beschwerde statt.

(2) Die Beschwerde steht den Beteiligten zu, denen die Entscheidung nach § 5 Abs. 2 bekannt zumachen ist.

(3) Ein unter elterlicher Gewalt stehendes Kind oder ein unter Vormundschaft stehender Mündel kann ohne Mitwirkung seines gesetzlichen Vertreters das Beschwerderecht ausüben. Dies gilt nicht für Personen, die geschäftsunfähig sind oder das vierzehnte Lebensjahr nicht vollendet haben.

§ 7

Die eine Freiheitsentziehung anordnende Entscheidung wird erst mit der Rechtskraft wirksam; das Gericht kann jedoch die sofortige Wirksamkeit der Entscheidung anordnen. Die Entscheidung wird von der zuständigen Verwaltungsbehörde vollzogen.

§ 8

(1) In der Entscheidung, durch die eine Freiheitsentziehung angeordnet wird, ist eine Frist zu bestimmen, vor deren Ablauf über die Fortdauer der Freiheitsentziehung zu entscheiden ist.
(2) Wird nicht innerhalb der Frist die Fortdauer der Freiheitsentziehung durch richterliche Entscheidung angeordnet, so ist der Untergebrachte freizulassen.
(3) Die vom Gericht zu bestimmende Frist soll unter Berücksichtigung aller Umstände des Einzelfalles festgesetzt erden. Sie soll in der Regel nicht mehr als ein Jahr, bei voraussichtlich lange dauernder Geisteskrankheit nicht mehr als zwei Jahre betragen.

§ 9

(1) Die Entscheidung, durch die eine Freiheitsentziehung angeordnet wird, ist vor Ablauf der nach § 8 Abs. 1 festgesetzten Frist aufzuheben, wenn der Grund für die Freiheitsentziehung weggefallen ist.
(2) Beantragt der Untergebrachte die Aufhebung der Freiheitsentziehung, so kann von einem Bescheid abgesehen werden, wenn sich aus Form und Inhalt des Antrages ergibt, daß wegen des Geisteszustandes des Untergebrachten eine Verständigung mit ihm nicht möglich ist.

§ 10

Die §§ 2 bis 9 gelten entsprechend für das Verfahren, in dem über die Fortdauer einer Freiheitsentziehung entschieden wird.

§ 11

(1) Ist ein Antrag auf Freiheitsentziehung gestellt, so kann das Gericht, falls dies zur Vorbereitung eines Gutachtens über den Gesundheitszustand einer Person, der die Freiheit entzogen werden soll, oder aus anderen Gründen dringend erforderlich ist, durch einstweilige Anordnung eine Freiheitsent-

ziehung für zulässig erklären. Die Freiheitsentziehung auf Grund einer einstweiligen Anordnung darf die Dauer von sechs Wochen nicht übersteigen.

(2) Nach Anhörung eines ärztlichen Sachverständigen kann durch weitere einstweilige Anordnung die Dauer der Freiheitsentziehung verlängert werden. Jedoch darf die Freiheitsentziehung auf Grund der einstweiligen Anordnungen insgesamt die Dauer von drei Monaten nicht übersteigen.

(3) Für einstweilige Anordnungen im Sinne der Abs. 1 und 2 gelten § 4 Abs. 1 bis 3 und 5, §§ 5 bis 7, § 8 Abs. 2 und § 9 entsprechend. Die Anhörung der Person, der die Freiheit entzogen werden soll, kann außer im Falle des § 4 Abs. 2 auch bei Gefahr im Verzug unterbleiben; sie muss jedoch nachgeholt werden, sobald dies möglich ist.

§ 12

(1) Bei jeder nicht auf richterlicher Entscheidung beruhenden Freiheitsentziehung hat die zuständige Verwaltungsbehörde die richterliche Entscheidung unverzüglich herbeizuführen. Ist die Freiheitsentziehung nicht bis zum Ablauf des ihr folgenden Tages durch richterliche Entscheidung nach § 5 oder § 11 angeordnet, so hat die Freilassung zu erfolgen.

(2) Falls eine Entscheidung nach § 5 oder § 11 nicht alsbald getroffen werden kann, kann der Richter die Freiheitsentziehung durch vorläufige Anordnung für zulässig erklären. Die vorläufige Anordnung ist nicht anfechtbar. Sie wird wirksam, wenn sie der Geschäftsstelle des Gerichts zur Bekanntmachung übergeben ist. § 5 Abs. 2 gilt entsprechend. Die vorläufige Anordnung wird unwirksam, wenn die Freiheitsentziehung nicht binnen einer Woche nach § 5 oder § 11 für zulässig erklärt worden ist.

§ 13[4]

Für das Verfahren, in dem über die Anordnung von Zwangshaft anstelle von Zwangsgeld entschieden wird, gelten nur die §§ 2, 3, § 4 Abs. 1 und 5, § 5 Abs. 1, § 6 Abs. 1 und § 7. Hat der Betroffene seinen gewöhnlichen Aufenthalt nicht

---

4 Im Entwurf des Bundesjustizministeriums vom 17.12.1951 war als § 13 vorgesehen gewesen, zu formulieren: „ §13
(1) Das Recht und die Pflicht des Inhabers der elterlichen Gewalt, des Vormundes oder des Pflegers, den Aufenthalt des Kindes oder des Mündels zu bestimmen, werden durch dieses Gesetz nicht berührt. Jedoch bedürfen diese Personen zur Unterbringung des Kindes oder des Mündels in einer geschlossenen Heil- und Pflegeanstalt der vorherigen Genehmigung des Amtsgerichts, falls das Kind oder der Mündel

in dem Lande, dessen Behörde das Zwangsgeld festgesetzt hat, so ist das Amtsgericht zuständig, in dessen Bezirk die Verwaltungsbehörde, die den Antrag auf Festsetzung der Zwangshaft stellt, ihren Sitz hat. Die Vollstreckung der Zwangshaft richtet sich nach den landesrechtlichen Vorschriften.

§ 14

Ist eine Freiheitsentziehung vor dem Inkrafttreten dieses Gesetzes erfolgt und nicht durch gerichtliche Entscheidung für zulässig erklärt worden, so muß die gerichtliche Entscheidung über die Fortdauer der Freiheitsentziehung unverzüglich herbeigeführt werden. Der Untergebrachte ist freizulassen, wenn die Freiheitsentziehung nicht binnen sechs Monaten seit dem Inkrafttreten dieses Gesetzes für zulässig erklärt ist.

§ 15

(1) Für die Gerichtskosten gelten, soweit nichts anderes bestimmt ist, die Vorschriften der Kostenordnung vom 25. November 1935 (Reichsgesetzbl. I S. 1371).
(2) Für die Entscheidung, durch die eine Freiheitsentziehung (§ 5) oder ihre Fortdauer (§§ 10, 14) angeordnet oder ein Antrag, die Freiheitsentziehung aufzuheben (§ 9) zurückgewiesen wird, wird eine Gebühr von dreißig Deutsche Mark erhoben. Das Gericht kann jedoch unter Berücksichtigung der wirtschaftlichen Verhältnisse des Zahlungspflichtigen und der Bedeutung und des Umfanges des Verfahrens die Gebühr bis auf fünf Deutsche Mark ermäßigen oder bis auf zweihundert Deutsche Mark erhöhen.
(3) Für die Entscheidung, durch die Zwangshaft (§ 13) angeordnet wird, wird eine Gebühr erhoben, die bei einer Zwangshaft
   a) bis zu einer Woche fünf Deutsche Mark,

---

das vierzehnte Lebensjahr vollendet hat und der Unterbringung nicht zustimmt. Die §§ 4 bis 12 gelten entsprechend; die Entscheidung trifft der Vormundschaftsrichter.
(2) Die Vorschriften des Absatzes 1 Satz 2 und 3 gelten entsprechend, wenn ein durch den Inhaber der elterlichen Gewalt, den Vormund oder den Pfleger in einer geschlossenen Heil- und Pflegeanstalt untergebrachtes Kind oder Mündel das vierzehnte Lebensjahr vollendet und der Fortdauer der Unterbringung nicht zustimmt."
Durch den Verzicht auf diese Bestimmung in der in den Bundestag eingebrachten Fassung, (vergleiche zu den Gründen die Ausführungen oben unter IV 4. 4.3 dieser Arbeit) haben sich die Numerierungen der folgenden Paragraphen gegenüber dem Entwurf des Bundesjustizministeriums jeweils um eine Ziffer verschoben.

b) bis zu zwei Wochen zehn Deutsche Mark,
c) über zwei Wochen zwanzig Deutsche Mark
beträgt.

(4) Für das Beschwerdeverfahren wird bei Verwerfung oder Zurückweisung der Beschwerde eine Gebühr von dreißig Deutsche Mark, bei Zurücknahme der Beschwerde eine Gebühr von zehn Deutsche Mark erhoben.
(5) Kostenvorschüsse werden nicht erhoben.

§ 16

(1) Schuldner der Gebühren sind in den Fällen ds § 15 Abs. 2 der Betroffene und im Rahmen ihrer gesetzlichen Unterhaltspflicht die zu seinem Unterhalt Verpflichteten, in den Fällen des § 15 Abs. 3 der Betroffene und in den Fällen des § 15 Abs. 4 der Beschwerdeführer; sie haben, soweit sie gebührenpflichtig sind, auch die baren Auslagen des gerichtlichen Verfahrens zu tragen.
(2) Die Verwaltungsbehörden sind zur Zahlung von Gerichtsgebühren nicht verpflichtet. Jedoch hat die Gebietskörperschaft, der die Verwaltungsbehörde angehört, die Auslagen des gerichtlichen Verfahrens, die von dem Kostenschuldner nicht eingezogen werden können oder die bei Ablehnung eines von ihr gestellten Antrags entstehen, der Staatskasse zu ersetzen.

§ 17

Die Gebühren der Rechtsanwälte bestimmen sich nach den Vorschriften der Landesgebührenordnungen. Soweit Landesgebührenordnungen nicht ergangen sind, ist die Gebührenordnung für Rechtsanwälte vom 7. Juli 1879 sinngemäß anzuwenden.

§ 18

Bis zu einer anderweitigen gesetzlichen Regelung können auf Grund des § 7 der Ausländerpolizeiverordnung vom 22. August 1938 (Reichtsgesetzbl. I S. 1053), auf Grund der Verordnung zur Bekämpfung übertragbarer Krankheiten vom 1. Dezember 1938 (Reichsgesetzbl. I S. 1721) und innerhalb der britischen und französischen Besatzungszone auch auf Grund des § 20 der Verordnung über Fürsorgepflicht vom 13. Februar 1924 (Reichsgesetzbl. I S. 100) Freiheitsentziehungen und Freiheitsbeschränkungen angeordnet werden. Das Grundrecht der

Freiheit der Person nach Art. 2 Abs. 2 Satz 2 des Grundgesetzes für die Bundesrepublik Deutschland wird insoweit eingeschränkt.

§ 19

(1) Dieses Gesetz tritt am ... 1952 in Kraft.
(2) Mit dem Inkrafttreten dieses Gesetzes treten Vorschriften, die das von diesem Gesetz umfasste Gebiet betreffen, außer Kraft. Das gilt insbesondere für das Hamburgische Gesetz zur Ausführung des Artikels 104 des Bonner Grundgesetzes vom 17. August 1949 (GVBl. S. 177), für §§ 10 bis 12 und § 38 Abs. 4 des Niedersächsischen Gesetzes über die öffentliche Sicherheit und Ordnung vom 21. März 1951 (GVBl. S. 79) und für die §§ 1 bis 7, § 8 Abs. 1 und 2, §§ 9, 10 und 12 der Niedersächsischen Verordnung über die gerichtlichen Verfahren nach dem Gesetz über die öffentliche Sicherheit und Ordnung vom 13. Februar 1952 (GVBl. S. 14).
(3) § 18 tritt mit Ablauf des 31. Dezember 1953 außer Kraft.

§ 20

Sobald das Land Berlin gemäß Art. 87 Abs. 2 seiner Verfassung die Anwendung dieses Gesetzes beschlossen hat, gilt es auch im Lande Berlin, und zwar § 18 mit der Maßgabe, dass Freiheitsentziehungen und Freiheitsbeschränkungen auf Grund des § 20 der Verordnung über Fürsorgepflicht vom 13. Februar 1924 auch im Lande Berlin angeordnet werden können.

A. 4. Entwurf eines Gesetzes über das gerichtliche Verfahren bei Freiheitsentziehungen gemäß den Änderungsvorschlägen des Bundesrates (Stand: 25.10.1952)[5]

Abschnitt I

§ 1

(1) Die Unterbringung einer Person gegen ihren Willen oder im Zustand der Willenlosigkeit in einer geschlossenen Krankenanstalt oder einer geschlossenen Krankenabteilung, insbesondere einer geschlossenen Abteilung einer Heil- und Pflegeanstalt oder Entziehungsanstalt für Rauschgift- oder Alkoholsüchtige ist eine Freiheitsentziehung im Sinne des Art. 104 Abs. 2 des Grundgesetzes.

(2) Steht die unterzubringende Person unter elterlicher Gewalt, Vormundschaft oder Pflegschaft, so ist der Wille desjenigen maßgebend, dem das Personensorgerecht zusteht.

§ 2

Eine Freiheitsentziehung auf Grund bundes- oder landesgesetzlicher Vorschriften kann, sofern sie länger dauert als bis zum Ende des der Unterbringung folgenden Tages, nur das Amtsgericht auf Antrag der zuständigen Verwaltungsbehörde anordnen. Für das Verfahren gelten die Vorschriften des Reichsgesetzes über die Angelegenheiten der freiwilligen Gerichtsbarkeit, soweit sich aus den folgenden Vorschriften nichts anderes ergibt.

§ 3

(1) Örtlich zuständig ist das Amtsgericht, in dessen Bezirk die Person, der die Freiheit entzogen werden soll, ihren ständigen Aufenthalt hat. Hat sie keinen ständigen Aufenthalt im Geltungsbereich dieses Gesetzes oder ist der ständige Aufenthalt nicht feststellbar, so ist das Amtsgericht zuständig, in dessen Bezirk das Bedürfnis für die Freiheitsentziehung hervortritt. Befinden sich an einem Ort mehrere Amtsgerichte, so kann die Landesjustizverwaltung eines dieser Amtsgerichte für zuständig erklären. Befindet sich die

---

5 aus: Deutscher Bundestag, Ausschuss für Rechtswesen und Verfassungsrecht, Ausschussdrucksache Nr. 75, 25.10.1952

Person bereits in Verwahrung einer Anstalt, so ist das Amtsgericht zuständig, in dessen Bezirk die Anstalt liegt.

(2) Für eilige auf Grund dieses Gesetzes zu treffende Anordnungen ist neben dem nach Absatz 1 zuständigen Gericht auch das Gericht einstweilen zuständig, in dessen Bezirk das Bedürfnis der Anordnung entsteht. Das Gericht hat dem nach Absatz 1 zuständigen Gericht die Anordnung mitzuteilen. Mit dem Eingang der Mitteilung geht die Zuständigkeit auf das nach Absatz 1 zuständige Gericht über.

(3) Das Gericht kann nach Anhörung der zuständigen Verwaltungsbehörde (§ 2) aus wichtigen Gründen die Sache an ein anderes Gericht abgeben, wenn sich dieses zur Übernahme der Sache bereiterklärt. Einigen sich die Gerichte nicht, so entscheidet das gemeinschaftliche obere Gericht, falls dieses der Bundesgerichtshof ist, das Oberlandesgericht, zu dessen Bezirk das Gericht gehört, an welches die Sache abgegeben werden soll. Die Entscheidung ist nicht anfechtbar.

§ 4

(1) Das Gericht hat die Person, der die Freiheit entzogen werden soll, mündlich zu hören. Erscheint sie auf Vorladung nicht, so kann ihre Vorführung angeordnet werden.

(2) Die Anhörung kann unterbleiben, wenn nach amtsärztlichem Gutachten eine Verständigung mit dem Anzuhörenden wegen seines Geisteszustandes nicht möglich ist; die Anhörung kann ferner unterbleiben, wenn sei nach amtsärztlichem Gutachten nicht ohne Nachteile für den Gesundheitszustand des Anzuhörenden ausführbar ist oder wenn der Anzuhörende an einer gemeingefährlichen oder übertragbaren Krankheit im Sinne des Gesetzes betreffend die Bekämpfung gemeingefährlicher Krankheiten vom 30. Juni 1900 (Reichsgesetzbl. S. 306) oder der Verordnung zur Bekämpfung übertragbarer Krankheiten vom 1. Dezember 1938 (Reichsgesetzbl. I S. 1721) leidet. In diesen Fällen ist dem Anzuhörenden, falls er nicht unter elterlicher Gewalt, unter Vormundschaft oder unter einer auf Grund des § 1910 Abs. 1 des Bürgerlichen Gesetzbuches angeordneten Pflegschaft steht, durch das nach § 3 zuständige Amtsgericht ein Pfleger für das Verfahren zu bestellen.

(3) Steht die Person, der die Freiheit entzogen werden soll, unter elterlicher Gewalt, unter Vormundschaft oder unter einer auf Grund des § 1910 des Bürgerlichen Gesetzbuches oder des Absatzes 2 Satz 1 angeordneten Pflegschaft, so sind auch der Inhaber der elterlichen Gewalt und der andere Elternteil, der Vormund oder der Pfleger zu hören. Ist die Person, der die Freiheit entzogen werden soll, verheiratet, so ist, sofern die Ehegatten nicht

dauernd getrennt leben, auch der Ehegatte zu hören. Die Anhörung des anderen Elternteils und des Ehegatten kann unterbleiben, wenn sie nicht ohne erhebliche Verzögerung oder nicht ohne unverhältnismäßige Kosten möglich ist.

(4) Die Unterbringung in einer geschlossenen Krankenanstalt oder einer geschlossenen Krankenabteilung darf nur nach Anhörung eines ärztlichen Sachverständigen angeordnet werden. Die Unterbringung in einer Heil- und Pflegeanstalt oder in einer Entziehungsanstalt für Rauschgift- oder Alkoholsüchtige darf nur nach Anhörung eines Facharztes für Psychiatrie, der den Unterzubringenden untersucht hat, angeordnet werden; ist er kein beamteter Arzt, so ist auch der Amtsarzt zu hören.

(5) Im Verfahren über die weitere Beschwerde ist eine Anhörung gemäß den Absätzen 1 bis 4 nicht erforderlich

§ 5

(1) Das Gericht entscheidet über die Freiheitsentziehung durch einen mit Gründen versehenen Beschluss.

(2) Die Entscheidung, durch welche die Freiheitsentziehung angeordnet wird, ist bekannt zumachen:
   a) der Person, der die Freiheit entzogen werden soll, und sofern die Entscheidung nicht bereits nach Buchst. b dem Ehegatten bekannt zumachen ist, einem sonstigen Angehörigen oder einer Person ihres Vertrauens;
   b) den nach § 4 Abs. 3 Satz 1 und Satz 2 zu hörenden Personen;
   c) der Verwaltungsbehörde, die den Antrag auf Freiheitsentziehung gestellt hat.

(3) Die Entscheidung, durch welche der Antrag der Verwaltungsbehörde abgelehnt wird, ist der Verwaltungsbehörde und der Person, deren Unterbringung beantragt war, bekannt zu machen.

(4) Ist die Bekanntmachung an die Person, der die Freiheit entzogen werden soll, nach ärztlichem Gutachten nicht ohne Nachteile für ihren Gesundheitszustand ausführbar, so kann sie unterbleiben. § 4 Abs. 2 Satz 2 gilt entsprechend.

(5) Der Bekanntmachung muss eine Rechtsmittelbelehrung beigefügt werden.

§ 6

(1) Gegen die Entscheidung des Amtsgerichts findet die sofortige Beschwerde statt.

(2) Gegen eine Entscheidung, durch welche die Freiheitsentziehung angeordnet wird, steht die Beschwerde den in § 5 Abs. 2 und 4 Satz 4 genannten Beteiligten zu; gegen eine Entscheidung, durch welche der Antrag der Verwaltungsbehörde abgelehnt wird, steht nur dieser die Beschwerde zu.

(3) Ein unter elterlicher Gewalt stehendes Kind oder ein unter Vormundschaft stehender Mündel kann ohne Mitwirkung seines gesetzlichen Vertreters das Beschwerderecht ausüben. Dies gilt nicht für Personen, die geschäftsunfähig sind oder das vierzehnte Lebensjahr nicht vollendet haben.

§ 7

Die eine Freiheitsentziehung anordnende Entscheidung wird erst mit der Rechtskraft wirksam; das Gericht kann jedoch die sofortige Wirksamkeit der Entscheidung anordnen. Die Entscheidung wird von der zuständigen Verwaltungsbehörde vollzogen.

§ 8

(1) In der Entscheidung, durch die eine Freiheitsentziehung angeordnet wird, ist eine Frist zu bestimmen, vor deren Ablauf über die Fortdauer der Freiheitsentziehung von Amts wegen zu entscheiden ist.

(2) Die vom Gericht zu bestimmende Frist soll unter Berücksichtigung aller Umstände des Einzelfalles festgesetzt werden. Sie soll in der Regel nicht mehr als ein Jahr, bei voraussichtlich lange dauernder Geisteskrankheit nicht mehr als zwei Jahre betragen.

(3) Wird nicht innerhalb der Frist die Fortdauer der Freiheitsentziehung durch richterliche Entscheidung angeordnet, so ist der Untergebrachte freizulassen. Das Gericht ist von der Freilassung zu benachrichtigen.

§ 9

(1) Die Entscheidung, durch die eine Freiheitsentziehung angeordnet wird, ist vor Ablauf der nach § 8 Abs. 1 festgesetzten Frist von Amts wegen aufzuheben, wenn der Grund für die Freiheitsentziehung weggefallen ist.

(2) Anträge der nach § 5 Beteiligten auf Aufhebung der Freiheitsentziehung sind in jedem Fall zu prüfen und zu bescheiden. Beantragt der Untergebrachte die Aufhebung der Freiheitsentziehung, so kann von einem Bescheid abgesehen werden, wenn sich aus Form und Inhalt des Antrages ergibt, daß wegen des Geisteszustandes des Untergebrachten eine Verständigung mit ihm nicht möglich ist.

(3) Erscheint eine Unterbrechung der Unterbringung vertretbar, so kann die Verwaltungsbehörde den Untergebrachten beurlauben. Die jederzeit widerrufliche Beurlaubung kann von Auflagen abhängig gemacht werden. Eine Beurlaubung über 3 Monate hinaus ist dem Gericht mitzuteilen.

(4) Das Gericht kann auf Antrag der Verwaltungsbehörde die probeweise Entlassung untergebrachter Personen anordnen. Die probeweise Entlassung kann von Auflagen abhängig gemacht werden.

§ 10

Die §§ 2 bis 9 gelten entsprechend für das Verfahren, in dem über die Fortdauer einer Freiheitsentziehung entschieden wird.

§ 11

(1) Ist ein Antrag auf Freiheitsentziehung gestellt, so kann das Gericht, falls dies zur Vorbereitung eines Gutachtens über den Gesundheitszustand einer Person, der die Freiheit entzogen werden soll, oder aus anderen Gründen dringend erforderlich ist, eine einstweilige Freiheitsentziehung anordnen. Die einstweilige Freiheitsentziehung darf die Dauer von 6 Wochen nicht überschreiten.

(2) Nach Anhörung eines ärztlichen Sachverständigen kann durch weitere einstweilige Anordnung die Dauer der Freiheitsentziehung zur Vorbereitung eines Gutachtens über den Gesundheitszustand verlängert werden. Jedoch darf die Freiheitsentziehung auf Grund der einstweiligen Anordnung insgesamt die Dauer von drei Monaten nicht übersteigen.

(3) Für einstweilige Anordnungen im Sinne der Abs. 1 und 2 gelten § 4 Abs. 1 bis 3 und 5, §§ 5 bis 7, § 8 Abs. 2 und § 9 entsprechend. Die Anhörung der Person, die die Freiheit entzogen werden soll, kann außer im Falle des § 4 Abs. 2 auch bei Gefahr im Verzug unterbleiben; sie muss jedoch nachgeholt werden, sobald dies möglich ist.

§ 12

(1) Bei jeder nicht auf richterlicher Entscheidung beruhenden Freiheitsentziehung hat die zuständige Verwaltungsbehörde die richterliche Entscheidung unverzüglich herbeizuführen. Ist die Freiheitsentziehung nicht bis zum Ablauf des ihr folgenden Tages durch richterliche Entscheidung nach § 5 oder § 11 angeordnet, so hat die Freilassung zu erfolgen.

(2) Falls dringende Gründe für die Annahme vorhanden sind, daß die Voraussetzungen für die Unterbringung vorliegen und eine Entscheidung nach § 5 oder § 11 nicht alsbald getroffen werden kann, kann der Richter die Freiheitsentziehung durch vorläufige Anordnung für zulässig erklären. Die vorläufige Anordnung ist nicht anfechtbar. Sie wird wirksam, wenn sie der Geschäftsstelle des Gerichts zur Bekanntmachung übergeben ist. § 5 Abs. 2 gilt entsprechend. Die vorläufige Anordnung wird unwirksam, wenn die Freiheitsentziehung nicht binnen einer Woche nach § 5 oder § 11 für zulässig erklärt worden ist.

§ 12a

Das Recht und die Pflicht des Inhabers der elterlichen Gewalt, des Vormunds oder des Pflegers, den Aufenthalt des Kindes oder des Mündels zu bestimmen, werden durch dieses Gesetz nicht berührt. Jedoch bedürfen diese Personen zur Unterbringung des Kindes oder des Mündels in einer de in § 1 Abs. 1 bezeichneten Anstalten der vorherigen Genehmigung des Amtsgerichts. Die §§ 4 bis 12 gelten entsprechend; die Entscheidung trifft der Vormundschaftsrichter.

§ 13

Ist eine Freiheitsentziehung vor dem Inkrafttreten dieses Gesetzes erfolgt und nicht durch gerichtliche Entscheidung für zulässig erklärt worden, so muss die gerichtliche Entscheidung über die Fortdauer der Freiheitsentziehung unverzüglich herbeigeführt werden. Der Untergebrachte ist freizulassen, wenn die Freiheitsentziehung nicht binnen eines Jahres seit dem Inkrafttreten dieses Gesetzes für zulässig erklärt ist.

Abschnitt II

§ 13a

(1) Die Freiheitsentziehung im Sinne des Art. 104 Abs. 2 des Grundgesetzes ist auch die Unterbringung einer Person gegen ihren Willen oder im Zustand der Willenlosigkeit in einem Gefängnis, einem Haftraum, einem Arbeitshaus, einer geschlossenen Verwahranstalt oder einer geschlossenen Anstalt der Fürsorge.
(2) Für das gerichtliche Verfahren zur Unterbringung gelten die Vorschriften des Abschnittes I mit Ausnahme der §§ 1, 4 Abs. 4, 9 Abs. 3, 12a Satz 2

und 3, soweit nicht das Bundesrecht das gerichtliche Verfahren bei Freiheitsentziehungen abweichend regelt.

Abschnitt III

§ 14

Für das Verfahren, in dem über die Anordnung von Zwangshaft anstelle von Zwangsgeld entschieden wird, gelten nur die §§ 2, 3, § 4 Abs. 1 und 5, § 5 Abs. 1, § 6 Abs. 1 und § 7. Hat der Betroffene seinen gewöhnlichen Aufenthalt nicht in dem Lande, dessen Behörde das Zwangsgeld festgesetzt hat, so ist das Amtsgericht zuständig, in dessen Bezirk die Verwaltungsbehörde, die den Antrag auf Festsetzung der Zwangshaft stellt, ihren Sitz hat. Die Vollstreckung der Zwangshaft richtet sich nach den landesrechtlichen Vorschriften.

§ 15

(1) Für die Gerichtskosten gelten, soweit nichts anderes bestimmt ist, die Vorschriften der Kostenordnung vom 25. November 1935 (Reichsgesetzbl. I S. 1371).
(2) Für die Entscheidung, durch die eine Freiheitsentziehung (§ 5) oder ihre Fortdauer (§§ 10, 14) angeordnet oder ein Antrag, die Freiheitsentziehung aufzuheben (§ 9) zurückgewiesen wird, wird eine Gebühr von dreißig Deutsche Mark erhoben. Das Gericht kann jedoch unter Berücksichtigung der wirtschaftlichen Verhältnisse des Zahlungspflichtigen und der Bedeutung und des Umfanges des Verfahrens die Gebühr bis auf fünf Deutsche Mark ermäßigen oder bis auf zweihundert Deutsche Mark erhöhen.
(3) Für die Entscheidung, durch die Zwangshaft (§ 13) angeordnet wird, wird eine Gebühr erhoben, die bei einer Zwangshaft
   a) bis zu einer Woche fünf Deutsche Mark,
   b) bis zu zwei Wochen zehn Deutsche Mark,
   c) über zwei Wochen zwanzig Deutsche Mark
   beträgt.
(4) Für das Beschwerdeverfahren wird bei Verwerfung oder Zurückweisung der Beschwerde eine Gebühr von dreißig Deutsche Mark, bei Zurücknahme der Beschwerde eine Gebühr von zehn Deutsche Mark erhoben.
(5) Kostenvorschüsse werden nicht erhoben.

§ 16

(1) Schuldner der Gebühren sind in den Fällen des § 15 Abs. 2 der Betroffene und im Rahmen ihrer gesetzlichen Unterhaltspflicht die zu seinem Unterhalt Verpflichteten, in den Fällen des § 15 Abs. 3 der Betroffene und in den Fällen des § 15 Abs. 4 der Beschwerdeführer; sie haben, soweit sie gebührenpflichtig sind, auch die baren Auslagen des gerichtlichen Verfahrens zu tragen.
(2) Die Verwaltungsbehörden sind zur Zahlung von Gerichtsgebühren nicht verpflichtet. Jedoch hat die Gebietskörperschaft, der die Verwaltungsbehörde angehört, die Auslagen des gerichtlichen Verfahrens, die von dem Kostenschuldner nicht eingezogen werden können oder die bei Ablehnung eines von ihr gestellten Antrags entstehen, der Staatskasse zu ersetzen.

§ 17

Die Gebühren der Rechtsanwälte bestimmen sich nach den Vorschriften der Landesgebührenordnungen. Soweit Landesgebührenordnungen nicht ergangen sind, ist die Gebührenordnung für Rechtsanwälte vom 7. Juli 1879 sinngemäß anzuwenden.

§ 18

Bis zu einer anderweitigen gesetzlichen Regelung können auf Grund des § 7 der Ausländerpolizeiverordnung vom 22. August 1938 (Reichtsgesetzbl. I S. 1053), auf Grund der Verordnung zur Bekämpfung übertragbarer Krankheiten vom 1. Dezember 1938 (Reichsgesetzbl. I S. 1721) und innerhalb der britischen und französischen Besatzungszone auch auf Grund des § 20 der Verordnung über Fürsorgepflicht vom 13. Februar 1924 (Reichsgesetzbl. I S. 100) Freiheitsentziehungen und Freiheitsbeschränkungen angeordnet werden. Das Grundrecht der Freiheit der Person nach Art. 2 Abs. 2 Satz 2 des Grundgesetzes für die Bundesrepublik Deutschland wird insoweit eingeschränkt.

§ 19

(1) Dieses Gesetz tritt am ... 1952 in Kraft.
(2) Mit dem Inkrafttreten dieses Gesetzes treten Vorschriften, die das von diesem Gesetz umfasste Gebiet betreffen, außer Kraft.
(3) § 18 tritt mit Ablauf des 31. Dezember 1953 außer Kraft.

§ 20

Sobald das Land Berlin gemäß Art. 87 Abs. 2 seiner Verfassung die Anwendung dieses Gesetzes beschlossen hat, gilt es auch im Lande Berlin, und zwar § 18 mit der Maßgabe, dass Freiheitsentziehungen und Freiheitsbeschränkungen auf Grund des § 20 der Verordnung über Fürsorgepflicht vom 13. Februar 1924 auch im Lande Berlin angeordnet werden können.

A.5. Entwurf eines Gesetzes über das gerichtliche Verfahren bei Freiheitsentziehungen gemäß den Änderungsvorschlägen des Bundesrates vom 27. 11. 1953 (116. Sitzung).[6]

Der Bundestag hat mit Zustimmung des Bundesrates das folgende Gesetz beschlossen:

§ 1

Das gerichtliche Verfahren bei Freiheitsentziehungen (Art. 104 Abs.2 des Grundgesetzes) bestimmt sich nach diesem Gesetz, soweit das Bundesrecht es nicht abweichend regelt.

§ 1a

(1) Freiheitsentziehung ist die Unterbringung einer Person gegen ihren Willen oder im Zustande der Willenlosigkeit in
   a) einem Gefängnis, einem Haftraum, einem Arbeitshaus, einer abgeschlossenen Verwahranstalt oder einer abgeschlossenen Anstalt der Fürsorge;
   b) einer abgeschlossenen Krankenanstalt oder einem abgeschlossenen Teil einer Krankenanstalt.

(2) Steht die unterzubringende Person unter elterlicher Gewalt, Vormundschaft oder Pflegschaft, so ist der Wille desjenigen maßgebend, dem die gesetzliche Vertretung in den persönlichen Angelegenheiten zusteht.

(3) Dieses Gesetz findet keine Anwendung auf Geisteskranke und Rauschgift- oder Alkoholsüchtige.

§ 2

Eine Freiheitsentziehung auf Grund bundes- oder landesgesetzlicher Vorschriften kann nur das Amtsgericht auf Antrag der zuständigen Verwaltungsbehörde anordnen. Für das Verfahren gelten die Vorschriften des Reichsgesetzes über die Angelegenheiten der freiwilligen Gerichtsbarkeit, soweit sich aus den folgenden Vorschriften nichts anderes ergibt.

---

6 Der Wortlaut dieses Entwurfs ergibt sich aus der sich in Anlage 2 zur Bundestagsdrucksache Nr. 169, Deutscher Bundestag, 2. Wahlperiode, 1954, befindlichen Aufstellung der Änderungsvorschläge des Bundesrates, sowie der als Anlage 3 zu dieser Drucksache aufgeführten Zusammenstellung der sich aus den Änderungsvorschlägen des Bundesrates ergebenden redaktionellen Anpassungen.

§ 3

(1) Örtlich zuständig ist das Amtsgericht, in dessen Bezirk die Person, der die Freiheit entzogen werden soll, ihren gewöhnlichen Aufenthalt hat. Hat sie keinen gewöhnlichen Aufenthalt im Geltungsbereich dieses Gesetzes oder ist der gewöhnliche Aufenthalt nicht feststellbar, so ist das Amtsgericht zuständig, in dessen Bezirk das Bedürfnis für die Freiheitsentziehung entsteht. Befindet sich die Person bereits in Verwahrung einer Anstalt, so ist das Amtsgericht zuständig, in dessen Bezirk die Anstalt liegt.
(2) Für eilige auf Grund dieses Gesetzes zu treffende Anordnungen ist neben dem nach Absatz 1 zuständigen Gericht auch das Gericht einstweilen zuständig, in dessen Bezirk das Bedürfnis der Anordnung entsteht. Das Gericht hat dem nach Absatz 1 zuständigen Gericht die Anordnung mitzuteilen. Mit dem Eingang der Mitteilung geht die Zuständigkeit auf das nach Absatz 1 zuständige Gericht über.
(3) Das Gericht kann nach Anhörung der zuständigen Verwaltungsbehörde (§ 2) aus wichtigen Gründen die Sache an ein anderes Gericht abgeben, wenn sich dieses zur Übernahme der Sache bereit erklärt. Einigen sich die Gerichte nicht, so entscheidet das gemeinschaftliche obere Gericht; ist dieses der Bundesgerichtshof, so entscheidet das Oberlandesgericht, zu dessen Bezirk das Gericht gehört, an welches die Sache abgegeben werden soll. Die Entscheidung ist nicht anfechtbar.

§ 4

(gestrichen)

§ 5

(1) Das Gericht hat die Person, der die Freiheit entzogen werden soll, mündlich zu hören. Erscheint sie auf Vorladung nicht, so kann ihre Vorführung angeordnet werden.
(2) Die Anhörung kann unterbleiben, wenn nach ärztlichem Gutachten nicht ohne Nachteile für den Gesundheitszustand des Anzuhörenden ausführbar ist oder wenn der Anzuhörende an einer übertragbaren Krankheit im Sinne der Verordnung zur Bekämpfung übertragbarer Krankheiten vom 1. Dezember 1938 (Reichsgesetzbl. I S. 1721) leidet. In diesem Fällen ist dem Anzuhörenden, wenn er keinen gesetzlichen Vertreter in den persönlichen Angelegenheiten hat und nicht bereits durch einen Rechtsanwalt vertreten wird, durch das nach § 3 zuständige Gericht ein Rechtsanwalt beizuordnen.

Eine einstweilige oder vorläufige Anordnung (§§14,15) kann bereits ergehen, bevor dem Unterzubringenden ein Rechtsanwalt beigeordnet ist.

(3) Hat die Person, der die Freiheit entzogen werden soll, einen gesetzlichen Vertreter in den persönlichen Angelegenheiten, so ist auch dieser, bei Personen, die unter elterlicher Gewalt stehen, jeder Elternteil zu hören. Ist die Person, der die Freiheit entzogen werden soll, verheiratet, so ist, sofern die Ehegatten nicht dauernd getrennt leben, auch der Ehegatte zu hören. Die Anhörung des Elternteils kann unterbleiben, wenn sie nicht ohne erhebliche Verzögerung oder nicht ohne unverhältnismäßige Kosten möglich ist.

(4) Die Unterbringung in einer abgeschlossenen Krankenanstalt oder einer abgeschlossenen Krankenabteilung darf nur nach Anhörung eines ärztlichen Sachverständigen angeordnet werden. Die Unterbringung in einem abgeschlossenen Teil einer Heil- und Pflegeanstalt oder Entziehungsanstalt für Rauschgift- und Alkoholsüchtige darf nur nach Anhörung mindestens eines in der Psychiatrie erfahrenen Arztes, der den Unterzubringenden untersucht hat, und des Amtsarztes angeordnet werden.

§ 6

(1) Der nach § 5 Abs. 2 Satz 2 beizuordnende Rechtsanwalt ist aus der Zahl der beim Amtsgericht zugelassenen Rechtsanwälte auszuwählen. Sind beim Amtsgericht keine Rechtsanwälte zugelassen oder sind die zugelassenen behindert, so ist ein Rechtsanwalt beizuordnen, der bei einem benachbarten Amtsgericht oder bei dem übergeordneten Landgericht zugelassen ist.

(2) Der Rechtsanwalt kann die Beiordnung nur aus wichtigem Grunde ablehnen.

(3) Gegen die Entscheidung des Gerichts über die Beiordnung findet die sofortige Beschwerde statt.

(4) Die Beiordnung endet, sofern sie nicht vorher vom Gericht aufgehoben wird, mit der Entlassung.

§ 7

(1) Das Gericht entscheidet über die Freiheitsentziehung durch einen mit Gründen versehenen Beschluss.

(2) Die Entscheidung, durch welche die Freiheitsentziehung angeordnet wird, ist bekannt zumachen:
   a) der Person, der die Freiheit entzogen werden soll,
   b) dem beigeordneten Rechtsanwalt
   c) den nach § 5 Abs. 3 Satz 1 und 2 zu hörenden Personen;

d) einer Vertrauensperson, sofern die Entscheidung nicht bereits nach Buchstabe c einem Angehörigen bekannt zumachen ist,

e) der Verwaltungsbehörde, die den Antrag auf Freiheitsentziehung gestellt hat.

(3) Die Entscheidung, durch welche der Antrag der Verwaltungsbehörde abgelehnt wird, ist der Verwaltungsbehörde und der Person, deren Unterbringung beantragt war, bekannt zumachen.

(4) Ist die Bekanntmachung an die Person, der die Freiheit entzogen werden soll, nach ärztlichem Gutachten nicht ohne Nachteile für ihren Gesundheitszustand ausführbar, so kann sie unterbleiben. § 5 Abs. 2 Satz 2 gilt entsprechend.

(5) Der Bekanntmachung muss eine Rechtsmittelbelehrung beigefügt werden.

§ 8

(1) Gegen die Entscheidung des Amtsgerichts findet die sofortige Beschwerde statt.

(2) Gegen eine Entscheidung, durch welche die Freiheitsentziehung angeordnet wird, steht die Beschwerde den in § 7 Abs. 2 genannten Beteiligten zu; gegen eine Entscheidung, durch welche der Antrag der Verwaltungsbehörde abgelehnt wird, steht nur dieser die Beschwerde zu.

(3) Ein unter elterlicher Gewalt stehendes Kind oder ein unter Vormundschaft stehender Mündel kann ohne Mitwirkung seines gesetzlichen Vertreters das Beschwerderecht ausüben. Dies gilt nicht für Personen, die geschäftsunfähig sind oder das 14. Lebensjahr nicht vollendet haben.

(4) Befindet sich die Person, der die Freiheit entzogen werden soll, bereits in Verwahrung einer Anstalt, so kann die weitere Beschwerde auch bei dem Amtsgericht eingelegt werden, in dessen Bezirk die Anstalt liegt.

(5) Im Verfahren über die weitere Beschwerde ist eine Anhörung gemäss § 5 Abs. 1 bis 4 nicht erforderlich.

§ 9

Die eine Freiheitsentziehung anordnende Entscheidung wird erst mit der Rechtskraft wirksam. Das Gericht kann jedoch die sofortige Wirksamkeit der Entscheidung anordnen; § 8 gilt entsprechend. Die Entscheidung wird von der zuständigen Verwaltungsbehörde vollzogen.

§ 10

(1) Inder Entscheidung, durch die eine Freiheitsentziehung angeordnet wird, ist eine Frist zu bestimmen, vor deren Ablauf über die Fortdauer der Freiheitsentziehung von Amts wegen zu entscheiden ist.
(2) Die vom Gericht zu bestimmende Frist soll unter Berücksichtigung aller Umstände des Einzelfalles festgesetzt werden. Sie soll in der Regel nicht mehr als ein Jahr betragen.
(3) Wird nicht innerhalb der Frist die Fortdauer der Freiheitsentziehung durch richterliche Entscheidung angeordnet, so ist der Untergebrachte freizulassen. Das Gericht ist von der Freilassung zu benachrichtigen.

§ 11

(1) Die Entscheidung, durch die eine Freiheitsentziehung angeordnet wird, ist vor Ablauf der nach § 10 Abs. 1 festgesetzten Frist von Amts wegen aufzuheben, wenn der Grund für die Freiheitsentziehung weggefallen ist.
(2) Anträge der nach § 7 Abs. 2 am Verfahren Beteiligten auf Aufhebung der Freiheitsentziehung sind in jedem Fall zu prüfen und zu bescheiden.
(3) Das Gericht kann den Untergebrachten beurlauben; es soll die Verwaltungsbehörde und den Leiter der Anstalt vorher hören. Für Beurlaubungen bis zu einer Woche bedarf es keiner Entscheidung des Gerichts. Die Beurlaubung kann von Auflagen abhängig gemacht werden; sie ist jederzeit widerruflich.

§ 12

(gestrichen)

§ 13

Die §§ 2, 3, 5 bis 11 gelten entsprechend für das Verfahren, in dem über die Fortdauer einer Freiheitsentziehung entschieden wird.

§ 14

(1) Ist ein Antrag auf Freiheitsentziehung gestellt, so kann das Gericht, falls dies zur Vorbereitung eines Gutachtens über den Gesundheitszustand einer Person, der die Freiheit entzogen werden soll, oder aus anderen Gründen dringend erforderlich ist, eine einstweilige Freiheitsentziehung anordnen.

Die einstweilige Freiheitsentziehung darf die Dauer von 6 Wochen nicht überschreiten.

(2) Für einstweilige Anordnungen im Sinne der Absätze 1 und 2 gelten § 5 Abs. 1 bis, §§ 7 bis 9, § 10 Abs. 3 und § 11 entsprechend. Die Anhörung der Person, der die Freiheit entzogen werden soll, kann außer im Falle des § 5 Abs. 2 auch bei Gefahr im Verzug unterbleiben; sie muss jedoch nachgeholt werden, sobald dies möglich ist.

(3) Die Absätze 1 und 3 gelten sinngemäß in dem Verfahren, in dem über die Fortdauer einer Freiheitsentziehung entschieden wird.

§ 15

(1) Bei jeder nicht auf richterlicher Entscheidung beruhenden Freiheitsentziehung hat die zuständige Verwaltungsbehörde die richterliche Entscheidung unverzüglich herbeizuführen. Ist die Freiheitsentziehung nicht bis zum Ablauf des ihr folgenden Tages durch richterliche Entscheidung nach § 7 oder § 14 angeordnet, so hat die Freilassung zu erfolgen.

(2) Falls eine Entscheidung nach § 7 oder § 14 nicht rechtzeitig getroffen werden kann, kann das Gericht die vorläufige Freiheitsentziehung anordnen. Die vorläufige Anordnung ist nicht anfechtbar. Sie wird wirksam, wenn sie der Geschäftsstelle des Gerichts zur Bekanntmachung übergeben ist. § 7 Abs. 2 gilt entsprechend. Die vorläufige Anordnung wird unwirksam, wenn die Freiheitsentziehung nicht binnen zwei Wochen nach § 7 oder § 14 für zulässig erklärt worden ist.

§ 15a

Das Recht und die Pflicht des Inhabers der elterlichen Gewalt, des Vormunds oder des Pflegers, den Aufenthalt des Mündels zu bestimmen, wird durch dieses Gesetz nicht berührt. Jedoch bedürfen diese Personen zur Unterbringung des Kindes oder des Mündels in einer der in § 1a Abs. 1 bezeichneten Anstalten der Genehmigung des Vormundschaftsgerichts.

§ 16

Für das Verfahren, in dem über die Anordnung von Zwangshaft an Stelle von Zwangsgeld entschieden wird, gelten nur die §§ 2, 3, § 5 Abs. 1, § 7 Abs. 1, § 8 Abs. 1 und 5 und § 9. Hat der Betroffene seinen gewöhnlichen Aufenthalt nicht in dem Lande, dessen Behörde das Zwangsgeld festgesetzt hat, so ist das Amtsgericht zuständig, in dessen Bezirk die Verwaltungsbehörde, die den Antrag auf

Festsetzung der Zwangshaft stellt, ihren Sitz hat. Die Vollstreckung der Zwangshaft richtet sich nach den landesrechtlichen Vorschriften.

§ 17

(gestrichen)

§ 18

(1) Für die Gerichtskosten gelten, soweit nichts anderes bestimmt ist, die Vorschriften der Kostenordnung vom 25. November 1935 (Reichsgesetzbl. I S. 1371). Gebühren werden nur für die in den Absätzen 2 und 3 genannten Entscheidungen und für das Beschwerdeverfahren (Absatz 4) erhoben.

(2) Für die Entscheidung, die eine Freiheitsentscheidung (§ 7) oder ihre Fortdauer (§§ 13, 17) anordnet oder einen nicht vom Untergebrachten selbst gestellten Antrag, die Freiheitsentziehung aufzuheben (§ 11), zurückweist, wird eine Gebühr von dreißig Deutsche Mark erhoben. Das Gericht kann jedoch unter Berücksichtigung der wirtschaftlichen Verhältnisse des Zahlungspflichtigen und der Bedeutung und des Umfanges des Verfahrens die Gebühr bis auf fünf Deutsche Mark ermäßigen oder bis auf zweihundert Deutsche Mark erhöhen.

(3) Für die Entscheidung, durch die Zwangshaft (§ 13) angeordnet wird, wird eine Gebühr erhoben, die bei einer Zwangshaft

a) bis zu einer Woche fünf Deutsche Mark,
b) bis zu zwei Wochen zehn Deutsche Mark,
c) über zwei Wochen zwanzig Deutsche Mark

beträgt.

(4) Für das Beschwerdeverfahren wird bei Verwerfung oder Zurückweisung der Beschwerde eine Gebühr von dreißig Deutsche Mark, bei Zurücknahme der Beschwerde eine Gebühr von zehn Deutsche Mark erhoben.

(5) Kostenvorschüsse werden nicht erhoben.

§ 19

(1) Schuldner der Gebühren sind in den Fällen des § 18 Abs. 2 der Betroffene und im Rahmen ihrer gesetzlichen Unterhaltspflicht die zu seinem Unterhalt Verpflichteten, in den Fällen des § 18 Abs. 3 der Betroffene und in den Fällen des § 18 Abs. 4 der Beschwerdeführer; sie haben, soweit sie gebührenpflichtig sind, auch die baren Auslagen des gerichtlichen Verfahrens zu tragen.

(2) Die Verwaltungsbehörden sind zur Zahlung von Gerichtsgebühren und zur Erstattung der Auslagen des gerichtlichen Verfahrens nicht verpflichtet.

§ 20

Außergerichtliche Kosten werden nicht erstattet. Die Gebühren der Rechtsanwälte bestimmen sich nach den landesrechtlichen Gebührenvorschriften. Soweit solche Vorschriften nicht bestehen, ist die Gebührenordnung für Rechtsanwälte vom 7. Juli 1879 sinngemäß anzuwenden.

§ 21

(1) Der nach § 5 Abs. 2 Satz 2 beigeordnete Rechtsanwalt erhält eine Vergütung aus der Staatskasse. Durch die Vergütung wird die gesamte Tätigkeit des Rechtsanwalts einschließlich der Einlegung von Rechtsmitteln gegen die der Sachentscheidung vorausgehenden Beschlüsse und Verfügungen abgegolten.
(2) Die Vergütung beträgt fünfzig Deutsche Mark für jeden Rechtszug. Sie beträgt fünfundzwanzig Deutsche Mark im Verfahren, in dem über die Fortdauer der Freiheitsentziehung entschieden wird und im Falle der Zurückweisung an das Gericht des unteren Rechtszuges für das weitere Verfahren.
(3) Die Vergütung ermäßigt sich auf die Hälfte, wenn sich das Verfahren ohne Sachentscheidung erledigt oder die Beiordnung vor einer Sachentscheidung endet. Die Ermäßigung unterbleibt, wenn der beigeordnete Rechtsanwalt zu dem ärztlichen Gutachten bereits Stellung genommen hatte.
(4) Außer der Vergütung erhält der Rechtsanwalt Ersatz seiner Auslagen nach den Vorschriften der Gebührenordnung für Rechtsanwälte. Ist ein nicht bei dem Amtsgericht zugelassener Rechtsanwalt beigeordnet, so erhält er außerdem Reisekosten und Tagegelder für die Reise nach dem Sitz des Gerichts.
(5) Auf Verlangen des Rechtsanwalts oder der Staatskasse ist der dem Rechtsanwalt zu erstattende Betrag vom Amtsgericht festzusetzen.
(6) Ist das Verfahren außergewöhnlich schwierig und umfangreich, so kann das Gericht auf Antrag die Vergütung des Rechtsanwalts bis zu einem Betrag von hundert Deutsche Mark für jeden Rechtszug erhöhen.
(7) Gegen die Entscheidung des Gerichts in den Fällen des Absatzes 5 und des Absatzes 6 ist die sofortige Beschwerde zulässig.
(8) Das Gericht soll den Betroffenen zur Erstattung der an den beigeordneten Rechtsanwalt gezahlten Vergütung verpflichten, wenn der Betroffene hierzu

ohne Beeinträchtigung des für ihn und seine Familie angemessenen Unterhalts in der Lage ist.

§ 22

(1) § 20 der Verordnung über die Fürsorgepflicht vom 13. Februar 1924 (Reichsgesetzbl. I S. 100) tritt im Gebiet des früheren Landes Württemberg Baden sowie in den Ländern Bayern, Bremen und Hessen wieder in Kraft.
(2) Bis zu einer anderweitigen gesetzlichen Regelung können auf Grund des § 7 der Ausländerpolizeiverordnung vom 22. August 1938 (Reichsgesetzbl. I S. 1053), auf Grund der Verordnung zur Bekämpfung übertragbarer Krankheiten vom 1. Dezember 1938 (Reichsgesetzbl. I S. 1721) und auf Grund des § 20 der Verordnung über die Fürsorgepflicht vom 13. Februar 1924 (Reichsgesetzbl. I S. 100) Freiheitsentziehungen unter Anwendung dieses Gesetzes und Freiheitsbeschränkungen angeordnet werden. Das Grundrecht der Freiheit der Person nach Art. 2 Abs. 2 Satz 2 des Grundgesetzes für die Bundesrepublik Deutschland wird insoweit eingeschränkt.

§ 23

(1) Dieses Gesetz tritt zwei Monate nach seiner Verkündung in Kraft.
(2) § 22 tritt mit Ablauf des 31. Dezember 1955 außer Kraft.

§ 24

(1) Die beim Inkrafttreten dieses Gesetzes bei den Verwaltungsgerichten anhängigen Verfahren, die eine Unterbringung im Sinne des § 1 Abs. 1 betreffen, gehen in der Lage, in der sie sich befinden, auf die nach diesem Gesetz zuständigen Gerichte über.
(2) Für die Erhebung der Gerichts- und Rechtsanwaltskosten ist das Verfahren vor dem abgebenden Gericht als Teil des Verfahrens vor dem übernehmenden Gericht zu behandeln. Bei den Oberverwaltungsgerichten anhängige Verfahren werden von diesen erledigt.

§ 25

Dieses Gesetz gilt nach Maßgabe des § 13 Abs. 1 des Dritten Überleitungsgesetzes vom 4. Januar 1952 (Bundesgesetzbl. I S. 1) auch im Land Berlin, und zwar § 22 mit der Maßgabe, dass Freiheitsentziehungen und Freiheitsbeschränkungen auf Grund des § 20 der Verordnung über Fürsorgepflicht vom 13. Februar 1924 auch im Lande Berlin angeordnet werden können

A. 6. Entwurf eines Gesetzes über das gerichtliche Verfahren bei Freiheitsentziehungen in der am 7. Januar 1954 von der Bundesregierung an den Bundestag übersandten Fassung (Bundestags Drucksache, 2. Wahlperiode, 1954, Nr. 169)

§ 1

(1) Freiheitsentziehung ist die Unterbringung einer Person gegen ihren Willen oder im Zustande der Willenlosigkeit in
a) einem Gefängnis, einem Haftraum, einem Arbeitshaus, einer abgeschlossenen Verwahranstalt oder einer abgeschlossenen Anstalt der Fürsorge;
b) einer abgeschlossenen Krankenanstalt oder einem abgeschlossenen Teil einer Krankenanstalt, insbesondere einem abgeschlossenen Teil einer Heil- und Pflegeanstalt oder Entziehungsanstalt für Rauschgift- oder Alkoholsüchtige.

(2) Steht die unterzubringende Person unter elterlicher Gewalt, Vormundschaft oder Pflegschaft, so ist der Wille desjenigen maßgebend, dem die gesetzliche Vertretung in den persönlichen Angelegenheiten zusteht.

§ 2

(1) Eine Freiheitsentziehung auf Grund bundes- oder landesgesetzlicher Vorschriften kann nur das Amtsgericht auf Antrag der zuständigen Verwaltungsbehörde anordnen. Für das Verfahren gelten die Vorschriften des Reichsgesetzes über die Angelegenheiten der freiwilligen Gerichtsbarkeit, soweit sich aus den folgenden Vorschriften nichts anderes ergibt.

(2) Die Vorschrift des Absatzes 1 gilt nicht in den Fällen, in denen das Bundesrecht das gerichtliche Verfahren bei Freiheitsentziehungen abweichend regelt.

§ 3

(1) Örtlich zuständig ist das Amtsgericht, in dessen Bezirk die Person, der die Freiheit entzogen werden soll, ihren gewöhnlichen Aufenthalt hat. Hat sie keinen gewöhnlichen Aufenthalt im Geltungsbereich dieses Gesetzes oder ist der gewöhnliche Aufenthalt nicht feststellbar, so ist das Amtsgericht zuständig, in dessen Bezirk das Bedürfnis für die Freiheitsentziehung entsteht. Befindet sich die Person bereits in Verwahrung einer Anstalt, so ist das Amtsgericht zuständig, in dessen Bezirk die Anstalt liegt.

(2) Für eilige auf Grund dieses Gesetzes zu treffende Anordnungen ist neben dem nach Absatz 1 zuständigen Gericht auch das Gericht einstweilen zuständig, in dessen Bezirk das Bedürfnis der Anordnung entsteht. Das Gericht hat dem nach Absatz 1 zuständigen Gericht die Anordnung mitzuteilen. Mit dem Eingang der Mitteilung geht die Zuständigkeit auf das nach Absatz 1 zuständige Gericht über.

(3) Das Gericht kann nach Anhörung der zuständigen Verwaltungsbehörde (§ 2 Abs. 1) aus wichtigen Gründen die Sache an ein anderes Gericht abgeben, wenn sich dieses zur Übernahme der Sache bereit erklärt. Einigen sich die Gerichte nicht, so entscheidet das gemeinschaftliche obere Gericht; ist dieses der Bundesgerichtshof, so entscheidet das Oberlandesgericht, zu dessen Bezirk das Gericht gehört, an welches die Sache abgegeben werden soll. Die Entscheidung ist nicht anfechtbar.

§ 4

(1) Das nach § 3 zuständige Amtsgericht hat einer wegen Geisteskrankheit in einer der in § 1 Abs. 1 Buchst. b bezeichneten Anstalten unterzubringenden Person einen Rechtsanwalt beizuordnen. Die Beiordnung kann unterbleiben oder aufgehoben werden, wenn ein Rechtsanwalt mit der Vertretung des Unterzubringenden beauftragt ist.

(2) Einem wegen Alkohol- oder Rauschgiftsucht Unterzubringenden kann ein Rechtsanwalt beigeordnet werden, wenn es zur Wahrnehmung seiner Interessen erforderlich erscheint.

(3) Eine einstweilige oder vorläufige Anordnung (§§ 14, 15) kann bereits ergehen, bevor dem Unterzubringenden ein Rechtsanwalt beigeordnet ist.

§ 5

(1) Das Gericht hat die Person, der die Freiheit entzogen werden soll, mündlich zu hören. Erscheint sie auf Vorladung nicht, so kann ihre Vorführung angeordnet werden.

(2) Die Anhörung kann unterbleiben, wenn nach ärztlichem Gutachten eine Verständigung mit dem Anzuhörenden wegen seines Geisteszustandes nicht möglich ist; die Anhörung kann ferner unterbleiben, wenn sie nach ärztlichem Gutachten nicht ohne Nachteile für den Gesundheitszustand des Anzuhörenden ausführbar ist oder wenn der Anzuhörende an einer übertragbaren Krankheit im Sinne der Verordnung zur Bekämpfung übertragbarer Krankheiten vom 1. Dezember 1938 (Reichsgesetzbl. I S. 1721) leidet. In diesem Fällen ist dem Anzuhörenden, wenn er keinen gesetzlichen Vertreter

in den persönlichen Angelegenheiten hat und nicht bereits durch einen Rechtsanwalt vertreten wird, durch das nach § 3 zuständige Gericht ein Rechtsanwalt beizuordnen. § 4 Abs. 3 gilt entsprechend.

(3) Hat die Person, der die Freiheit entzogen werden soll, einen gesetzlichen Vertreter in den persönlichen Angelegenheiten, so ist auch dieser, bei Personen, die unter elterlicher Gewalt stehen, jeder Elternteil zu hören. Ist die Person, der die Freiheit entzogen werden soll, verheiratet, so ist, sofern die Ehegatten nicht dauernd getrennt leben, auch der Ehegatte zu hören. Die Anhörung des Elternteils, dem die gesetzliche Vertretung in den persönlichen Angelegenheiten des Kindes nicht zusteht, und des Ehegatten kann unterbleiben, wenn sie nicht ohne erhebliche Verzögerung oder nicht ohne unverhältnismäßige Kosten möglich ist.

(4) Die Unterbringung in einer abgeschlossenen Krankenanstalt oder einer abgeschlossenen Krankenabteilung darf nur nach Anhörung eines ärztlichen Sachverständigen angeordnet werden. Die Unterbringung in einem abgeschlossenen Teil einer Heil- und Pflegeanstalt oder Entziehungsanstalt für Rauschgift- und Alkoholsüchtige darf nur nach Anhörung mindestens eines in der Psychiatrie erfahrenen Arztes, der den Unterzubringenden untersucht hat, und des Amtsarztes angeordnet werden.

§ 6

(1) Der nach § 4 oder § 5 Abs. 2 Satz 2 beizuordnende Rechtsanwalt ist aus der Zahl der beim Amtsgericht zugelassenen Rechtsanwälte auszuwählen. Sind beim Amtsgericht keine Rechtsanwälte zugelassen oder sind die zugelassenen behindert, so ist ein Rechtsanwalt beizuordnen, der bei einem benachbarten Amtsgericht oder bei dem übergeordneten Landgericht zugelassen ist.

(2) Der Rechtsanwalt kann die Beiordnung nur aus wichtigem Grunde ablehnen.

(3) Gegen die Entscheidung des Gerichts über die Beiordnung findet die sofortige Beschwerde statt.

(4) Die Beiordnung endet, sofern sie nicht vorher vom Gericht aufgehoben wird, mit der Rechtskraft der Entscheidung.

§ 7

(1) Das Gericht entscheidet über die Freiheitsentziehung durch einen mit Gründen versehenen Beschluss.

(2) Die Entscheidung, durch welche die Freiheitsentziehung angeordnet wird, ist bekannt zumachen:
   a) der Person, der die Freiheit entzogen werden soll, und sofern sie nicht durch einen Rechtsanwalt vertreten wird oder die Entscheidung nicht bereits nach Buchst. b dem Ehegatten bekannt zumachen ist, einem sonstigen Angehörigen oder einer Person ihres Vertrauens;
   b) den nach § 5 Abs. 3 Satz 1 und 2 zu hörenden Personen;
   c) der Verwaltungsbehörde, die den Antrag auf Freiheitsentziehung gestellt hat.

(3) Die Entscheidung, durch welche der Antrag der Verwaltungsbehörde abgelehnt wird, ist der Verwaltungsbehörde und der Person, deren Unterbringung beantragt war, bekannt zumachen.

(4) Ist die Bekanntmachung an die Person, der die Freiheit entzogen werden soll, nach ärztlichem Gutachten nicht ohne Nachteile für ihren Gesundheitszustand ausführbar, so kann sie unterbleiben. § 5 Abs. 2 Satz 2 gilt entsprechend.

(5) Der Bekanntmachung muss eine Rechtsmittelbelehrung beigefügt werden.

§ 8

(1) Gegen die Entscheidung des Amtsgerichts findet die sofortige Beschwerde statt.

(2) Gegen eine Entscheidung, durch welche die Freiheitsentziehung angeordnet wird, steht die Beschwerde den in § 7 Abs. 2 genannten Beteiligten zu; gegen eine Entscheidung, durch welche der Antrag der Verwaltungsbehörde abgelehnt wird, steht nur dieser die Beschwerde zu.

(3) Ein unter elterlicher Gewalt stehendes Kind oder ein unter Vormundschaft stehender Mündel kann ohne Mitwirkung seines gesetzlichen Vertreters das Beschwerderecht ausüben. Dies gilt nicht für Personen, die geschäftsunfähig sind oder das 14. Lebensjahr nicht vollendet haben.

(4) Befindet sich die Person, der die Freiheit entzogen werden soll, bereits in Verwahrung einer Anstalt, so kann die weitere Beschwerde auch bei dem Amtsgericht eingelegt werden, in dessen Bezirk die Anstalt liegt.

(5) Im Verfahren über die weitere Beschwerde ist eine Anhörung gemäss § 5 Abs. 1 bis 4 nicht erforderlich.

§ 9

Die eine Freiheitsentziehung anordnende Entscheidung wird erst mit der Rechtskraft wirksam. Das Gericht kann jedoch die sofortige Wirksamkeit der Entscheidung anordnen; § 8 gilt entsprechend. Die Entscheidung wird von der zuständigen Verwaltungsbehörde vollzogen.

§ 10

(1) In der Entscheidung, durch die eine Freiheitsentziehung angeordnet wird, ist eine Frist zu bestimmen, vor deren Ablauf über die Fortdauer der Freiheitsentziehung von Amts wegen zu entscheiden ist.

(2) Die vom Gericht zu bestimmende Frist soll unter Berücksichtigung aller Umstände des Einzelfalles festgesetzt werden. Sie soll in der Regel nicht mehr als ein Jahr, bei voraussichtlich lange dauernder Geisteskrankheit nicht mehr als zwei Jahre betragen.

(3) Wird nicht innerhalb der Frist die Fortdauer der Freiheitsentziehung durch richterliche Entscheidung angeordnet, so ist der Untergebrachte freizulassen. Das Gericht ist von der Freilassung zu benachrichtigen.

§ 11

(1) Die Entscheidung, durch die eine Freiheitsentziehung angeordnet wird, ist vor Ablauf der nach § 10 Abs. 1 festgesetzten Frist von Amts wegen aufzuheben, wenn der Grund für die Freiheitsentziehung weggefallen ist.

(2) Anträge der nach § 7 Abs. 2 am Verfahren Beteiligten auf Aufhebung der Freiheitsentziehung sind in jedem Fall zu prüfen und zu bescheiden. Beantragt der Untergebrachte die Aufhebung der Freiheitsentziehung, so kann von einem Bescheid abgesehen werden, wenn sich aus Form und Inhalt des Antrages ergibt, dass wegen des Geisteszustandes des Untergebrachten eine Verständigung mit ihm nicht möglich ist.

§ 12

Anträge des Untergebrachten an Verwaltungsbehörden und Gerichte sowie des Untergebrachten an seine Angehörigen, seinen gesetzlichen Vertreter, den ihm nach § 4 oder § 5 Abs. 2 Satz 2 beigeordneten Rechtsanwalt oder seinen Rechtsbeistand dürfen nicht zurückgehalten werden.

§ 13

Die §§ 2 bis 12 gelten entsprechend für das Verfahren, in dem über die Fortdauer einer Freiheitsentziehung entschieden wird.

§ 14

(1) Ist ein Antrag auf Freiheitsentziehung gestellt, so kann das Gericht, falls dies zur Vorbereitung eines Gutachtens über den Gesundheitszustand einer Person, der die Freiheit entzogen werden soll, oder aus anderen Gründen dringend erforderlich ist, eine einstweilige Freiheitsentziehung anordnen. Die einstweilige Freiheitsentziehung darf die Dauer von 6 Wochen nicht überschreiten.
(2) Nach Anhörung eines ärztlichen Sachverständigen kann durch weitere einstweilige Anordnung die Dauer der Freiheitsentziehung zur Vorbereitung eines Gutachtens über den Gesundheitszustand verlängert werden. Jedoch darf die Freiheitsentziehung auf Grund der einstweiligen Anordnungen insgesamt die Dauer von drei Monaten nicht übersteigen.
(3) Für einstweilige Anordnungen im Sinne der Absätze 1 und 2 gelten § 5 Abs. 1 bis, §§ 7 bis 9, § 10 Abs. 3 und § 11 entsprechend. Die Anhörung der Person, der die Freiheit entzogen werden soll, kann außer im Falle des § 5 Abs. 2 auch bei Gefahr im Verzug unterbleiben; sie muss jedoch nachgeholt werden, sobald dies möglich ist.
(4) Die Absätze 1 und 3 gelten sinngemäß in dem Verfahren, in dem über die Fortdauer einer Freiheitsentziehung entschieden wird.

§ 15

(1) Bei jeder nicht auf richterlicher Entscheidung beruhenden Freiheitsentziehung hat die zuständige Verwaltungsbehörde die richterliche Entscheidung unverzüglich herbeizuführen. Ist die Freiheitsentziehung nicht bis zum Ablauf des ihr folgenden Tages durch richterliche Entscheidung nach § 7 oder § 14 angeordnet, so hat die Freilassung zu erfolgen.
(2) Falls eine Entscheidung nach § 7 oder § 14 nicht rechtzeitig getroffen werden kann, kann der Richter die Freiheitsentziehung durch vorläufige Anordnung für zulässig erklären. Die vorläufige Anordnung ist nicht anfechtbar. Sie wird wirksam, wenn sie der Geschäftsstelle des Gerichts zur Bekanntmachung übergeben ist. § 7 Abs. 2 gilt entsprechend. Die vorläufige Anordnung wird unwirksam, wenn die Freiheitsentziehung nicht binnen einer Woche nach § 7 oder § 14 für zulässig erklärt worden ist.

§ 16

Für das Verfahren, in dem über die Anordnung von Zwangshaft an Stelle von Zwangsgeld entschieden wird, gelten nur die §§ 2, 3, § 5 Abs. 1, § 7 Abs. 1, § 8

Abs. 1 und 5 und § 9. Hat der Betroffene seinen gewöhnlichen Aufenthalt nicht in dem Lande, dessen Behörde das Zwangsgeld festgesetzt hat, so ist das Amtsgericht zuständig, in dessen Bezirk die Verwaltungsbehörde, die den Antrag auf Festsetzung der Zwangshaft stellt, ihren Sitz hat. Die Vollstreckung der Zwangshaft richtet sich nach den landesrechtlichen Vorschriften.

§ 17

Ist eine Freiheitsentziehung vor dem Inkrafttreten dieses Gesetzes erfolgt und nicht durch gerichtliche Entscheidung für zulässig erklärt worden, so muss die gerichtliche Entscheidung über die Fortdauer der Freiheitsentziehung unverzüglich herbeigeführt werden. Der Untergebrachte ist freizulassen, wenn die Freiheitsentziehung nicht binnen eines Jahres seit dem Inkrafttreten dieses Gesetzes für zulässig erklärt ist.

§ 18

(1) Für die Gerichtskosten gelten, soweit nichts anderes bestimmt ist, die Vorschriften der Kostenordnung vom 25. November 1935 (Reichsgesetzbl. I S. 1371). Gebühren werden nur für die in den Absätzen 2 und 3 genannten Entscheidungen und für das Beschwerdeverfahren (Absatz 4) erhoben.
(2) Für die Entscheidung, die eine Freiheitsentscheidung (§ 7) oder ihre Fortdauer (§§ 13, 17) anordnet oder einen nicht vom Untergebrachten selbst gestellten Antrag, die Freiheitsentziehung aufzuheben (§ 11), zurückweist, wird eine Gebühr von dreißig Deutsche Mark erhoben. Das Gericht kann jedoch unter Berücksichtigung der wirtschaftlichen Verhältnisse des Zahlungspflichtigen und der Bedeutung und des Umfanges des Verfahrens die Gebühr bis auf fünf Deutsche Mark ermäßigen oder bis auf zweihundert Deutsche Mark erhöhen.
(3) Für die Entscheidung, durch die Zwangshaft (§ 13) angeordnet wird, wird eine Gebühr erhoben, die bei einer Zwangshaft
  a) bis zu einer Woche fünf Deutsche Mark,
  b) bis zu zwei Wochen zehn Deutsche Mark,
  c) über zwei Wochen zwanzig Deutsche Mark

  beträgt.
(4) Für das Beschwerdeverfahren wird bei Verwerfung oder Zurückweisung der Beschwerde eine Gebühr von dreißig Deutsche Mark, bei Zurücknahme der Beschwerde eine Gebühr von zehn Deutsche Mark erhoben.
(5) Kostenvorschüsse werden nicht erhoben.

§ 19

(1) Schuldner der Gebühren sind in den Fällen des § 18 Abs. 2 der Betroffene und im Rahmen ihrer gesetzlichen Unterhaltspflicht die zu seinem Unterhalt Verpflichteten, in den Fällen des § 18 Abs. 3 der Betroffene und in den Fällen des § 18 Abs. 4 der Beschwerdeführer; sie haben, soweit sie gebührenpflichtig sind, auch die baren Auslagen des gerichtlichen Verfahrens zu tragen.
(2) Die Verwaltungsbehörden sind zur Zahlung von Gerichtsgebühren nicht verpflichtet. Jedoch hat die Gebietskörperschaft, der die Verwaltungsbehörde angehört, die Auslagen des gerichtlichen Verfahrens, die von dem Kostenschuldner nicht eingezogen werden können oder die bei Ablehnung eines von ihr gestellten Antrags entstehen, der Staatskasse zu ersetzen.

§ 20

Außergerichtliche Kosten werden nicht erstattet. Die Gebühren der Rechtsanwälte bestimmen sich nach den Vorschriften der Landesgebührenordnungen. Soweit Landesgebührenordnungen nicht ergangen sind, ist die Gebührenordnung für Rechtsanwälte vom 7. Juli 1879 sinngemäß anzuwenden.

§ 21

(1) Der nach § 4 oder § 5 Abs. 2 Satz 2 beigeordnete Rechtsanwalt erhält eine Vergütung aus der Staatskasse. Durch die Vergütung wird die gesamte Tätigkeit des Rechtsanwalts einschließlich der Einlegung von Rechtsmitteln gegen die der Sachentscheidung vorausgehenden Beschlüsse und Verfügungen abgegolten.
(2) Die Vergütung beträgt fünfzig Deutsche Mark für jeden Rechtszug. Im Falle der Zurückweisung an das Gericht des unteren Rechtszuges beträgt die Vergütung für das weitere Verfahren vor dem Gericht des unteren Rechtszuges fünfundzwanzig Deutsche Mark.
(3) Die Vergütung ermäßigt sich auf die Hälfte, wenn sich das Verfahren ohne Sachentscheidung erledigt oder die Beiordnung vor einer Sachentscheidung endet. Die Ermäßigung unterbleibt, wenn der beigeordnete Rechtsanwalt zu dem ärztlichen Gutachten bereits Stellung genommen hatte.
(4) Außer der Vergütung erhält der Rechtsanwalt Ersatz seiner Auslagen nach den Vorschriften der Gebührenordnung für Rechtsanwälte. Ist ein nicht bei dem Amtsgericht zugelassener Rechtsanwalt beigeordnet, so erhält er au-

ßerdem Reisekosten und Tagegelder für die Reise nach dem Sitz des Gerichts.

(5) Auf Verlangen des Rechtsanwalts oder der Staatskasse ist der dem Rechtsanwalt zu erstattende Betrag vom Amtsgericht festzusetzen.

(6) Ist das Verfahren außergewöhnlich schwierig und umfangreich, so kann das Gericht auf Antrag die Vergütung des Rechtsanwalts bis zu einem Betrag von hundert Deutsche Mark für jeden Rechtszug erhöhen.

(7) Gegen die Entscheidung des Gerichts in den Fällen des Absatzes 5 und des Absatzes 6 ist die sofortige Beschwerde zulässig.

§ 22

Bis zu einer anderweitigen gesetzlichen Regelung können auf Grund des § 7 der Ausländerpolizeiverordnung vom 22. August 1938 (Reichtsgesetzbl. I S. 1053), auf Grund der Verordnung zur Bekämpfung übertragbarer Krankheiten vom 1. Dezember 1938 (Reichsgesetzbl. I S. 1721) und in den Ländern Hamburg, Niedersachsen, Nordrhein-Westfalen, Rheinland- Pfalz, Schleswig-Holstein, in dem Gebiet der früheren Länder Baden und Württemberg-Hohenzollern sowie in dem bayerischen kreise Lindau auch auf Grund des § 20 der Verordnung über Fürsorgepflicht vom 13. Februar 1924 (Reichsgesetzbl. I S. 100) Freiheitsentziehungen und Freiheitsbeschränkungen angeordnet werden. Das Grundrecht der Freiheit der Person nach Art. 2 Abs. 2 Satz 2 des Grundgesetzes für die Bundesrepublik Deutschland wird insoweit eingeschränkt.

§ 23

(1) Dieses Gesetz tritt am ... 1954 in Kraft.

(2) Mit dem Inkrafttreten dieses Gesetzes treten Vorschriften, die das von diesem Gesetz umfaßte Gebiet betreffen, außer Kraft.

(3) § 22 tritt mit Ablauf des 31. Dezember 1954 außer Kraft.

§ 24

(1) Die beim Inkrafttreten dieses Gesetzes bei den Verwaltungsgerichten anhängigen Verfahren, die eine Unterbringung im Sinne des § 1 Abs. 1 betreffen, gehen in der Lage, in der sie sich befinden, auf die nach diesem Gesetz zuständigen Gerichte über.

(2) Für die Erhebung der Gerichts- und Rechtsanwaltskosten ist das Verfahren vor dem abgebenden Gericht als Teil des Verfahrens vor dem übernehmenden Gericht zu behandeln.

§ 25

Dieses Gesetz gilt nach Maßgabe des § 13 Abs. 1 des Dritten Überleitungsgesetzes vom 4. Januar 1952 (Bundesgesetzbl. I S. 1) auch im Land Berlin, und zwar § 22 mit der Maßgabe, daß Freiheitsentziehungen und Freiheitsbeschränkungen auf Grund des § 20 der Verordnung über Fürsorgepflicht vom 13. Februar 1924 auch im Lande Berlin angeordnet werden können.

A. 7. Gesetz über das gerichtliche Verfahren bei Freiheitsentziehungen vom 29. Juni 1956[7]

§ 1

Das gerichtliche Verfahren bei Freiheitsentziehungen, die auf Grund Bundesrechts angeordnet werden, bestimmt sich nach diesem Gesetz, soweit das Bundesrecht das Verfahren nicht abweichend regelt.

§ 2

(1) Freiheitsentziehung ist die Unterbringung einer Person gegen ihren Willen oder im Zustande der Willenlosigkeit in einem Gefängnis, einem Haftraum, einem Arbeitshaus, einer abgeschlossenen Anstalt der Fürsorge, einer abgeschlossenen Krankenanstalt oder einem abgeschlossenen Teil einer Krankenanstalt.

(2) Steht die unterzubringende Person unter elterlicher Gewalt, Vormundschaft oder wegen Geschäftsunfähigkeit unter Pflegschaft, so ist der Wille desjenigen maßgebend, dem die gesetzliche Vertretung in den persönlichen Angelegenheiten zusteht.

§ 3

Die Freiheitsentziehung kann nur das Amtsgericht auf Antrag der zuständigen Verwaltungsbehörde anordnen. Für das Verfahren gelten die Vorschriften des Reichsgesetzes über die Angelegenheiten der freiwilligen Gerichtsbarkeit, soweit sich aus den folgenden Vorschriften nichts anderes ergibt.

§ 4

(1) Örtlich zuständig ist das Amtsgericht, in dessen Bezirk die Person, der die Freiheit entzogen werden soll, ihren gewöhnlichen Aufenthalt hat; hat sie keinen gewöhnlichen Aufenthalt im Geltungsbereich dieses Gesetzes oder ist der gewöhnliche Aufenthalt nicht feststellbar, so ist das Amtsgericht zuständig, in dessen Bezirk das Bedürfnis für die Freiheitsentziehung entsteht. Befindet sich die Person bereits in Verwahrung einer Anstalt, so ist das Amtsgericht zuständig, in dessen Bezirk die Anstalt liegt.

---

7 BGBl. 1956, S. 599ff.

(2) Für eilige auf Grund dieses Gesetzes zu treffende Anordnungen ist neben dem nach Absatz 1 zuständigen Gericht auch das Gericht einstweilen zuständig, in dessen Bezirk das Bedürfnis der Anordnung entsteht. Das Gericht hat dem nach Absatz 1 zuständigen Gericht die Anordnung mitzuteilen. Mit dem Eingang der Mitteilung geht die Zuständigkeit auf das nach Absatz 1 zuständige Gericht über.

§ 5

(1) Das Gericht hat die Person, der die Freiheit entzogen werden soll, mündlich zu hören. Erscheint sie auf Vorladung nicht, so kann ihre Vorführung angeordnet werden.
(2) Die Anhörung kann unterbleiben, wenn sie nach ärztlichem Gutachten nicht ohne Nachteile für den Gesundheitszustand des Anzuhörenden ausführbar ist oder wenn der Anzuhörende an einer übertragbaren Krankheit im Sinne der Verordnung zur Bekämpfung übertragbarer Krankheiten vom 1. Dezember 1938 (Reichsgesetzblatt I S. 1721) leidet. In diesen Fällen ist dem Anzuhörenden, wenn er keinen gesetzlichen Vertreter in den persönlichen Angelegenheiten hat und auch nicht durch einen Rechtsanwalt vertreten wird, durch das nach § 4 zuständige Gericht ein Pfleger für das Verfahren zu bestellen. Eine einstweilige Anordnung (§ 11) kann bereits ergehen, bevor dem Unterzubringenden ein Pfleger bestellt ist.
(3) Hat die Person, der die Freiheit entzogen werden soll, einen gesetzlichen Vertreter in den persönlichen Angelegenheiten, so ist auch dieser, bei Personen die unter elterlicher Gewalt stehen, jeder Elternteil zu hören. Ist die Person, der die Freiheit entzogen werden soll, verheiratet, so ist, sofern die Ehegatten nicht dauernd getrennt leben, auch der Ehegatte zu hören. Die Anhörung kann unterbleiben, wenn sie nicht ohne erhebliche Verzögerung oder nicht ohne unverhältnismäßige Kosten möglich ist.
(4) Die Unterbringung in einer abgeschlossenen Krankenanstalt oder einer abgeschlossenen Krankenabteilung darf nur nach Anhörung eines ärztlichen Sachverständigen angeordnet werden. Die Verwaltungsbehörde, die den Antrag auf Unterbringung stellt, soll ihrem Antrag ein ärztliches Gutachten beifügen.

§ 6

(1) Das Gericht entscheidet über die Freiheitsentziehung durch einen mit Gründen versehenen Beschluss.

(2) Die Entscheidung, durch welche die Freiheitsentziehung angeordnet wird, ist bekannt zumachen

a) der Person, der die Freiheit entzogen werden soll;
b) den nach § 5 Abs.3 Satz 1 und 2 zu hörenden Personen;
c) einer Person, die das Vertrauen des Unterzubringenden genießt, sofern die Entscheidung nicht bereits nach Buchstabe b einem Angehörigen bekannt zumachen ist;
d) der Verwaltungsbehörde, die den Antrag auf Freiheitsentziehung gestellt hat.

(3) Die Entscheidung, durch welche der Antrag der Verwaltungsbehörde abgelehnt wird, ist der Verwaltungsbehörde und der Person, deren Unterbringung beantragt war, bekannt zumachen.

(4) Ist die Bekanntmachung an die Person, der die Freiheit entzogen werden soll, nach ärztlichem Gutachten nicht ohne Nachteile für ihren Gesundheitszustand ausführbar, so kann sie unterbleiben. Das Gericht entscheidet hierüber durch unanfechtbaren Beschluß. § 5 Abs.2 Satz 2 gilt entsprechend.

§ 7

(1) Gegen die Entscheidung des Amtsgerichts findet die sofortige Beschwerde statt.

(2) Gegen die Entscheidung, durch welche die Freiheitsentziehung angeordnet wird, steht die Beschwerde den in § 6 Abs.2 genannten Beteiligten zu; gegen eine Entscheidung, durch welche der Antrag der Verwaltungsbehörde abgelehnt wird, steht nur dieser die Beschwerde zu.

(3) Ein unter elterlicher Gewalt stehendes Kind oder ein unter Vormundschaft stehender Mündel kann ohne Mitwirkung seines gesetzlichen Vertreters das Beschwerderecht ausüben. Dies gilt nicht für Personen, die geschäftsunfähig sind oder das vierzehnte Lebensjahr nicht vollendet haben.

(4) Befindet sich die Person, der die Freiheit entzogen werden soll, bereits in Verwahrung einer Anstalt, so kann die weitere Beschwerde auch bei dem Amtsgericht eingelegt werden, in dessen Bezirk die Anstalt liegt.

(5) Im Verfahren über die weitere Beschwerde ist eine Anhörung gemäß § 5 nicht erforderlich.

§ 8

Die eine Freiheitsentziehung anordnende Entscheidung wird erst mit der Rechtskraft wirksam. Das Gericht kann jedoch die sofortige Wirksamkeit der Entscheidung anordnen; § 24 Abs.3 des Reichsgesetzes über die Angelegenheiten der freiwilligen Gerichtsbarkeit gilt entsprechend. Die Entscheidung wird von der zuständigen Verwaltungsbehörde vollzogen.

§ 9

(1) In der Entscheidung, durch die eine Freiheitsentziehung angeordnet wird, ist eine Frist bis zur Höchstdauer eines Jahres zu bestimmen, vor deren Ablauf über die Fortdauer der Freiheitsentziehung von Amts wegen zu entscheiden ist.
(2) Wird nicht innerhalb der Frist die Fortdauer der Freiheitsentziehung durch richterliche Entscheidung angeordnet, so ist der Untergebrachte freizulassen. Das Gericht ist von der Freilassung zu benachrichtigen.

§ 10

(1) Die Entscheidung, durch die eine Freiheitsentziehung angeordnet wird, ist vor Ablauf der nach § 9 Abs.1 festgesetzten Frist von Amts wegen aufzuheben, wenn der Grund für die Freiheitsentziehung weggefallen ist.
(2) Anträge der nach § 6 Abs.2 am Verfahren Beteiligten auf Aufhebung der Freiheitsentziehung sind in jedem Fall zu prüfen und zu bescheiden.
(3) Das Gericht kann den Untergebrachten beurlauben; es soll die Verwaltungsbehörde und den Leiter der Anstalt (§ 2 Abs.1) vorher hören. Für Beurlaubungen bis zu einer Woche bedarf es keiner Entscheidung des Gerichts. Die Beurlaubung kann von Auflagen abhängig gemacht werden; sie ist jederzeit widerruflich.

§ 11

(1) Ist ein Antrag auf Freiheitsentziehung gestellt, so kann das Gericht eine einstweilige Freiheitsentziehung anordnen, sofern dringende Gründe für die Annahme vorhanden sind, daß die Voraussetzungen für die Unterbringung vorliegen, und über die endgültige Unterbringung nicht rechtzeitig entschieden werden kann. Die einstweilige Freiheitsentziehung darf die Dauer von sechs Wochen nicht überschreiten.
(2) Für die einstweiligen Anordnungen gelten § 5 Abs.1 bis 3, §§ 6 bis 8, § 9 Abs.2 und § 10 entsprechend. Die Anhörung der Person, der die Freiheit entzogen werden soll, kann außer im Fall des § 5 Abs.2 auch bei Gefahr im Verzug unterbleiben; sie muß jedoch unverzüglich nachgeholt werden.

§ 12

Die §§ 3 und 5 bis 11 gelten entsprechend für das Verfahren, in dem über die Fortdauer einer Freiheitsentziehung entschieden wird.

§ 13

(1) Bei jeder nicht auf richterlicher Anordnung beruhenden Verwaltungsmaßnahme, die eine Freiheitsentziehung darstellt, hat die zuständige Verwaltungsbehörde die richterliche Entscheidung unverzüglich herbeizuführen. Ist die Freiheitsentziehung nicht bis zum Ablauf des ihr folgenden Tages durch richterliche Entscheidung nach § 6 oder § 11 angeordnet, so hat die Freilassung zu erfolgen.
(2) Wird eine Maßnahme der Verwaltungsbehörde im Sinne des Absatzes 1 angefochten, so wird auch hierüber im gerichtlichen Verfahren nach den Vorschriften dieses Gesetzes entschieden.

§ 14

(1) Für die Gerichtskosten gelten, soweit nichts anderes bestimmt ist, die Vorschriften der Kostenordnung. Gebühren werden nur für die in Absatz 2 genannten Entscheidungen und für das Beschwerdeverfahren (Absatz 3) erhoben.
(2) Für eine Entscheidung, die eine Freiheitsentziehung (§ 6) oder ihre Fortdauer (§12) anordnet oder einen nicht vom Untergebrachten selbst gestellten Antrag, die Freiheitsentziehung aufzuheben (§ 10), zurückweist, wird eine Gebühr von dreißig Deutsche Mark erhoben. Das Gericht kann jedoch unter Berücksichtigung der wirtschaftlichen Verhältnisse des Zahlungspflichtigen und der Bedeutung und des Umfanges des Verfahrens die Gebühr bis auf fünf Deutsche Mark ermäßigen oder bis auf zweihundert Deutsche Mark erhöhen.
(3) Für das Beschwerdeverfahren wird bei Verwerfung oder Zurückweisung der Beschwerde eine Gebühr von dreißig Deutsche Mark, bei Zurücknahme der Beschwerde eine Gebühr von zehn Deutsche Mark erhoben.
(4) Kostenvorschüsse werden nicht erhoben.

§ 15

(1) Schuldner der Gebühren sind in den Fällen des § 14 Abs.2 der Untergebrachte und im Rahmen ihrer gesetzlichen Unterhaltspflicht die zu seinem

Unterhalt Verpflichteten, in den Fällen des § 14 Abs.3 der Beschwerdeführer; sie haben, soweit sie gebührenpflichtig sind, auch die baren Auslagen des gerichtlichen Verfahrens zu tragen.

(2) Die Verwaltungsbehörden sind zur Zahlung von Gerichtsgebühren und zur Erstattung der Auslagen des gerichtlichen Verfahrens nicht verpflichtet.

§ 16

(1) Lehnt das Gericht den Antrag der Verwaltungsbehörde auf Freiheitsentziehung ab, so hat es zugleich die Auslagen des Betroffenen, soweit sie zur zweckentsprechenden Rechtsverfolgung notwendig waren, der Gebietskörperschaft, der die Verwaltungsbehörde angehört, aufzuerlegen, wenn das Verfahren ergeben hat, dass ein begründeter Anlass zur Stellung des Antrages nicht vorlag. Die Höhe der Auslagen wird auf Antrag des Betroffenen durch den Urkundsbeamten der Geschäftsstelle festgesetzt. Für das Verfahren und die Vollstreckung der Entscheidung gelten die Vorschriften der Zivilprozessordnung entsprechend.

(2) Die Gebühren und Auslagen der Rechtsanwälte bestimmen sich nach den landesrechtlichen Gebührenvorschriften. Soweit solche Vorschriften nicht bestehen, sind die für das Strafverfahren vor dem Amtsgericht geltenden Vorschriften der Reichsgebührenordnung für Rechtsanwälte sinngemäß anzuwenden.

§ 17

(1) § 20 der Verordnung über die Fürsorgepflicht vom 13. Februar 1924 (Reichsgesetzblatt I S.100) tritt im Gebiet des früheren Landes Baden-Württemberg sowie in den Ländern Bayern, Bremen, und Hessen wieder in Kraft.

(2) Bis zu einer anderweitigen gesetzlichen Regelung gelten § 7 der Ausländerpolizeiverordnung vom 22. August 1938 (Reichsgesetzblatt I S. 1053), die Verordnung zur Bekämpfung übertragbarer Krankheiten vom 1. Dezember 1938 (Reichsgesetzblatt I S. 1721) und § 20 der Verordnung über die Fürsorgepflicht als förmliche Gesetze im Sinne des Artikels 104 Abs.1 des Grundgesetzes.

(3) Das Grundrecht der Freiheit der Person nach Artikel 2 Abs.2 Satz 2 des Grundgesetzes wird insoweit eingeschränkt.

§ 18

(1) Dieses Gesetz tritt am 1. Juli 1956 in Kraft.

(2) Mit dem Inkrafttreten dieses Gesetzes treten Vorschriften, die das gerichtliche Verfahren bei Freiheitsentziehungen regeln, insoweit außer Kraft, als sie die von diesem Gesetz erfassten Fälle betreffen. Das gilt insbesondere für § 3 der Badischen Landesverordnung über den Aufbau der Verwaltungsgerichtsbarkeit in der Fassung vom 5. September 1951 (Badisches Gesetz- und Verordnungsblatt 1952 S. 14) und für das Badische Landesgesetz zur Bekämpfung übertragbarer Krankheiten vom 9. Januar 1952 (Badisches Gesetz- und Verordnungsblatt S. 17).

§ 19

(1) Die beim Inkrafttreten dieses Gesetzes bei den Verwaltungsgerichten anhängigen Verfahren, die eine Freiheitsentziehung im Sinne der §§ 1, 2 Abs.1 und des § 13 betreffen, gehen in der Lage, in der sie sich befinden, auf die nach diesem Gesetz zuständigen Gerichte über.

(2) Für die Erhebung der Gerichts- und der Rechtsanwaltskosten ist das Verfahren vor dem abgebenden Gericht als Teil des Verfahrens vor dem übernehmenden Gericht zu behandeln.

§ 20

Dieses Gesetz gilt nach Maßgabe des § 13 Abs.1 des Dritten Überleitungsgesetzes vom 4. Januar 1952 (Bundesgesetzblatt I S. 1) auch im Land Berlin.

A.8. Entwurf des Bundesministeriums des Inneren für ein Bundesgesetz „Gesetz über die Fürsorge für seelische Kranke" vom März 1954.

§ 1

Personen, die an einer Geisteskrankheit, an Schwachsinn, Epilepsie, geistigen Störungen als Folge einer Hirnerkrankung, schwerer charakterlicher Abartigkeit, Alkohol- oder Rauschgiftsucht leiden (Kranke), stehen unter fürsorgerischer Betreuung, soweit nicht sie selbst oder andere Personen für sie ausreichend sorgen, insbesondere wenn sie

1.) ärztlicher Behandlung bedürfen oder
2.) ihre Angelegenheiten nicht besorgen können oder
3.) nicht unter genügender Aufsicht und Pflege stehen oder keine ausreichende Unterkunft haben.

§ 2

(1) Die Fürsorge ist offene oder geschlossene Fürsorge.
(2) Die offene Fürsorge wird als nachgehende Fürsorge oder in Form der Familienpflege, die geschlossene Fürsorge durch Behandlung des Kranken in einer Fachabteilung einer staatlich anerkannten Krankenanstalt oder einer Heilstätte für Alkoholsüchtige (Anstalt) durchgeführt.

§ 3

(1) Die offene Fürsorge soll die Aufnahme oder Wiederaufnahme des Kranken in die geschlossene Fürsorge unnötig machen. Insbesondere soll sie ihn dazu befähigen, sich in die Gemeinschaft einzuordnen und seinen Lebensunterhalt selbst zu erwerben.
(2) Liegen die Voraussetzungen des § 1 nicht vor, so ist die Person aus der Fürsorge zu entlassen. Dies ist auf ihren Wunsch vom Gesundheitsamt schriftlich zu bestätigen.

§ 4

(1) Träger der offenen Fürsorge sind die Gesundheitsämter in Zusammenarbeit mit den Anstalten. Bei den Gesundheitsämtern werden „Beratungsstellen für Nerven- und Gemütskranke" eingerichtet. Ihr Leiter soll ein in der Psychiatrie besonders erfahrener Arzt sein.
(2) Den Beratungsstellen obliegen folgende Aufgaben:

1.) Erfassung, Beratung und Betreuung der Kranken,
2.) Sorge für Unterkunft, Pflege und notwendige ärztliche Behandlung der Kranken,
3.) Auswahl und Überwachung der Familien, die bereit und in der Lage sind, einen Kranken in Pflege zu nehmen,
4.) Zusammenarbeit mit den Vormündern und Pflegern der Kranken, den Bezirksfürsorgestellen, Jugendämtern, Arbeitsämtern und Gerichten,
5.) Herbeiführung der Entmündigung oder der Bestellung eines Pflegers, soweit dies im Interesse des Kranken erforderlich ist.

§ 5

(1) Die geschlossene Fürsorge dient der Behandlung und Pflege der in den Anstalten aufgenommenen Kranken. Es müssen alle Maßnahmen ergriffen werden, um den Kranken der Heilung zuzuführen, seine Arbeitsfähigkeit wieder herzustellen, oder ihn soweit zu bessern, dass er außerhalb der Anstalt leben kann.

(2) Die Anstalten müssen mit allen Einrichtungen versehen sein, die zur Behandlung seelisch kranker Personen notwendig sind und über entsprechend geschultes Pflegepersonal in ausreichender Zahl verfügen. Auch müssen ausreichende Möglichkeiten zur Durchführung einer Arbeitstherapie vorhanden sein.

§ 6

(1) Zur Aufnahme eines Kranken in einer Anstalt sind erforderlich:
1.) ein eingehendes, auf Grund von nicht länger als zwei Wochen zurückliegenden Untersuchungen gefertigtes Gutachten eines in Deutschland bestellten oder zur Ausübung des ärztlichen Berufs zugelassenen Arztes, aus dem sich ergibt, daß die Aufnahme in die Anstalt im gesundheitlichen Interesse des Kranken notwendig ist,
2.) die Bestätigung der Notwendigkeit der Anstaltsaufnahme durch den Direktor der Anstalt oder seinen Stellvertreter,
3.) eine schriftliche Einwilligungserklärung des Aufzunehmenden oder, falls er geschäftsunfähig oder beschränkt geschäftsfähig ist, seines gesetzlichen Vertreters oder Pflegers (§ 7).

(2) Aus dem Gutachten muss ersichtlich sein, ob der Aufzunehmende geschäftsfähig ist.

§ 7

Ist der Aufzunehmende nach dem Gutachten (§ 6 Abs. 1 Nr. 1) geschäftsunfähig oder beschränkt geschäftsfähig und hat er keinen gesetzlichen Vertreter, so hat die Beratungsstelle oder in dringenden Fällen der Direktor der Anstalt die Bestellung eines Pflegers (§ 1910 BGB).

§ 8

(1) Der in einer Anstalt aufgenommene Kranke muß aus der geschlossenen in die offene Fürsorge entlassen werden, wenn sein Zustand ein weiteres Verbleiben in der geschlossenen Fürsorge nicht mehr erforderlich macht oder wenn die Einwilligungserklärung (§ 6 Abs. 1 Nr. 3) widerrufen wird.
(2) Von der Entlassung ist die zuständige Beratungsstelle in Kenntnis zu setzen.

§ 9

Ist der Kranke für sich selbst oder für andere Personen gefährlich oder für die öffentliche Sicherheit anstößig, so kann er auch im zustand der Willenlosigkeit oder gegen seinen Willen oder gegen den willen der Person, der die gesetzliche Vertretung in den persönlichen Angelegenheiten zusteht, der geschlossenen Fürsorge unterstellt werden. Insoweit werden die Grundrechte auf Freiheit der Person (Art. 2 Abs. 2 Satz 2 GG) und auf körperliche Unversehrtheit (Art. 2 Abs. 2 Satz 1 GG) eingeschränkt.

§ 10

(1) Schriftliche Mitteilungen von und an aufgenommene Personen dürfen von dem Leiter der Anstalt nur eingesehen oder zurückgehalten werden, soweit dies im Interesse des Zweckes der geschlossenen Fürsorge (§ 5 Abs. 1) erforderlich ist. Insoweit wird das Grundrecht auf Wahrung des Briefgeheimnisses (Art. 10 GG) eingeschränkt.
(2) Mitteilungen von und an den gesetzlichen Vertreter (Pfleger) und an Gerichtsbehörden dürfen nicht zurückgehalten werden.

§ 11

Die Kosten der geschlossenen Fürsorge trägt der Untergebrachte. Ist dieser hierzu nicht in der Lage, so trägt sie der Unterhaltspflichtige; ist dieser hierzu ebenfalls nicht in der Lage, der zuständige Bezirksfürsorgeverband. Die Verpflichtung des Versicherungsträgers zur Kostentragung wird hierdurch nicht berührt.

§ 12

Berlinklausel

§ 13

Inkrafttreten.

§ 73 Hilfe in einer Anstalt, einem Heim oder einer gleichartigen Einrichtung.

(1) Dem Gefährdeten soll geraten werden, sich in die Obhut einer Anstalt, eines Heimes oder einer gleichartigen Einrichtung zu begeben, wenn andere Arten der Hilfe nicht ausreichen.

(2) Lehnt ein Gefährdeter die nach Absatz 1 angebotene Hilfe ab, kann das Gericht ihn anweisen, sich in einer geeigneten Anstalt, in einem geeigneten Heim oder in einer geeigneten gleichartigen Einrichtung aufzuhalten, wenn

1. der Gefährdete besonders willensschwach oder in seinem Triebleben besonders hemmungslos ist und
2. der Gefährdete verwahrlost oder der Gefahr der Verwahrlosung ausgesetzt ist und
3. die Hilfe nur in einer Anstalt, in einem Heim oder in einer gleichartigen Einrichtung wirksam gewährt werden kann.

Das Grundrecht der Freiheit der Person nach Art. 2 Abs. 2 Satz 2 des Grundgesetzes wird insoweit eingeschränkt. Die Eignung der Anstalt, des Heimes oder der gleichartigen Einrichtung muss von der zuständigen Landesbehörde anerkannt sein.

(3) Auf das Verfahren nach Absatz 2 ist das Gesetz über das gerichtliche Verfahren bei Freiheitsentziehungen vom 29. Juni 1956 (Bundesgesetzblatt I S. 599) geändert durch das Gesetz zur Änderung und Ergänzung kostenrechtlicher Vorschriften vom 26. Juli 1957 (Bundesgesetzblatt I S. 861, 973), anzuwenden. Spätestens sechs Monate nach Rechtskraft der Anordnung ist über die Fortdauer der Unterbringung durch das Gericht von Amts wegen zu entscheiden. Der Leiter der Anstalt, des Heimes, oder der Einrichtung kann den Gefährdeten vorübergehend in einer geeigneten Familie unterbringen, wenn dies geboten ist, um zu prüfen, ob die Voraussetzungen für die Unterbringung in einer Anstalt, in einem Heim oder in einer gleichartigen Einrichtung noch vorliegen. Er hat hiervon dem Gericht Mitteilung zu machen.

B. Landesgesetze:

B. 1. Gesetz betreffend das Verhältnis der Verwaltung zur Rechtspflege vom 23. April 1879

§22

Die Verwaltungsbehörden und ihre Beamten und Angestellten sind befugt, Personen in Verwahrung zu nehmen, wenn der eigene Schutz dieser Personen oder die Aufrechterhaltung der öffentlichen Sicherheit und Ruhe oder die Abwendung von Gefahren für andere Personen diese Maßregen erforderlich macht.

In Verwahrung können auch solche Personen genommen werden, welche sich auf Erfordern über ihre Person nicht genügend auszuweisen vermögen.

Der Leiter der betreffenden Verwaltungsbehörde hat jedoch die in Folge dieser Bestimmung in Verwahrung genommenen Personen spätestens am nächsten Werktage wieder zu entlassen, oder die nötigen Maßregeln zum ferneren Schutze, beziehungsweise zur Legitimation dieser Personen oder zur Überweisung derselben an die zuständige Behörde anzuordnen.

B. 2. Preußisches Polizeiverwaltungsgesetz vom 1. Juni 1931, (Preußische Gesetzes-sammlung 1931, S. 77)

§14

(1) Die Polizeibehörden haben im Rahmen der geltenden Gesetze die nach pflichtgemäßem Ermessen notwendigen Maßnahmen zu treffen, um von der Allgemeinheit oder dem einzelnen Gefahren abzuwenden, durch die die öffentliche Sicherheit oder Ordnung bedroht wird.

(2) Daneben haben die Polizeibehörden diejenigen Aufgaben zu erfüllen, die ihnen durch Gesetz besonders übertragen sind.

§15

(1) Personen in polizeiliche Verwahrung zu nehmen, sind die Polizeibehörden nur dann befugt, wenn diese Maßnahme erforderlich ist:
   a) zum eigenen Schutze dieser Personen,
   b) zur Beseitigung einer bereits eingetretenen Störung der öffentlichen Sicherheit oder Ordnung oder zur Abwehr einer unmittelbar bevorstehenden polizeilichen Gefahr, falls die Beseitigung der Störung oder die Abwehr der Gefahr auf andere Weise nicht möglich ist.

(2) Die in polizeiliche Verwahrung genommenen Personen müssen, soweit es sich nicht um gemeingefährliche Geisteskranke handelt, spätestens im Laufe des folgenden Tages aus der polizeilichen Verwahrung entlassen werden.

(3) Die vorstehenden Bestimmungen gelten nicht für Auslieferungs- und Ausweisungsangelegenheiten.

B. 3. Gesetz zur Ausführung des Artikels 104 des Bonner Grundgesetzes vom 17. August 1949 (Hamb.GVOBl. 1949, S.177)

Auf Grund des Artikels 104 Abs. 2 Satz 4 des Grundgesetzes für die Bundesrepublik Deutschland vom 23. Mai 1949 wird folgendes bestimmt:

§1

(1) Über die Zulässigkeit und Fortdauer von Freiheitsentziehungen auf Grund eines von einem Landesgesetzgeber erlassenen Gesetzes entscheidet das Vormundschaftsgericht.

(2) Die Behörden, welche eine Freiheitsentziehung auf Grund eines Gesetzes der in Absatz 1 bezeichneten Art vornehmen oder eine solche vor dem Inkrafttreten dieses Gesetzes angeordnet haben, sind verpflichtet, die Entscheidung des Vormundschaftsgerichts unverzüglich herbeizuführen, und zwar eine vorläufige, spätestens bis zum Ende des Tages nach der Ergreifung.

§2

(1) Der Betroffene ist, sofern sein körperlicher oder geistiger Zustand das gestattet, dem Vormundschaftsrichter zur Erörterung des Sachverhalts vorzuführen. Der Richter hat entweder seine Freilassung anzuordnen oder einen schriftlichen Unterbringungsbefehl zu erlassen, aus dem zu ersehen ist, aus welchen Gründen die Freiheitsentziehung erfolgt.

(2) Dem Betroffenen ist eine Abschrift des Beschlusses auszuhändigen. Diese muss eine Rechtsmittelbelehrung enthalten. Hat der Betroffene einen gesetzlichen Vertreter, so ist der Beschluss auch diesem sofort bekanntzumachen, unbeschadet der Vorschrift des Artikels 104 Absatz 4 des Bonner Grundgesetzes.

§3

Im übrigen regelt sich das Verfahren vor dem Vormundschaftsgericht nach den Vorschriften des Gesetzes über die Angelegenheiten der freiwilligen Gerichtsbarkeit vom 17. Mai 1898. Örtlich zuständig für die Entscheidung ist das Gericht, in dessen Bezirk die Freiheitsentziehung vorgenommen wird.

§4

Dieses Gesetz tritt am Tage nach seiner Verkündung in Kraft.

Ausgefertigt Hamburg, den 17. August 1949.

Der Senat.

B. 4. Gesetz über die Unterbringung geisteskranker, geistesschwacher und suchtkranker Personen des Landes Nordrhein Westfalen vom 16. Oktober 1956 (GVOBlNRW 1956, S. 300)

Erster Abschnitt

§ 1

Wesen der Unterbringung

(1) Eine Unterbringung im Sinne dieses Gesetzes liegt vor, wenn eine Person gegen ihren Willen oder im Zustand der Willenlosigkeit in eine abgeschlossene Krankenanstalt, einen abgeschlossenen Teil einer Krankenanstalt, eine Heil- und Pflegeanstalt oder eine Entziehungsanstalt für Suchtkranke eingewiesen wird und dort verbleibt.

(2) Steht die unterzubringende Person unter elterlicher Gewalt oder unter Vormundschaft, so ist der Wille desjenigen maßgebend, dem die gesetzliche Vertretung in den persönlichen Angelegenheiten zusteht. Dies gilt auch dann, wenn der unterzubringenden Person wegen geistiger Gebrechen ein Pfleger bestellt ist, der ihren Aufenthalt bestimmen darf.

§ 2

Voraussetzungen der Unterbringung

Die Unterbringung von geisteskranken, geistesschwachen oder suchtkranken Personen ist nur zulässig, wenn und solange durch ihr Verhalten gegen sich oder andere eine gegenwärtige Gefahr für die öffentliche Sicherheit oder Ordnung besteht, die nicht anders abgewendet werden kann.

Zweiter Abschnitt

§ 3

Sachliche Zuständigkeit

(1) Die Unterbringung wird auf Antrag der örtlichen Ordnungsbehörde vom Amtsgericht angeordnet. Dem Antrag soll das Zeugnis eines Arztes beigefügt werden.

(2) In Fällen, die eine sofortige Unterbringung notwendig machen, kann die örtliche Ordnungsbehörde diese ohne vorherige gerichtliche Entscheidung vornehmen; sie ist in diesen Fällen verpflichtet, unverzüglich einen Antrag auf Unterbringung nach Absatz 1 zu stellen. Ist die Unterbringung und de-

ren sofortige Wirksamkeit nicht bis zum Ablauf des der Unterbringung folgenden Tages durch gerichtliche Entscheidung nach § 9 oder § 15 in Verbindung mit § 11 Abs. 1 Satz 2 angeordnet, so hat die Entlassung zu erfolgen.

§ 4

Örtliche Zuständigkeit

(1) Örtlich zuständig ist das Amtsgericht, in dessen Bezirk die Person, deren Unterbringung beantragt wird, ihren gewöhnlichen Aufenthalt hat; hat sie keinen gewöhnlichen Aufenthalt in Nordrhein – Westfalen oder ist der gewöhnliche Aufenthalt nicht feststellbar, so ist das Amtsgericht zuständig, in dessen Bezirk das Bedürfnis für die Unterbringung hervortritt. Befindet sich die Person bereits in einer Anstalt, so ist das Amtsgericht zuständig, in dessen Bezirk die Anstalt liegt.

(2) Für eilige auf Grund dieses Gesetzes zu treffende Anordnungen ist neben dem nach Absatz 1 zuständigen Gericht auch das Gericht einstweilen zuständig, in dessen Bezirk das Bedürfnis für solche Anordnungen hervortritt. Das Gericht hat dem nach Absatz 1 zuständigen Gericht die getroffenen Anordnungen mitzuteilen.

(3) Das Gericht kann nach Anhörung der örtlichen Ordnungsbehörde aus wichtigen Gründen die Sache an ein anderes Gericht des Landes Nordrhein – Westfalen abgeben, wenn sich dies zur Übernahme der Sache bereit erklärt. Einigen sich die Gerichte nicht, so entscheidet das gemeinschaftliche obere Gericht; ist dies der Bundesgerichtshof, so entscheidet das Oberlandesgericht, zu dessen Bezirk das Gericht gehört, an das die Sache abgegeben werden soll. Die Entscheidung ist nicht anfechtbar.

§ 5

Anwendung der Vorschriften über die freiwillige Gerichtsbarkeit
Für das gerichtliche Verfahren gelten die Vorschriften des Reichsgesetzes über die Angelegenheiten der freiwilligen Gerichtsbarkeit, soweit sich aus diesem Gesetz nichts anderes ergibt.

§ 6

Beiordnung eines Rechtsanwalts

(1) Das nach § 4 zuständige Amtsgericht hat der Person, deren Unterbringung beantragt ist, einen Rechtsanwalt beizuordnen. Die Beiordnung unterbleibt oder wird aufgehoben, wenn ein Rechtsanwalt mit der Vertretung beauftragt ist.

(2) Die Beiordnung endet, sofern sie nicht vorher aufgehoben wird, mit der Rechtskraft der Entscheidung.

§ 7

Anhörung

(1) Das Gericht hat die Person, deren Unterbringung beantragt ist, mündlich zu hören. Die Vorführung des Anzuhörenden kann angeordnet werden.

(2) Die Anhörung kann unterbleiben, wenn nach ärztlichem Gutachten eine Verständigung mit dem Anzuhörenden wegen seines Geisteszustandes nicht möglich ist. Sie kann ferner unterbleiben, wenn sie nach ärztlichem Gutachten nicht ohne Nachteile für den Gesundheitszustand des Anzuhörenden ausführbar ist; in diesem falle ist dem Anzuhörenden, wenn er keinen gesetzlichen Vertreter in den persönlichen Angelegenheiten hat, durch das nach § 4 zuständige Gericht ein Pfleger für das Verfahren zu bestellen.

(3) Hat die Person, deren Unterbringung beantragt ist, einen gesetzlichen Vertreter in den persönlichen Angelegenheiten, so ist auch dieser, bei Personen, die unter elterlicher Gewalt stehen, jeder Elternteil zu hören; ist die Person, deren Unterbringung beantragt ist, verheiratet, so ist, sofern die Ehegatten nicht dauernd getrennt leben, auch der Ehegatte zu hören. Die Anhörung kann unterbleiben, falls sie nur mit erheblicher Verzögerung oder unverhältnismäßigen Kosten möglich ist.

§ 8

Ärztliches Gutachten

Eine Entscheidung, die die Unterbringung anordnet, darf nur ergehen, nachdem ein Gutachten eines in der Psychiatrie erfahrenen Arztes, der den Unterzubringenden untersucht hat, und eine Stellungnahme des Amtsgerichts eingeholt ist.

§ 9

Entscheidung des Gerichts

(1) Das Gericht entscheidet über die Unterbringung durch einen mit Gründen versehenen Beschluss. Wird die Unterbringung angeordnet, so kann das Gericht die Art der Unterbringung regeln und hierbei auch die Anstalt bezeichnen.

(2) Die Entscheidung, die die Unterbringung anordnet, ist bekannt zumachen:
   a) der Person, die untergebracht werden soll,
   b) dem beigeordneten Rechtsanwalt und dem nach § 7 Abs. 2 bestellten Pfleger,
   c) den nach § 7 Abs. 3 zu hörenden Personen,
   d) einer Person, die das Vertrauen des Unterzubringenden genießt, sofern die Entscheidung nicht bereits nach Buchstabe c) einem Angehörigen bekannt zumachen ist,
   e) der örtlichen Ordnungsbehörde, die den Antrag auf Unterbringung gestellt hat.

(3) Die Entscheidung, die den Antrag der örtlichen Ordnungsbehörde ablehnt, ist der örtlichen Ordnungsbehörde und der Person, deren Unterbringung beantragt war, bekannt zumachen.

(4) Ist die Bekanntmachung an die Person, die untergebracht werden soll, nach ärztlichem Gutachten nicht ohne Nachteile für ihren Gesundheitszustand ausführbar, so kann sie unterbleiben. Das Gericht entscheidet hierüber durch unanfechtbaren Beschluss. § 7 Abs. 2 Satz 2 zweiter Halbsatz gilt entsprechend.

(5) Der Bekanntmachung muss eine Rechtsmittelbelehrung beigefügt werden.

§ 10

Sofortige Beschwerde

(1) Gegen die Entscheidung des Amtsgerichts findet die sofortige Beschwerde statt.

(2) Die Beschwerde gegen eine Entscheidung, durch die die Unterbringung angeordnet oder die Art der Unterbringung geregelt wird, steht den in § 9 Abs. 2 genannten Beteiligten zu. Die Beschwerde gegen eine Entscheidung, durch die der Antrag der örtlichen Ordnungsbehörde abgelehnt wird, steht nur dieser zu.

(3) Ein unter elterlicher Gewalt stehendes Kind oder ein unter Vormundschaft stehendes Mündel kann ohne Mitwirkung seines gesetzlichen Vertreters das

Beschwerderecht ausüben. Dies gilt nicht für Personen, die geschäftsunfähig sind oder das vierzehnte Lebensjahr nicht vollendet haben.

§ 11

Wirksamkeit der gerichtlichen Entscheidung

(1) Eine gerichtliche Entscheidung, die die Unterbringung anordnet oder die Art der Unterbringung regelt, wird erst mit der Rechtskraft wirksam. Das erkennende Gericht kann jedoch die sofortige Wirksamkeit der Entscheidung anordnen. Das Beschwerdegericht kann vor seiner Entscheidung einstweilige Anordnungen erlassen, insbesondere bestimmen, daß die Vollziehung der angefochtenen Entscheidung auszusetzen ist.
(2) Die gerichtlichen Entscheidungen werden von der örtlichen Ordnungsbehörde vollzogen.

§ 12

Dauer der Unterbringung

(1) In der Entscheidung, die eine Unterbringung anordnet, ist unter Berücksichtigung aller Umstände des Einzelfalles ein Zeitpunkt zu bestimmen, bis zu dem über die Fortdauer der Unterbringung von Amts wegen zu entscheiden ist Die Höchstdauer der Frist beträgt bei Suchtkranken ein Jahr, bei voraussichtlich lange dauernder Geisteskrankheit zwei Jahre.
(2) Wird die Fortdauer der Unterbringung nicht bis zu dem gemäß Absatz 1 bestimmten Zeitpunkt durch gerichtliche Entscheidung angeordnet, so ist der Untergebrachte zu entlassen. Das Gericht und die örtliche Ordnungsbehörde, die den Antrag auf Unterbringung gestellt hat, sind von der Entlassung zu benachrichtigen.

§ 13

Aufhebung der Entscheidung über die Unterbringung

(1) Die Entscheidung, die eine Unterbringung anordnet, ist vor Eintritt des nach § 12 Abs. 1 bestimmten Zeitpunktes von Amts wegen aufzuheben, wenn der Grund für die Unterbringung weggefallen ist.
(2) Anträge der nach § 9 Abs. 2 am Verfahren Beteiligten auf Aufhebung oder Änderung in der Unterbringung sind in jedem Falle zu prüfen und zu bescheiden. Ist der Antrag von der Untergebrachten Person gestellt, so kann von einem Bescheid abgesehen werden, wenn sich aus Form und Inhalt des

Antrages ergibt, dass wegen des Geisteszustandes der untergebrachten Person eine Verständigung mit ihr nicht möglich ist.

§ 14

Beurlaubung

(1) Das Gericht kann die untergebrachte Person beurlauben. Die Beurlaubung ist jederzeit widerruflich und kann von Auflagen abhängig gemacht werden.

(2) Vor der Beurlaubung sollen der Leiter der Anstalt und die örtliche Ordnungsbehörde, die den Antrag auf Unterbringung gestellt hat, gehört werden. Die Beurlaubung ist dem Leiter der Anstalt und der Ordnungsbehörde mitzuteilen.

(3) Beurlaubungen bis zu zehn Tagen kann der Leiter der Anstalt vornehmen.

§ 15

Einstweilige Unterbringung

(1) Ist ein Antrag auf Unterbringung gestellt und sind dringende Gründe für die Annahme vorhanden, dass die Voraussetzungen für die Unterbringung vorliegen, so kann das Gericht für die Dauer von sechs Wochen eine einstweilige Unterbringung anordnen, falls dies zur Vorbereitung eines Gutachtens über den Gesundheitszustand der Person, deren Unterbringung beantragt ist, oder zur Beschaffung anderer Beweismittel erforderlich ist.

(2) Die einstweilige Unterbringung kann bereits angeordnet werden, bevor der unterzubringenden Person gemäß § 6 ein Rechtsanwalt beigeordnet oder gemäß § 7 Abs. 2 Satz 2 ein Pfleger bestellt ist.

(3) Nach Anhörung eines ärztlichen Sachverständigen kann durch weitere einstweilige Anordnungen die Dauer der Unterbringung zur Vorbereitung eines Gutachtens über den Gesundheitszustand verlängert werden. Die Unterbringung auf Grund der einstweiligen Anordnung darf jedoch insgesamt die Dauer von drei Monaten nicht überschreiten.

(42) Für einstweilige Anordnungen im Sinne der Absätze 1 und 3 gelten §§ 7,9 bis 11, 12 Abs. 2, 13 und 14 entsprechend. Die mündliche Anhörung der Person, deren Unterbringung beantragt ist, kann außer im Falle des § 7 Abs. 2 auch bei Gefahr im Verzuge unterbleiben, sie muss jedoch nachgeholt werden, sobald dies möglich ist.

§ 16

Verfahren bei Entscheidungen über die Fortdauer der Unterbringung
Die §§ 5 bis 15 gelten entsprechend für das Verfahren, in dem über die Fortdauer der Unterbringung entschieden wird. Die örtliche Ordnungsbehörde, die den Antrag auf Unterbringung gestellt hat, ist zu hören.

Dritter Abschnitt: Kosten

§ 17
Kosten der Anstaltsunterbringung
(1) Die Kosten einer nach diesem Gesetz durchgeführten Anstaltsunterbringung trägt der Untergebrachte, soweit sie nicht einem Unterhaltspflichtigen, einem Träger der Sozialversicherung oder einem Fürsorgeverband zur Last fallen.
(2) Die Kosten einer einstweiligen Unterbringung sind von der Staatskasse zu tragen, wenn der Antrag auf Anordnung der Unterbringung (§ 9) abgelehnt wird.
(3) Hat das Verfahren ergeben, dass ein begründeter Anlass zur Antragstellung erkennbar nicht vorlag, so kann das Gericht die Kosten der einstweiligen Unterbringung ganz oder teilweise der Gebietskörperschaft, die die Aufgaben der örtlichen Ordnungsbehörde wahrnimmt, auferlegen.
(4) In den Fällen der Absätze 2 und 3 hat die in der Hauptsache ergehende Entscheidung auszusprechen, wer die Kosten der Unterbringung zu tragen hat.

§ 18

Gerichtskosten
(1) Für die Gerichtskosten gelten, soweit nichts anderes bestimmt ist, die Vorschriften der Kostenordnung. Gebühren werden nur für die in den Absätzen 2 und 3 genannten Entscheidungen und für das Beschwerdeverfahren (Absatz 4) erhoben.
(2) Für die Entscheidung, die eine Unterbringung (§ 9) anordnet, wird eine Gebühr von dreißig Deutsche Mark erhoben.
(3) Für eine Entscheidung, die eine einstweilige Unterbringung (§ 15 Abs.1) oder die Fortdauer der Unterbringung (§ 16) anordnet, wird eine Gebühr von fünfzehn Deutsche Mark erhoben. Die gleiche Gebühr wird erhoben, wenn ein nicht von der untergebrachten Person selbst gestellter Antrag, die Unterbringung aufzuheben (§ 13), zurückgewiesen wird.

(4) Für das Beschwerdeverfahren wird bei Verwerfung oder Zurückweisung eine Gebühr von dreißig Deutsche Mark, bei Zurücknahme der Beschwerde eine Gebühr von zehn Deutsche Mark erhoben.
(5) Die durch gerichtliche Entscheidung begründete Verpflichtung zur Zahlung von Gebühren und Auslagen erlischt, soweit die Entscheidung aufgehoben oder abgeändert wird.
(6) Das Gericht kann aus Billigkeitsgründen anordnen, daß von der Erhebung der Gebühren ganz oder teilweise abgesehen wird.
(7) Kostenvorschüsse werden nicht erhoben.

§ 19

Kostenschuldner
(1) Schuldner der Gebühren und Auslagen sind in den Fällen des § 18 Abs. 2 und Abs. 3 Satz 1 der Betroffene und im Rahmen ihrer gesetzlichen Unterhaltspflicht die zu seinem Unterhalt Verpflichteten, in den Fällen des 3 18 Abs. 3 Satz 2 der Antragsteller und in den Fällen des § 18 Abs. 4 der Beschwerdeführer.
(2) Die §§ 2 bis 4 der Kostenordnung finden keine Anwendung.

§ 20

Kostenentscheidung
Lehnt das Gericht den Antrag der örtlichen Ordnungsbehörde auf Unterbringung ab, so hat es zugleich die Auslagen des Betroffenen, soweit sie zur zweckentsprechenden Rechtsverfolgung notwendig waren, und die baren Auslagen des Verfahrens der Gebietskörperschaft, die die aufgaben der örtlichen Ordnungsbehörde wahrnimmt, aufzuerlegen, wenn das Verfahren ergeben hat, dass ein begründeter Anlass zur Stellung des Antrags erkennbar nicht vorlag. Die Höhe der Auslagen des Betroffenen wird auf dessen Antrag durch den Urkundsbeamten der Geschäftsstelle festgesetzt. Für das Verfahren und die Vollstreckung der Entscheidung gelten die Vorschriften der Zivilprozessordnung entsprechend.

§§ 21, 22

(Aufgehoben durch Art. XI § 4 V Nr. 41 des Gesetzes zur Änderung und Ergänzung kostenrechtlicher Vorschriften vom 26. Juli 1957, BGBl. I S. 861)

§ 23

Überleitung von Verfahren

(1) Die beim Inkrafttreten dieses Gesetzes bei den Verwaltungsgerichten anhängigen Verfahren, die eine Unterbringung im Sinne des § 1 betreffen, gehen in der Lage, in der sie sich befinden, auf die nach diesem Gesetz zuständigen Gerichte über.

(2) Die in Verfahren vor dem abgebenden Gericht entstandenen Gerichts- und Rechtsanwaltskosten sind auf die in dem Verfahren vor dem übernehmenden Gericht entstehenden Gerichts- und Rechtsanwaltskosten anzurechnen.

§ 24

Rechtskräftige Entscheidungen

(1) Gerichtliche Entscheidungen, die eine Unterbringung anordnen und vor Inkrafttreten dieses Gesetzes rechtskräftig geworden sind, verlieren spätestens am 1. Januar 1958 ihre Wirksamkeit.

(2) In den Fällen des Absatzes 1 ist für die Entscheidung über die Fortdauer der Unterbringung das Amtsgericht zuständig, in dessen Bezirk die Anstalt liegt, in der, der Untergebrachte sich beim Inkrafttreten dieses Gesetzes befindet. Der Leiter der Anstalt hat dem Gericht spätestens drei Monate nach Inkrafttreten dieses Gesetzes Name und Anschrift derjenigen Personen unter Beifügung eines ärztlichen Zeugnisses mitzuteilen, die sich bei Inkrafttreten dieses Gesetzes auf Grund einer gerichtlichen Entscheidung in der Anstalt befinden. Kostenrechtlich gilt die Entscheidung über die Fortdauer der Unterbringung in solchen Fällen als Entscheidung über die erstmalige Unterbringung.

§ 25

Einschränkung von Grundrechten

Durch dieses Gesetz werden im Rahmen des Artikels 19 Abs. 2 des Grundgesetzes das Recht auf Freiheit der Person (Artikel 2 Abs. 2 Satz 2 des Grundgesetzes) und auf die Unverletzlichkeit der Wohnung (Artikel 13 des Grundgesetzes) eingeschränkt.

§ 26

Inkrafttreten

Dieses Gesetz tritt am 1. Januar 1957 in Kraft.

B.5. Hamburgisches Gesetz zum Schutz der öffentlichen Sicherheit und Ordnung (SOG) vom 14. März 1966 (HambGVOBl. 1966, S. 77)

§ 13 Gewahrsam von Personen

(1) Eine Person darf ohne ihre Einwilligung nur in Gewahrsam genommen werden, wenn,
   a) auf andere Weise eine unmittelbar bevorstehende Gefahr für die öffentliche Sicherheit oder Ordnung nicht abgewehrt oder eine Störung der öffentlichen Sicherheit oder Ordnung nicht beseitigt werden kann;
   b) die Maßnahme zum Schutz dieser Person erforderlich ist.

(2) Bei psychisch Kranken und bei süchtigen Personen darf der nach Absatz 1 Buchstabe a) begründete Gewahrsam fortdauern, solange es zur Abwehr einer bevorstehenden Gefahr für die öffentliche Sicherheit oder Ordnung erforderlich ist.

(3) Die in Gewahrsam genommene Person ist unverzüglich über den Grund des Gewahrsams und über den ihr zustehenden Rechtsbehelf zu unterrichten. Ihr ist Gelegenheit zu geben, ihre Angehörigen oder eine Person ihres Vertrauens zu benachrichtigen, sofern der Zweck des Gewahrsams dadurch nicht gefährdet wird. Hat die in Gewahrsam genommene Person das 21. Lebensjahr noch nicht vollendet oder ist sie entmündigt oder unter vorläufige Vormundschaft gestellt worden, so ist unverzüglich derjenige zu benachrichtigen, dem die Sorge für die Person obliegt.

(4) Die in Gewahrsam genommene Person ist möglichst gesondert unterzubringen. Ihr dürfen nur solche Beschränkungen auferlegt werden, die den Zweck des Gewahrsams sichern sollen oder zur Aufrechterhaltung der Ordnung während des Gewahrsams erforderlich sind.

(5) Die in Gewahrsam genommene Person darf ohne ihre Einwilligung nicht länger als bis zum Ende des Tages nach der Begründung des Gewahrsams festgehalten werden, falls nicht bis zu diesem Zeitpunkt die Fortdauer des Gewahrsams richterlich für zulässig erklärt worden ist.

B. 6. Gesetz über Hilfen und Schutzmaßnahmen bei psychischen Krankheiten (PsychKG) des Landes Nordrhein – Westfalen vom 2. Dezember 1969 (GVOBlNRW 1969, 872)

Erster Abschnitt: Allgemeines

§ 1

Anwendungsbereich
Dieses Gesetz regelt

1. die Hilfen für psychisch Kranke, die Personen gewährt werden, bei denen Anzeichen einer psychischen Störung, einer Psychose, einer Suchtkrankheit oder eines Schwachsinns bestehen oder die an einer dieser Störungen oder Erkrankungen leiden oder gelitten haben,
2. die Anordnung von Maßnahmen durch das Gesundheitsamt für Personen, bei denen Anhaltspunkte für eine Selbst- oder Allgemeingefährdung auf Grund einer Psychose, einer psychischen Störung, die in ihrer Auswirkung einer Psychose gleichkommt, einer Suchtkrankheit oder eines Schwachsinns bestehen, und
3. die Unterbringung von Personen, die an einer Psychose, einer psychischen Störung, die in ihrer Auswirkung einer Psychose gleichkommt, einer Suchtkrankheit oder an Schwachsinn leiden und dadurch sich selbst oder die Allgemeinheit erheblich gefährden, sowie das in Ausführung des Artikels 104 des Grundgesetzes zu beachtende gerichtliche Verfahren.

Zweiter Abschnitt: Allgemeine Bestimmungen über die Hilfen für psychisch Kranke

§ 2

Aufgabe
Die Hilfen sollen Personen aller Altersstufen mit psychischen Störungen oder Erkrankungen durch individuelle, ärztlich geleitete Beratung und Betreuung befähigen, ein der Gemeinschaft angepasstes Leben zu führen. Sie sind als vorsorgende und als nachgehende Hilfe zu gewähren. Befinden sich die in Satz 1 genannten Personen in ärztlicher Behandlung, werden die Hilfen erforderlichenfalls begleitend gewährt.

§ 3

Anspruch auf Hilfen

Die Hilfen sind zu gewähren, sobald dem Träger dieser Hilfen durch begründeten Antrag bekannt wird, dass die in § 1 Nr. 1 bezeichneten Voraussetzungen vorliegen.

§ 4

Umfang der Hilfen

Art, Ausmaß und Dauer der Hilfen richten sich, soweit dieses Gesetz nicht bestimmte Maßnahmen vorschreibt, nach der Besonderheit des Einzelfalles.

§ 5

Träger der Hilfen

(1) Die Hilfen obliegen den Kreisen und kreisfreien Städten – Gesundheitsämtern – als Pflichtaufgabe zur Erfüllung nach Weisung.

(2) Die Aufsicht über die Kreise und kreisfreien Städte als Träger der Hilfen führt der Regierungspräsident. Oberste Aufsichtsbehörde ist der Innenminister.

(3) Die Aufsichtsbehörden können Weisungen erteilen, um die rechtmäßige Erfüllung der Aufgaben zu sichern.

(4) Zur zweckmäßigen Erfüllung dieser Aufgaben können die Aufsichtsbehörden
   a) allgemeine Weisungen erteilen, um die gleichmäßige Durchführung der Hilfen zu sichern,
   b) besondere Weisungen erteilen, wenn einzelne Maßnahmen eines Trägers der Hilfen zur Erfüllung der Aufgabe nicht geeignet oder nicht ausreichend erscheinen.

§ 6

Zusammenarbeit

Der Träger der Hilfen soll mit den in Betracht kommenden Organisationen, den psychiatrischen Krankenhäusern, den Ärzten und den Verbänden der freien Wohlfahrtspflege zur Unterstützung und Ergänzung der eigenen Maßnahmen zusammenarbeiten.

Dritter Abschnitt: Vorsorgende Hilfe für psychisch Kranke

§ 7

Besondere Aufgabe
Die vorsorgende Hilfe soll insbesondere dazu beitragen, dass bei einer Störung oder beginnenden Erkrankung der Betroffene rechtzeitig ärztlich behandelt wird, und sicherstellen, dass im Zusammenwirken mit der Behandlung fürsorgerische Möglichkeiten und Einrichtungen in Anspruch genommen werden.

§ 8

Durchführung der Aufgabe
(1) Zur Durchführung der vorsorgenden Hilfe sind bei den Gesundheitsämtern regelmäßige Sprechstunden unter der Leitung eines in der Psychiatrie erfahrenen Arztes abzuhalten. Sie dienen dazu, im Einzelfall festzustellen, ob und in welcher Weise geholfen werden kann, ob eine Beratung Erfolg gehabt hat oder ob weitere Betreuungsmaßnahmen zu treffen sind.
(2) Erforderlichenfalls sind auch Hausbesuche durchzuführen. Die Beauftragten des Gesundheitsamtes haben das recht, zur Verhütung von dringenden Gefahren für die öffentliche Sicherheit und Ordnung die Wohnung, in der die betroffene Person lebt, zu betreten.
(3) Die vorsorgende Hilfe soll sich auch auf eine Verhaltensunterweisung des häuslichen Personenkreises erstrecken.

Vierter Abschnitt: Untersuchung

§ 9

Maßnahmen des Gesundheitsamtes
(1) Sind gewichtige Anhaltspunkte dafür vorhanden, dass eine Person wegen einer Psychose, einer psychischen Störung, die in ihrer Auswirkung einer Psychose gleichkommt, einer Suchtkrankheit oder wegen Schwachsinns sich selbst schwerwiegenden persönlichen Schaden zufügen oder die öffentliche Sicherheit oder Ordnung zu gefährden droht, kann das Gesundheitsamt dieses Person zu einer Untersuchung in der Sprechstunde des Gesundheitsamtes auffordern. Folgt die Person der Aufforderung nicht, ist möglichst ein Hausbesuch durchzuführen. Ist ein Hausbesuch undurchführbar oder untunlich oder kann während des Hausbesuchs die erforderliche Untersuchung nicht vorgenommen werden, ist die Person erneut aufzufordern. Folgt die

Person dieser Aufforderung nicht, kann das Gesundheitsamt sie durch die örtliche Ordnungsbehörde zur Untersuchung vorführen lassen. Die Untersuchung ist von einem Arzt vorzunehmen.

(2) In den Aufforderungen nach Absatz 1 ist der betroffenen Person anheim zustellen, sich in die Behandlung eines von Ihr unverzüglich namentlich anzugebenden Arztes ihrer Wahl zu begeben und diesen Arzt zu ermächtigen, das Gesundheitsamt von der Übernahme der Behandlung zu unterrichten. Sobald das Gesundheitsamt unterrichtet ist, hat es von weiteren Maßnahmen nach Absatz 1 abzusehen.

(3) Das Gesundheitsamt hat die Maßnahmen nach Absatz 1 durchzuführen, wenn die örtliche Ordnungsbehörde die sofortige Untersuchung durch das Gesundheitsamt aus Gründen, die eine besondere Eilbedürftigkeit rechtfertigen, beantragt. Absatz 2 findet dann keine Anwendung.

(4) Das Ergebnis der Untersuchung nach Absatz 1 teilt das Gesundheitsamt der untersuchten Person und der örtlichen Ordnungsbehörde, sofern sie einen Antrag nach Absatz 3 gestellt hat, mit. Die Mitteilung an die untersuchte Person kann unterbleiben, wenn sie nicht ohne erhebliche Nachteile für ihren Gesundheitszustand sein würde. Begibt sich die betroffene Person nach der Unterbringung in ärztliche Behandlung, teilt das Gesundheitsamt den Untersuchungsbericht dem behandelnden Arzt auf Anforderung mit.

Fünfter Abschnitt: Unterbringung

Unterabschnitt: Begriff und Voraussetzungen

§ 10

Begriff der Unterbringung

(1) Unterbringung im Sinne dieses Gesetzes liegt vor, wenn eine Person gegen ihren Willen oder im Zustand der Willenlosigkeit in ein abgeschlossenes psychiatrisches Krankenhaus, einen abgeschlossenen Teil eines Krankenhauses oder eine oder einer Entziehungsanstalt für Suchtkranke eingewiesen wird und dort verbleibt.

(2) Steht die unterzubringende Person unter elterlicher Gewalt oder unter Vormundschaft, so ist der Wille desjenigen maßgebend, dem die gesetzliche Vertretung in den persönlichen Angelegenheiten zusteht. Ist einer geschäftsunfähigen Person ein Pfleger bestellt, so ist dessen Wille maßgebend, wenn er das Recht zur Bestimmung des Aufenthaltes hat.

§ 11

Voraussetzungen der Unterbringung

(1) Die Unterbringung von Personen, die an einer Psychose, einer psychischen Störung, die in ihrer Auswirkung einer Psychose gleichkommt, einer Suchtkrankheit oder an Schwachsinn leiden, ist nur zulässig, wenn und solange durch ihr krankhaftes Verhalten gegen sich oder andere eine gegenwärtige Gefahr für die öffentliche Sicherheit oder Ordnung besteht, die nicht anders abgewendet werden kann. Die Unterbringung ist auch dann zulässig, wenn nach dem krankhaften Verhalten eine nicht anders abwendbare gegenwärtige Gefahr besteht, dass die betroffene Person Selbstmord begeht oder sich selbst erheblichen gesundheitlichen Schaden zufügt. Die fehlende Bereitschaft, sich behandeln zu lassen, rechtfertigt für sich allein keine Unterbringung.

(2) Eine gegenwärtige Gefahr im Sinne von Absatz 1 besteht dann, wenn sich die Krankheit so auswirkt, dass ein schadenstiftendes Ereignis unmittelbar bevorsteht oder sein Eintritt wegen der Unberechenbarkeit des Kranken zwar unvorhersehbar, wegen besonderer Umstände jedoch jederzeit zu erwarten ist.

(3) Die Unterbringung kann nur angeordnet werden, wenn keine Maßnahmen nach § 126 a StPO oder § 42 b StGB getroffen worden sind. Ist eine Person nach diesem Gesetz untergebracht, sind Maßnahmen nach den in Satz 1 genannten Bestimmungen nicht ausgeschlossen. Die Anordnung auf Unterbringung nach Absatz 1 ist in diesem Fall aufzuheben.

2. Unterabschnitt: Allgemeine Verfahrensvorschriften

§ 12

Sachliche Zuständigkeit

Die Unterbringung wird auf Antrag der örtlichen Ordnungsbehörde vom Amtsgericht angeordnet. Dem Antrag soll das Zeugnis eines Arztes beigefügt werden.

§ 13

Örtliche Zuständigkeit des Gerichts

(1) Örtlich zuständig ist das Amtsgericht, in dessen Bezirk die Person, deren Unterbringung beantragt wird, ihren gewöhnlichen Aufenthalt hat; hat sie keinen gewöhnlichen Aufenthalt in Nordrhein – Westfalen oder ist der gewöhnliche Aufenthalt nicht feststellbar, so ist das Amtsgericht zuständig, in

dessen Bezirk das Bedürfnis für die Unterbringung hervortritt. Befindet sich die Person bereits in einem Krankenhaus oder in einer Anstalt, so ist das Amtsgericht zuständig, in dessen Bezirk das Krankenhaus oder die Anstalt liegt.

(2) Für eilige auf Grund dieses Gesetzes zu treffende Anordnungen ist neben dem nach Absatz 1 zuständigen Gericht auch das Gericht einstweilen zuständig, in dessen Bezirk das Bedürfnis für solche Anordnungen hervortritt. Das Gericht hat dem nach Absatz 1 zuständigen Gericht die getroffenen Anordnungen mitzuteilen.

(3) In den Fällen des § 17 Abs. 2 ist das Gericht ausschließlich zuständig, in dessen Bezirk das Krankenhaus oder die Anstalt liegt.

(4) Das Gericht kann nach Anhörung der örtlichen Ordnungsbehörde aus wichtigen Gründen die Sache an ein anderes Gericht des Landes Nordrhein – Westfalen abgeben, wenn sich dies zur Übernahme der Sache bereit erklärt. Einigen sich die Gerichte nicht, so entscheidet das gemeinschaftliche obere Gericht; ist dies der Bundesgerichtshof, so entscheidet das Oberlandesgericht, zu dessen Bezirk das Gericht gehört, an das die Sache abgegeben werden soll. Die Entscheidung ist nicht anfechtbar.

§ 14

Anwendung der Vorschriften über die freiwillige Gerichtsbarkeit. Für das gerichtliche Verfahren gelten die Vorschriften des Gesetzes über die Angelegenheiten der freiwilligen Gerichtsbarkeit, soweit sich aus diesem Gesetz nichts anderes ergibt.

§ 15

Beiordnung eines Rechtsanwalts

(1) Das nach § 13 zuständige Amtsgericht hat der Person, deren Unterbringung beantragt ist, einen Rechtsanwalt beizuordnen. Die Beiordnung unterbleibt, oder wird aufgehoben, wenn ein Rechtsanwalt mit der Vertretung beauftragt ist.

(2) Die Beiordnung endet, sofern sie nicht vorher aufgehoben wird, mit der Rechtskraft des Unterbringungsbeschlusses oder mit dem sonstigen Abschluss des Unterbringungsverfahrens.

(3) Hat die Person, deren Unterbringung beantragt ist, keinen gesetzlichen Vertreter in persönlichen Angelegenheiten, und ist

a) sie geschäftsunfähig oder

b) mit ihr eine Verständigung wegen ihres Geisteszustandes nicht möglich oder

c) mit ihr die Verständigung nach ärztlicher Äußerung nicht ohne erhebliche Nachteile für ihren Gesundheitszustand durchführbar,

so ist der beigeordnete Rechtsanwalt zugleich Pfleger für das Unterbringungsverfahren. Hiervon ist er unverzüglich zu unterrichten.

§ 16

Anhörung

(1) Das Gericht, gegebenenfalls das ersuchte Gericht, hat sich einen persönlichen Eindruck von der Person, deren Unterbringung beantragt ist, zu verschaffen und sie mündlich anzuhören. Die Vorführung des Anzuhörenden kann angeordnet werden.

(2) Die Anhörung kann unterbleiben, wenn eine Verständigung mit dem Anzuhörenden wegen seines Geisteszustandes nicht möglich oder wenn sie nach ärztlicher Begutachtung nicht ohne erhebliche Nachteile für den Gesundheitszustand des Anzuhörenden ist.

(3) Hat die Person, deren Unterbringung beantragt ist, einen gesetzlichen Vertreter in den persönlichen Angelegenheiten, so ist auch dieser zu hören; bei Personen, die unter elterlicher Sorge stehen, sind die Elternteile zu hören, denen die Sorge für die Person zusteht; ist die Person, deren Unterbringung beantragt ist, verheiratet, so ist, sofern die Ehegatten nicht dauernd getrennt leben, auch der Ehegatte zu hören. Die Anhörung kann unterbleiben, wenn sie nur mit erheblicher Verzögerung möglich ist. Die Anhörung des gesetzlichen Vertreters ist unverzüglich nachzuholen.

3. Unterabschnitt: Besondere Verfahrensvorschriften

§ 17

Sofortige Unterbringung

(1) In Fällen, die eine sofortige Unterbringung notwendig machen, kann die örtliche Ordnungsbehörde diese ohne vorherige gerichtliche Entscheidung vornehmen, wenn ein ärztliches Zeugnis über einen Befund vorliegt, der nicht älter als vom Vortage ist. Will die örtliche Ordnungsbehörde in der Beurteilung über die Voraussetzungen für eine sofortige Unterbringung von einem vorgelegten ärztlichen Zeugnis abweichen, hat sie das Gesundheitsamt zu beteiligen.

(2) Nimmt die örtliche Ordnungsbehörde eine sofortige Unterbringung vor, ist sie verpflichtet, unverzüglich beim Amtsgericht einen Antrag auf Unterbringung zu stellen. Ist die Unterbringung und deren sofortige Wirksamkeit nicht bis zum Ablauf des auf den Beginn der sofortigen Unterbringung folgenden Tages durch das Gericht angeordnet, so ist die betroffene Person durch den Leiter des Krankenhauses oder der Anstalt, bei Krankenhäusern oder Anstalten mit selbständigen Abteilungen durch den leitenden Abteilungsarzt zu entlassen.

§ 18

Einstweilige Unterbringung

(2) Sind dringende Gründe für die Annahme vorhanden, daß die Voraussetzungen für die Unterbringung vorliegen, so kann das Gericht die einstweilige Unterbringung bis zu einer Dauer von längstens zwei Monaten anordnen, wenn und solange
   a) dies zur Vorbereitung eines Gutachtens über den Gesundheitszustand der Person, die untergebracht werden soll, oder zur Erhebung anderer Beweise erforderlich ist, oder
   b) das Gericht aufgrund der vorhandenen Beweismittel eine nur vorübergehende Unterbringung für nötig erachtet, eine unverzügliche Unterbringung aber notwendig ist.

(2) Eine einstweilige Unterbringung kann bereits angeordnet werden, bevor der unterzubringenden Person gemäß § 15 ein Rechtsanwalt beigeordnet ist; die Beiordnung muß in diesem Falle unverzüglich nachgeholt werden.

(3) Die einstweilige Unterbringung kann auch angeordnet werden, bevor die Maßnahmen nach § 16 durchgeführt worden sind. Diese sind unverzüglich nachzuholen. Bei der betroffenen Person haben sie spätestens innerhalb von zehn Tagen zu erfolgen.

(4) Nach Anhörung eines ärztlichen Sachverständigen kann durch weitere gerichtliche Anordnung die einstweilige Unterbringung bis zu einer Gesamtdauer von drei Monaten verlängert werden, falls dies zur Vorbereitung eines Gutachtens über den Gesundheitszustand erforderlich ist.

(5) Nach Ablauf der vom Gericht bestimmten Dauer für die einstweilige Unterbringung ist die betroffene Person durch den Leiter des Krankenhauses oder der Anstalt, bei selbständigen Krankenhaus- oder Anstaltsabteilungen durch den leitenden Abteilungsarzt zu erlassen, es sei denn, daß zum gleichen Zeitpunkt eine Unterbringungsanordnung nach den §§ 19 und 20 wirksam wird.

§ 19

Sonstige Unterbringung

Abgesehen von Fällen der einstweiligen Unterbringung darf das Gericht die Unterbringung nur anordnen, nachdem ein Gutachten eines in der Psychiatrie erfahrenen Arztes, der den Unterzubringenden untersucht hat, und eine Stellungnahme des Gesundheitsamtes eingeholt sind.

§ 20

Bestimmung der Unterbringungsdauer

In der Entscheidung, die eine sonstige Unterbringung nach § 19 anordnet, ist unter Berücksichtigung aller Umstände des Einzelfalles ein Zeitpunkt zu bestimmen, bis zu dem über die Fortdauer der Unterbringung von Amts wegen zu entscheiden ist. Die Höchstdauer der Frist beträgt bei Suchtkranken sowie bei psychisch Gestörten, deren Störung in ihrer Auswirkung einer Psychose gleichkommt, ein Jahr, bei voraussichtlich lange dauernden Psychosen oder bei Schwachsinn zwei Jahre.

§ 21

Fortdauer der sonstigen Unterbringung

(1) Für das Verfahren über die Fortdauer der Unterbringung gelten die §§ 14 bis 16 und § 20 entsprechend. Es ist ein Gutachten eines in der Psychiatrie erfahrenen Arztes einzuholen. Die örtliche Ordnungsbehörde, die den Antrag auf Unterbringung gestellt hat, ist zu hören.

(2) Wird die Fortdauer der Unterbringung nicht bis zu dem gemäß § 20 Satz 1 bestimmten Zeitpunkt durch gerichtliche Entscheidung angeordnet, so ist der Untergebrachte durch den Leiter des Krankenhauses oder der Anstalt, bei selbständigen Krankenhaus- und Anstaltsabteilungen durch den leitenden Abteilungsarzt zu entlassen. Von der Entlassung sind zu benachrichtigen:
1. das Gericht,
2. das Gesundheitsamt,
3. der Arzt, der den Patienten vor der Unterbringung behandelt hat, und
4. die örtliche Ordnungsbehörde.

§ 22

Entscheidung des Gerichts

(1) Das Gericht entscheidet in Unterbringungssachen durch einen mit Gründen versehenen Beschluss. Wird die Verlängerung der einstweiligen Unterbringung oder die sonstige Unterbringung angeordnet, so kann das Gericht die Art der Unterbringung regeln und hierbei auch das Krankenhaus oder die Anstalt bezeichnen.

(2) In Unterbringungsverfahren getroffene Gerichtsentscheidungen sind bekannt zumachen:
1. der betroffenen Person,
2. dem Rechtsanwalt der betroffenen Person,
3. den nach § 16 Abs. 3 zu hörenden Personen,
4. einer Person, die das Vertrauen der betroffenen Person genießt,
5. der örtlichen Ordnungsbehörde, die den Antrag auf Unterbringung gestellt hat, und
6. dem Leiter des Krankenhauses oder der Anstalt.

(3) Eine Entscheidung, die einen Unterbringungsantrag ablehnt, ist nur der örtlichen Ordnungsbehörde und der betroffenen Person bekannt zumachen.

(4) Die Bekanntmachung an die betroffene Person kann unter den Voraussetzungen des § 16 Abs. 2 unterbleiben. Das Gericht entscheidet hierüber durch unanfechtbaren Beschluss.

(5) Der Bekanntmachung muss eine schriftliche Rechtsmittelbelehrung beigefügt werden.

§ 23

Sofortige Beschwerde

(1) Gegen die Entscheidung des Amtsgerichtes findet die sofortige Beschwerde statt.

(2) Die sofortige Beschwerde steht den in § 22 Abs. 2 Nrn. 1 bis 5 Genannten zu. Gegen eine Entscheidung, durch die der Antrag auf Unterbringung abgelehnt wird, kann nur die örtliche Ordnungsbehörde sofortige Beschwerde einlegen.

§ 24

Wirksamkeit einer gerichtlichen Entscheidung

(1) Eine gerichtliche Entscheidung, die die Unterbringung oder deren Fortdauer anordnet oder die Art der Unterbringung regelt, wird erst mit der Rechtskraft wirksam.

(2) Das Gericht kann jedoch die sofortige Wirksamkeit anordnen. In diesem Falle wird die Anordnung der Unterbringung in dem Zeitpunkt wirksam, in dem sie und die Anordnung der sofortigen Wirksamkeit der Geschäftsstelle des Gerichts zur Bekanntmachung übergeben werden.

(3) Das Beschwerdegericht kann vor seiner Entscheidung einstweilige Anordnungen erlassen, insbesondere bestimmen, daß die Vollziehung der angefochtenen Entscheidung auszusetzen ist.

(4) Die gerichtlichen Entscheidungen werden von der örtlichen Ordnungsbehörde vollzogen.

4. Unterabschnitt: Betreuung während der Unterbringung

§ 25

Eingangsuntersuchung

(1) Der Leiter des Krankenhauses oder der Anstalt hat die sofortige ärztliche Untersuchung der auf Grund dieses Gesetzes eingewiesene Person zu veranlassen.

(2) Ergibt die ärztliche Untersuchung, dass die Unterbringungsvoraussetzungen nicht oder nicht mehr vorliegen, hat der Leiter des Krankenhauses oder der Anstalt
   1. die örtliche Ordnungsbehörde, die die Unterbringung veranlasst hat,
   2. den Arzt, der en Patienten vor der Unterbringung behandelt hat,
   3. das Gesundheitsamt und
   4. das Gericht

   unverzüglich zu unterrichten und die betroffene Person sofort zu beurlauben.

(3) In Krankenhäusern oder Anstalten mit selbständigen Abteilungen treffen die Verpflichtung nach den Absätzen 1 und 2 den leitenden Abteilungsarzt.

§ 26

Ärztliche Heilbehandlung

(1) Während der Unterbringung wird eine nach den Regeln der ärztlichen Kunst gebotene und rechtlich zulässige Heilbehandlung vorgenommen, soweit dies mit dem, Zweck der Unterbringung vereinbar ist.

(2) Ärztliche Eingriffe, die mit erheblicher Gefahr für Leben oder Gesundheit verbunden sind oder die Persönlichkeit wesentlich verändern, dürfen nur mit Einwilligung der betroffenen Person und der Zustimmung des Gerichtsärztlichen Ausschusses vorgenommen werden. Bei Volljährigen, welche die Bedeutung und Tragweite des Eingriffes und der Einwilligung nicht beurteilen können, sowie bei Minderjährigen ist für die Einwilligung der Wille des gesetzlichen Vertreters maßgebend.

§ 27

Schriftverkehr

(1) Schriftliche Mitteilungen des Untergebrachten an seinen gesetzlichen Vertreter, an den ihm beigeordneten oder den mit seiner Vertretung beauftragten Rechtsanwalt, an Behörden oder an eine Volksvertretung in der Bundesrepublik Deutschland dürfen nicht geöffnet und nicht zurückgehalten werden.

(2) Abgesehen von Absatz 1 kann der Schriftverkehr des Untergebrachten zur ärztlichen Beurteilung des Gesundheitszustandes eingesehen werden.

(3) Schriftliche Mitteilungen des Untergebrachten, die nach Absatz 2 eingesehen werden dürfen, können zurückgegeben werden, wenn sich aus der Weiterleitung für den Untergebrachten erhebliche Nachteile ergeben würden; soweit der Untergebrachte unter elterlicher Gewalt oder unter Vormundschaft steht, sind diese Mitteilungen den Eltern oder dem Vormund bzw. dem Pfleger zu übergeben.

(4) Schriftliche Mitteilungen an den Untergebrachten können zurückgehalten werden, wenn sie geeignet sind, dem Untergebrachten gesundheitlichen Schaden zuzufügen oder den Zweck der Unterbringung zu gefährden. Im Falle der Zurückhaltung ist der Absender zu verständigen oder die schriftliche Mitteilung zurückzusenden.

§ 28

Besuchskommissionen

(1) Der Innenminister beruft Besuchskommissionen, die jährlich mindestens einmal, in der Regel unangemeldet, die Krankenhäuser und Anstalten, in denen Personen nach diesem Gesetz untergebracht sind, besuchen und daraufhin überprüfen, ob die mit der Unterbringung von psychisch Kranken verbundenen besonderen Auflagen erfüllt werden. Dabei können untergebrachte Personen Wünsche oder Beschwerden vortragen.

(2) Jede Besuchskommission legt alsbald nach einem Besuch dem Innenminister einen Besuchsbericht mit dem Ergebnis der Überprüfung vor, der auch Wünsche und Beschwerden von Untergebrachten mit einer Stellungnahme der Kommission zu berücksichtigen hat. Eine Zusammenfassung der Besuchsberichte übersendet der Innenminister dem Landtag Nordrhein-Westfalen erstmals zum 1. Februar 1971, sodann mindestens alle zwei Jahre.

(3) Der Besuchskommission müssen angehören:
   1. ein staatlicher Medizinalbeamter,
   2. ein in der Psychiatrie erfahrener Arzt und
   3. ein Beamter, der die Befähigung zum Richteramt oder zum höheren Verwaltungsdienst hat, oder ein Richter. Der Innenminister kann weitere Mitglieder, auch für einzelne Besuche der Kommission, bestellen.

(4) Das Petitionsrecht, die Aufsichtspflichten und -rechte der zuständigen Behörden sowie das Gebot der ärztlichen Schweigepflicht bleiben unberührt.

§ 29

Beurlaubungen

Beurlaubungen bis zu zehn Tagen kann der Leiter des Krankenhauses oder der Anstalt vornehmen.

5. Unterabschnitt: Beendigung der Unterbringung

§ 30

Vorläufige Entlassung

(1) Das Gericht kann die vorläufige Entlassung einer nach § 19 untergebrachten Person anordnen. Es soll die vorläufige Entlassung mit Auflagen über die Inanspruchnahme der nachgehenden Hilfe für psychische Kranke verbinden. Daneben kann das Gericht andere Auflagen, insbesondere die Verpflich-

tung, sich in ärztliche Behandlung zu begeben und die ärztlichen Anordnungen zu befolgen, aussprechen. Erfüllt der vorläufig Entlassene diese Auflagen nicht oder nicht vollständig oder hat sich sein Gesundheitszustand erheblich verschlechtert, kann das Gericht die vorläufige Entlassung widerrufen.

(2) Vor der vorläufigen Entlassung sind der Leiter der Krankenhauses oder der Anstalt und die örtliche Ordnungsbehörde, die den Antrag auf Unterbringung gestellt hat, zu hören. Dabei hat sich der Leiter des Krankenhauses oder der Anstalt darüber zu äußern, welche Maßnahmen der nachgehenden Hilfe für psychische Kranke angebracht sind und ob ärztliche Weiterbehandlung erforderlich ist.

(3) Vorläufige Entlassung und Widerruf sind vom Gericht jeweils neben den in § 22 Abs. 2 Genannten dem Gesundheitsamt mitzuteilen.

§ 31

Endgültige Entlassung

(1) Die vorläufig entlassene Person ist endgültig zu entlassen, wenn das Gericht die vorläufige Entlassung nicht bis zu dem nach § 20 bestimmten Zeitpunkt widerrufen hat.

(2) Ist für die vorläufig entlassene Person der nach § 20 bestimmte Zeitpunkt noch nicht eingetreten, so entscheidet das Gericht über die endgültige Entlassung vor Eintritt des Zeitpunktes, wenn nach Stellungnahme des Gesundheitsamtes die Notwendigkeit einer erneuten Unterbringung nicht zu erwarten ist. Die örtliche Ordnungsbehörde ist zu hören. § 30 Abs. 3 gilt entsprechend.

§ 32

Aufhebung von Entscheidungen über die Unterbringung

(1) Die Entscheidung, die ein Unterbringung anordnet, ist vor Eintritt des nach § 18 Abs. 1 und Abs. 4, § 20 oder § 21 bestimmten Zeitpunktes von Amts wegen aufzuheben, wenn die Unterbringungsvoraussetzungen weggefallen sind. Nach Aufhebung der Entscheidung hat der Leiter des Krankenhauses oder der Anstalt, bei selbständigen Krankenhaus- und Anstaltsabteilungen der leitende Abteilungsarzt die betroffene Person zu entlassen.

(2) Anträge der in § 22 Abs. 2 Genannten auf Aufhebung oder Änderung der Unterbringungsanordnung sind in jedem Fall zu prüfen und zu bescheiden. Im übrigen findet § 22 Anwendung.

(3) Ist der Antrag von der untergebrachten Person gestellt, so kann von einem Bescheid abgesehen werden, wenn sich aus Form und Inhalt des Antrages ergibt, daß wegen des Geisteszustandes der untergebrachten Person eine Verständigung mit ihr nicht möglich ist.

§ 33

Freiwilliger Krankenhaus- oder Anstaltsaufenthalt
Verbleibt die bisher untergebrachte Person nach Aufhebung der Unterbringungsanordnung gemäß § 32 oder Eintritt der Entlassungsverpflichtung gemäß § 17 Abs. 2, § 18 Abs. 5 und § 21 Abs. 2 auf Grund rechtswirksamer Einwilligung weiter in dem Krankenhaus oder der Anstalt, ist durch den Leiter des Krankenhauses oder der Anstalt dem Gericht, der örtlichen Ordnungsbehörde und dem Gesundheitsamt Mitteilung zu machen.

Sechster Abschnitt: Nachgehende Hilfe für psychisch Kranke

§ 34

Besondere Aufgabe
(1) Aufgabe der nachgehenden Hilfe ist es, den Personen, die aus der Unterbringung oder einer sonstigen stationären psychiatrischen Behandlung entlassen wurden, durch individuelle, ärztlich geleitete Beratung und Betreuung den Übergang in das Leben außerhalb des Krankenhauses oder der Anstalt und die Anpassung an die Gemeinschaft zu erleichtern.
(2) Ist die vorläufige Entlassung nach § 30 von Auflagen über ein ärztliche Behandlung abhängig gemacht worden, gehört es zur Aufgabe der nachgehenden Hilfe, die Einhaltungen dieser Auflagen zu überwachen.

§ 35

Durchführung
(1) Die nachgehende Hilfe ist in enger Zusammenarbeit mit der Außenfürsorge von Krankenhäusern und Anstalten, in die Personen nach diesem Gesetz eingewiesen werden, durchzuführen. § 8 findet entsprechende Anwendung. Sprechstunden und Hausbesuche können nach Absprachen mit dem Träger der Hilfe für das Gesundheitsamt von der Außenfürsorge wahrgenommen werden.
(2) In der nachgehenden Hilfe ist insbesondere nach Ablauf einer vorläufigen Entlassung die betroffene Person erforderlichenfalls über Folgen einer Un-

terbrechung der notwendigen ärztlichen Behandlung eindringlich zu belehren.

§ 36

Mitwirkung bei der vorläufigen Entlassung

(1) Ist die vorläufige Entlassung durch das Gericht nach § 30 davon abhängig gemacht worden, daß der Betroffene sich in ärztliche Behandlung begibt, hat der Betroffene oder sein gesetzlicher Vertreter unverzüglich Name und Anschrift des Arztes dem Krankenhaus oder der Anstalt, in der er untergebracht war, mitzuteilen.
(2) Der Leiter des Krankenhauses oder der Anstalt übersendet umgehend einen ärztlichen Entlassungsbericht dem behandelnden Arzt. Gleichzeitig ist eine Zweitschrift des Entlassungsberichtes unter Angabe des behandelnden Arztes dem für den Aufenthalt des Betroffenen zuständigen Gesundheitsamtes zu übersenden.

Der behandelnde Arzt hat das Gesundheitsamt zu unterrichten, wann die ärztlichen Anordnungen von dem vorläufig Entlassenen nicht eingehalten werden oder eine ärztliche Behandlung nicht mehr erforderlich ist.

Siebenter Abschnitt: Kosten

§ 37

Kosten der Hilfen für psychisch Kranke

Die Kosten der Hilfen für psychisch Kranke einschließlich der Unterbringung nach § 9 tragen die Kreise und kreisfreien Städte.

§ 38

Kosten der Unterbringung

(1) Die Kosten einer nach diesem Gesetz durchgeführten Unterbringung in einem Krankenhaus oder einer Anstalt trägt der Untergebrachte, soweit sie nicht einem Unterhaltspflichtigen, einem Träger der Sozialversicherung, einem Träger der Sozialhilfe oder einem anderen zur Last fallen.
(2) Die Kosten einer einstweiligen Unterbringung sind von der Staatskasse zu tragen, wenn der Antrag auf Anordnung der Unterbringung abgelehnt oder zurückgenommen wird oder aus anderen Gründen seine Erledigung findet

und die Voraussetzungen für die Unterbringung von Anfang an nicht vorgelegen haben.

(3) Hat das Verfahren ergeben, daß ein begründeter Anlaß zur Antragstellung nicht vorlag, so kann das Gericht die Kosten der einstweilige Unterbringung ganz oder teilweise der Gebietskörperschaft, die die Aufgaben der örtlichen Ordnungsbehörde wahrnimmt, auferlegen.

(4) In den Fällen der Absätze 2 und 3 hat die in der Hauptsache ergehende Entscheidung auszusprechen, wer die Kosten der einstweiligen Unterbringung zu tragen hat. Über die Kosten ist auch zu entscheiden, wenn eine Entscheidung in der Hauptsache nicht ergeht, und zwar unter Berücksichtigung des bisherigen Sachstandes nach billigem Ermessen.

(5) Die Entscheidung über die Kosten der einstweiligen Unterbringung ist mit der sofortigen Beschwerde selbständig anfechtbar.

§ 39

Kosten der ärztlichen Heilbehandlung
Die Kosten einer ambulanten oder stationären ärztlichen Behandlung trägt die betroffene Person, soweit sie nicht einem Unterhaltpflichtigen, einem Träger der Sozialversicherung, einem Träger der Sozialhilfe oder einem anderen zur Last fallen.

§ 40

Gerichtskosten
Für das gerichtliche Verfahren werden Kosten nicht erhoben.

§ 41

Kostenentscheidung bei Ablehnung des Unterbringungsantrages
Lehnt das Gericht den Antrag der örtlichen Ordnungsbehörde auf Unterbringung ab, so hat es zugleich die Auslagen des Betroffenen, soweit sie zur zweckentsprechenden Rechtsverfolgung notwendig waren, und die baren Auslagen des Verfahrens der Gebietskörperschaft, die die Aufgaben der örtlichen Ordnungsbehörde wahrnimmt, aufzuerlegen, wenn das Verfahren ergeben hat, dass ein begründeter Anlass zur Stellung des Antrags nicht vorlag. Die Höhe der Auslagen des Betroffenen wird auf dessen Antrag durch den Urkundsbeamten der Geschäftsstelle festgesetzt. Für das Verfahren und die Vollstreckung der Entscheidung gelten die Vorschriften der Zivilprozessordnung entsprechend.

Achter Abschnitt: Schlussbestimmungen

§ 42

Einschränkung von Grundrechten

Durch dieses Gesetz werden im Rahmen des Artikels 19 Abs. 2 des Grundgesetzes die Rechte auf körperliche Unversehrtheit und auf Freiheit der Person (Artikel 2 Abs. 2 des Grundgesetzes), auf Unverletzlichkeit des Briefgeheimnisses (Artikels 10 des Grundgesetzes) und der Wohnung (Artikel 13 des Grundgesetzes) eingeschränkt.

§ 43

Inkrafttreten

(1) Dieses Gesetz tritt am 1. Januar 1970 in Kraft.

(2) Gleichzeitig tritt das Gesetz über die Unterbringung geisteskranker, geistesschwacher und suchtkranker Personen vom 16. Oktober 1956 (GS. NW. S. 370) außer Kraft.

B. 7. Hamburgisches Gesetz über Hilfen und Schutzmaßnahmen bei psychischen Krankheiten (HmbPsychKG) vom 22. September 1977 (HmbGVBl. 1977, S. 261)

Erster Abschnitt: Allgemeines

§1

Anwendungsbereich

Dieses Gesetz regelt:

1. die Hilfen für Personen, bei denen Anzeichen einer behandlungsbedürftigen psychischen Störung, einer Psychose, einer Suchtkrankheit oder eines Schwachsinns bestehen oder die an einer dieser Störungen oder Erkrankungen leiden oder gelitten haben (psychisch Kranke),
2. die Anordnung von Maßnahmen für Personen, bei denen gewichtige Anhaltspunkte für eine Selbst- oder Allgemeingefährdung auf Grund einer Psychose, einer psychischen Störung, die in ihrer Auswirkung einer Psychose gleichkommt, einer Suchtkrankheit oder eines Schwachsinns bestehen, und
3. die Unterbringung von Personen, die an einer Psychose, einer psychischen Störung, die in ihrer Auswirkung einer Psychose gleichkommt, einer Suchtkrankheit oder an Schwachsinn leiden und dadurch sich selbst oder die Allgemeinheit erheblich gefährden, einschließlich des gerichtlichen Verfahrens.

Zweiter Abschnitt: Allgemeine Bestimmungen über die Hilfen für psychisch Kranke

§ 2

Aufgabe

Die Hilfen sollen psychisch Kranke durch eine der Art der Erkrankung angemessene, individuelle ärztliche und psychosoziale Beratung und Betreuung befähigen, in der Gemeinschaft ein menschenwürdiges Leben zu führen. Sie sollen ferner Personen aus der häuslichen Umgebung von psychisch Kranken durch Beratung und Unterrichtung über geeignete Verhaltensweisen bei der Betreuung unterstützen. Die Hilfen sind als vorsorgende und als nachgehende Hilfen zu gewähren. Befinden sich die in Satz 1 genannten Personen in ärztlicher Behandlung, werden die Hilfen erforderlichenfalls begleitend gewährt.

§ 3

Anspruch auf Hilfen
Die Hilfen sind von der zuständigen Behörde zu gewähren, sobald ihr bekannt wird, dass die in § 1 Nummer 1 bezeichneten Voraussetzungen vorliegen.

§ 4

Umfang der Hilfen
Art, Ausmaß und Dauer der Hilfen richten sich, soweit dieses Gesetz nicht bestimmte Maßnahmen vorschreibt, nach den Erfordernissen des Einzelfalles.

§ 5

Zusammenarbeit
Die für die Gewährung der Hilfen zuständige Behörde soll mit den in Betracht kommenden Organisationen, den psychiatrischen Krankenhäusern und sonstigen psychiatrischen Einrichtungen, den Ärzten und den Verbänden der freien Wohlfahrtspflege zur Unterstützung und Ergänzung der eigenen Maßnahmen zusammenarbeiten.

Dritter Abschnitt: Vorsorgende Hilfe für psychisch Kranke

§ 6

Besondere Aufgabe
Die vorsorgende Hilfe soll insbesondere dazu beitragen, dass bei Anzeichen einer Störung oder beginnenden Erkrankung im Sinne des § 1 Nummer 1 der Betroffene rechtzeitig ärztlich behandelt wird, und sicherstellen, dass im Zusammenwirken mit der Behandlung fürsorgerische Möglichkeiten und Einrichtungen in Anspruch genommen werden, und der Betroffene nach Möglichkeit nicht aus seinem Lebenskreis herausgerissen wird.

§ 7

Durchführung der Aufgabe
(1) Zur Durchführung der vorsorgenden Hilfe sind bei der zuständigen Behörde regelmäßig Sprechstunden unter der Leitung eines in der Psychiatrie erfahrenen Arztes abzuhalten. Sie dienen dazu, im Einzelfall festzustellen, ob

und in welcher Weise geholfen werden kann, ob eine Beratung Erfolg gehabt hat und ob weitere Betreuungsmaßnahmen zu treffen sind.

(2) Erforderlichenfalls sind auch Hausbesuche durchzuführen. Die Beauftragten der zuständigen Behörde haben das Recht, zur Verhütung von dringenden Gefahren für die öffentliche Sicherheit und Ordnung die Wohnung, in der die betroffene Person lebt, zu betreten.

Vierter Abschnitt: Untersuchung

§ 8

Maßnahmen der zuständigen Behörde

(1) Sind gewichtige Anhaltspunkte dafür vorhanden, dass eine Person wegen einer Psychose, einer psychischen Störung, die in ihrer Auswirkung einer Psychose gleichkommt, einer Suchtkrankheit oder wegen Schwachsinns sich selbst schwerwiegenden persönlichen schaden zuzufügen oder die öffentliche Sicherheit und Ordnung zu gefährden droht, kann die zuständige Behörde diese Person zu einer Untersuchung in der Sprechstunde der Behörde auffordern. Folgt die Person der Aufforderung nicht, soll durch Beauftragte der zuständigen Behörde, die mit der vorsorgenden Betreuung von psychisch Kranken betraut sind, ein Hausbesuch durchgeführt werden; § 7 Absatz 2 Satz 2 gilt entsprechend. Erscheint eine Untersuchung erforderlich, so ist diese von einem Arzt vorzunehmen. Ist ein Hausbesuch undurchführbar oder unzweckmäßig oder kann während des Hausbesuches die erforderliche Untersuchung nicht vorgenommen werden, soll versucht werden, sich auf andere weise von dem Gesundheitszustand der Person einen Eindruck zu verschaffen.

(2) In der Aufforderung nach Absatz 1 Satz 1 ist der betroffenen Person anheim zustellen, sich von einem Arzt ihrer Wahl untersuchen zu lassen. Sie hat den Namen und die Anschrift dieses Arztes der zuständigen Behörde mitzuteilen und den Arzt zu ermächtigen, die zuständige Behörde darüber zu unterrichten, ob weitere Maßnahmen erforderlich erscheinen. Sofern es erforderlich erscheint, soll der Arzt der betroffenen Person empfehlen, sich ärztlich behandeln zu lassen. Ist zu erwarten, dass die Untersuchung unverzüglich durchgeführt und die zuständige Behörde über das Ergebnis unterrichtet wird, so hat sie bis zu diesem Zeitpunkt von weiteren Maßnahmen nach Absatz 1 abzusehen.

(3) Die zuständige Behörde hat die Maßnahmen nach Absatz 1 durchzuführen, wenn die sofortige Untersuchung aus Gründen, die eine besondere Eilbe-

dürftigkeit rechtfertigen, erforderlich ist. Absatz 2 findet dann keine Anwendung.

(4) Das Ergebnis der Untersuchung nach Absatz 1 teilt die zuständige Behörde der untersuchten Person durch den untersuchenden Arzt mit. Sofern es erforderlich scheint, soll der untersuchten Person empfohlen werden, sich ärztlich behandeln zu lassen. Begibt sie sich nach der Untersuchung in ärztliche Behandlung, teilt die Behörde den Untersuchungsbefund dem behandelnden Arzt mit.

Fünfter Abschnitt: Unterbringung

1. Unterabschnitt: Begriff und Voraussetzungen

§ 9

Begriff der Unterbringung

(1) Unterbringung im Sinne dieses Gesetzes liegt vor, wenn eine Person gegen ihren Willen oder im Zustand der Willenlosigkeit in ein geschlossenes psychiatrisches Krankenhaus, in den abgeschlossenen Teil eines Krankenhauses, eines Pflegeheimes oder einer Entziehungsanstalt für Suchtkranke oder in eine sonstige geeignete Einrichtung eingewiesen wird und dort verbleibt. Eine Unterbringung liegt auch vor, wenn einer Person untersagt wird, eine nicht abgeschlossene Einrichtung der in Satz 1 genannten Art zu verlassen.

(2) Steht die unterzubringende Person unter elterlicher Gewalt oder Vormundschaft, so ist der Wille desjenigen maßgebend, dem die gesetzliche Vertretung in den persönlichen Angelegenheiten zusteht. Ist einer geschäftsunfähigen Person ein Pfleger bestellt, so ist dessen Wille maßgebend, wenn er das Recht zur Bestimmung des Aufenthaltes hat.

§ 10

Voraussetzungen der Unterbringung

(1) Die Unterbringung von Personen, die an einer Psychose , einer psychischen Störung, die in ihrer Auswirkung einer Psychose gleichkommt, einer Suchtkrankheit oder an Schwachsinn leiden, ist nur zulässig, wenn und solange durch ihr krankhaftes Verhalten gegen sich oder andere eine unmittelbar bevorstehende Gefahr für die öffentliche Sicherheit und Ordnung besteht, die nicht anders abgewendet werden kann. Die Unterbringung ist auch dann zulässig, wenn nach dem krankhaften Verhalten eine nicht anders abwend-

bare gegenwärtige Gefahr besteht, daß die betroffene Person Selbstmord begeht oder sich selbst erheblichen gesundheitlichen Schaden zufügt. Die fehlende Bereitschaft, sich behandeln zu lassen, rechtfertigt für sich allein keine Unterbringung.

(2) Eine gegenwärtige Gefahr im Sinne von Absatz 1 besteht dann, wenn sich die Krankheit so auswirkt, dass ein schadenstiftendes Ereignis unmittelbar bevorsteht, oder sein Eintritt zwar unvorhersehbar, wegen besonderer Umstände jedoch jederzeit zu erwarten ist.

(3) Die Untersuchung kann nur angeordnet werden, wenn keine Maßnahmen nach § 126a der Strafprozessordnung oder nach §§ 63,64 des Strafgesetzbuches getroffen worden sind. Die Anordnung der Unterbringung ist aufzuheben, wenn Maßnahmen nach den in Satz 1 genannten Bestimmungen getroffen werden.

2. Unterabschnitt : Verfahren

§ 11

Sachliche Zuständigkeit

Die Unterbringung wird auf Antrag der zuständigen Behörde durch das Amtsgericht angeordnet. Dem Antrag soll das Zeugnis eines Arztes beigefügt werden.

§ 12

Örtliche Zuständigkeit

(1) Örtlich zuständig ist das Gericht, in dessen Bezirk der Betroffene seinen Wohnsitz hat. Hat er in der Freien und Hansestadt Hamburg keinen Wohnsitz, so ist das Gericht zuständig, in dessen Bezirk das Bedürfnis für eine Unterbringung hervortritt.

(2) Die Verfahren werden für die Bezirke aller hamburgischen Amtsgerichte dem Amtsgericht Hamburg zugewiesen.

§ 13

Anwendbare Vorschriften

Für das gerichtliche Verfahren gelten die Vorschriften des Gesetzes über die Angelegenheiten der freiwilligen Gerichtsbarkeit, soweit in diesem Gesetz nichts anderes bestimmt ist.

§ 14

Beiordnung eines Rechtsanwalts

(1) Das Gericht ordnet dem Betroffenen einen Rechtsanwalt bei, sofern er nicht bereits durch einen Rechtsanwalt vertreten ist.

(2) Die Beiordnung wird aufgehoben, wenn der Betroffene einen Rechtsanwalt mit seiner Vertretung beauftragt. Sie endet, sofern sie nicht vorher aufgehoben wird, mit der Rechtskraft der Entscheidung über die Unterbringung oder dem sonstigen Abschluss des Verfahrens.

§ 15

Persönliche Anhörung des Betroffenen

(1) Das Gericht hat, um sich einem unmittelbaren Eindruck zu verschaffen, den Betroffenen persönlich anzuhören. Es hat mit ihm die Sache in tatsächlicher und rechtlicher Hinsicht zu besprechen.

(2) Zu der Anhörung des Betroffenen hat das Gericht einen Sachverständigen hinzuzuziehen; es kann hiervon nur aus einem triftigen Grund, der aktenkundig zu machen ist, absehen.

(3) Auf Antrag des betroffenen hat das Gericht einer Person seines Vertrauens zu gestatten, bei der Anhörung anwesend zu sein, sofern nicht schwerwiegende Gründe entgegenstehen.

(4) Erscheint der Betroffene zur Anhörung trotz Ladung nicht, so kann das Gericht seine Vorführung anordnen.

(5) Die persönliche Anhörung des Betroffenen darf nur unterbleiben, wenn und solange sie nach ärztlichem Gutachten nicht ohne erhebliche Nachteile für seinen Gesundheitszustand wäre.

§ 16

Anhörung anderer Personen

(1) Hat der Betroffene einen gesetzlichen Vertreter in den persönlichen Angelegenheiten, so hat das Gericht ihn zu hören. Das gleiche gilt für den nach § 1910 des Bürgerlichen Gesetzbuches bestellten Pfleger des Betroffenen und für die Elternteile, denen die Sorge für die Person des Betroffenen zusteht. Ist der Betroffene verheiratet, so ist, sofern die Ehegatten nicht dauernd getrennt leben, auch der Ehegatte zu hören.

(2) Die Anhörung kann unterbleiben, wenn sie nur mit erheblicher Verzögerung möglich wäre. Die Anhörung des gesetzlichen Vertreters ist unverzüglich nachzuholen.

§ 17

Einholung eines Gutachtens

Die Unterbringung darf erst angeordnet werden, nachdem das Gutachten eines sachverständigen eingeholt worden ist, der den Betroffenen untersucht hat.

§ 18

Vorbereitung eines Gutachtens

(1) Zur Vorbereitung eines Gutachtens nach § 17 kann das Gericht anordnen, dass der Betroffene untersucht und zu einer Untersuchung vorgeführt wird.

(2) Das Gericht kann nach Anhörung eines Sachverständigen und des Rechtsanwalts des Betroffenen auch anordnen, dass der Betroffene auf bestimmte Dauer in geeigneter Weise zur Untersuchung untergebracht wird. Die Unterbringung darf die Dauer von einem Monat nicht überschreiten; reicht dieser Zeitraum nicht aus, um die erforderlichen Erkenntnisse für das Gutachten zu erlangen, so kann die Unterbringung durch eine weitere gerichtliche Anordnung bis zu einer Gesamtdauer von zwei Monaten verlängert werden.

(3) Gegen Anordnungen nach Absatz 1 ist die Beschwerde ausgeschlossen.

§ 19

Aussetzung des Verfahrens

Besteht nach dem Gutachten eines sachverständigen Aussicht, dass sich der Zustand des Betroffenen bessert und deshalb eine Unterbringung entbehrlich wird, so kann das Gericht das Verfahren für längstens einen Monat aussetzen. Das Gericht kann die Aussetzung davon abhängig machen, dass der Betroffene sich einer Heilbehandlung oder sonstigen Maßnahmen unterzieht, wenn sich hierauf nach dem Gutachten die Aussicht auf Besserung gründet.

§ 20

Entscheidung des Gerichts

Die Entscheidung des Gerichts ist zu begründen und mit einer Rechtsmittelbelehrung zu versehen.

§ 21

Art und Dauer der Unterbringung

(1) Wird eine Unterbringung angeordnet, so sind in der Entscheidung die Art und die Dauer der Unterbringung zu bestimmen.

(2) Die zulässige Dauer beträgt höchstens ein Jahr.

(3) Vor Ablauf der Frist haben die zuständige Behörde und der behandelnde Arzt dem Gericht über den Zustand des Betroffenen und die Aussichten für eine Beendigung der Unterbringung zu berichten. In der Entscheidung bestimmt das Gericht, bis zu welchem Zeitpunkt die Berichte zu erstatten sind.

§ 22

Bekanntmachung der Entscheidung

(1) Die Entscheidung ist bekannt zumachen:

1. dem Betroffenen, und zwar auch dann, wenn er einen gesetzlichen Vertreter oder einen Rechtsanwalt als Verfahrensbevollmächtigten hat, oder wenn ihm ein Rechtsanwalt beigeordnet ist,
2. dem Rechtsanwalt des Betroffenen,
3. der zuständigen Behörde,
4. dem Leiter der Einrichtung, in der, der Betroffene untergebracht werden soll oder schon untergebracht ist.

(2) Die Entscheidung, die eine Unterbringung anordnet, ist auch den nach 3 16 zu hörenden Personen bekannt zumachen. Eine vom Betroffenen benannte Person seines Vertrauens ist von der Anordnung der Unterbringung zu benachrichtigen.

(3) Die Bekanntmachung an den Betroffenen kann auf eine Mitteilung der Entscheidungsformel und der Rechtsmittelbelehrung beschränkt werden, wenn nach ärztlichem Zeugnis eine Verständigung mit dem Betroffenen nicht möglich ist oder wenn nach ärztlichem Zeugnis die Bekanntgabe der vollständigen Entscheidung nicht ohne erhebliche Nachteile für seinen Gesundheitszustand wäre. Das Gericht entscheidet hierüber durch unanfechtbaren Beschluss.

§ 23

Wirksamkeit der Entscheidung

(1) Die Entscheidung, die die Unterbringung anordnet, wird mit der Rechtskraft wirksam.

(2) Das Gericht kann die sofortige Wirksamkeit der Entscheidung anordnen. Sie tritt mit dem Erlass der Anordnung ein. Die Anordnung ist nicht anfechtbar.

§ 24

Sofortige Beschwerde

(1) Gegen die Entscheidung des Gerichts findet die sofortige Beschwerde statt.
(2) Die Beschwerde steht den in § 22 Absatz 1 Nummern 1 und 2, Absatz 2 Satz 1 genannten Personen und der zuständigen Behörde zu. Der Betroffene, der das 14. Lebensjahr vollendet hat, kann ohne Mitwirkung des gesetzlichen Vertreters oder des beigeordneten Rechtsanwalts das Beschwerderecht ausüben.
(3) Gegen eine Entscheidung, durch die der Antrag auf Unterbringung abgelehnt wird, steht nur der zuständigen Behörde das Beschwerderecht zu.

§ 25

Neuer Antrag

Ist ein Antrag auf Unterbringung rechtskräftig abgewiesen, so ist ein neuer Antrag nur zulässig, wenn er Gründe enthält, die nicht Gegenstand des früheren Verfahrens waren.

§ 26

Aufhebung oder Änderung der Entscheidung

(1) Für das Verfahren auf Aufhebung oder Änderung der die Unterbringung anordnenden Entscheidung gelten die §§ 11 bis 25 entsprechend. Das Verfahren kann auch von Amts wegen eingeleitet werden.
(2) Die Entscheidung, durch die die Unterbringung angeordnet worden ist, ist aufzuheben, wenn die Voraussetzungen für die Unterbringung weggefallen sind.

§ 27

Aussetzung der Unterbringung

(1) Das Gericht kann die Unterbringung auf bestimmte Zeit aussetzen. Die Aussetzung kann mit Auflagen, insbesondere über die Inanspruchnahme der nachgehenden Hilfe für psychisch Kranke, verbunden werden.

(2) Vor der Aussetzung sind der behandelnde Arzt und die zuständige Behörde zu hören. Dabei hat sich er behandelnde Arzt darüber zu äußern, ob eine weitere ärztliche Behandlung erforderlich ist und welche Maßnahmen der nachgehenden Hilfe für psychisch Kranke angebracht sind.
(3) Das Gericht kann die Aussetzung widerrufen, wenn der Betroffene eine Auflage nicht erfüllt oder sein Zustand dies erfordert.
(4) Die Aussetzung und der Widerruf sind auch der für die Gewährung nachgehender Hilfen zuständigen Behörde mitzuteilen.

§ 28

Überprüfungsverfahren
(1) Über die Fortdauer der vom Gericht angeordneten Unterbringung wird in einem Überprüfungsverfahren vor Ablauf der nach § 21 bestimmten Frist entschieden.
(2) Das Verfahren wird von Amts wegen eingeleitet.
(3) Die §§ 11 bis 27 gelten entsprechend

§ 29

Vorläufige Unterbringung
(1) eine vorläufige Unterbringung kann durch einstweilige Anordnung ausgesprochen werden, wenn
    1. dringende Gründe für die Annahme bestehen, daß die Voraussetzungen für eine Unterbringung vorliegen,
    2. ein ärztliches Zeugnis über den Gesundheitszustand des Betroffenen vorliegt und
    3. mit dem Aufschub der Unterbringung Gefahr verbunden sein würde.
(2) In dem Beschluss sind Art und Dauer dieser Unterbringung zu bestimmen. Die vorläufige Unterbringung darf die Dauer von zwei Monaten nicht überschreiten. Die §§ 20 und 22 finden Anwendung.
(3) Die einstweilige Anordnung wird mit ihrem Erlass wirksam.

§ 30

Beiordnung eines Rechtsanwalts und persönliche Anhörung bei einstweiliger Anordnung
(1) Die vorläufige Unterbringung soll erst angeordnet werden, nachdem der Betroffene persönlich angehört worden ist.

(2) Bei Gefahr im Verzuge kann die einstweilige Anordnung schon vorher ergehen. Die persönliche Anhörung soll unverzüglich, spätestens jedoch innerhalb von zwei Wochen nachgeholt werden.
(3) Ist der Betroffene länger als eine Woche untergebracht, so ist ihm ein Rechtsanwalt nach § 14 beizuordnen.

§ 31

Sofortige Unterbringung
(1) Ist eine sofortige Unterbringung notwendig, so kann die zuständige Behörde diese ohne vorherige gerichtliche Entscheidung vornehmen, wenn ein ärztliches Zeugnis über den Gesundheitszustand des Betroffenen auf Grund einer frühestens am Vortage persönlich durchgeführten Untersuchung vorliegt.
(2) Der Betroffene soll vor der Unterbringung von einem in der Psychiatrie erfahrenen Arzt der zuständigen Behörde aufgesucht werden. Ergibt sich hierbei, dass durch eine sofort beginnende ambulante Heilbehandlung die Unterbringung entbehrlich werden würde, so soll der Arzt, sofern der Betroffene damit einverstanden ist, mit der Heilbehandlung beginnen.
(3) Nimmt die zuständige Behörde eine sofortige Unterbringung vor, so hat sie unverzüglich beim Gericht die Anordnung der Unterbringung zu beantragen, den Betroffenen über den Grund der Unterbringung zu unterrichten und ihm Gelegenheit zu geben, Angehörige oder eine Person seines Vertrauens zu benachrichtigen.

§ 32

Vollzug
Die vom Gericht angeordnete Unterbringung wird von der zuständigen Behörde vollzogen.

3. Unterabschnitt Rechtsstellung und Betreuung während der Unterbringung.

§ 33

Rechtsstellung
Die auf Grund dieses Gesetzes eingewiesene Person unterliegt während der Unterbringung nur den in diesem Gesetz vorgesehenen Beschränkungen ihrer Freiheit.

§ 34

Eingangsuntersuchung

(1) Der Leiter des Krankenhauses oder der sonst in § 9 Absatz 1 genannten Einrichtung hat die sofortige Untersuchung der auf Grund dieses Gesetzes eingewiesenen Person zu veranlassen.

(2) Ergibt die Untersuchung, dass die Unterbringungsvoraussetzungen nicht oder nicht mehr vorliegen, hat der Leiter des Krankenhauses oder der Einrichtung

1. die zuständige Behörde, die die Unterbringung veranlasst hat,
2. den Arzt, der den Patienten vor der Unterbringung behandelt hat, und
3. das Gericht

unverzüglich zu unterrichten und die betroffene Person sofort bis zur Entscheidung über die Aufhebung der Unterbringung zu beurlauben.

(3) In Krankenhäusern oder Einrichtungen mit selbständigen Abteilungen treffen die Verpflichtungen nach de Absätzen 1 und 2 den Leiter der Abteilung oder den von ihm beauftragten Arzt.

§ 35

Behandlung der psychischen Erkrankung

(1) Der Untergebrachte wird wegen der Erkrankung, die zu seiner Unterbringung geführt hat, nach den anerkannten Regeln der ärztlichen Kunst behandelt; die Behandlung schließt die dazu notwendige Untersuchung ein.

(2) Handelt es sich bei der Behandlung um einen operativen Eingriff oder ist sie mit erheblicher Gefahr für Leben oder Gesundheit des Untergebrachten verbunden oder würde sie die Persönlichkeit des Untergebrachten wesentlich oder auf Dauer verändern, so darf sie nur mit Einwilligung des Untergebrachten und nur dann vorgenommen werden, wenn sie nicht außer Verhältnis zu dem zu erwartenden Erfolg steht.

(3) Ist der Untergebrachte in den Fällen des Absatzes 2 nicht fähig, Grund, Bedeutung und Tragweite der Behandlung einzusehen oder seinen Willen nach dieser Einsicht zu bestimmen, so ist die Einwilligung seines gesetzlichen Vertreters in den persönlichen Angelegenheiten maßgebend. Besitzt der Untergebrachte zwar die in Satz 1 genannten Fähigkeiten, ist aber minderjährig, wegen Geisteskrankheit oder Geistesschwäche entmündigt oder nach § 1906 des Bürgerlichen Gesetzbuches unter vorläufige Vormundschaft gestellt, so ist neben der Einwilligung des Untergebrachten die Einwilligung seines gesetzlichen Vertreters in den persönlichen Angelegenheiten erforderlich.

(4) Die Einwilligung in eine Behandlung, welche die Persönlichkeit des Untergebrachten in ihrem Kernbereich verändern würde, ist unwirksam.

§ 36

Andere ärztliche Behandlungen

(1) Wegen anderer als der in § 35 genannten Erkrankungen ist eine ärztliche Untersuchung und Behandlung bei Lebensgefahr oder bei Gefahr für die Gesundheit anderer Personen auch ohne Einwilligung des Untergebrachten oder seines gesetzlichen Vertreters zulässig. Eine zwangsweise Ernährung ist zulässig, wenn dies zur Abwendung einer Gefahr für das Leben oder die Gesundheit des Untergebrachten erforderlich ist.
(2) Die Zwangsmaßnahme muss für die Beteiligten zumutbar sein. Sie darf insbesondere das Leben des Untergebrachten nicht gefährden.
(3) Die Maßnahmen dürfen nur auf Anordnung und unter Leitung eines Arztes durchgeführt werden, unbeschadet der Leistung erster Hilfe für den Fall, dass ein Arzt nicht rechtzeitig erreichbar und mit einem Aufschub Lebensgefahr verbunden ist.

§ 37

Persönliches Eigentum; Besuchsrecht

(1) Der Untergebrachte hat das Recht, seine persönliche Kleidung zu tragen, persönliche Gegenstände in seinem Zimmer zu haben und Besuch zu empfangen, soweit es der Gesundheitszustand des Untergebrachten gestattet und die Sicherheit und Ordnung des Krankenhauses oder der sonstigen Einrichtung nicht erheblich gestört werden.
(2) Im Streitfall entscheidet das Gericht.

§ 38

Schrift – und Paketverkehr

(1) Schriftliche Mitteilungen des Untergebrachten an seine gesetzlichen Vertreter, an den ihm beigeordneten und den mit seiner Vertretung beauftragten Rechtsanwalt, an Behörden oder an eine Volksvertretung in der Bundesrepublik Deutschland dürfen nicht geöffnet und nicht zurückgehalten werden. Dies gilt entsprechend für schriftliche Mitteilungen der in Satz 1 genannten Personen und Stellen an den Untergebrachten.
(2) Abgesehen von Absatz 1 können Schreiben und Pakete des Untergebrachten und an den Untergebrachten eingesehen werden, wenn dies erforderlich ist,

um seinen Gesundheitszustand ärztlich zu beurteilen, oder wenn Anhaltspunkte dafür vorliegen, dass eine Weiterleitung dem Untergebrachten gesundheitlichen Schaden zufügen oder den Zweck der Unterbringung gefährden könnte.

(3) Schreiben und Pakete des Untergebrachten, die nach Absatz 2 eingesehen werden dürfen, können zurückgegeben werden, wenn sich aus der Weiterleitung für den Untergebrachten erhebliche Nachteile ergeben würden oder der Zweck der Unterbringung gefährdet würde; soweit der Untergebrachte unter elterlicher Gewalt oder unter Vormundschaft steht, sind diese Sendungen den Eltern, dem Vormund oder dem Pfleger zu übergeben.

(4) Schreiben und Pakete an den Untergebrachten, die nach Absatz 2 eingesehen werden dürfen, können zurückgehalten werden, wenn sie geeignet sind, dem Untergebrachten gesundheitlichen Schaden zuzufügen oder den Zweck der Unterbringung zu gefährden. Im Falle der Zurückhaltung ist der Absender zu verständigen oder die Sendung zurückzusenden.

§ 39

Beurlaubungen

(1) Beurlaubungen bis zu zehn Tagen kann der behandelnde Arzt vornehmen. Im übrigen entscheidet das Gericht.

(2) Die Beurlaubung kann mit Auflagen, insbesondere der Verpflichtung zur Weiterführung der ärztlichen Behandlung, verbunden werden.

(3) Die Beurlaubung kann jederzeit widerrufen werden, insbesondere, wenn Auflagen nicht befolgt werden.

§ 40

Aufsichtskommission

(1) Die zuständige Behörde beruft eine Aufsichtskommission, die jährlich mindestens einmal, in der Regel unangemeldet, psychiatrische Krankenhäuser und sonstige Einrichtungen, in denen Personen nach diesem Gesetz, nach § 1800 Absatz 2 des Bürgerlichen Gesetzbuches oder nach § 63 des Strafgesetzbuches untergebracht sind, besucht und daraufhin überprüft, ob die mit der Unterbringung von psychisch Kranken verbundenen besonderen Aufgaben erfüllt und die Rechte der untergebrachten Personen gewahrt werden. Auf Grund besonderer Vereinbarung mit den Trägern hat die Aufsichtskommission auch außerhalb von Hamburg gelegene psychiatrische Krankenhäuser und Einrichtungen zu besuchen, in denen psychisch Kranke aus Hamburg behandelt und betreut werden. Die untergebrachten Personen,

ihre gesetzlichen Vertreter und die Leiter und Mitarbeiter der Krankenhäuser und Einrichtungen können der Aufsichtskommission Wünsche oder Beschwerden vortragen.

(2) Die Ärzte der Krankenhäuser und Einrichtungen sind verpflichtet, die Aufsichtskommission auf Verlangen bei ihrer Besichtigung zu begleiten und die gewünschten Auskünfte zu erteilen.

(3) Die Aufsichtskommission ist berechtigt, Krankengeschichten und die über die Kranken ausgestellten ärztlichen Zeugnisse und Gutachten einzusehen, soweit dies zur Erfüllung ihrer Aufgabe erforderlich ist.

(4) Die Aufsichtskommission fertigt alsbald nach einem Besuch einen Bericht an, der das Ergebnis der Überprüfung sowie die vorgetragenen Wünsche und Beschwerden der Untergebrachten mit einer Stellungnahme der Aufsichtskommission enthält. Eine Zusammenfassung der berichte übersendet der Senat der Bürgerschaft der Freien und Hansestadt Hamburg erstmals zwei Jahre nach Inkrafttreten dieses Gesetzes, sodann mindestens alle zwei Jahre.

(5) Der Aufsichtskommission müssen angehören:
1. ein Arzt der für das Gesundheitswesen zuständigen Behörde,
2. ein in der Psychiatrie erfahrener Arzt,
3. ein Mitglied mit der Befähigung zum Richteramt,
4. drei weitere Mitglieder.

(6) Die zuständige Behörde kann weitere Mitglieder, auch für einzelne Besuche der Aufsichtskommission, bestellen.

(7) Der Vorsitzende der Aufsichtskommission wird von den Mitgliedern gewählt.

(8) Das Petitionsrecht und die Aufsichtspflichten und – rechte der zuständigen Behörde bleiben unberührt.

4. Unterabschnitt Entlassung

§ 41

Entlassung

Der Untergebrachte ist zu entlassen, wenn

(1) die seine Unterbringung anordnende gerichtliche Entscheidung aufgehoben ist,

(2) im Falle der sofortigen Unterbringung nicht bis zum Ende des auf ihren Beginn folgenden Tages die vorläufige oder endgültige Unterbringung oder die Unterbringung zur Untersuchung angeordnet ist,

(3) die Frist für die Unterbringung zur Untersuchung nach § 18 Absatz 2 abgelaufen ist, sofern nicht das Gericht vorher die endgültige Unterbringung angeordnet hat,
(4) die Frist für die vorläufige Unterbringung abgelaufen ist, sofern nicht das Gericht vorher die endgültige Unterbringung angeordnet hat,
(5) die Fortdauer der Unterbringung nicht bis zu dem nach § 21 bestimmten Zeitpunkt angeordnet ist,
(6) das Gericht die Unterbringung aussetzt.

Sechster Abschnitt: Nachgehende Hilfe für psychisch Kranke

§ 42

Besondere Aufgabe

(1) Aufgabe der nachgehenden Hilfe ist es, den Personen, die aus der Unterbringung oder einer sonstigen stationären psychiatrischen Behandlung entlassen wurden, durch individuelle ärztliche und psychosoziale Beratung und Betreuung den Übergang in das Leben außerhalb des Krankenhauses oder der sonstigen Einrichtung und in der Gemeinschaft zu erleichtern.
(2) Ist die Aussetzung der Unterbringung nach § 27 mit Auflagen über eine ärztliche Behandlung verbunden worden, gehört es zur Aufgabe der nachgehenden Hilfe, die Einhaltung dieser Auflagen zu überwachen.

§ 43

Beratung

In der nachgehenden Hilfe ist die betroffene Person erforderlichenfalls über die Folgen einer Unterbrechung der notwendigen ärztlichen Behandlung zu beraten.

§ 44

Mitwirkung bei einer Aussetzung der Unterbringung

(1) Ist die Aussetzung der Unterbringung nach § 27 mit der Auflage verbunden worden, dass der Betroffene sich in ärztliche Behandlung begibt, hat der Betroffene oder sein gesetzlicher Vertreter unverzüglich Name und Anschrift des Arztes dem Krankenhaus oder der sonstigen Einrichtung, in der er untergebracht war, mitzuteilen.
(2) Der Arzt, der den Betroffenen während der Unterbringung behandelt hat, übersendet dem nunmehr behandelnden Arzt umgehend einen ärztlichen Entlassungsbericht. Gleichzeitig ist eine Zweitschrift des Entlassungsbe-

richts unter Angabe des behandelnden Arztes der für die Gewährung nachgehender Hilfen zuständigen Behörde zu übersenden.

(3) Die zuständige Behörde kann sich bei dem behandelnden Arzt darüber unterrichten, ob die mit der Aussetzung der Unterbringung verbundenen Auflagen von dem Betroffenen eingehalten werden und ob eine ärztliche Behandlung noch erforderlich ist.

Siebenter Abschnitt: Kosten

§ 45

Kosten der Unterbringung

(1) Die Kosten einer nach diesem Gesetz durchgeführten Unterbringung in einem Krankenhaus oder einer sonstigen Einrichtung trägt der Untergebrachte, soweit nicht ein Träger von Sozialleistungen oder ein anderer zur Gewährung gleichartiger Leistungen verpflichtet ist.

(2) Die Kosten einer vorläufigen Unterbringung oder einer Unterbringung zur Untersuchung sind von der Freien und Hansestadt Hamburg zu tragen, wenn der Antrag auf Anordnung der Unterbringung abgelehnt oder zurückgenommen oder aus anderen Gründen seine Erledigung findet und die Voraussetzungen für die Unterbringung von Anfang an nicht vorgelegen haben.

(3) In den Fällen des Absatz 2 hat die in der Hauptsache ergehende Entscheidung auszusprechen, wer die Kosten der vorläufigen Unterbringung oder der Unterbringung zur Untersuchung zu tragen hat. Über die Kosten ist auch zu entscheiden, wenn eine Entscheidung in der Hauptsache nicht ergeht, und zwar unter Berücksichtigung des bisherigen Sachstandes nach billigem Ermessen.

(4) Die Entscheidung über die Kosten der vorläufigen Unterbringung oder der Unterbringung zur Untersuchung ist mit der sofortigen Beschwerde selbständig anfechtbar.

§ 46

Kosten der Heilbehandlung

Die Kosten der Heilbehandlung in einem Krankenhaus oder einer sonstigen Einrichtung während der Unterbringung trägt der Untergebracht, soweit nicht ein Träger von Sozialleistungen oder ein anderer zur Gewährung gleichartiger Leistungen verpflichtet ist.

§ 47

Gerichtskosten
Für das gerichtliche Verfahren werden Kosten nicht erhoben.

§ 48

Kostenentscheidung bei Ablehnung des Unterbringungsantrages
Lehnt das Gericht den Antrag der zuständigen Behörde auf Unterbringung ab, so hat es zugleich die Auslagen des Betroffenen, soweit sie zur zweckentsprechenden Rechtsverfolgung notwendig waren, der Staatskasse aufzuerlegen, wenn das Verfahren ergeben hat, dass ein begründeter Anlass zur Stellung des Antrages nicht vorlag. Die Höhe der Auslagen des betroffenen wird auf dessen Antrag durch den Urkundsbeamten der Geschäftsstelle festgesetzt. Für das verfahren und die Vollstreckung der Entscheidung gelten die Vorschriften der Zivilprozessordnung entsprechend.

Achter Abschnitt: Schlussbestimmungen

§ 49

Einschränkung von Grundrechten
Durch das Gesetz werden im Rahmen des Artikels 19 Absatz 2 des Grundgesetzes die Rechte auf körperliche Unversehrtheit und auf Freiheit (Artikel 2 Absatz 2 des Grundgesetzes), auf Unverletzlichkeit des Briefgeheimnisses (Artikel 10 des Grundgesetzes) und der Wohnung (Artikel 13 des Grundgesetzes) eingeschränkt.

§ 50

Inkrafttreten
(1) Dieses Gesetz tritt am 1. Januar 1978 in Kraft.
(2) Gleichzeitig treten außer Kraft
   1. die Verordnung über psychiatrische Anstalten vom 1. Juni 1900 (Sammlung des bereinigten hamburgischen Landesrechts I 2126-b) mit der Änderung vom 15. Oktober 1973 (Hamburgisches Gesetz- und Verordnungsblatt Seite 423),

2. § 13 Absatz 2 des Gesetzes zum Schutz der öffentlichen Sicherheit Und Ordnung vom 14. März 1966 (Hamburgisches Gesetz- und Verordnungsblatt Seite 77).

Ausgefertigt Hamburg, den 22 September 1977.

Der Senat

B. 8. Die Unterbringungsgesetze der einzelnen Bundesländer bis Dezember 1969.

Baden-Württemberg: „Gesetz über die Unterbringung von Geisteskranken und Suchtkranken“ vom 16. 5. 1955, GBl. S. 87.

Bayern: „Gesetz über die Verwahrung geisteskranker, geistesschwacherrauschgift- oder alkoholsüchtiger Personen“ (Verwahrungsgesetz) vom 30.4.1952, BayBS I S. 435.

Berlin: „Gesetz über die Unterbringung von Geisteskranken und Süchtigen (Unterbringungsgesetz- UntGes)“ vom 5.6.1958, GVBL S. 521.

Bremen: „Gesetz über die Unterbringung von Geisteskranken, Geistesschwachen und Süchtigen (Unterbringungsgesetz)“ vom 16. 10. 1962, BGl. S. 203.

Hessen: „Gesetz über die Entziehung der Freiheit geisteskranker, geistesschwacher, rauschgift- oder alkoholsüchtiger Personen“ vom 19. 5. 1952, GVBl. S. 111.

Niedersachsen: „Gesetz über die öffentliche Sicherheit und Ordnung“ vom 21.3.1951, GVBl. S. 79.

Rheinland-Pfalz: „Landesgesetz über die Unterbringung von Geisteskranken und Suchtkranken (Unterbringungsgesetz- UntGes)“ vom 19.2. 1959, GVBl. S. 91.

Saarland: „Gesetz Nr. 896 über die Unterbringung von psychisch Kranken und Süchtigen (Unterbringungsgesetz)“ vom 10. 12. 1969, ABL. 1970, S. 22.

Schleswig-Holstein: „Gesetz über die Unterbringung von psychisch Kranken und Süchtigen vom 26.8.1958, GVÖBl. S. 271.

B 9 Die überarbeitete „zweite Generation" der Unterbringungsgesetze der einzelnen Bundesländer.

Baden-Württemberg: „Gesetz über die Unterbringung psychisch Kranker (Unterbringungsgesetz UBG)" vom 2. Dezember 1991, GBl. S. 794 (das UnterbrG vom 16. Mai 1955 war zuvor durch das „Zweite Gesetz über die Änderung von Zuständigkeiten der Ministerien" vom 25. Juli 1972, GBl. S. 400 geändert worden.).

Bayern: „Gesetz über die Unterbringung psychisch Kranker und deren Betreuung (Unterbringungsgesetz-UnterbrG)" vom 20. April 1982, GVBl. S. 202, neu bekannt gemacht am 5. April 1992, GVBl. S. 60.

Berlin: „Gesetz für psychisch Kranke (PsychKG)" vom 8. März 1985, GVBl. S. 586.

Bremen: „Gesetz über Hilfen und Schutzmaßnahmen bei psychischen Krankheiten (PsychKG) vom 9. April 1979, GBL. S. 123, geändert durch Art. 2 des Gesetzes zur Ausführung des Betreuungsgesetzes und durch Anpassung des Landesrechts vom 18. April 1992, Gbl. S. 31.

Hessen: „Gesetz über die Entziehung der Freiheit geisteskranker, geistesschwacher, rauschgift- oder alkoholsüchtiger Personen" vom 19. Mai 1952, GVBl. 1, S. 66.

Niedersachsen: „Niedersächsisches Gesetz über Hilfen und Schutzmaßnahmen (Nds. PsychKG)" vom 30. Mai 1978, Nieders.GVBl.S. 367.

Rheinland-Pfalz: „Landesgesetz über die Unterbringung von Geisteskranken und Suchtkranken (Unterbringungsgesetz- UntGes)" vom 19. Februar 1959, GVBl. S. 91, geändert durch das Gesetz zur Ausführung des Betreuungsgesetzes und zur Änderung anderer Gesetze vom 20. Dezember 1991, GVBL. S. 407.

Saarland: „Gesetz Nr. 1301 über die Unterbringung psychisch Kranker (Unterbringungsgesetz-UBG)" vom 11. November 1992, S. 1271 (Das Unterbringungsgesetz vom 10. Dezember 1969 war zuvor durch Art. 2 des „Gesetz zur Ausführung des Gesetzes zur Reform des Rechts der Vormundschaft und Pflegschaft für Volljährige (AG-BtG) und zur Änderung landesrechtlicher Vorschriften" vom 15. Juli 1992, Amtsbl. S. 838 geändert worden.)

Schleswig-Holstein: „Gesetz für psychisch Kranke (PsychKG)" vom 26. März 1979,GVBl. S. 251, geändert durch Art. 2 des Gesetzes zur Anpassung des schleswig-holsteinischen Landesrechts an das Betreuungsgesetz vom 17. Dezember 1991, GVBl. S. 693.

B. 10. Die modernen Psychisch-Kranken Gesetze der Bundesländer.

Es gelten heute:[8]

Baden-Württemberg: „Gesetz über die Unterbringung psychisch Kranker (Unterbringungsgesetz-UBG)" vom 2. Dezember 1991, GBl. S. 794, zuletzt geändert durch Art. 3 des Gesetzes zur Neuorganisation der Psychiatrischen Landeskrankenhäuser vom 3. Juli 1995, GBl. S. 510.

Bayern: „Gesetz über die Unterbringung psychisch Kranker und deren Betreuung (Unterbringungsgesetz-UnterbrG)" vom 5. April 1992, GVBl. S. 60, zuletzt geändert durch Art. 15 zweites Verwaltungsreformgesetz vom 28. März 2000, GVBl. S. 138.

Berlin: „Gesetz für psychisch Kranke (PsychKG)" vom 8. März 1985, GVBl. S. 586, zuletzt geändert durch Art. II des Gesetzes zur Ausführung des Betreuungsgesetzes und zur Anpassung des Landesrechts vom 17. März 1994, GVBl. S. 86.

Brandenburg: „Gesetz über Hilfen und Schutzmaßnahmen sowie über den Vollzug gerichtlich angeordneter Unterbringung für psychisch Kranke (Brandenburgisches Psychisch-Kranken-Gesetz, BdbgPsychKG)" vom 8. Februar 1996, GVBl. S. 26.

Bremen: „Gesetz über Hilfen und Schutzmaßnahmen bei psychischen Krankheiten und zur Änderung anderer Gesetze" vom 22. Dezember 2000, Brem.GBl. S. 471.

Hamburg: „Hamburgisches Gesetz über Hilfen und Schutzmaßnahmen bei psychischen Krankheiten (HmbPsychKG)" vom 27. September 1995, GVBl. S. 235.

Hessen: „Gesetz über die Entziehung der Freiheit geisteskranker, geistesschwacher, rauschgift- oder alkoholsüchtiger Personen" vom 19. Mai 1952, GVBl. S. 111, zuletzt geändert durch Art. 48 Erstes Gesetz zur Rechts- und Verwaltungsvereinfachung vom 15. Juli 1997, GVBl. I. S. 217.

Mecklenburg-Vorpommern: „Gesetz über Hilfen und Schutzmaßnahmen für psychisch Kranke (Psychischkrankengesetz-PsychKGM-V)" vom 13. April 2000, zuletzt geändert durch das Gesetz vom 21. März 2001, GVOBl. S. 59.

Niedersachsen: „Niedersächsisches Gesetz über Hilfen und Schutzmaßnahmen für psychisch Kranke (NpsychKG)" vom 16. Juni 1997, GVBl. S. 272.

Nordrhein-Westfalen: „Gesetz über Hilfen und Schutzmaßnahmen bei psychischen Krankheiten (PsychKG)" vom 17. Dezember 1999, GVBl. S. 552.

---

8 Die aktuellen Gesetzestexte aller Bundesländer sind auch abgedruckt bei *Klie,* Betreuungs- und Unterbringungsrecht, Band 3.

Rheinland-Pfalz: „Landesgesetz für psychisch kranke Personen (PsychKG)“ vom 17. November 1995, GVBl. S. 473, zuletzt geändert durch das Gesetz vom 6. Februar 2001, GVBl. S. 29.

Saarland: „Gesetz Nr. 1301 über die Unterbringung psychisch Kranker (Unterbringungsgesetz-UBG)“ vom 11. November 1992, GVBl. S. 1271.

Sachsen: „Sächsisches Gesetz über die Hilfen und die Unterbringung bei psychischen Krankheiten (SächsPsychKG)“ vom 16. Juni 1994, GVBl. S. 1097.

Sachsen-Anhalt: „Gesetz über Hilfen für psychisch Kranke und Schutzmaßnahmen des Landes Sachsen-Anhalt (PsychKG LSA)" vom 30. Januar 1992, GVBl. S. 88.

Schleswig-Holstein: „Gesetz zur Hilfe und Unterbringung psychisch kranker Menschen (Psychisch-Kranken-Gesetz PsychKG)“ vom 14. Januar 2000, GVBl. S. 106.

Thüringen: „Thüringer Gesetz zur Hilfe und Unterbringung psychisch Kranker (ThürPsychKG)“ vom 2. Februar 1994, GVBl. S. 81.

VII. Quellen

1. Bestände des Bundesarchivs Berlin

a) Akten des Reichsjustizministeriums R 3001
- Band 944
  Band 3386
  Band 959
  Band 943
  Band 1915
  Band 1932
  Band 1262
- FB 21886 Reichsjustizministerium Akte Nr. 6083
- FB 21887 Reichsjustizministerium Akte Nr. 6084

b) Akten des Reichsarbeitsministeriums R 3901
- Akte (verfilmt) 9253
- Akte (verfilmt) 9255
- Akte (verfilmt) 9256
- Akte (verfilmt) 9237
- Akte (verfilmt) 9241
- Akte (verfilmt) 9182
- Akte (verfilmt) 9240
- Akte (verfilmt) 9180
- Akte (verfilmt) 9235
- Akte (verfilmt) 9243

2. Bestände des Bundesarchivs Koblenz

a) Akten des Bundesgesundheitsministeriums
B142/ 4085,
„Gesetz über die Fürsorge für Geisteskranke",
1950 –55.

b) Akten des Bundesinnenministeriums
B 106 / 36773
„Gesetz über die Freiheitsentziehung- und Einschränkung für Geisteskranke“, 1951 – 63.

c) Akten des Bundesjustizministeriums
„Gesetz über das gerichtliche Verfahren bei Freiheitsentziehungen“:
- B 141 / 2923. Band 1, 30.03.1950 – 09.06.1950
- B 141 / 2924. Band 2, 07.09.1950 – 13.07.1951
- B 141 / 2925. Band 3, 14.07.1951 – 06.12.1951
- B 141 / 2926. Band 4, 07.12.1951 – 28.02.1952
- B 141 / 2927. Band 5, 01.03.1952 – 15.05.1952
- B 141 / 2928. Band 6, 16.05.1952 – 15.08.1952
- B 141 / 2929. Band 7, 22.07.1952 – 20.01.1953
- B 141 / 2930. Band 8, 20.01.1953 – 25.07.1953
- B 141 / 2931. Band 9, 26.07.1953 – 27.11.1953
- B 141 / 2932. Band 10, 28.11.1953 – 09.07.1954
- B 141 / 2933. Band 11, 07.09.1954 – 25.10.1955
- B 141 / 2934. Band 12, 27.10.1955 – 29.06.1956

d) Akten des Bundesjustizministeriums
„Gesetz über das gerichtliche Verfahren bei Freiheitsentziehungen vom 29.06.1956“
Eingaben, Anfragen, Presseäußerungen, Band 1,
26.03.1950 . 03. 12. 1953.

3. Bestände des Hauptstaatsarchives Düsseldorf

Akten des Justizministeriums Nordrhein Westfalen:
- NW 189 / 256
- NW 189 / 257
- NW 189 / 258
- NW 189 / 262
- NW 647 / 2
- NW 54 / 2045

4 Bestände des Staatsarchives Hamburg

a) Gemeindeverwaltung der Hansestadt Hamburg
Bestand: 136.00 – 4, Hauptakte A „Fürsorge für Gemeinschaftsfremde“
- Band I, 1924 – 1933
- Band II, 1934 – 1941
- Band III, 1947 – 1950 (Bewahrungsgesetz)
- Band IV, 1950 – 1952 (Bewahrungsgesetz)

b) Freie und Hansestadt Hamburg Arbeits- und Sozialbehörde, Bestand: 136.00 – 4, „Bewahrungsgesetz / Unterbringungsgesetz“
- Band V, 1953 – 1975
- Band VI, 1976
- Band VII, 1977
- Band VIII, 1977 – 1978

c) Gemeindeverwaltung der Hansestadt Hamburg
Bestand: 050. 10 – 3, Hauptakte A, „Gesetz über das gerichtliche Verfahren bei Freiheitsentziehungen“
- Band I, 1950 – 1954
- Band II, 1955 – 1960

d) Sozialbehörde Hamburg
Bestand: FR 22.11, „Vorarbeiten zur Verordnung über die Fürsorgepflicht“, 1920 – 1924

e) Sozialbehörde Hamburg
(Generalakten des Wohlfahrtsamtes Hamburg),
„Unterbringung und Wohnungsbeschaffung von Obdachlosen“, Band I / II, 1920 – 1932.

f) Sozialbehörde Hamburg
Bestand: 050.10 – 2, „Inverwahrnahme verwahrloster Personen“,
- Band I, 1928 – 1956
- Band II, 1957 – 1972.

VIII Literaturverzeichnis:

Ayaß, Wolfgang: »Asoziale« im Nationalsozialismus, Stuttgart 1995.

Baumann, Jürgen: Unterbringungsrecht, Tübingen 1966.

Bauer, M., Berger, H.: Rechtsprobleme bei der Einweisung und Behandlung von akut Kranken mit einem Anhang zu Pflegschaft und Entmündigung, in: Kisker, K., Lauter, P., Meyer, H., Müller, C., Strömgren, E. (Hrsg.), Psychiatrie der Gegenwart, Band 2, Heidelberg 1986, S. 45-84.

Bauer, Manfred: Zwangseinweisungen in der Psychiatrie – rechtliche und praktische Gegebenheiten; in: Waller, Heiko (Hrsg.) Zwangseinweisung in der Psychiatrie, Bern 1982, S. 10-20.

Baur, Fritz Rudolf : Der Vollzug der Maßregeln der Besserung und Sicherung nach den §§63 und 64 StGB in einem psychiatrischen Krankenhaus und in einer Entziehungsanstalt, Dissertation, Münster 1987.

Blasius, Dirk: „Einfache Seelenstörung". Geschichte der deutschen Psychiatrie 1800 – 1945, Frankfurt am Main, 1994.

Brink, Cornelia: Zwangseinweisungen in die Psychiatrie, in Ulrich Herbert, Lutz Raphael (Hrsg.): Wandlungsprozesse in Westdeutschland, S. 467 – 507.

Bruns, Georg: Gefahrenabwehr? Fürsorge? Kontrolle? Empirisch-kritische Bemerkungen zu den Rechtsgrundlagen der Unterbringung psychisch Kranker, in Monatsschrift für Kriminologie und Strafrechtsreform, 1990, S. 25-39.

–: Zwangseinweisung und ambulante Dienste, in: Der Nervenarzt 1986, S. 119-122.

Buesing, Elke: Die Unterbringung im Arbeitshaus unter besonderer Berücksichtigung der Verhältnisse in Niedersachsen, Dissertation, Göttingen 1968.

Caviezel- Jost, Barbara: Die materiellen Voraussetzungen der fürsorgerischen Freiheitsentziehung Art. 397a Abs. 1 und 2 ZGB, Dissertation, Zürich 1987.

Donat, Ulrike: Freiheitsentziehung im polizeilichen Selbstvollzug am Beispiel der Castor-Transporte, in Kritische Justiz 1998, S. 393-399.

Dörner, K./Plog, U., Irren ist menschlich. Lehrbuch der Psychiatrie/Psychotherapie, Bonn 1989.

Dörner, K., Tödliches Mitleid. Zur Frage der Unerträglichkeit des Lebens oder: die Soziale Frage: Entstehung, Medizinisierung, NS-Lösung, heute, morgen, Gütersloh 1988.

Düwell, Kurt, Dascher, Ottfried (Hrsg.): Die Kabinettsprotokolle der Landesregierung Nordrhein- Westfalen 1954 bis 1958, Band 3, Siegburg 1997.

Ehrhardt, H.: Zur Problematik der Freiheitsentziehung bei Psychisch Kranken, NJW 1954, S. 1751- 1753.

Eiserhardt, Hilde: Brauchen wir ein Bewahrungsgesetz?, in: Zeitschrift für Kinderforschung 1929, S. 532-552.

–: Ziele eines Bewahrungsgesetzes. Veröffentlichungen des Deutschen Vereins für öffentliche und private Fürsorge, Heft 15, Frankfurt a.M. 1929.

Essig, Wolfgang: Der Vollzug der mit Freiheitsentziehung verbundenen Maßregeln der Sicherung und Besserung gegenüber Antisozialen und Asozialen, Dissertation, Hamburg 1964.

Feldman, G.D./Steinisch, I.: Industrie und Gewerkschaften 1918-1924. Die überforderte Zentralarbeitsgemeinschaft, Stuttgart 1985.

Gerl: Vorschlage für ein Reichsbewahrungsgesetz, in: Soziale Praxis 1936, S. 120.

Göckenjahn, G., Wandlungen im Selbstbild des Arztes seit dem 19. Jahrhundert, in: Labisch, A./Spree, R., Hrsg., Medizinische Deutungsmacht im sozialen Wandel des 19. und frühen 20. Jahrhunderts, Bonn 1989, S. 89-102.

Güse, H.-G./Schmacke, N., Psychiatrie zwischen bürgerlicher Revolution und Faschismus, Kronberg 1976.

Gusy, Christoph: Freiheitsentziehung und Grundgesetz, NJW 1992, S. 457-463.

Hantel, Peter: Der Begriff der Freiheitsentziehung in Art. 104 Abs. 2 GG, Dissertation, Berlin 1987.

Hartmann: Die Notwendigkeit eines Bewahrungsgesetzes, in: Gemeindetag 1936, S. 495.

Hecker, Peter: Die Rechtsstellung der Untergebrachten. Eine allgemeine Untersuchung der strafrechtl. u. sozialhilferechtl. Unterbringung unter besonderer Berücksichtigung des Schriftverkehrs u. d. Beurlaubung von Untergebrachten, Dissertation, Hamburg 1972.

Helle, J. Entwicklungslinien und Inhalte der Psychisch-Kranken-Gesetze, in Akademie für öffentliches Gesundheitswesen: Die Unterbringung psychisch Kranker nach dem Psychisch-Kranken-Gesetz, Düsseldorf 1986.

Hess, Peter: Rechtliche und medizinische Kriterien zur Freiheitsentziehung beim psychisch Kranken, in: Das öffentliche Gesundheitswesen 1980, S. 520.

Hoffmann, Peter, Hrsg.: Die Unterbringung psychisch Kranker nach dem Psychisch-Kranken-Gesetz, Referate und Materialien von den Fortbildungsveranstaltungen für Ärzte und Sozialarbeiter 1984 und 1985 der Akademie für Öffentliches Gesundheitswesen, Düsseldorf 1986.

Hopmann, Maria Victoria. Agnes Neuhaus- Leben und Werk, Mainz 1949.

Hülsmeier, Henning: Die Unterbringung von Geisteskranken und Suchtkranken, Dissertation, Mainz 1979.

–: Justiz und Anstaltsunterbringung, in: Medizin-Mensch-Gesellschaft,1980, S.100.

Jaeger, J.: Vorarbeiten und Entwürfe zu einem Reichsbewahrungsgesetz, in: Deutsche Zeitschrift für Wohlfahrtspflege, Juli 1925, S. 160-163 u. 206-212.

Janz, Heinrich: Der Nervenarzt 1952, S. 191.

Jensen, Rita/ Röhling, Hans-Werner: Das neue Betreuungsrecht, Hannover 1993.

Jervis G.: Kritisches Handbuch der Psychiatrie, Frankfurt/Main 1978.

Klie, Thomas (Hrsg.): Heidelberger Kommentar zum Betreuungs- und Unterbringungsrecht, 28. Ergänzungslieferung, November 2001, Band 3, Heidelberg 2001.

Konrad, Katharina: Die zivilrechtliche Unterbringung volljähriger im Vergleich zur öffentlich-rechtlichen Unterbringung, Dissertation, Münster 1999.

Kopp, Anna. Der Katholische Fürsorgeverein für Mädchen, Frauen und Kinder, Münster 1926.

Körmendy, W.: Einige Probleme der Zwangsunterbringung psychisch Kranker aus der Sicht des Gesundheitsamtes, in: Das öffentliche Gesundheitswesen 1980, S. 223.

Krahmer, Ludwig: Zwangseinweisungen psychisch Kranker als Rechtsproblem?, in: Päd.extra Sozialarbeit 1980, S. 42.

Kullmann, Hans Josef: Entziehung der Freiheit von Geisteskranken und Suchtkranken, München 1971.

Landwehr, R./Baron, R., Hrsg., Geschichte der Sozialarbeit, Weinheim 1983.

Lehmann, H.: Zum Problem eines Verwahrungsgesetzes, in: Soziale Praxis und Archiv für Volkswohlfahrt 34/1925, S. 545-550.

Lilienthal, Karl von: Der neue Entwurf eines StGB, in: Monatsschrift für Kriminalpsychologie und Strafrechtsreform, Heft 4/7, Jahrgang 16, 1925, S. 113-145.

Marschner, Rolf / Volckart, Bernd / Wagner, Bernd: Freiheitsentziehung und Unterbringung. Materielles Recht und Verfahrensrecht, München 1994.

Marschner, Rolf / Volckart, Bernd : Freiheitsentziehung und Unterbringung. Materielles Recht und Verfahrensrecht, München 2001.

–: Musterentwurf eines Gesetzes für psychisch Kranke mit Anmerkungen, in: Recht und Psychiatrie, 1992, S. 54-60.

Mayer, F., Die Eigenständigkeit des bayerischen Verwaltungsrechts, dargestellt am bayerischen Polizeirecht, München 1958.

Mikorey, Max / Curschmann, Fritzheinrich /

Närger, Heribald: Freiheitsentziehung bei Geisteskranken, München 1950.

Möllhoff, S.: Die Unterbringung alternder und alter psychisch Kranker. Rechtliche und psychiatrische Aspekte, in: Zeitschrift für Gerontologie 1981, 416 .

Mommsen, H., in: ders./Petzina, D./Weisbrod, B., Hrsg., Industrielles System und politische Entwicklung in der Weimarer Republik, Düsseldorf 1974.

Müller, Friedrich: Sozialdienste und Gesundheitswesen, in: Ostendorf, Johannes (Hrsh.), Der Landkreis Vechta, Oldenburg, 1969, S. 190-198.

Müller, H.-W. / Koester, H. / Temming,P.: Öffentliche Ordnung oder Hilfe für den psychisch kranken Menschen? in: Das Krankenhaus 1966, S. 505-510.

Münchmeier, R., Zugänge zur Geschichte der Sozialarbeit, München 1981.

Neuhaus, Agnes: Entstehung und Bedeutung eines Bewahrungsgesetzes.
Teil 1 in Jugendwohl 1933, Heft 10/11, S. 258-262.
Teil 2 in Jugendwohl 1934, Heft 1, S. 10-13.
Teil 3 in Jugendwohl 1934, Heft 2, S. 31-35.

Pankoke-Schenk, Monika. Agnes Neuhaus (1854-1944), in Aretz, Jürgen (Hrsg.), Zeitgeschichte in Lebensbildern, Band 4, Mainz 1980 S. 133-142.

Pappritz, Anna: Das Bewahrungsgesetz, in: Soziale Praxis und Volkswohlfahrt 34/1925, Heft 15, S. 326-328.

Parensen, Günther. Die Unterbringung Geistes- und Suchtkranker, München 1972.

Peukert, Detlef: Grenzen der Sozialdisziplinierung – Aufstieg und Krise der deutschen Jugendfürsorge, Köln 1986.

–: Arbeitslager und Jugend-KZ: Die Behandlung Gemeinschaftsfremder im Dritten Reich, in: D.Peukert/J. Reulecke, Hrsg., Die Reihen fest geschlossen, Wuppertal 1981, S. 413 ff.

–: Die Weimarer Republik. Krisenjahre der Klassischen Moderne, Darmstadt 1997.

Rechenberg, Hartmut von: Die Unterbringung der vermindert zurechnungsfähigen Gefährlichen Gewohnheitsverbrecher, Dissertation, Hamburg 1966.

Reichel, Herbert: Zum Unterbringungsrecht in den neuen Bundesländern, in: Zeitschrift für das gesamte Familienrecht, 1990, S. 1318-1320.

Rietdorf, Fritz. Gesetz über Aufbau und Befugnisse der Ordnungsbehörden-Ordnungsbehördengesetz- für das Land Nordrhein-Westfalen vom 16. Oktober 1956, Stuttgart 1957.

Ritter, G.A., Entstehung und Entwicklung des Sozialstaates in vergleichender Perspektive, in: Historische Zeitschrift 243/1986, S. 1-90.

Rittershaus, E.: Die Irrengesetzgebung in Deutschland nebst einer vergleichenden Darstellung des Irrenwesens in Europa, Leipzig, 1927.

Saage, Erwin / Göppinger, Horst: Freiheitsentziehung und Unterbringung, 2. Aufl. München 1975.

Sachße, Christoph / Tennstedt, Florian: Der Wohlfahrtsstaat im Nationalsozialismus. Geschichte der Armenfürsorge in Deutschland, Bd. 3, Stuttgart 1992.

Scherf, Henning: Die zwangsweise Unterbringung Gefährdeter nach dem Bundessozialhilfegesetz (BSHG). Zur näheren Präzisierung d. Paragraphen 73 Abs. 2 BSHG, Dissertation, Hamburg 1968.

Schmidt, Torsten: Die Entmündigung von den Anfängen des BGB bis zu ihrer Ablösung durch das Institut der Betreuung, Dissertation, Frankfurt am Main 1998.

Schmidt, Willi-Kurt: Das Bewahrungsgesetz im neuen Recht und seine Beziehung zum Strafrecht, Dissertation, Halle-Wittenberg 1937.

Schmiedebach, Heinz – Peter: Eine „antipsychiatrische Bewegung" um die Jahrhundertwende. In Dinges, Martin (Hrsg.) Medizinkritische Bewegungen im Deutschen Reich (ca. 1870 – ca. 1933), Stuttgart, 1996, S. 127 – 161.

Schneller, Wilhelm: Probleme der Unterbringung und Behandlung von geistesschwachen und geisteskranken Rechtsbrechern, in: Wandlungen der Psychiatrie in 50 Jahren, Landschaftsverband Westfalen-Lippe, Dortmund 1969.

Schnyder, S.: Die fürsorgerische Freiheitsentziehung, in: Zeitschrift für öffentliche Fürsorge 1979, S. 129.

Schoppmann, Claudia: Nationalsozialistische Sexualpolitik, Pfaffenweiler 1991.

Schubert, Werner: Einleitung, in: ders., Hrsg., Akademie für Deutsches Recht 1933-1945, Protokolle der Ausschüsse, Bd. VIII.

–: Akademie für Deutsches Recht 1933-1945, Protokolle der Ausschüsse, Bd. VIII.

Schützmann, W.: Betrachtungen zur administrativen Unterbringung psychisch Kranker, in: Medizin-Mensch-Gesellschaft 1979, S. 123.

Seidenkranz, W.: Reichen die bisherigen gesetzlichen Bestimmungen zur Unterbringung von Geisteskranken aus? in: Gesundheitsfürsorge 1964, S. 79-81.

Starke, Timm: Die einstweilige Unterbringung in einem psychiatrischen Krankenhaus nach der Strafprozeßordnung, Baden-Baden 1991.

Steigerthal, Georg: Das Bewahrungsgesetz vom Standpunkt der Praxis, in: Deutsche Zeitschrift für Wohlfahrtspflege 4/1928/1929, S. 453-462.

–: Grundriß der Anstaltsfürsorge, Berlin 1933.

Wagner, Patrick: Volksgemeinschaft ohne Verbrecher. Konzeptionen und Praxis der Kriminalpolizei in der Zeit der Weimarer Republik und des Nationalsozialismus, Hamburg 1996.

Weber, Thomas: Der Einfluß des Betreuungsgesetzes auf die freiheitsentziehende Unterbringung, Berlin 1995.

Werle, Gerhard: Justiz-Strafrecht und polizeiliche Verbrechensbekämpfung im Dritten Reich, Berlin/New York 1989.

Winkler, H.A., Der Schein der Normalität. Arbeiter und Arbeiterbewegung in der Weimarer Republik 1924 bis 1930, Berlin/Bonn 1985.

Weindling, P.J., Die Verbreitung rassenhygienischen/eugenischen Gedankengutes in bürgerlichen und sozialistischen Kreisen in der Weimarer Republik, in: Medizinhistorisches Journal 22/1987, S. 352-368.

Weiss, S.F., Die Rassenhygienische Bewegung in Deutschland 1904-1933, in: Götz, A./Pross, Chr., Hrsg., Der Wert des Menschen. Medizin in Deutschland 1918-1945, Berlin 1989, S. 153-173.

Wollasch, Andreas. Der katholische Fürsorgeverein für Mädchen, Frauen und Kinder (1899-1945), Freiburg i. Breisgau 1991.

Zutt, Jürg: Zur gesetzlichen Neuregelung der Einweisung psychisch Kranker in geschlossene Krankenanstalten, JZ 1951, S. 432-434.

–: Freiheitsverlust und Freiheitsentziehung. Schicksale sogenannter Geisteskranker, Berlin 1970.

Kolibri 360 GmbH
Ferdinand-Jühlke-Straße 7
99095 Erfurt, Deutschland
produktsicherheit@kolibri360.de

Druck:
CPI Druckdienstleistungen GmbH
im Auftrag der
Kolibri 360 GmbH
Ferdinand-Jühlke-Str. 7
99095 Erfurt